TEMAS DE PEDAGOGIA
Diálogos entre didática e currículo

Conselho Editorial de Educação

José Cerchi Fusari
Marcos Antonio Lorieri
Marli André
Pedro Goergen
Terezinha Azerêdo Rios
Valdemar Sguissardi
Vitor Henrique Paro

Dados Internacionais de Catalogação na Publicação (CIP)
(Câmara Brasileira do Livro, SP, Brasil)

Temas de pedagogia : diálogos entre didática e currículo / José Carlos Libâneo, Nilda Alves (organizadores). – São Paulo : Cortez, 2012.

ISBN 978-85-249-1942-8

1. Avaliação educacional 2. Currículos – Avaliação 3. Ensino 4. Inovações educacionais 5. Professores – Formação profissional I. Libâneo, José Carlos. II. Alves, Nilda.

12-07471   CDD-375.006

Índices para catálogo sistemático:
1. Currículo e didática : Educação   375.006

José Carlos Libâneo • Nilda Alves
(Organizadores)

TEMAS DE PEDAGOGIA
Diálogos entre didática e currículo

1ª edição
6ª reimpressão

TEMAS DE PEDAGOGIA: diálogos entre didática e currículo
José Carlos Libâneo • Nilda Alves (orgs.)

Capa: Ramos Estúdio
Preparação de originais: Ana Paula Luccisano
Revisão: Maria de Lourdes de Almeida; Marta de Sá
Composição: Linea Editora Ltda.
Coordenação editorial: Danilo A. Q. Morales

Nenhuma parte desta obra pode ser reproduzida ou duplicada sem autorização expressa dos autores e do editor.

© 2012 by Organizadores

Direitos para esta edição
CORTEZ EDITORA
Rua Monte Alegre, 1074 – Perdizes
05014-001 – São Paulo – SP
Tel.: (11) 3864-0111   Fax: (11) 3864-4290
E-mail: cortez@cortezeditora.com.br
www.cortezeditora.com.br

Impresso no Brasil — setembro de 2023

Sumário

Sobre os Autores 11

Apresentação
Conversas sobre didática e currículos: a que vem este livro
José Carlos Libâneo e *Nilda Alves* 21

TEMA I

Ensinar e aprender/"aprender-ensinar":
o lugar da teoria e da prática em didática e em currículo

Capítulo 1
Ensinar e aprender, aprender e ensinar:
o lugar da teoria e da prática em didática
José Carlos Libâneo 35

Capítulo 2
Ensinar e aprender/"aprenderensinar":
o lugar da teoria e da prática em currículo
Nilda Alves e *Inês Barbosa de Oliveira* 61

TEMA II
Pedagogia e mediação pedagógica

Capítulo 3
Pedagogia e mediação pedagógica
Maria Eliza Mattosinho Bernardes 77

Capítulo 4
Possíveis tessituras entre currículo e didática:
sobre conhecimentos, experiências e problematizações
Carlos Eduardo Ferraço 98

TEMA III
As culturas e os processos escolares
O lugar da cultura científica

Capítulo 5
A cultura escolar como uma questão didática
Raquel Aparecida Marra da Madeira Freitas 127

Capítulo 6
Currículo e cultura: o *lugar* da ciência
Alice Casimiro Lopes e *Elizabeth Macedo* 152

TEMA IV
Práticas pedagógicas nas múltiplas redes educativas

Capítulo 7
Práticas pedagógicas nas múltiplas redes educativas
Maria Amélia Santoro Franco 169

TEMAS DE PEDAGOGIA

Capítulo 8
Práticas pedagógicas nas múltiplas redes
educativas que atravessam os Currículos
Janete Magalhães Carvalho 189

TEMA V
Disciplinas escolares e as mudanças
atuais nas funções do conhecimento

Capítulo 9
O conhecimento e o papel do professor
Bernhard Fichtner 209

Capítulo 10
Disciplina escolar e conhecimento escolar:
conceitos *sob rasura* no debate curricular contemporâneo
Carmen Teresa Gabriel e *Márcia Serra Ferreira* 227

TEMA VI
Os espaços e os tempos de aprender e ensinar

Capítulo 11
Os espaços e os tempos de aprender e ensinar
Ana Lúcia Amaral 245

Capítulo 12
Imagem-escola
Antonio Carlos Amorim 264

TEMA VII
Artefatos escolares nos processos pedagógicos

Capítulo 13
Quadro-negro: escrita, experiência, memória e história
Glacy Queirós de Roure 287

Capítulo 14
Artefatos tecnoculturais nos processos pedagógicos:
usos e implicações para os currículos
Conceição Soares e *Edméa Santos* 308

TEMA VIII
As relações "dentro-fora" das escolas:
contextos, diversidades, diferenças

Capítulo 15
As relações "dentro-fora" na escola ou as interfaces
entre práticas socioculturais e ensino
José Carlos Libâneo 333

Capítulo 16
Artefatos nas redes educativas dos cotidianos de terreiros
de candomblé nas relações possíveis com as escolas:
discutindo as noções de tradição, cultura e identidade
Stela Guedes Caputo 350

TEMA IX
As relações entre professor e aluno na sala de aula: sobre a disciplina escolar

Capítulo 17
As relações entre professores e alunos em sala de aula:
algo mudou, muito permaneceu...
Marilene Proença Rebello de Souza e *Lygia de Sousa Viégas* 379

Capítulo 18
Conversas sobre *aprenderensinar* a ler e a escrever:
(nos) alfabetizando *com* as crianças e sem cartilhas...
Carmen Lúcia Vidal Pérez e *Carmen Sanches Sampaio* 395

TEMA X
Avaliação da aprendizagem em didática e currículo

Capítulo 19
Avaliação da aprendizagem na escola
Cipriano Carlos Luckesi 433

Capítulo 20
Em histórias cotidianas, convites ao encontro
entre avaliação e *aprendizagemensino*
Maria Teresa Esteban e *Mitsi Pinheiro de Lacerda* 452

TEMA XI
Sobre a formação de professores

Capítulo 21
Formação de professores e os conhecimentos teóricos sobre a docência
Marta Sueli de Faria Sforni 469

Capítulo 22
Sobre formação de professores e professoras: questões curriculares
Regina Leite Garcia e *Nilda Alves* 489

TEMA XII
Sobre políticas para a escola em Didática e Currículo

Capítulo 23
A docência em contexto e os impactos das políticas públicas
em educação no campo da Didática
Umberto de Andrade Pinto 513

Capítulo 24
Políticas educativas, Currículo e Didática
Álvaro Moreira Hypolito 534

Sobre os Autores

Alice Casimiro Lopes
Professora da Universidade do Estado do Rio de Janeiro, pesquisadora do CNPq, cientista do Nosso Estado Faperj, procientista Faperj/UERJ.

Álvaro Moreira Hypolito
Professor da Faculdade de Educação da Universidade Federal de Pelotas — UFPel, pesquisador do CNPq e professor visitante no Programa de Pós-graduação em Educação/UFMG, durante o ano de 2011, na linha de pesquisa "Políticas públicas de educação: concepção, implementação e avaliação", junto ao Grupo de Estudos sobre Políticas Educacionais e Trabalho Docente — Gestrado.

Ana Lúcia Amaral
Ph.D. em Educação e mestre em Sociologia pela Universidade de Stanford (CA, USA). Mestre em Educação e pedagoga pela Faculdade de Educação da Universidade Federal de Minas Gerais. Exerceu, entre muitas outras, as seguintes funções: diretora do Curso de Pedagogia do Instituto de Educação de Minas Gerais (atual FAE da UEMG); pesquisadora e vice-coordenadora do Game (Grupo de Avaliação e Medidas Educacionais) da FaE/UFMG; professora de Didática da UEMG e professora de Didática e Didática do Ensino Superior da FaE/UFMG; coordenadora da Subsecretaria de Desenvolvimento Educacional da

SEEMG; pesquisadora da linha de pesquisa "Avaliação de políticas públicas da educação" do Programa de Pós-graduação da FaE/UFMG; coordenadora pedagógica da Comissão de Vestibular da UFMG; consultora pedagógica de programas de Educação a Distância. Tem capítulos de livros publicados em âmbito nacional e internacional e artigos em revistas de Educação.

Antonio Carlos Amorim

Professor da Faculdade de Educação/Unicamp; pesquisador 1D do CNPq.

Bernhard Fichtner

Professor de Filosofia, Letras e História da Arte no ensino médio. Doutor em Pedagogia pela Universidade Bielefeld (Alemanha). Professor titular na Universidade de Siegen (Alemanha) para as áreas de Educação Escolar e Educação Social. Criou em 2002 na Universidade de Siegen junto com Maria Benites o primeiro programa internacional em Educação na Alemanha (Inedd — International Education Doctorate). Professor visitante em universidades brasileiras. Pesquisa e escreve sobre temas de Educação, como teoria e prática na abordagem histórico-cultural.

Carlos Eduardo Ferraço

Professor associado II do PPGE/CE/Ufes, bolsista de produtividade de pesquisa do CNPq e coordenador do grupo de pesquisa "Currículos, cotidianos, culturas e redes de conhecimentos".

Carmen Lúcia Vidal Pérez

Professora da Faculdade de Educação e do Programa de Pós-graduação em Educação da UFF. Coordenadora do grupo de estudos e pesquisas "Escola, memória e cotidiano" (GEPEMC-UFF). Membro da equipe de pesquisadores do grupo de pesquisa "Alfabetização dos alunos e alunas das classes populares" (Grupalfa/UFF), coordenado por Regina Leite Garcia.

Carmen Sanches Sampaio

Professora da Escola de Educação e do Mestrado em Educação/UniRio. Pesquisadora do grupo de pesquisa "Práticas educativas e formação de professores" (GPPF/UniRio) e do grupo de pesquisa "Alfabetização dos alunos e alunas das classes populares" (Grupalfa/UFF).

Carmen Teresa Gabriel

Doutora em Educação pela PUC-Rio. Professora do Departamento de Didática e do Programa de Pós-graduação em Educação da FE/UFRJ, pesquisadora do Núcleo de Estudos de Currículo (NEC) e atual coordenadora do Programa de Pós-graduação.

Cipriano Carlos Luckesi

Doutor em Educação (PUC-SP, 1992), mestre em Ciências Sociais (UFBA, 1976), licenciado em Filosofia (UCSal, 1970), bacharel em Teologia (PUC-SP, 1968), formado em Biossíntese (Centro de Biossíntese/BA, 1996), formado em Dinâmica Energética do Psiquismo (DEP/BA, 1997). Professor aposentado da Universidade Federal da Bahia (1971-2010); ex-professor da Universidade Estadual de Feira de Santana/BA (1976-1994); autor de quatorze livros, capítulos de livros e artigos em revistas especializadas, tratando de Filosofia da Educação, Teoria do Ensino, Didática, Avaliação da Aprendizagem, Ética. Conferencista.

Conceição Soares

Professora adjunta da Faculdade de Educação/UERJ, atuando na pós-graduação na linha de pesquisa "Cotidianos, redes educativas e processos culturais; membro do Laboratório Educação e Imagem e do GRPesq "Currículos, redes educativas e imagens". *E-mail*: ceicavix@gmail.com.

Edméa Santos

Professora do Programa de Pós-graduação em Educação da UERJ, na linha de pesquisa "Cotidianos, redes educativas e processos culturais", líder do GPDOC — Grupo de Pesquisa Docência e Cibercultura. Membro do Laboratório Educação e Imagem e do grupo de pesquisa "Currículos, redes educativas e imagens". *E-mail*: <edmeabaiana@gmail.com>; *site*: <www.docenciaonline.pro.br>.

Elizabeth Macedo

Professora da Universidade do Estado do Rio de Janeiro, pesquisadora do CNPq, cientista do Nosso Estado Faperj, procientista Faperj/UERJ.

Glacy Queirós de Roure

Doutora em Linguística pela Unicamp. Professora titular da Pontifícia Universidade Católica de Goiás. Professora do Programa de Pós-graduação em Educação na mesma universidade, onde integra a Linha de Sociedade, Educação e Cultura. Membro do GT de Arte e Educação da Anped. Psicanalista, membro do Espaço Psicanalítico de Goiânia. Atualmente tem pesquisado as relações entre cinema, psicanálise, estética, infância e educação.

Inês Barbosa de Oliveira

Professora do Programa de Pós-graduação em Educação da Faculdade de Educação da Universidade do Estado do Rio de Janeiro. Membro do GT Currículo da ANPEd.

Janete Magalhães Carvalho

Doutora em Educação; professora do Departamento de Educação, Política e Sociedade e do Programa de Pós-graduação em Educação da Universidade Federal do Espírito Santo. Líder de Grupo de Pesquisa cadastrado no CNPq: "Currículos, cotidianos, culturas e redes de conhecimentos". PPGE/CE/Ufes.

José Carlos Libâneo

Doutor em Filosofia e História da Educação pela PUC-São Paulo. Pós-doutorado pela Universidad de Valladolid, Espanha. Professor titular da Pontifícia Universidade Católica de Goiás. Professor do Programa de Pós-graduação em Educação na mesma universidade. Integra a linha de pesquisa "Teorias da educação e processos pedagógicos". Coordenador do grupo de pesquisa do CNPq: "Teorias e processos educacionais". Membro do GT de Didática da ANPEd. Vice-presidente do Centro de Estudos e Pesquisas em Didática (Ceped). Pesquisa e escreve sobre temas de Teoria da Educação, Didática, Organização e Gestão da Escola, Escola Pública, na perspectiva da Teoria Histórico-cultural.

Lygia de Sousa Viégas

Psicóloga formada em 1998 pelo Instituto de Psicologia da Universidade de São Paulo (IP-USP). Mestre e doutora em Psicologia Escolar e do Desenvolvimento Humano pelo mesmo IP-USP (2002 e 2007, respectivamente). Dedica-se, desde 1997, ao estudo dos impactos psicológicos de diferentes políticas públicas sociais, com destaque para o campo educacional, analisadas em uma perspectiva crítica. Autora de capítulos de livros e artigos científicos na área de Psicologia Escolar e Educacional, bem como de Psicologia Social. Professora adjunta da Faculdade de Educação da Universidade Federal da Bahia (Faced-UFBA). Compõe a diretoria da Associação Brasileira de Psicologia Escolar e Educacional e o Fórum sobre a Medicalização da Educação e da Sociedade.

Márcia Serra Ferreira

Doutora em Educação pela UFRJ. Professora do Departamento de Didática e do Programa de Pós-graduação em Educação da FE/UFRJ; pesquisadora e atual coordenadora do Núcleo de Estudos de Currículo (NEC) da instituição.

Maria Amélia Santoro Franco

Pós-doutora em Pedagogia, com supervisão de Bernard Charlot. Doutora em Educação pela USP, mestre em Psicologia da Educação pela PUC-SP. Graduada e licenciada em Pedagogia pela Puccamp. Pesquisadora 2 do CNPq; pesquisadora do Gepefe (Grupo de Estudos e Pesquisas sobre Formação do Educador) na USP e na Universidade Católica de Santos. Coordenadora da série Saberes Pedagógicos na Cortez Editora. Vice-coordenadora do PPGE Unisantos. Integra o Comitê Científico da ANPEd. Tem experiência na área de Educação, investigando a formação de professores a partir dos seguintes recortes: a cientificidade da Pedagogia; modelos colaborativos (formativos) de investigação educacional; epistemologia da prática pedagógica e da prática docente.

Maria Eliza Mattosinho Bernardes

Doutora em Educação pela Faculdade de Educação da Universidade de São Paulo. Professora doutora da Escola de Artes, Ciências e Humanidades da Universidade de São Paulo. Professora dos Programas de Pós-graduação em Educação — Faculdade de Educação —, e em Mudança Social e Participação Política — Escola de Artes, Ciências e Humanidades —, ambos vinculados à Universidade de São Paulo. Líder do Grupo de Estudo e Pesquisa em Educação, Sociedade e Políticas Públicas CNPq/USP. Pesquisa e escreve sobre a Atividade Pedagógica e o Desenvolvimento das Funções Psicológicas Superiores, Formação de Professores, Políticas de Estado no Campo da Educação a partir do referencial teórico-metodológico do materialismo histórico-dialético e da teoria histórico-cultural.

Maria Teresa Esteban

Doutora em Filosofia e Ciências da Educação. Professora da Faculdade de Educação da UFF e pesquisadora do Grupalfa.

Marilene Proença Rebello de Souza

Graduada em Psicologia pela Universidade de São Paulo (1978). Tem mestrado, doutorado e livre-docência em Psicologia Escolar e do Desenvolvimento Humano pela Universidade de São Paulo (1991, 1996 e 2010, respectivamente). Professora associada da Universidade de São Paulo. Coordenadora e pesquisadora do Programa de Pós-graduação em Psicologia Escolar e do Desenvolvimento Humano no Instituto de Psicologia da Universidade de São Paulo. Atua na área de Psicologia Escolar e Educacional, pesquisando, principalmente, os seguintes temas: processos de escolarização, políticas públicas em educação, formação do psicólogo e de professores, problemas de aprendizagem e educação, direitos da criança e do adolescente. Professora Colaboradora do Programa de Pós-graduação Interunidades em Integração da América Latina da USP/Prolam-USP. Coordena o Laboratório Interinstitucional de Ensino e Pesquisas em Psicologia Escolar e é líder dos grupos de pesquisa do CNPq "Psicologia escolar e educacional: processos de escolarização e atividade profissional em uma perspectiva crítica"; e "Literatura, educação e diversidade: interfaces Brasil-Canadá". Membro da diretoria da Associação Brasileira de Psicologia Escolar e Educacional (2002-2012) e conselheira do Conselho Federal de Psicologia (2011-2013). Realizou estágio Pós-doutoral na York University, Canadá (2001-2002). É bolsista produtividade do CNPq, nível 1D.

Marta Sueli de Faria Sforni

Doutora em Educação pela USP. Professora do Programa de Pós-graduação em Educação na Universidade Estadual de Maringá, na linha de pesquisa "Ensino, aprendizagem e formação de professores". Coordenadora do grupo de pesquisa do CNPq: "Ensino, aprendizagem e conteúdo escolar". Coordenadora do Programa de Desenvolvimento

Educacional (PDE) na Universidade Estadual de Maringá, membro do Fórum Estadual Permanente de Apoio à Formação Docente. Pesquisa sobre os seguintes temas: ensino, aprendizagem conceitual, teoria da atividade e teoria histórico-cultural.

Mitsi Pinheiro de Lacerda

Doutora em Educação. Professora do Instituto do Noroeste Fluminense de Educação Superior, da UFF.

Nilda Alves

Professora titular da Faculdade de Educação da Universidade do Estado do Rio de Janeiro (UERJ), atuando na graduação e na pós-graduação (<www.proped.pro.br>). Coordena o Laboratório Educação e Imagem (<www.lab-eduimagem.pro.br>) e o grupo de pesquisa "Currículos, redes educativas e imagens". Presidente da Associação Brasileira de Currículo (ABdC), gestão 2011/2013.

Raquel Aparecida Marra da Madeira Freitas

Doutora em Educação pela Universidade Estadual Paulista (Unesp/Marília). Mestre em Educação pela Universidade Federal de Goiás. Professora da Pontifícia Universidade Católica de Goiás, no Programa de Pós-graduação em Educação na linha de pesquisa: "Teorias da educação e processos pedagógicos". Atualmente, é coordenadora do Programa de Pós-graduação em Educação na mesma instituição. Desenvolve investigações na área da teoria histórico-cultural, em questões de ensino e aprendizagem, e currículo e ensino de Enfermagem.

Regina Leite Garcia

Professora emérita da Universidade Federal Fluminense, onde coordena o Grupalfa (Grupo de Pesquisa Alfabetização dos Alunos e Alunas das Classes Populares) <www.grupalfa.com.br>. Organizadora de coleções e livros. Autora de artigos publicados em periódicos nacionais e internacionais.

Stela Guedes Caputo

Doutora em Educação pela PUC-Rio. Professora visitante da Faculdade de Educação e do Programa de Pós-graduação em Educação da UERJ. Integrante do grupo de pesquisa: "Currículos, redes educativas e imagens", coordenado pela professora Nilda Alves, e coordenadora do grupo de pesquisa "Educação, classe e cultura: questões de racismo, religiosidade e imagens", ambos da linha de pesquisa "Cotidiano, redes educativas e processos culturais", do Proped-UERJ, e articulado ao Laboratório Educação e Imagem.

Umberto de Andrade Pinto

Professor adjunto da Universidade Federal de São Paulo (Unifesp) no Departamento de Educação da Escola de Filosofia, Letras e Ciências Humanas. Leciona e pesquisa na área de Didática e Formação de Educadores nos cursos de Pedagogia e nas demais Licenciaturas, e no Programa de Pós-graduação em Educação e Saúde na Infância e na Adolescência. Possui graduação em Pedagogia (PUC-SP), especialização em Filosofia da Educação (PUC-SP), mestrado em Educação Superior (PUC-Campinas) e doutorado em Educação (FE-USP). É vinculado ao Grupo de Estudos e Pesquisas sobre a Formação do Educador (Gepefe) da FE-USP. Tem experiência na área de formação de professores para a educação básica e superior, em docência no ensino fundamental, médio e superior, e na atuação como pedagogo em escolas públicas e privadas da educação básica. É autor do livro *Pedagogia Escolar: coordenação pedagógica e gestão educacional* e coautor de *Pedagogia e Pedagogos: caminhos e perspectivas*, ambos publicados pela Cortez Editora. *E-mail*: <uapinto@unifesp.br>.

APRESENTAÇÃO

Conversas sobre Didática e Currículos:
a que vem este livro

José Carlos Libâneo

Nilda Alves

Uns quinhentos anos antes da era cristã, aconteceu na Magna Grécia a melhor coisa registrada na história universal: a descoberta do diálogo. A fé, a certeza, os dogmas, os tabus, as tiranias, as guerras e as glórias assediavam o orbe; alguns gregos contraíram, nunca saberemos como, o singular costume de conversar. Duvidaram, persuadiram, discordaram, mudaram de opinião, adiaram... Sem esses poucos gregos conversadores, a cultura ocidental é inconcebível... (Jorge Luis Borges, 2009, p. 27)

Nilda — Num final de tarde, numa reunião anual da ANPEd, Libâneo e eu, caminhantes de uma longa jornada no campo da Educação, numa longa conversa sobre os dilemas e perspectivas desse campo, concluímos que seria oportuno estabelecer um diálogo entre pesquisadores e pesquisadoras das áreas da Didática e do Currículo, com a publicação de um livro. Continuamos a conversar sobre essa possibilidade e chegamos a doze temas, cada um escrito por dois pesquisadores, um de cada campo. Isto nos fez, desde o começo, saber que outros tantos pesquisadores não estariam presentes no livro, o que seria uma perda. Mas esperávamos que essa "conversa" iniciada permitiria outras em livros seguintes como, do mesmo modo, este é sequência de outros livros já publicados nos dois campos de pesquisa.

Os doze temas inseridos e discutidos neste livro são: 1) Ensinar e aprender, aprender e ensinar: o lugar da teoria e da prática em didática e em currículo; 2) Pedagogia e mediação pedagógica; 3) As culturas e os processos escolares. O lugar da cultura científica; 4) Práticas pedagógicas nas múltiplas redes educativas; 5) Disciplinas escolares e as mudanças atuais nas funções do conhecimento; 6) Os espaços e os tempos de aprender e ensinar; 7) Artefatos escolares nos processos pedagógicos; 8) As relações "dentrofora" das escolas: contextos, diversidades, diferenças; 9) As relações entre professor e aluno na sala de aula sobre a disciplina escolar; 10) Avaliação em didática e em currículo; 11) Sobre a formação de professores; 12) Sobre políticas para a escola em didática e em currículo.

Nas articulações necessárias à conversa e à organização deste livro, partíamos de algumas posições comuns, além da ideia de que "conversar" é preciso, sempre. Em primeiro lugar, concordávamos que as escolas estão exigindo o máximo de nossos esforços — em conjunto com todos os seus "praticantes pensantes"[1] — já que os processos pedagógicos que nelas e com elas se dão têm sido nossas questões de pesquisa. Queríamos fugir de um aspecto que tem movido a fala de alguns, nos dois campos: de um lado, o de Didática: a área de Currículos está subordinada à de Didática; de outro lado, o de Currículos: a área de Didática está subordinada à de Currículos. Entendemos, ao contrário, que, se historicamente podemos perceber que o pensamento sobre currículos tem algumas questões das didáticas em sua origem,

---

1. Certeau (1994), que é autor de base para muitos dos autores de currículo incluídos neste livro, fala dos "praticantes" das redes cotidianas. Mas os que trabalham com currículos sabem que não há prática sem pensamento — o que aliás o próprio Certeau afirma. Isso nos permitiu criar a figura dos "praticantes/pensantes", entendendo a forte relação entre prática e teoria.

os dois campos foram, gradativamente, se estabelecendo com preocupações, conteúdos, metodologias e ideias diferentes, embora mantendo interesses próximos. Era essa proximidade que nos exigia as conversas que começamos e que vão apresentadas neste livro — e continuarão de outras formas, como sempre.

Decidimos, assim, restabelecer, por escrito, as "conversas" que fomos tendo ou podemos ter — os organizadores — sobre aspectos, características e ideias existentes nos dois campos para chegarmos às temáticas e ao livro. A primeira dessas ideias, que nos é comum, é a preocupação com a pedagogia, como campo de estudos, pesquisa e formação.

Minhas preocupações sobre esse tema são de duas ordens: a primeira se liga ao documento de 1983, surgido no Encontro Nacional sobre Formação de Professores, promovido pelo MEC em Belo Horizonte/MG, mas que nunca foi assumido por esse Ministério, mas, sim, pelo movimento pela formação profissional de professores, articulado inicialmente em uma Comissão e posteriormente assumido pela Associação Nacional pela Formação Profissional de Educadores (Anfope). Esse documento tinha duas diretrizes indicadoras para os processos de formação dos profissionais da educação: inicialmente, assumindo a necessidade de autonomia universitária, estimulava a que as diversas instituições produzissem currículos de formação em acordo com seus docentes e discentes, dentro das condições e necessidades locais e regionais. Em seguida, dizendo que era preciso que essas múltiplas experiências institucionais fossem submetidas à crítica em encontros regionais e nacionais periódicos, permitindo fazer surgir, nesse processo, uma base comum nacional à formação. Nos encontros, realizados anualmente, tanto pela Comissão Nacional como pela Anfope, as discussões eram feitas em grupos que tratavam: 1) do Curso Normal, da Pedagogia, das Licenciaturas. Ou seja, tínhamos aí a compreensão de que a Pedagogia era diferente das Licenciaturas. Minha participação nesse movimento sempre esteve ligada com a formação em Pedagogia, no sentido de formação pedagógica para os licenciandos, mas compreendendo a possibilidade de formação também em bacharelado, o que não se alinhava com a posição hegemônica. Com o tempo, no entanto, na Anfope, se chegou à conclusão de que a Pedagogia deveria formar somente os professores de Educação Infantil e dos primeiros anos da Educação Fundamental, o que me levou a me afastar dessa associação. Recentemente, em mudança curricular nas licenciaturas da instituição a que pertenço, tentamos apresentar um currículo que formasse em licenciatura e bacharelado, mais em acordo com o que penso. Ou seja, a compreensão que tenho das possibilidades de formação do pedagogo vai além dessa formação para o magistério. O Conselho Estadual de Educação, no entanto, aprovou a licenciatura, e colocou o "bacharelado" em quarentena. Teremos que voltar a isto com maiores discussões, neste Conselho.

A segunda ordem de meus processos de pensamento frente a isso, embora ainda tenha a ver com a formação do pedagogo, passa pelas minhas pesquisas sobre currículos dessa formação, que me levaram a compreensão da necessidade de vê-la como se dando em múltiplas redes educativas com as quais a da formação acadêmica — realizada nas universidades — precisa se articular, permanentemente (Alves, 2010).

Libâneo — Nilda escreve que temos em comum a preocupação com a pedagogia como campo de estudos, pesquisa e formação, e eu estou de acordo. Mas antes de falar da pedagogia como curso, queria discuti-la como campo teórico-investigativo. Minha pergunta: o que cada um de nós quer dizer quando utiliza a palavra "pedagogia", qual é o conceito que temos de pedagogia? Penso que um posicionamento sobre isso ajudará a esclarecer como cada um de nós situa as coisas no plano epistemológico, curricular e didático. Colocamos no título do nosso livro *temas de pedagogia*. Afinal, de que questões se ocupa a pedagogia?

Antecipo o diálogo com duas perguntas: pedagogia e didática, ainda que ligadas entre si, são coisas diferentes? Pedagogia e didática são a mesma coisa? Creio que temos duas posições majoritárias considerando duas tradições culturais, a alemã e a francesa. Em linhas

TEMAS DE PEDAGOGIA

gerais, na primeira, a pedagogia é um campo teórico abrangente ao qual estão subordinadas disciplinas pedagógicas, entre elas a didática, o currículo, a organização escolar, com a qual compartilham, por exemplo, autores como Visalberghi (1983) na Itália, Sarramona e Marques (1985) na Espanha, Suchodolski (1979) na Polônia. Na segunda, a didática e a pedagogia são duas dimensões complementares do ensino, não hierarquizadas, ou há apenas as didáticas das disciplinas.

Na tradição alemã incluem-se pedagogos como Comênio, Herbart, Dilthey, Nohl, Flitner, Otto Willmann, de alguma forma influenciando pensadores ligados à pedagogia católica e a pedagogias inspiradas no marxismo, por exemplo, B. Suchodolski, G. Snyders, M. Manacorda e, no Brasil, D. Saviani. Nessa tradição, a pedagogia é vista como teoria geral da educação ou teoria da formação humana, cujo objeto é o fenômeno educativo em sua pluralidade e em sua contextualização, abrangendo os processos de comunicação e interiorização de saberes e modos de ação.[2] Para a investigação desse objeto em suas várias dimensões, a pedagogia se vale dos aportes teóricos oferecidos por outras ciências humanas, entre elas a sociologia, a psicologia, a economia, a história da educação e outras ciências pedagógicas como a didática, a organização da escola, a teoria curricular. Nesse sentido, pedagogia e didática, embora intimamente relacionadas, não são a mesma coisa, nem pertencem ao mesmo plano epistemológico. A pedagogia tem maior amplitude conceitual, pois se aplica a múltiplas manifestações da prática educativa, enquanto a didática se liga às questões do ensino e aprendizagem (Libâneo, 2011; Pimenta, 2011).

Entre os "didatas" franceses podem ser encontradas quatro posições: 1) não existe Pedagogia geral nem Didática geral, há somente didáticas disciplinares específicas; 2) Pedagogia e Didática são dois aspectos de uma mesma atividade, o ensino, sem nenhuma relação hierárquica entre elas; 3) as duas disciplinas são uma mesma coisa

---

2. Alguns autores franceses contemporâneos, como G. Mialaret, Ph. Meirieu, M. Soetard, J. Houssaye, entre outros, de algum modo, se aproximam desta posição.

(J. Houssaye);[3] 4) a Pedagogia como teoria da educação (G. Mialaret).[4] Como se vê, são posições muito diferentes em relação à Pedagogia (Altet, 1997; Jonnaert e Borght, 2002). A posição que parece aceita por boa parte desses "didatas" é a que coloca a Didática e a Pedagogia como duas dimensões do ensino. A Didática pensa os processos de ensino e aprendizagem pela lógica do saber a ensinar e sua apropriação pelos alunos, em uma disciplina específica. A Pedagogia põe em ação processos de ensinar-aprender no âmbito da prática relacional, ou seja, decisões sobre objetivos e ações educativas, interação professor-alunos, gestão da classe, formas de comunicação e relacionamento etc., meios esses que possibilitam a aprendizagem na situação educativa real. Em termos simples: a didática cuida da formatação das aprendizagens, a pedagogia, das ações que podem assegurar as aprendizagens. À Pedagogia, ao ser definida pela lógica das relações a serem implementadas na sala de aula em que se ressalta a dimensão "metodológica", cabe-lhe assegurar as condições efetivas para otimizar as relações entre alunos e professores para a aquisição do conhecimento.

Embora deva-se creditar aos franceses o vínculo que estabelecem entre a Didática e as situações concretas de ensino, valorizando a Didática *in situ*, ainda que seja no plural "didáticas", penso que a Didática necessita do aporte teórico da Ciência Pedagógica. Com efeito, a Pedagogia é a teoria e prática da educação, em que educação é entendida como *uma prática social, materializada numa atuação efetiva na formação e desenvolvimento de seres humanos, em condições socioculturais e institucionais concretas, implicando procedimentos peculiares e resultados, visando a mudanças qualitativas na aprendizagem e na personalidade dos alunos.* A Pedagogia viabiliza essas práticas educativas, atuando no

---

3. J. Houssaye (1995), em que, criticando a distinção entre Pedagogia e a Didática, afirma que as duas disciplinas são uma e mesma coisa, argumentando que é impossível, numa prática, separar a relação com os saberes (Didática) e as interações na classe (a Pedagogia).

4. Mialaret (1991, p. 9), um dos mentores do movimento "Ciências da Educação", no entanto, escreve: "A pedagogia é uma reflexão sobre as finalidades da educação e uma análise objetiva de suas condições de existência e de funcionamento. Ela está em relação direta com a prática educativa que constitui seu campo de reflexão e de análise, sem, todavia, confundir-se com ela".

desenvolvimento cognitivo, afetivo e moral dos indivíduos, atribuindo à Didática uma dimensão iniludível dessa formação humana que são as formas de estruturação do saber a ser ensinado, sua apropriação pelo aluno e os correspondentes processos de ensino-aprendizagem. Ou seja, a Didática desenvolve um modo peculiar de atividade pedagógica, ou seja, promove o acontecer pedagógico em contextos de ensino e aprendizagem. Ela constitui-se, assim, num prolongamento natural da Pedagogia, uma vez que especifica questões pedagógicas no quadro do ensino das disciplinas escolares, das condições de apropriação de saberes e das formas de intervenção didática nas situações concretas da sala de aula.

O que tem a ver tudo isso com o curso de licenciatura em pedagogia? Penso que o curso de pedagogia no Brasil até 1984 herdou a noção ampliada de pedagogia da tradição alemã e, a partir das propostas da Anfope desde o início dos anos 1990, consolidadas nas Diretrizes curriculares de 2006, incorporou a visão estreita de pedagogia defendida por didatas franceses (mas sem a didática, ao menos no sentido atribuído pelos didatas franceses). Com isso, esse curso continua insistindo na formação de um pedagogo genérico, com pouca atenção aos conteúdos e às didáticas disciplinares (cf. Libâneo, 2010). Nesse caso, o termo pedagogia aparece muito mais associado à relação pedagógica e aos métodos de ensino do que às relações entre o saber, o aluno e os conhecimentos. Paradoxalmente, nas demais licenciaturas (letras, matemática, biologia etc.) desenvolveram-se as didáticas disciplinares, com pouca menção ao pedagógico (no sentido dos didatas franceses). Assim, no curso de pedagogia, a "didática" como disciplina pedagógica, que teria como conteúdo simultaneamente a especificidade dos saberes a ensinar (lógica dos saberes) e as relações e gestão da classe (lógica da relação), está ausente. Vistas as coisas desse modo, parece-me muito claro que o cerne dos desafios a enfrentar na formação de professores para a educação básica no Brasil está em que o curso de licenciatura denominado aqui de pedagogia (voltado basicamente para a relação pedagógica) reconheça a especificidade dos saberes disciplinares a ensinar, e que as demais licenciaturas reconheçam a especificidade das relações pedagógicas. A meu ver, a didática reúne em seu conteúdo essas duas dimensões a serviço do processo ensino e aprendizagem: a lógica dos saberes disciplinares e a lógica da relação pedagógica. Permeando estas duas lógicas, introduzo as práticas socioculturais e tudo o mais que aí se deve incluir, a trajetória social dos alunos, a vida cotidiana, as mídias, as identidades sociais e culturais etc., já que são integrantes das relações pedagógicas. Em outras palavras, a didática é concebida como disciplina que busca melhor compreender como ações de ensino podem gerar ações de aprendizagem, tendo como referência os conteúdos das disciplinas, para propor meios que favoreçam a mútua transição de um a outro. Desse modo, agrada-me hoje falar de uma didática básica (talvez para substituir um termo gasto, "didática geral", já que não existe mesmo uma didática "geral"), uma disciplina que expressaria algo como transdisciplinaridade das didáticas disciplinares.

Uma palavra em relação aos capítulos deste livro ligados à didática. Os autores compartilham o entendimento de que a didática ocupa lugar próprio na formação de professores, provendo os conhecimentos e as práticas para o papel de mediação pedagógica no processo de ensino e aprendizagem. Na maioria dos capítulos, os autores assumem conceitos e práticas dentro da teoria histórico-cultural (à qual pertence o próprio organizador); os que trabalham com outras orientações teóricas abordam os temas de modo bastante congruente com aquela teoria. É necessário ressaltar que o livro não cobre posições de muitos outros pesquisadores do campo da didática. Por isso, é inteiramente justo mencionar pesquisadoras e pesquisadores seniores que têm trazido contribuições expressivas para o campo teórico e investigativo dessa área, entre outros: Aida Monteiro, Alda Junqueira Marin, Amélia Americano Domingues de Castro, Ilma Alencastro Veiga, João Luiz Gasparin, Lilian Wachovitz, Luís Carlos Freitas, Maria Amélia Santoro Franco, Maria Isabel da Cunha, Marli Afonso André, Maria Rita Sales de Oliveira, Osvaldo Alonso Rays, Selma Garrido Pimenta, Vera Maria F. Candau.

Nilda — Da discussão que você traz, quero ressaltar a figura de Jean Houssaye e como entendo o que, de alguma forma (mesmo sem que ele saiba disso), o aproxima do campo de pesquisas em currículo, pelo menos na corrente que ajudei a desenvolver no Brasil e à qual demos o nome de "pesquisas nos/dos/com os cotidianos". A maior parte dos livros mais recentes de Houssaye se preocupou em organizar, com a contribuição de muitos, inclusive brasileiros, a obra de "pedagogos". Ou seja, a preocupação dele era menos buscar quais seriam as características da pedagogia (ou a didática ou o currículo — termo inexistente na França, já que sua origem é anglo-saxônica) e muito mais o que seriam "os pedagogos". Para começar, me agrada muitíssimo essa busca dos sujeitos que realizam as ações e que pensam nelas. Ele publicou uma série de livros nos quais a análise de vida e obra de pedagogos foi realizada. No primeiro deles, Houssaye (2002, p. 133) já indicava nessas publicações o que entendia por pedagogia e o que era um pedagogo. Em suas próprias palavras:

> [...] se a pedagogia é o entrelaçamento mútuo e dialético da teoria e práticas educativas, na mesma pessoa, o pedagogo é, antes de mais nada, um prático--teórico da ação educativa. O pedagogo é aquele que busca articular a teoria com a prática, a partir de sua própria ação. É na produção específica da relação teoria-prática em educação que a pedagogia tem sua origem, se cria, se inventa e se renova.[5]

De algum modo, foi este o caminho que seguimos ao criar essa corrente no Brasil, num processo bastante original. Essa estreita e indispensável relação *práticas/teorias*, em mútua influência, ocupa uma grande parte das preocupações nessa corrente de pensamento em currículo. É desse modo que nos atrevemos a "corrigir" Certeau (1994) quando dizemos "praticantes/pensantes" e não somente "praticantes", como ele o faz.

Por outro lado, essa compreensão das "mil pedagogias" trazidas por Houssaye reforça a necessidade que sentimos de pluralizar os

---

5. Preferi usar a referência de publicação em português da Introdução do primeiro dos livros sobre os pedagogos publicado por Houssaye, cuja tradução foi feita por mim, na obra de Victorio Filho e Monteiro (2002).

termos: *práticasteorias*; escolas; *docentesdiscentes*; currículos; os *dentrofora* das escolas... Tenho a compreensão de que nas práticas pedagógicas — sejam elas didáticas ou curriculares — se cria permanentemente, e que este movimento só pode acontecer porque há, também, movimento de pensamentos. Esta é uma ideia articuladora nos processos que desenvolvemos em múltiplos grupos de pesquisa no país, cujos pesquisadores, muitos deles, escreveram textos para este livro (Regina Leite Garcia; Inês Barbosa de Oliveira; Carlos Eduardo Ferraço; Janete Magalhães; Conceição Soares; Edméa Santos; Stela Guedes Caputo; Carmen Pérez; Carmen Sanches; Maria Teresa Esteban).

Certamente, algumas discordâncias surgem, a partir daí, com o pensamento de Houssaye. A principal se refere a que Houssaye pensa que o pedagogo se forma — ou aparece — nas experiências que cria, enquanto nós entendemos que, para além disso, ele pode ser formado e se forma nas inúmeras redes educativas (Alves, 2010) que *docentesdiscentes* criam cotidianamente com outros *praticantespensantes*. Aceitando que, historicamente, como mostram os livros organizados por Houssaye, os pedagogos se formaram em experiências únicas, entendemos que a existência do que poderíamos chamar de "redes de pedagogos" (Chalmel, 2001; 2007), nas quais trocas se realizavam/realizam constantemente, permitiu o aparecimento dessas experiências de modo mais coletivo, seja por adesão modificada, seja por oposição a experiências existentes. Isso permite considerarmos a hipótese de uma "formação de pedagogo", pensada a partir desse conjunto de experiências *praticadaspensadas*.

Nesse sentido, reafirmamos que a originalidade de qualquer criação precisa ser compreendida a partir das trocas constantes — "conversas" — que temos com muitos, a favor ou contra as ideias que defendem. Isso explica, também, a necessidade que tive de incluir, nessa coletânea, no que se refere aos textos do campo de Currículo, pesquisadores que não produzem dentro dessa corrente nos/dos/com os cotidianos (Elizabeth Macedo, Alice Casimiro Lopes, Márcia Serra, Carmen Gabriel, Antonio Carlos Amorim, Álvaro Hypolito), mas com os quais as "conversas" são constantes, com aproximações e afastamentos diversos, em diferentes ocasiões.

Uma última questão eu destacaria sobre essa diversidade de au tores: os processos de pesquisa por que passamos, com modos de pensar diferenciados e modos de trabalhar metodologicamente também diferentes, nos fez adquirir formas de escrever múltiplas. Entendemos que cada um tem uma maneira particular de expor suas ideias, mas sobre o que chamo a atenção aqui é para modos de articular aquilo que conseguimos em nossas pesquisas, especialmente nos autores que pesquisam com os cotidianos que se aproximam de algum modo, com destaque para o que chamamos de "narrativas".

Referências bibliográficas

ALTET, Marguerite. *Les pédagogies de l'apprentissage*. Paris: PUF, 1997.

ALVES, Nilda. Redes Educativas "dentrofora" das escolas, exemplificadas pela formação de professores. In: SANTOS, Lucíola; DALBEN, Ângela; LEAL, Júlio Diniz Leiva (Org.). *Convergências e tensões no campo da formação e do trabalho docente*: currículo, ensino de educação física, ensino de geografia, ensino de história, escola, família e comunidade. 66. ed. Belo Horizonte: Autêntica, 2010. v. 1, p. 49-66.

BORGES, Jorge Luis. Prólogo. In: _____; FERRARI, Osvaldo. *Sobre a filosofia e outros diálogos*. São Paulo: Hedra, 2009.

CERTEAU, Michel de. *A invenção do cotidiano*: artes de fazer. Petrópolis: Vozes, 1994.

CHALMEL, Loïc. *Jean-Georges Stuber — pédagogie pastorale*. Berne/Paris: Peter Lang, 2001.

_____. *Jean-Frederic Oberlin*: le pasteur de Lumières. 1. ed. Estrasburgo: La Nuée Bluée, 2007.

HOUSSAYE, J. Didactique et pedagogie: l'illusion de la difference: l'exemple du triangle. _____; BERTRAND, Y. In: *Les siences de l'éducation pour l'ere nouvelle*. Caen: Télé-Université du Québec, 1995.

_____. O que é um pedagogo? In: VICTORIO FILHO, Aldo; MONTEIRO, Solange. *Cultura e conhecimento de professores*. Rio de Janeiro: DP&A, 2002.

JONNAERT, Philippe; BORGHT, Cécile V. *Criar condições para aprender*: o modelo socio-construtivista na formação de professores. Porto Alegre: Artmed, 2002.

LIBÂNEO, José C. O ensino da didática, das metodologias específicas e dos conteúdos específicos do ensino fundamental nos currículos dos cursos de Pedagogia. In: *Revista Brasileira de Estudos Pedagógicos*, Brasília, v. 91, n. 229, set./dez. 2010.

_____. *Pedagogia e pedagogos, para quê?* 12. ed. São Paulo: Cortez, 2011.

MIALARET, Gaston. *As ciências da educação*. Lisboa: Moraes, 1976.

_____. *Pédagogie générale*. Paris: Presses Universitaires de France, 1991.

PIMENTA, Selma G. Para uma ressignificação da didática: ciências da educação, pedagogia e didática (uma revisão conceitual e uma síntese provisória). In: _____ (Org). *Didática e formação de professores*: percursos e perspectivas no Brasil e em Portugal. 6. ed. São Paulo: Cortez, 2011.

SARRAMONA, Jaime; MARQUES, Salomó. *¿Qué es la pedagogia? Una resposta actual*. Barcelona: Ediciones Ceac, 1985.

SAVIANI, Dermeval. *Pedagogia histórico-crítica*: primeiras aproximações. 10. ed. Campinas: Autores Associados, 2005.

SUCHODOLSKI, Bogdan. *Tratado de pedagogía*. Barcelona: Ediciones Península, 1979.

VISALBERGHI, Aldo. *Pedagogia e scienze dell'educazione*. Milano: Arnoldo Mondadori Editore, 1983.

Tema I

Ensinar e aprender/ "aprender-ensinar":
o lugar da teoria e da prática em Didática e em Currículo

CAPÍTULO 1

Ensinar e aprender, aprender e ensinar:
o lugar da teoria e da prática em didática

José Carlos Libâneo

Didática: um pouco de história

Na tradição dos estudos em didática iniciada por Comênio, revigorada desde o século XIX nos estudos sobre a ciência pedagógica consumados por pedagogos alemães como Herbart, Dilthey e seguidores, pela pedagogia católica e por pedagogos russos, a didática constituiu-se como ramo da pedagogia, esta compreendida como ciência da formação humana, tendo como objeto de investigação o fenômeno educativo em sua globalidade. Essa tradição estendeu-se por várias partes do mundo, ao menos até a metade do século passado. Na década de 1960, primeiro na França e depois em outros países europeus, foi introduzida a denominação "ciências da educação", colocando a educação como objeto de estudo de um conjunto de ciências humanas e sociais, de alguma forma pondo em segundo plano a autonomia epistemológica da pedagogia, provocando certa dispersão temática no estudo da problemática educativa, incluindo questões da didática.

No final dos anos 1960, também na França, investigadores iniciaram um movimento de valorização das didáticas das disciplinas, alguns deles desacreditando a pedagogia pelo seu caráter generalista e, igualmente, a didática geral, pela mesma razão. Enquanto isso, outros defendiam a existência da didática e da pedagogia como duas dimensões da docência, sem nenhuma relação hierárquica entre elas. Neste caso, à didática caberia o estudo dos processos de ensino e aprendizagem em sua relação imediata com os conteúdos dos saberes a ensinar, a organização das situações didáticas e a escolha dos meios de ensino; à pedagogia caberiam as questões de gestão da classe em seus aspectos relacionais e na organização de situações pedagógicas (Altet, 1997, p. 11). É pertinente mencionar o posicionamento de outros investigadores desse tema denominados na França de "pedagogos", entre os quais Jean Houssaye, que define a pedagogia como uma reflexão sobre a prática educativa, articulando na ação pedagógica a teoria e a prática: "o que deve haver em pedagogia é certamente uma proposta prática, mas ao mesmo tempo uma teoria da situação educativa referida a essa prática, ou seja, uma teoria da situação pedagógica" (Houssaye, 2004, p. 12). Para esse autor, a pedagogia e a didática, mais do que campos complementares, são uma e mesma coisa. O movimento dos "didatas" franceses continua bastante atuante em vários lugares do mundo, incluindo o Brasil, com influência marcante no campo investigativo do ensino de disciplinas e nos cursos de formação de professores.

No Brasil, onde vigora uma notória dependência do pensamento estrangeiro em educação proveniente de várias culturas e de várias tradições epistemológicas, europeias ou norte-americanas, certamente se fazem presentes todos esses significados de didática. É assim que em nossas instituições de formação de educadores incidem posições, em meio a conhecidas divergências, que a vinculam à pedagogia (ciência pedagógica), umas que se atêm apenas às didáticas disciplinares, outras que a subsumem no currículo, enquanto continua frequente no meio acadêmico sua depreciação como campo disciplinar e investigativo. A despeito disso, cumpre ressaltar que a didática continua presente como disciplina na imensa maioria dos cursos de licenciatura do país. Quanto à área do currículo, desde os anos 1980 desenvolveram-se no âmbito anglo-americano, com significativa difusão no Brasil, estudos sobre currículo numa perspectiva sociocrítica com forte peso em temas sociológicos e culturais, formando o campo da chamada teoria curricular crítica, em que os temas da didática são subsumidos no currículo. A autonomização dessa disciplina, antes vinculada à didática, constituindo-se como outro campo investigativo, acabou levando à formação de dois campos científicos paralelos, com objetos de investigação coincidentes, guardando espaços de convergências, mas com enfoques diferenciados.

Os revezes da didática no Brasil no meio acadêmico e nos cursos de formação de professores são conhecidos. A movimentação política retomada desde o início da década de 1980, no final da ditadura militar, deu início no campo educacional ao questionamento do formato curricular dos cursos de formação de professores, no contexto do revigoramento da visão crítica na educação, em boa parte influenciada pela teoria da reprodução de Bourdieu e Passeron e pela teoria dos aparelhos ideológicos de Estado de Althusser (cf. Saviani, 2010). Ao mesmo tempo, surgem publicações sobre educação na perspectiva do pensamento pós-moderno. De ambos os lados, a pedagogia é criticada, seja pelo seu lado "reprodutor", conservador, seja pelo seu caráter fundamentalista, prescritivo, o que levou algumas instituições formadoras a assumirem a formulação francesa de "ciências da educação" ou simplesmente a destituirem a pedagogia de sua condição de campo científico, seguindo-se a supressão da formação de pedagogos especialistas. A posição da Associação Nacional pela Formação de Profissionais da Educação (Anfope), caracterizada pela identificação entre pedagogia e docência, acabou prevalecendo nos currículos de formação profissional para as séries iniciais e na recente legislação educacional em vigor desde 2006. Entre as muitas consequências prejudiciais à formação profissional de professores provocadas por essa posição (Libâneo, 2006), cumpre ressaltar o processo de depreciação da didática, seguindo, não por acaso, o mesmo caminho percorrido em relação à pedagogia. Entretanto, adversários dessa posição retomaram o movimento pelo revigoramento de estudos teóricos e investigativos da ciência pedagógica e pelo exercício profissional do pedagogo (Saviani,

2005a, 2005b; Libâneo, 2010b; Franco, 2008; Franco, Libâneo e Pimenta, 2007; Libâneo e Pimenta, 1999).

A compreensão de um conceito ampliado de pedagogia, tal como venho desenvolvendo há anos, permite formular uma posição sobre o lugar da didática como campo disciplinar e de exercício profissional, vinculado à ciência pedagógica. Numa perspectiva enraizada na tradição clássica, especialmente na visão marxiana, a pedagogia é assumida como um campo de estudos sobre o fenômeno educativo, portadora de especificidade epistemológica que, ao possibilitar o estudo globalizado do fenômeno educativo, busca a contribuição de outras ciências que têm a educação como um de seus temas.

A pedagogia, portanto, é uma reflexão sobre a atividade educativa, uma orientação para a prática educativa, uma direção de sentido das práticas de formação humana a partir de objetivos e valores necessários à humanização das pessoas numa sociedade concreta. É a teoria e a prática da educação. Portanto, o objeto de estudo da pedagogia é a educação (ou, no plural, as práticas educativas), enquanto prática social que atua na formação e o desenvolvimento do ser humano, em condições materiais e sociais concretas. Por isso, as investigações teóricas e empíricas da sociologia, da psicologia, da antropologia, da economia, da história da educação, ou da cultura, das políticas sociais, da gestão do sistema de ensino e das escolas, da didática, do currículo etc., devem ocorrer em função das ações e processos formativos propiciados pelas várias modalidades de educação. Em outro texto proponho uma definição de educação em relação aos processos formativos do ser humano:

> A educação é uma prática social, materializada numa atuação efetiva na formação e desenvolvimento de seres humanos, em condições socioculturais e institucionais concretas, implicando práticas e procedimentos peculiares, visando mudanças qualitativas na aprendizagem escolar e na personalidade dos alunos (Libâneo, 2008).

É sob essa perspectiva que a pedagogia é vista como área de conhecimento que tem por objeto as práticas educativas em suas várias modalidades incidentes na prática social, investigando a natureza do fenômeno educativo, os conteúdos e os métodos da educação, os procedimentos investigativos. Ela se refere não apenas ao "como se faz", mas, principalmente, ao "por que se faz", de modo a orientar o trabalho educativo para as finalidades sociais e políticas almejadas pelo grupo de educadores. Em outra publicação, escrevi:

> A pedagogia ocupa-se de tarefas de formação humana em contextos demarcados em tempos e espaços. [...] A realidade atual mostra um mundo ao mesmo tempo homogêneo e heterogêneo, num processo de globalização e individuação, afetando sentidos e significados de indivíduos e grupos, criando múltiplas culturas, múltiplas relações, múltiplos sujeitos. [...] O que fazemos quando nos toca educar pessoas, é efetivar práticas pedagógicas que irão constituir sujeitos e identidades. [...] A pedagogia, assim, quer compreender como fatores socioculturais e institucionais atuam nos processos de transformação dos sujeitos mas, também, em que condições estes múltiplos sujeitos aprendem melhor (Libâneo, 2005, p. 19-21).

A didática, assim, realiza objetivos e modos de intervenção pedagógicos em situações específicas de ensino e aprendizagem. Tem como objeto de estudo o processo de ensino-aprendizagem em sua globalidade, isto é, suas finalidades sociais e pedagógicas, os princípios, as condições e os meios da direção e organização do ensino e da aprendizagem, pelos quais se assegura a mediação docente de objetivos, conteúdos, métodos, formas de gestão do ensino, tendo em vista a apropriação das experiências humanas social e historicamente desenvolvidas. Pedagogia e didática formam uma unidade, se correspondem, mas não são idênticas, pois, se é fato que todo trabalho didático é trabalho pedagógico, nem todo trabalho pedagógico é trabalho didático, já que há uma grande variedade de práticas educativas além da escola.

A teoria histórico-cultural oferece o delineamento teórico para essa visão da didática, especialmente na formulação de três de seus representantes: Vigotski, Leontiev e Davydov. Segundo essa teoria, o desenvolvimento psicológico tem seu enraizamento nas condições externas de vida, isto é, nas formas histórico-sociais da existência humana. Entre as práticas sociais que podem atuar nesse desenvolvimento estão os processos educativos, objetos de estudo da pedagogia.

A natureza do didático:
aprender e ensinar, ensinar e aprender

Na tradição da investigação pedagógica, a didática tem sido vista como um conhecimento relacionado a processos de ensino e aprendizagem que ocorrem em ambientes organizados de relação e comunicação intencional, visando à formação intelectual e moral dos alunos. Autores pertencentes à tradição da teoria histórico-cultural mostram a mediação didática como sendo a forma de ativação do processo de aprendizagem. L. Klingberg escreveu que o caráter científico do ensino é dado pela condução do processo de ensino com base no conhecimento das leis que governam o processo de conhecimento. Segundo ele:

> O processo docente do conhecimento — embora somente em alguns casos se descubra o novo de forma objetiva — é um insubstituível campo de exercício para o desenvolvimento das forças cognoscitivas dos alunos, para sua curiosidade, sua alegria pela investigação e as descobertas, sua capacidade de poder perguntar, de ver problemas e chegar metodicamente à sua solução (Klingberg, 1978, p. 47).

Na mesma direção segue Lompscher (1999), para quem a organização didática visa promover a atividade de aprendizagem dos alunos: "A organização didática dos processos de aprendizagem [...] deve ser orientada em direção à atividade dos alunos." Para ele, a efetividade do ensino se revela ao assegurar as condições e os modos de viabilizar o processo de conhecimento pelo aluno, ou seja, a aprendizagem.

Destaca-se nessas definições o papel do ensino como atividade de mediação para promover o encontro formativo — afetivo, cognitivo, ético, estético — entre o aluno e o objeto de conhecimento, ou seja, a relação ativa do aluno com a matéria, destacando-se o papel das con-

TEMAS DE PEDAGOGIA

dições concretas para a realização dessa atividade. Em 1990 eu escrevia no livro *Didática*:

> Definindo-se como mediação escolar dos objetivos e conteúdos do ensino, a didática investiga as condições e formas que vigoram no ensino e, ao mesmo tempo, os fatores reais (sociais, políticos, culturais, psicossociais) condicionantes das relações entre docência e aprendizagem. [...] O processo didático de transmissão/assimilação de conhecimentos, habilidades e valores tem como culminância o desenvolvimento das capacidades cognoscitivas dos alunos, de modo que assimilem ativa e independentemente os conhecimentos sistematizados (Libâneo, 2011a).

A teoria histórico-cultural fundada por Lev Vigotski e seguidores acentua na educação escolar a unidade entre ensino, aprendizagem e desenvolvimento humano. Nessa corrente teórica, a aprendizagem humana se caracteriza por mudanças qualitativas na relação entre a pessoa e o mundo, pela mediação de instrumentos ou ferramentas culturais envolvendo a interação entre pessoas, culminando com a internalização de significados sociais, especialmente os saberes científicos, procedimentais e valorativos. Para Vigotski, todas as funções mentais superiores são relações sociais internalizadas. O ensino opera uma mediação cultural cujo papel é, precisamente, promover o desenvolvimento mental por meio da aprendizagem, convertendo a aprendizagem em desenvolvimento cognitivo, afetivo e moral. A didática (e, por consequência, as didáticas disciplinares) consiste na sistematização de conhecimentos e práticas referentes aos fundamentos, condições e modos de realização do ensino e da aprendizagem dos conteúdos, habilidades, valores, visando ao desenvolvimento das capacidades mentais e à formação da personalidade dos alunos. O núcleo do didático é, então, a mediação das relações do aluno com os objetos de conhecimento (aprendizagem), em condições socioculturais concretas. O trabalho dos professores consiste em ajudar o aluno, por meio dos conteúdos, a adquirir capacidades para novas operações mentais ou modificar as existentes, com o que se operam mudanças qualitativas em sua personalidade. Há, então, três focos articulados da didática: os conteúdos dos saberes a ensinar, a ativação das capacidades intelectuais dos alunos, o ambiente sociocultural e institucional para o ensino e a organização das situações didáticas com os meios adequados.

A unidade entre ensino e aprendizagem está expressa na palavra russa utilizada por Vigotski — *obutchenie* — cuja tradução literal é *instrução* (Prestes, 2010). Segundo essa autora, a palavra refere-se ao processo simultâneo de instrução, estudo, aprendizagem. Trata-se do processo de ensino-aprendizagem implicado na instrução, ou seja, o ensinar por meio da atuação de outra pessoa no processo de aprendizagem. Segundo Prestes:

> Para Vigotski, a atividade *obutchenie* pode ser definida como uma atividade autônoma da criança que é orientada por adultos ou colegas e pressupõe, portanto, a participação ativa da criança no sentido de apropriação dos produtos da cultura e da experiência humana. Isso é o mais importante. Poder-se-ia argumentar que a expressão ensino-aprendizagem seria a mais adequada para a tradução da palavra *obutchnie*. Todavia, em russo, essa palavra implica uma unidade desses processos e a mera junção por hífen de duas palavras não transmite a ideia que Vigotski atribui a ela: uma atividade autônoma da criança que é orientada por alguém que tem a intencionalidade de fazê-lo. Ou seja, *obutchenie* implica a atividade da criança, a orientação da pessoa e a intenção dessa pessoa. [...] Por tudo isso, a palavra que, a nosso ver, mais se aproxima do termo obutchenie de Vigotski é instrução (Prestes, 2010, p. 188).

Está posto, pois, o sentido que adotamos para o ensinar-aprender e o aprender-ensinar, desde a perspectiva histórico-cultural: a aprendizagem envolve a apropriação pelo indivíduo da experiência social e histórica expressa nos conhecimentos e modos de ação, o que, com a adequada orientação do ensino, leva ao desenvolvimento mental, afetivo e moral. Trata-se essencialmente de um processo de mudança, de reorganização e enriquecimento do próprio aluno, implicando sua participação ativa e, ao mesmo tempo, a intencionalidade educativa daquele que ensina. A partir desta concepção, é possível entender a frase de Vigotski quando escreve que somente é boa aquela instrução (ensino) que vai adiante do desenvolvimento, ao despertar e provocar "toda uma série de funções que se encontram em estado de maturação na zona de desenvolvimento próximo" (Vigotski, 2007, p. 360), guiando o processo de desenvolvimento, envolvendo a atuação colaborativa de outras pessoas. Ou seja, a zona de desenvolvimento próximo (ou iminente, como prefere Prestes) define a condição da criança em relação a funções mentais ainda em maturação (funções que não concluíram o seu desenvolvimento), e que podem ser desenvolvidas com a ajuda do adulto.

Em síntese, a aprendizagem é uma atividade do aluno visando à apropriação de conceitos, métodos e instrumentos cognitivos, mas necessita de uma "intervenção" do outro, por meio da mediação, daí a ideia de instrução, no entendimento de Prestes, como "uma atividade autônoma da criança que é orientada por alguém que tem a intencionalidade de fazê-lo". Reafirmamos, pois, o entendimento de que o ensino e a aprendizagem formam uma unidade dentro de um mesmo processo, ainda que cada termo guarde sua especificidade, não podendo ser subsumido um no outro. A Didática investiga esse processo no seu conjunto, buscando articular a interação entre o ensino e o estudo, entre o ensino e o desenvolvimento das capacidades intelectuais.

É assim que escola e ensino, pela mediação do professor, existem para promover e ampliar o desenvolvimento das capacidades cognitivas e a formação da personalidade. Por isso, o problema pedagógico-didático diz respeito às formas pelas quais práticas sociais formam o desenvolvimento cognitivo, afetivo e moral dos indivíduos, sendo que os resultados social, pedagógico e cultural da escola expressam-se nas aprendizagens efetivamente consumadas. A atividade pedagógica somente é pedagógica se ela mobiliza as ações mentais dos sujeitos, visando à ampliação de suas capacidades cognitivas e à formação de sua personalidade global. Essa formação de ações mentais ou novos usos de uma ação mental requer, por parte dos alunos, uma atividade de estudo e, da parte dos professores, a mediação didática, precisamente a intervenção intencional na formação de processos mentais do aluno.

O processo de apropriação ocorre em contextos de práticas sociais, culturais e institucionais, dada a natureza social das funções sociais superiores. Desse modo, o ensino acontece em meio a práticas correntes no entorno social e nas próprias situações de aprendizagem na escola e na sala de aula, dada a configuração dos ambientes sociais de aprendizagem. A zona de desenvolvimento próximo, portanto, supõe o contexto de "vivência" do aluno, ou seja, os contextos socioculturais e institucionais. Não se trata, pois, de um processo que surge e termina na aprendizagem individual do aluno. Segundo Vigotski e Luria:

> O comportamento do homem é o produto do desenvolvimento de um sistema mais amplo de vínculos e relações sociais, de formas coletivas de conduta e de cooperação social. [...] Cada uma das funções psíquicas superiores foi anteriormente uma forma distinta de cooperação psíquica e só posteriormente se converte em um modo individual de comportamento. [...] Mostra-se aqui a história das funções psíquicas superiores como a história da transformação dos meios de comportamento social em meios de organização psíquica individual. (Vigotski e Luria, 2007, p. 51)

Portanto, as práticas socioculturais e institucionais que crianças e jovens compartilham na família, na comunidade e nas várias instâncias da vida cotidiana são, também, determinantes na apropriação de conhecimentos e modos de agir, assim como na formação da personalidade. Dessa forma, tais práticas sociais aparecem na escola tanto como contexto social e cultural quanto como conteúdos, influenciando nas mudanças no desenvolvimento e na aprendizagem dos alunos. Com isso, as atividades de uma disciplina na sala de aula orientadas para a formação de processos mentais por meio dos conteúdos científicos precisam estar articuladas com as formas de conhecimento cotidiano vivenciadas pelos alunos. A esse respeito, escreve Hedegaard:

> Ao considerar as práticas como importantes para a compreensão do uso de ferramentas, isto implica que a aprendizagem seja conceitualizada dentro de um contexto em que as tradições e práticas sejam vistas como parte das condições de aprendizagem. [...] Diferenças nas práticas em diferentes instituições dão à criança diferentes competências e a competência da criança é avaliada

TEMAS DE PEDAGOGIA

de forma diferente em diferentes instituições, porque tais práticas fazem diferentes exigências para a criança (Hedegaard, 2004, p. 26).

Essa citação, por um lado, ressalta a relação entre o desempenho escolar dos alunos e as práticas sociais de que participa; por outro, suscita o entendimento de que cada instituição integrante de práticas socioculturais tem suas próprias práticas de aprendizagem. Isso significa que saberes e práticas correntes no entorno escolar não devem ser reproduzidas na escola como tais, mas reorganizadas e articuladas com as funções específicas da instituição escolar. São referências para a abordagem dos conteúdos, no sentido de que o papel da escola é integrar os conceitos científicos com os conceitos cotidianos trazidos de casa e do meio social. Apropriando-se das ideias de Vigotski, Hedegaard recomenda aos professores a abordagem do duplo movimento que consiste na integração entre conceitos cotidianos já adquiridos pelas crianças em suas práticas sociais e conceitos nucleares da matéria, de modo que avancem "das características abstratas e leis gerais de um conteúdo para a realidade concreta, em toda a sua complexidade e, inversamente, a aprendizagem dos alunos deve ampliar-se de seu conhecimento pessoal cotidiano para as leis gerais e conceitos abstratos de um conteúdo" (Hedegaard, 2005, p. 70). Este tema é retomado nos capítulos 3 e 8 deste livro.

A contribuição de V. Davydov para o desenvolvimento da Didática

Vasili Davydov, pertencente à terceira geração de pedagogos da Escola de Vigotski, formulou a teoria do ensino desenvolvimental ou ensino para o desenvolvimento, incorporando as contribuições de Vigotski, ampliando-as para a didática.

Como apresentado anteriormente, a apropriação consiste na reelaboração subjetiva de conhecimentos, capacidades, habilidades (internalização) constituídos socialmente, a partir de ferramentas culturais já desenvolvidas. Isto implica considerar a atividade psicológica interna, bem como as formas complexas dessa atividade: a abstração, a generalização, a formação de conceitos. Uma das questões mais centrais da teoria histórico-cultural é saber de que forma os indivíduos aprendem a fazer abstrações e generalizações, de modo a ultrapassar os limites da experiência sensorial imediata.

Sabe-se que Vigotski dedicou-se ao estudo dessas questões em seu livro Pensamento e fala (Vigotski, 2007), em que são apresentados e discutidos os processos de formação dos conceitos cotidianos em crianças de diferentes idades e a interligação com a formação dos conceitos científicos. Segundo ele, os conceitos cotidianos e os científicos fazem um percurso inverso: enquanto os primeiros surgem de baixo para cima ao lidar imediatamente com objetos e fenômenos do dia a dia, os segundos começam com o trabalho com os conceitos mesmos, ou seja, com abstrações, prosseguindo no processo de generalização. Com os conceitos cotidianos vai-se do concreto para o abstrato; com os conceitos científicos, vai-se do abstrato para o concreto. Escreve Vigotski (2007, p. 377):

> O desenvolvimento dos conceitos científicos começa na esfera da compreensão consciente e da voluntariedade e continua mais além, crescendo para baixo, até à esfera da experiência pessoal e do concreto. O desenvolvimento dos conceitos espontâneos começa na esfera do concreto e empírico e se move em direção às propriedades superiores dos conceitos: a compreensão consciente e a voluntariedade. A relação entre o desenvolvimento destas duas linhas opostas revela, indubitavelmente, sua verdadeira natureza: trata-se da relação entre a zona de desenvolvimento próximo e o nível atual do desenvolvimento.

Davydov, por sua vez, investigou os processos de formação dos conceitos teórico-científicos no ensino com base na lógica dialética, pois, no seu entender, os conceitos cotidianos (ou empíricos) e os conceitos científicos (ou teóricos) são dois tipos fundamentalmente diferentes de generalização e de conceitos. Para esse autor, a instrução ou ensino (*obutchenie*) é um sistema de organização e métodos para assegurar o processo de apropriação da experiência socialmente formada, promovendo mudanças qualitativas no desenvolvimento mental. O caminho dessa apropriação é a formação de conceitos científicos pelos quais os alunos podem ter o domínio do modo geral pelo qual o objeto de conhecimento é construído, interiorizando os modos de atividade anteriores aplicados à investigação dos conceitos e modos de agir vinculados a esses conceitos. Seguindo a formulação de Vigotski, a interiorização desses modos de atividade da experiência social permite criar no sujeito dispositivos autorreguladores das ações e comportamentos dos indivíduos. Escrevem Davydov e Markova (1983, p. 5):

> Enquanto a apropriação é a reprodução pela criança da experiência socialmente desenvolvida e a instrução formal é a forma de organização desta apropriação em condições históricas determinadas em uma determinada sociedade, o desenvolvimento é caracterizado principalmente por alterações qualitativas no nível e na forma das capacidades, tipos de atividade etc., apropriados pelo indivíduo. [...] A apropriação é o resultado da atividade empreendida pelo indivíduo quando ele aprende a dominar métodos socialmente desenvolvidos de lidar com o mundo dos objetos e a transformar esse mundo, os quais gradualmente se tornam o meio da atividade própria do indivíduo.

O domínio desses métodos supõe os conteúdos, uma vez que aqueles são derivados dos processos investigativos pelos quais se chega à constituição de um conteúdo. Por isso, para Davydov, a referência básica do processo de ensino são os objetos científicos (os conteúdos), que precisam ser apropriados pelos alunos mediante a descoberta de um princípio interno do objeto e, daí, reconstruído sob forma de conceito teórico na atividade conjunta entre professor e alunos. A reconstrução e reestruturação do objeto de estudo constituem o processo de interiorização, a partir do qual se reestrutura o próprio modo de pensar dos discentes, promovendo, com isso, seu desenvolvimento mental (cf. Libâneo, 2011b).

A formação dos conceitos e do pensamento teórico-científico ocorre por meio da ascensão do abstrato ao concreto. Para isso, trata-se inicialmente de ir ao cerne dos conceitos, buscando a determinação primeira de relações por meio da análise do conteúdo trabalhado, o que corresponde ao percurso do método da reflexão dialética. Em seguida, os alunos vão verificando como esta relação geral se manifesta em outras relações particulares do material estudado, seguindo o caminho da abstração à generalização. Esse modo de estruturação das disciplinas escolares contribui para formar nos escolares um pensamento científico-teórico, condição para o desenvolvimento mental. Ele escreve:

> Quando os alunos começam a usar a abstração e a generalização iniciais como meios para deduzir e unir outras abstrações, eles convertem as estruturas mentais iniciais em um conceito, que representa o "núcleo" do assunto estudado. Este "núcleo" serve, posteriormente, às crianças como um princípio geral pelo qual elas podem se orientar em toda a diversidade do material curricular factual que têm que assimilar, em uma forma conceitual, por meio da ascensão do abstrato ao concreto (Davydov, 1988, p. 22).

O procedimento didático a ser seguido na interiorização de conceitos de uma disciplina escolar depende do exame das condições históricas em que foram originados e que os levaram a se tornar essenciais, ou seja, os conceitos não se dão como "conhecimentos já prontos", devendo ser deduzidos a partir do modo geral de sua constituição e do abstrato. Por sua vez, a formação dos conceitos e a generalização em relação ao material estudado dependem da realização de tarefas de aprendizagem que possibilitem o exercício de operações mentais da transição do universal para o particular e vice-versa.

Em síntese, podemos dizer que aprender a pensar teoricamente é aprender a pensar e atuar com conceitos a partir da apreensão do modo geral de ação mental próprio da ciência ensinada (conceito nuclear), com base no qual fatos e situações particulares podem ser deduzidos de uma relação geral. Formam-se conceitos por meio da formação de ações mentais, com base nos procedimentos lógicos e investigativos conexos ao conteúdo da ciência ensinada. Ao se apropriar desse processo, o estudante internaliza métodos e estratégias gerais cognitivas da ciência ensinada, os quais se tornam meios de sua atividade. Davydov recomenda a aprendizagem baseada em problemas e o ensino com pesquisa, em que o professor intervém ativamente nos processos mentais das crianças e produz novas formações da atividade mental por meio dessa intervenção. O caminho didático implica, portanto, a seleção de conteúdos e objetivos, mas estes somente fazem sentido se os alunos são ajudados na formação de suas ações mentais. Na verdade, o grande objetivo é construir dispositivos didáticos sólidos que permitam a identificação das operações mentais a realizar, a partir dos conteúdos, e prever as situações pedagógico-didáticas em que serão postas em prática.

Para ilustrar a noção de caminho didático para formar e atuar com conceitos, podemos dar um exemplo sobre ensinar e aprender em tópicos de educação ambiental. A educação ambiental ocupa-se de processos intencionais de comunicação e interiorização de saberes — conhecimentos, experiências, habilidades, valores, modos de agir —, cabendo ao ensino organizar os conteúdos, prever objetivos na forma de ações mentais e desenvolver formas metodológicas e organizativas do ensino. O resultado esperado desse ensino é o desenvolvimento de capacidades de pensar e agir ambientalmente, para o que se vai em busca da origem e desenvolvimento histórico dos conteúdos, processos de investigação e modos de agir da educação ambiental. Desse modo, a Didática da educação ambiental consistiria em ajudar os alunos a captar o percurso da investigação pelo qual vai se constituindo o saber ambiental e descobrir o caminho metodológico pelo qual podem interiorizar esse percurso, para que aprendam a pensar e a agir autonomamente em relação a práticas socioambientais (ou seja, analisar e atuar em problemas e situações concretas relacionados com o ambiente). O aluno internaliza o *modo geral* de ação mental, ou seja, adquire um método teórico geral sobre a educação ambiental, para aplicá-lo a situações particulares da realidade. Esta é a ideia que está por trás da expressão "conhecimento teórico-científico".

A contribuição de Davydov para a Didática é sumamente relevante, indicando o vínculo explícito entre a Didática e a epistemologia das ciências, de modo a estabelecer conexões entre a Didática e a lógica científica das disciplinas. Na teoria de Davydov, a abordagem pedagógico-didática de um conteúdo pressupõe a abordagem epistemológica desse conteúdo, tendo em conta as características de personalidade dos alunos e os contextos socioculturais e institucionais das aprendizagens. Nesse sentido, na aprendizagem de um conteúdo científico, importa mais o domínio do processo de origem e desenvolvimento de um objeto de conhecimento do que o domínio somente de seu conteúdo formal. Por isso, a formação do pensamento teórico-científico implica o domínio de processos de investigação e procedimentos lógicos do pensamento associados a um conteúdo científico. A culminância esperada em relação à aprendizagem é que, ao aprender, o aluno se aproprie do processo histórico real da gênese e desenvolvimento do conteúdo, interiorizando métodos e estratégias cognoscitivas gerais da ciência ensinada, formando conceitos (isto é, procedimentos mentais operatórios), tendo em vista analisar e resolver problemas e situações concretas da vida prática.

A teoria do ensino para o desenvolvimento traz para a didática o fundamento para justificar a relação indissolúvel entre o plano epistemológico (da ciência ensinada) e o plano didático, isto é, entre a disciplina e a didática, uma vez que lidar didaticamente com algo é lidar epistemologicamente com algo. Esta concepção traz importantes consequências para a formação profissional de professores nos cursos de licenciatura, já que é absolutamente imprescindível a integração entre os conteúdos, os métodos da ciência de onde eles se originam e as metodologias de ensino. Supõe, portanto, o vínculo essencial entre conhecimento pedagógico-didático e conhecimento disciplinar.

A didática histórico-cultural e a metáfora do triângulo didático

A caracterização da didática como mediação do processo de ensino-aprendizagem não abandona a clássica metáfora do triângulo didático, mas a amplia, já que a relação de mediação faz explicitar o papel do professor na orientação da atividade de aprendizagem do aluno, considerados o contexto e as condições do ensino e da aprendizagem. Com isso, a relação dinâmica entre três elementos constitutivos do ato didático — o professor, o aluno, a matéria — forma as categorias da didática: Para que ensinar? O que ensinar? Quem ensina? Para quem se ensina? Como se ensina? Sob que condições se ensina e se aprende? Tais categorias formam, por sua vez, o conteúdo da didática.

"Para que ensinar" põe o problema dos objetivos da educação geral: o que se espera da escola e do ensino em relação à formação humana, consideradas as demandas e exigências da sociedade, da localidade, do desenvolvimento científico e tecnológico, das exigências pela qualidade de vida? Que objetivos definir numa sociedade marcada por desigualdades sociais, econômicas, culturais, em que os grupos sociais dominantes exercem influência determinante sobre objetivos e conteúdos da educação escolar? "Para que ensinar" consiste, assim, numa questão crucial, que antecede tudo o mais.

"O que ensinar" remete à análise e à organização dos conteúdos, decorrentes de exigências sociais, culturais, políticas, éticas, ação essa intimamente ligada aos objetivos, os quais expressam as intenções sociais e políticas do ensino. A análise dos conteúdos implica, ao menos, os conceitos básicos das matérias e respectivos métodos de investigação, a adequação às idades e ao nível de desenvolvimento mental dos alunos, aos processos internos de interiorização, aos processos comunicativos na sala de aula, aos significados sociais dos conhecimentos.

"Quem ensina" remete aos agentes educativos, presentes na família, no trabalho, nas mídias. Na escola, o professor põe-se como mediador entre o aluno e os objetos de conhecimento, enquanto os alunos estabelecem com esses objetos uma relação cognitiva, envolvendo significados e sentidos. "Quem ensina" supõe, pois, "quem aprende", incluindo aí as características individuais e socioculturais. A par disso, professores e alunos são sujeitos envolvidos numa relação social que se materializa na sala de aula, mas também na dinâmica das relações internas que ocorrem na escola, em suas práticas organizativas e institucionais, o que remete ao "como ensinar" e aos contextos e condições em que se realiza o ensino.

"Como ensinar" corresponde aos métodos, procedimentos e formas de organização do ensino, em estreita relação com as características individuais e socioculturais e motivos dos alunos, estando presentes, também, no processo de constituição dos objetos de conhecimentos.

As condições das ações didáticas dizem respeito ao contexto social, cultural, organizacional, coletivo em que se situam as situações pedagógico-didáticas concretas em que se realiza o processo de ensino-aprendizagem. Mais especificamente, referem-se, por um lado, às políticas educacionais e diretrizes normativas para o ensino; às práticas socioculturais, familiares, locais; por outro lado, ao funcionamento da escola, como as práticas de organização e gestão, o espaço físico, o clima organizacional, os meios e recursos didáticos, o currículo, os tempos e espaços; às condições pessoais e profissionais dos professores; às características individuais e socioculturais dos alunos, às disposições internas para estudo e acompanhamento das atividades didáticas, necessidades sociais e aprendizagem; ao relacionamento entre professor e alunos, alunos e colegas.

Verifica-se que, a partir dos elementos constitutivos do ato didático, há uma intensa articulação com outros campos científicos, tais como a teoria do conhecimento, a psicologia da aprendizagem e do desenvolvimento, a sociologia, a teoria do currículo, a pesquisa cultural etc., visando à compreensão do fenômeno ensino em sua estreita ligação com a aprendizagem. Desse modo, a didática se assume como disciplina de integração, articulando numa teoria geral de ensino as várias ciências da educação, e compondo-se com as metodologias específicas das disciplinas curriculares. Ou seja, combina-se o que é geral, elementar, básico para o ensino de todas as matérias com o que é específico no ensino das distintas disciplinas, em estreito vínculo com a teoria do conhecimento, a psicologia aplicada ao ensino e a sociologia das situações escolares e dos contextos socioculturais.

Interfaces da didática com outros campos de conhecimento

Em outro texto (Libâneo, 2010c), foram destacadas algumas tarefas urgentes para o revigoramento teórico e profissional da didática: retomada do estudo aprofundado do campo teórico e investigativo da pedagogia; a retomada, na mesma direção, dos estudos em didática voltados ao processo de aprendizagem por meio do ensino; aprofundamento da pesquisa didática na escola e na sala de aula, destacando as mediações pedagógicas em função da formação dos processos mentais; ampliação das abordagens dos elementos constitutivos da didática visando clarear os contextos e as condições concretas do ensino e da aprendizagem, introduzindo questões socioculturais, antropológicas, linguísticas, estéticas, comunicacionais, midiáticas.

Para inserir essas tarefas no seu conteúdo e nas práticas de ensino, a didática necessita de outros campos de conhecimento, uma vez que o ensino é uma prática social, portanto, impregnada de várias dimensões: a social, a cultural, a política, a psicológica, a biológica etc. A teoria curricular crítica traz importantes aportes à problemática investigativa da didática ao ajudar a compreender as relações entre conhecimento e poder incidentes nos processos de seleção, distribuição, organização e ensino dos conteúdos curriculares, as culturas particulares, a identidade e a diferença, a pluralidade das linguagens (Lopes e Macedo, 2011). Tais temas são, sem dúvida, muito relevantes e podem perfeitamente ser incluídos na problemática teórica e prática da didática, desde que sejam conectados aos esforços de melhoria da escola pública, com foco nas questões de aprendizagem e desenvolvimento de processos cognitivos. A concordância de teóricos da didática e do currículo em torno de alguns pontos comuns relacionados com a prática docente, ainda que não anulem divergências teóricas, concorre para evitar a presença de posições imobilistas entre os professores que atuam nas escolas (Libâneo, 1988).

Os estudos que articulam didática e epistemologia, temática que tem motivado os didatas franceses com forte inspiração no pensamento de Bachelard e, também, presentes na obra de V. Davydov (Libâneo, 2010c), tornam-se, hoje, imprescindíveis para a renovação do campo teórico da didática. A apropriação de saberes supõe os procedimentos investigativos de constituição desses saberes, e isto é um problema eminentemente epistemológico. Nesse sentido, a didática não pode prescindir dos conteúdos específicos das disciplinas ensinadas para desenvolver suas investigações. Sendo assim, não se pode falar de uma didática geral, nem de métodos gerais de ensino aplicáveis a todas as disciplinas. A didática somente faz sentido se estiver conectada à lógica científica da disciplina ensinada. De sua parte, ela oferece às disciplinas específicas o que é comum e essencial ao ensino. Ao efetuar essa tarefa de generalização, a didática se converte em uma das bases essenciais das didáticas específicas. "Em uma das bases" porque a didática recorre a outros tipos de conhecimento além daqueles da matéria ensinada, por exemplo, da psicologia, da sociologia, da antropologia, dos processos comunicacionais.

O papel da didática na formação de professores: teoria e prática

Os professores realizam um trabalho que se caracteriza como uma atividade humana peculiar, a atividade de ensino. Toda atividade humana está dirigida a um objeto que, na atividade de ensino, é um sujeito que aprende conceitos, habilidades, valores, integrantes dos conteúdos disciplinares. Na unidade entre ensino e aprendizagem, o resultado é a mobilização das ações mentais dos sujeitos visando ao pleno desenvolvimento de suas capacidades intelectuais e de sua personalidade. Assim, a típica atividade de ensino (vale dizer, o ato tipicamente didático) consiste, em última instância, em ajudar o aluno a relacionar o processo mental do conhecimento com seu objeto. Segundo Leontiev (1988, p. 68):

> [A atividade se refere] "àqueles processos que, realizando as relações do homem com o mundo, satisfazem uma necessidade especial correspondente a ele. [...] Por atividade, designamos os processos psicologicamente caracterizados por

aquilo que o processo, como um todo, se dirige (i.e., objeto), coincidindo sempre com o objetivo que estimula o sujeito a executar essa atividade, isto é, o motivo".

Com base nesse entendimento, o professor realiza uma atividade que implica atender à necessidade de as pessoas se educarem, aprenderem, desenvolverem sua atividade intelectual, no decurso da qual são realizadas ações e operações, tendo em vista o objetivo. A prática profissional de professores não é uma mera atividade técnica, não se constitui como mero fazer resultante de habilidades técnicas, mas como atividade teórica e prática, uma atividade prática que é sempre teórica, pensada, e um movimento do pensamento, do que resulta uma prática pensada.

As categorias que formam o conceito de didática e seus elementos constitutivos possibilitam dimensionar a constituição da atividade de ensino e os saberes docentes correspondentes, condição básica para definir o conteúdo da formação profissional dos professores. Sendo assim, da consideração dos nexos entre atividade de ensino e atividade de aprendizagem resultam quatro características: a) a atividade de aprendizagem refere-se à apropriação pelo aluno de conhecimentos, habilidades e modos de ação; trata-se de priorizar na escola a apropriação de conceitos científicos, tendo-se como pressuposto que a questão central do ensino é o conhecimento, ou melhor, o processo mental do conhecimento ou, ainda, o desenvolvimento das capacidades mentais dos alunos por meio dos conhecimentos sistematizados nos conteúdos escolares; b) os modos de realizar a atividade de ensino precisam ser aprendidos, ou melhor, apropriados por quem vai desempenhar essa atividade; na formação profissional, a atividade de ensino (o aprender a ensinar) converte-se em atividade de aprendizagem, de modo que as diretrizes de formação profissional precisam orientar sobre os modos pelos quais deve ser conduzida a atividade de aprendizagem; c) a atividade de ensino tem como centro (núcleo) a estruturação das tarefas de aprendizagem (ou tarefas cognitivas como análise e síntese, comparação, solução de problemas, formulação de hipóteses etc.) que mobilizam, orientam e viabilizam a atividade de aprendizagem dos alunos em relação à apropriação de conceitos científicos;[1] d) a atividade de ensino realiza-se em contextos de práticas socioculturais e institucionais, também intervenientes das formas de apropriação, de aprendizagem, de relações sociais, de utilização dos conhecimentos como ferramentas culturais.

Tais características de formação profissional indicam muito claramente que a aprendizagem da profissão requer, ao menos, quatro requisitos profissionais do professor. Em primeiro lugar, o domínio do conteúdo da matéria, como condição imprescindível para fazer análise dos conceitos, organizá-los em função dos motivos dos alunos e do desenvolvimento de suas capacidades intelectuais. São conhecidas as deficiências na formação de professores, especialmente das séries iniciais do ensino fundamental, em relação ao domínio de conteúdos e à apropriação de ferramentas cognitivas (cf. Libâneo, 2010d).

O segundo requisito da formação é a apropriação de metodologias de ensino e de formas de agir que deem melhor qualidade e eficácia ao trabalho docente. A atividade pedagógica se caracteriza por ações que impulsionam a atividade de aprendizagem e, para isso, são requeridas capacidades e habilidades específicas, providas pelo conhecimento pedagógico do conteúdo. Nisso tem papel insubstituível a didática, as didáticas disciplinares e o próprio conteúdo das matérias que os professores irão ensinar. Pela sua natureza, o trabalho educativo é um trabalho prático, entendendo "prático" no sentido de envolver uma ação intencional, pensada, dirigida a objetivos. O professor aprimora o seu trabalho apropriando-se de instrumentos de mediação desenvolvidos na experiência humana, que tornam mais efetivo o ensino das matérias e a formação de ações mentais pelos alunos. Não se trata de tecnicismo,

---

1. Sobre isso, Davydov e Markova (1982, p. 6) escrevem que a tarefa de aprendizagem representa a operacionalização da abordagem do ensino voltado para o desenvolvimento. Segundo eles, "o principal conteúdo da atividade educativa é a assimilação (apropriação) de métodos generalizados de ação no domínio dos conceitos científicos e as mudanças qualitativas que vão ocorrendo, em decorrência disso, no desenvolvimento mental da criança. [...] A aprendizagem não é apenas a aquisição de um domínio do conhecimento [...] é, principalmente, um processo de mudança, de reorganização e enriquecimento da própria criança". Ou seja, a tarefa de aprendizagem como centro da atividade de ensino é o procedimento peculiar que possibilita a participação ativa do aluno no processo de aprendizagem.

mas de relação entre a prática de ensino e o princípio teórico-científico que lhe dá suporte. A reflexão sobre a prática não resolve tudo, nem a experiência refletida. São necessários estratégias, procedimentos, modos de fazer, com o suporte do conhecimento teórico, que ajudam a orientar com mais competência a aprendizagem dos alunos.

O terceiro é o conhecimento das características individuais e socioculturais dos alunos, pois a atividade de aprendizagem é, tipicamente, uma atividade do aluno, visando a mudanças qualitativas no seu desenvolvimento. O conhecimento dos alunos é necessário para a análise dos conteúdos e organização do plano de ensino. É o momento em que o professor formula tarefas de aprendizagem com suficiente atrativo para canalizar os motivos dos alunos para o conteúdo. Esta é a maneira de ligar o conteúdo e o desenvolvimento da personalidade.

O quarto requisito diz respeito ao conhecimento das práticas socioculturais e institucionais em que os alunos estão envolvidos e as formas como atuam na motivação e aprendizagem dos alunos. Não basta obter o conhecimento teórico e os meios pedagógico-didáticos para melhorar e potencializar a aprendizagem dos alunos, é preciso considerar os contextos concretos em que se dá a formação. Não se pode separar as pessoas que atuam e o mundo social da sua atividade.

Permeando estes quatro requisitos da formação de professores, no quinto estão as convicções ético-políticas, implicando tanto o papel educativo do professor no sentido de orientar o ensino dos conteúdos para a formação da personalidade quanto a ajuda efetiva aos estudantes para que aprendam a colocar-se frente à realidade, a apropriar-se do momento histórico de modo a pensar historicamente essa realidade e reagir a ela, numa direção emancipadora.

Jean Houssaye (2004, p. 10) escreve que pedagogo é aquele que procura conjugar a teoria e a prática pela sua própria ação; "só será considerado pedagogo aquele que fizer surgir um *plus*, na e pela articulação teoria-prática na educação". A investigação dos saberes profissionais terá tanto mais eficácia quanto mais se processarem a partir das lógicas próprias das práticas de ensino e a teoria sobre elas; é a partir da escola e da sala de aula que devem ser analisados os componentes da atividade de ensino.

Verifica-se, assim, que a formação profissional de professores na perspectiva adotada aqui baseia-se num pressuposto ineludível da teoria histórico-cultural: a educação escolar tem uma influência decisiva no desenvolvimento mental e na personalidade, e essa formação escolar só é boa se essa influência acontece, tornando-se consciente para os alunos, ou seja, meios de sua atividade psicológica. Ora, a formação do aluno depende principalmente da apropriação dos conhecimentos científicos por meio dos quais ocorre o desenvolvimento dos processos de pensamento. Esta posição não admite a ideia corrente, principalmente em documentos do Banco Mundial e com larga influência na educação brasileira, de que crianças de estratos sociais empobrecidos não conseguem entender o conceito e, portanto, o ensino fundamental deve ser limitado a conhecimentos elementares, práticos, tais como ler, escrever, contar, e a práticas escolares de acolhimento e integração social. Nessas condições, os alunos acabam tendo um descompasso em seu desenvolvimento mental, passando toda a fase de escolarização sem formar no nível desejado suas capacidades intelectuais, podendo comprometer a aprendizagem escolar posterior. Para contrapor essa situação, será preciso uma formação profissional de professores para a atividade de ensino caracterizada como um sistema de condições de ação docente que ajude os alunos a desenvolverem suas capacidades intelectuais por meio dos conteúdos, de modo a internalizarem procedimentos mentais para relacionar o conhecimento com seu objeto, contribuindo desse modo para seu desenvolvimento mental e, de modo geral, para a formação da personalidade.

Referências bibliográficas

ALTET, Marguerite. *Les pédagogies de l'apprentissage*. Paris: PUF, 1997.

DAVYDOV, Vasili V. Problems of developmental teaching: the experience of theoretical and experimental psychological research. *Soviet Education*, New York, Sep. 1988.

DAVYDOV, Vasili V.; MARKOVA, A. K. A concept of educational activity for schoolchildren. In: *Journal of Russian and East European Psychology*, v. 21, n. 2, Winter 1982-1983. Disponível em: <http://mesharpe.metapress.com/app/home/contribution.asp?referrer-=parent&backto=issue,3,4;journal,155229;linkingpublicationresults,1:110912,1>. Acesso em: 28 abr. 2011.

FRANCO, Maria Amélia S. *Pedagogia como ciência da educação*. São Paulo: Cortez, 2008.

_____; LIBANEO, José C., PIMENTA, Selma G. Elementos para a formulação de diretrizes curriculares para cursos de Pedagogia. *Cadernos de Pesquisa*, São Paulo, v. 37, n. 130, jan./abr. 2007.

HEDEGAARD, Mariane. A cultural-historical approach to learning in classrooms. In: *Outlines, Critical Practice Studies*, Copenhagen, v. 6, n. 1, 2004.

_____; CHAIKLIN, Seth. *Radical-local teaching and learning*: a cultural-historical approach. Aarhus (Dinamarca): Aarhus University Press, 2005.

HOUSSAYE, J. *Manifeste pour le pédagogues*. Paris: ESF Éditeur, 2004.

KLINGBERG. L. *Introducción a la didáctica general*. Havana: Editorial Pueblo y Educación, 1978.

LEONTIEV, A. *Actividad, conciencia y personalidad*. Havana: Ed. Pueblo y Educación, 1988.

LIBÂNEO, José C. Os campos contemporâneos da didática e do currículo: aproximações e diferenças. In: OLIVEIRA, Maria Rita N. S. *Confluências e divergências entre didática e currículo*. Campinas: Papirus, 1998.

_____. A didática e a aprendizagem do pensar e do aprender: a teoria histórico-cultural da atividade e a contribuição de Vasily Davydov. *Revista Brasileira de Educação*, Rio de Janeiro, n. 27, 2004.

_____. Diretrizes curriculares da pedagogia: imprecisões teóricas e concepção estreita da formação profissional dos educadores. *Educação & Sociedade*, Campinas, n. 96, v. 27, número especial, 2006.

_____. O campo teórico-investigativo da pedagogia, a pós-graduação em educação. *Revista Educativa*, Goiânia, v. 11, n. 1, p. 109-121, jan./jun. 2008.

_____. *Pedagogia e pedagogos, para quê?* 12. ed. São Paulo: Cortez, 2010a.

_____. O campo teórico e profissional da didática hoje: entre Ítaca e o canto das sereias. In: FRANCO, Maria A. S.; PIMENTA, Selma G. (Org.). *Didática*: embates contemporâneos. São Paulo: Loyola, 2010b.

LIBÂNEO, José C. Integração entre didática e epistemologia das disciplinas: uma via para a renovação dos conteúdos da didática. In: DALBEN, Ângela et al. (Org.). *Convergências e tensões no campo da formação e do trabalho docente*: didática, formação de professores, trabalho docente. Belo Horizonte: Autêntica, 2010c.

_____. O ensino da didática, das metodologias específicas e dos conteúdos específicos do ensino fundamental nos currículos dos cursos de Pedagogia. *Revista Brasileira de Estudos Pedagógicos*, Brasília, v. 91, n. 229, set./dez. 2010d.

_____. Didática e prática histórico-social: uma introdução aos fundamentos do trabalho docente. In: _____. *Democratização da escola pública*. 26. ed. São Paulo: Cortez, 2011a.

_____. Conteúdos, formação de competências cognitivas e ensino com pesquisa: unindo ensino e modos de investigação. In: PIMENTA, Selma; ALMEIDA, Maria I. (Org.). *Pedagogia universitária*: caminhos para a formação de professores. São Paulo: Cortez, 2011b.

_____. *Didática*. São Paulo: Cortez, 2011c.

_____; PIMENTA, Selma G. Formação de profissionais da educação: visão crítica e perspectivas de mudança. *Educação & Sociedade*, Campinas, v. 20, n. 68, p. 239-77, 1999.

_____; SANTOS, Akiko (Org.). *Educação na era do conhecimento em rede e transdisciplinaridade*. Campinas: Editora Alínea, 2005.

LOMPSCHER, Joachim. Learning activity and its formation: ascending from the abstract to the concret. In: HEDEGAARD, Mariane; LOMPSCHER, Joachim (Ed.). *Learning activity and development*. Aarhus (Dinamarca): Aarhus University Press, 1999.

LOPES, Alice C.; MACEDO, Elizabeth. *Teorias de currículo*. São Paulo: Cortez, 2011.

PRESTES, Zoia Ribeiro. *Quando não é quase a mesma coisa*: análise de traduções de Lev Semionovitch Vigotski. Repercussões no campo educacional. Tese (Doutorado) — Programa de Pós-graduação em Educação, UnB, Brasília, 2010.

SAVIANI, Dermeval. *Pedagogia histórico-crítica*: primeiras aproximações. 10. ed. Campinas: Autores Associados, 2005a.

SAVIANI, Dermeval. *Escola e democracia*. 40. ed. Campinas: Autores Associados, 2005b.

VIGOTSKI, Lev. *Pensamiento y habla*. Buenos Aires: Colihue Clássica, 2007.

_____; LURIA, Alexander R. El *instrumento y el signo en el desarrollo del niño*. Trad. de Pablo del Río e Amelia Álvarez. Madrid: Fundación Infancia y Aprendizaje, 2007.

CAPÍTULO 2

Ensinar e aprender/"aprenderensinar":
o lugar da teoria e da prática em currículo

Nilda Alves

Inês Barbosa de Oliveira

Dentre as muitas possibilidades que o tema sugere para aproximarmo-nos dele, escolhemos começar afirmando que, no campo das ciências humanas e sociais, não há práticas que não integrem teorias e que todas as teorias se expressam por meio de práticas e que por elas são influenciadas. Ou seja, o tema do subtítulo deste capítulo poderia ser expresso como "o lugar das *práticasteorias*[1] em currículo", sem separação, sem a pressuposição de que possam existir umas sem as outras ou que possam ser singularizadas, já que são sempre muitas a se confrontarem.

Mais do que isso, pensamos ser apropriado pensar o próprio título defendendo a ideia de que as *práticasteorias* de *aprenderensinar*[2]

---

1. Essa forma de grafar tem sido usada para dar conta de superar as dicotomias e separações entre elementos de expressões que nos parecem ficar melhor quando juntos e não dicotomizados. Essa herança da modernidade tem-se mostrado como limite às pesquisas com os cotidianos que desenvolvemos.

2. O aprender aparece antes do ensinar por convicção epistemológica de que a aprendizagem precede o ensino tanto cronológica — para ensinar é preciso ter aprendido — quanto epistemolo-

incorporam as formas de expressão dos múltiplos *teóricopraticantes* das redes educativas, nas escolas e fora delas, no seu acontecer cotidiano, permitindo que percebamos que os processos de *aprendizagemensino* são produzidos por meio de enredamentos que incluem as escolhas, os desejos e as possibilidades de todos os que estão neles envolvidos, tanto na definição formal do que deve ser ensinado quanto circunstancialmente, naquilo que efetivamente se faz.

Entendemos a dissociação entre teoria e prática considerando-as campos diferenciados, com sujeitos e lógicas próprias e excludentes, como uma escolha epistemológico-teórica insuficiente, no modo em que pensamos, na medida em que numerosas pesquisas e evidências cotidianas, além de algumas "teorias", demonstrarem o contrário, que há uma interpenetração permanente entre ambas, que não têm existências autônomas. Precisamos, por isso, superar a muito difundida e pouco eficaz fórmula segundo a qual as teorias, pensadas e construídas por intelectuais de alto nível, se definem nos centros de pesquisa e universidades, sendo consideradas como "verdades", e que as práticas, estando no campo das ações cotidianas — no nosso caso, as salas de aula —, estariam desprovidas de reflexão ou criação. Caberia às primeiras estabelecer os modelos a serem obedecidos, e às últimas, executar o receituário. Mais precisamente, as teorias não estabelecem propriamente modelos, elas são apropriadas por aqueles que pretendem estabelecê-los, em ações que serviriam para determinar o que é certo e o que deve ser feito, ou seja, em práticas que indicariam a outras práticas o que devem fazer.

Ainda de acordo com essa concepção, os problemas não resolvidos da realidade seriam sempre "culpa" de quem não entende ou não sabe usar as "boas propostas" e determinações, sempre bem pensadas, por um certo 'uso' prático que se faz de teorias. No entanto, defendemos aqui outra compreensão dessa relação: em lugar de tentar ensinar à realidade o que ela deveria ser, pensamos ser mais apropriado e pro-

---

gicamente, considerando-se nossa opção pela subversão das crenças hegemônicas a respeito desses processos.

fícuo compreender sua complexidade, as redes de saberes, poderes e fazeres que nela se tecem e que a habitam, as articulações entre as diferentes dimensões do real que dão origem às *práticasteorias* educacionais cotidianas, incluindo entre os fios dessas redes — porque sempre aí estão — aqueles que são pensados em processos oficiais, determinadores de currículos.

As chamadas "teorias educacionais" — que melhor seriam chamadas de "propostas pedagógicas" —, tanto em seus debates quanto nos textos que deles emergem, sempre respondem, de algum modo, às demandas das práticas, aos desafios que "o mundo da vida" (Habermas, 1981)[3] coloca àqueles que as vivenciam. A seu turno, as ações cotidianas, chamadas práticas, se desenvolvem sempre por meio de diálogos entre aquilo que advém dos textos e discursos teóricos e as expectativas, desejos e possibilidades concretas dos sujeitos *teóricopraticantes* da vida cotidiana. Nesses diálogos *práticateoriaprática*, posições e concepções diferenciadas a respeito do que é e deve ser a educação, o currículo, a sociedade e a prática educativa se expressam, frequentemente, de modo conflituoso e mesmo antagônico. Mas sempre por meio de diálogos entre *reflexãoação*, entre as exigências da realidade e as possibilidades de estruturação de modos de compreendê-la. Ou seja, as *práticasteorias* são, ao mesmo tempo, produtos e produtoras de diálogos que as constituem e por elas são constituídos. Edgar Morin (1995, p. 182) advertia para a impossibilidade de sabermos, nos processos sociais, quem é produto e quem é produtor. "O processo social é um círculo produtivo ininterrupto no qual, de algum modo, os produtos são necessários à produção daquilo que os produz." Podemos usar a afirmativa para considerar que teorias e práticas se produzem, umas e outras, por meio de conversas em que, em diferentes momentos, umas influenciam as outras, sem que possamos saber ao certo quais são essas influências e

---

3. O mundo da vida é o mundo no qual se desenvolvem as ações dos membros de dada sociedade. É o mundo da integração social, dos processos interativos intersubjetivos. Na teoria habermasiana, o mundo da vida vem sendo colonizado pelo sistema, entendido como a esfera do instituído e das lutas estratégicas pelo poder, gerando uma tensão permanente entre os processos intersubjetivos de interação e as normas sociais dominantes.

interlocuções e que produtos geram. São processos cuja importância está neles mesmos, para além dos produtos, sempre provisórios, a que dão vida.

É importante alertar o leitor que a noção de circularidade não deve ser compreendida como abertura para o "eterno retorno" ao mesmo. É sobretudo uma marca de processos que não possuem nem início nem fim definíveis, que está sempre em movimento, por meio de trocas e conversas que os seres humanos realizam em múltiplas redes educativas que formam e nas quais se formam. Por isso, com Maturana (2006, p. 132) indicamos que nossas inúmeras redes educativas poderiam ser entendidas como "redes de conversação", já que:

> como animais linguajantes, existimos na linguagem, mas como seres humanos existimos (trazemos nós mesmos à mão em nossas distinções) no fluir de nossas conversações, e todas as atividades acontecem como diferentes espécies de conversações. Consequentemente, nossos diferentes domínios de ações (domínios cognitivos) como seres humanos (culturas, instituições, sociedades, clubes, jogos etc.) são constituídos como diferentes redes de conversações, cada uma definida por um critério particular de validação, explícito ou implícito, que define e constitui o que a ela pertence.

Sabemos, no entanto, que o valor social atribuído aos diferentes conteúdos das diversas perspectivas que se expressam tanto no campo da chamada produção teórica quanto no das "práticas" cotidianas, bem como no dos diálogos entre elas, depende do poder de que dispõem para legitimar perspectivas de compreensão das *práticasteorias* curriculares, tornando hegemônicas algumas perspectivas em detrimento de outras. Hegemônicas ou não, as formulações *teóricopráticas* enfrentam o desafio permanente de não permitir que sua suposta legitimidade teórica sucumba diante do mundo da vida e de seus movimentos, nos processos efetivos de *aprendizagemensino*. Pensamos ser possível afirmar que as teorias educacionais, expressas em textos acadêmicos e em discursos oficiais, trazem em suas formulações modelos de educação e de escola, organizando globalmente e de modo lógico elementos das práticas pedagógicas, dos currículos criados pelos praticantes da vida cotidiana. Mas como não podem captá-las em suas existências complexas, múltiplas, diversas e circunstanciais, padecem de "realismo" ao serem confrontadas com as dificuldades presentes nestas últimas. Não constituem as realidades escolares que, em sua efetivação cotidiana, estão submetidas a conhecimentos e convicções, a possibilidades e desejos dos *praticantespensantes* dos cotidianos das diferentes redes educativas.

Reconhecemos, assim, que existem processos de influências mútuas, e de negociações/mediações (Martin-Barbero, 1997) entre as diferentes dimensões constitutivas das *práticasteorias* de *aprendizagemensino*, o que nos leva à convicção da indissociabilidade entre elas e da necessidade do reconhecimento disto para os estudos e pesquisas no campo do Currículo. Nesse sentido, é importante ressaltar que as escolhas que fazemos pelo estudo desta ou daquela dimensão das *práticasteorias* educativas, em virtude de interesses e opções adotados nas pesquisas que fazemos, não anulam a existência de outras, nem muito menos a articulação entre elas, mesmo quando essas existências e articulações são tornadas invisíveis (Santos, 2004). Por outro lado, muitas vezes, ao fazermos as necessárias escolhas teóricas e metodológicas, tornamo-nos "cegos"[4] para a complexidade e multidimensionalidade do que estamos pesquisando, o que pode nos induzir a equívocos na compreensão dos processos que acompanhamos e que buscamos estudar. Muitos sofrimentos que vivenciamos, em virtude da constatação das impossibilidades do real, mesmo quando as ideias e teorias parecem tão perfeitas, derivam dessa percepção equivocada das relações entre *práticasteorias* e da ideia, ainda hegemônica, de que as teorias são superiores às práticas e que podem ser vistas isoladamente.

Conforme uma de nós já afirmou anteriormente (Oliveira, 2010), encontramos uma possível ajuda para a compreensão dessas decepções

---

4. A noção de "cegueira epistemológica" (Oliveira, 2007), embora mantenha o centro da percepção no sentido do olhar, como a modernidade, formula a ideia de que, quando aprendemos e acreditamos naquilo que já sabemos, tornamo-nos incapazes de perceber o que não se enquadra nesse sistema de pensamento, como a classificação chinesa dos animais que Foucault importa de Borges ou as sutilezas na definição da neve e do branco para as populações do Alasca. A base disto encontramos em Foerster (1995).

derivadas da incompreensão quanto à indissociabilidade entre as dimensões que constituem as *práticasteorias curriculares* na noção formulada por Caetano Veloso: "de perto ninguém é normal".[5] O compositor faz referência à desilusão que temos quando nos aproximamos da "vida como ela é" (expressão que tomamos de empréstimo a Nelson Rodrigues) para além daquilo que sobre ela idealizamos, teorizamos, fantasiamos e tomamos contatos, nos cotidianos, com suas imperfeições e limites imperceptíveis a distância, pela apreciação apenas das teorias ou das práticas de criação de modelos. A inconformidade com este fato leva muitos de nós, pesquisadores, a procurar a norma no mundo vivido, a teoria escrita e publicada nas redes educativas e, diante da (des)ilusão (cf. Oliveira, 2010), acusamos os "outros" — "professores que não sabem", "alunos carentes", "famílias indiferentes", "comunidade perigosa" — de culpados pelo que não acontece, juntando-nos muitas vezes às autoridades educacionais que fazem isto com frequência, ao invés de fazermos aquilo que cabe ao pesquisador fazer: buscar compreender os acontecimentos do dia a dia das redes educativas e suas implicações com as vidas de todos nós.

De modo mais sistemático, Paulo Freire (1991) e Boaventura de Sousa Santos (2000) abordam essa aparente dissonância como sendo constitutiva dos nossos limites na capacidade de ação, subvertendo ambos a ideia de que é a prática que é problemática. Ambos afirmam, cada um a seu modo, uma compreensão diferenciada da relação *práticateoria*. O primeiro se preocupa com o que ele chama de "principal desafio do educador progressista, o da coerência", e aponta a necessidade de descobrirmos e inventarmos modos de agir mais próximos e compatíveis com os discursos que somos capazes de produzir. O segundo afirma que, infelizmente, nossa capacidade de reflexão é muito superior à nossa capacidade de ação, dando origem à enganosa "superioridade" daquilo que somos capazes de pensar sobre a nossa capacidade de fazer. Seja por insuficiência da prática — como pretende o discurso hegemônico — ou pelos nossos limites de praticar aquilo que desejamos e pensamos — como apontam os autores citados —, o que

---

5. Trecho da música "Vaca profana".

importa para a discussão aqui proposta é que nenhuma teoria se aplica, totalmente, ao mundo da vida, aos cotidianos das redes educativas.

Cada situação cotidiana é sempre única e, portanto, exceção às regras predefinidas. As teorias formuladas sempre se modificam em virtude dos acontecimentos[6] que encontram (ou que as encontram) e são influenciadas por eles, visto que, ao buscarem a legitimação que advém de sua suposta aplicabilidade, o fazem por meio de diálogos "mudos" com esses acontecimentos e as circunstâncias que os tornam possíveis. As existências locais, longe de serem mero campo de aplicação de teorias supostamente exteriores a elas, expressam as normas e as modificam pelas suas especificidades e só podem ser compreendidas se "descermos" às singularidades que as caracterizam e que definem os diálogos possíveis entre ambas.

Em alguns casos, mais do que modificadas, as normas são claramente transgredidas, permitindo-nos reformular o ditado que se refere às singularidades do local, afirmando que "toda regra tem exceção" como "toda regra tem sua transgressão". Há muitas circunstâncias em que a ilegitimidade daquilo que surge como "A Teoria" definitiva sobre determinadas questões do cotidiano escolar é de tal ordem que os "diálogos" entre a oficialidade e as realidades educativas são expressos majoritariamente sob a forma de conflitos e burlas. Frequentemente, esses casos ocorrem quando o poder instituído não reconhece a indissociabilidade entre as instâncias, e supõe ser possível impor ao campo das práticas modelos educacionais que não correspondem aos desejos/possibilidades dos *teóricopraticantes*.[7]

---

6. Como Foucault, afirmamos que: "acontecimento — é preciso entendê-lo não como uma decisão, um tratado, um reinado ou uma batalha, mas como uma relação de forças que se inverte, um poder confiscado, um vocabulário retomado e voltado contra seus usuários, uma dominação que se debilita, se distende, se envenena a si mesma, e outra que entra, mascarada. As forças em jogo na história não obedecem nem a um destino, nem a uma mecânica, mas efetivamente ao acaso da luta. Elas não se manifestam como as formas sucessivas de uma intenção primordial; tampouco assumem o aspecto de um resultado. Aparecem sempre no aleatório singular do acontecimento" (Foucault, 1971, p. 145-72).

7. No Rio de Janeiro, em 1995, a Secretaria Municipal de Educação baixou uma portaria, imediatamente após a posse da secretária, indicando que, a partir daquele data, TODAS as escolas do mu-

Quando nos dedicamos a estudar as *práticasteorias* educacionais cotidianas em seus *loci* de efetivação, temos a possibilidade de contribuir para a compreensão do processo por meio do qual as diferentes teorias educacionais são apropriadas pelos praticantes da educação, *dentrofora* das escolas, nas diversas redes educativas que formam e nas quais se formam, permitindo a constituição de novas perspectivas teóricas ainda-não[8] formalizadas nessas redes.

Por outro lado, percebemos que, muitas vezes, para formular teorias, alguns estudiosos partem de uma crítica abstrata e generalizante das "práticas", buscando integrar diferenças existentes como se fossem a mesma coisa ou indicando semelhanças entre práticas que são sempre distintas. Esses processos de generalização permitem que proponham os elementos de modelos construídos a partir dos pontos de interseção entre elas, "achados" por eles. Ou seja, partindo das práticas, delas se extrai o que é comum, único meio de formular as generalizações necessárias ao "desenho" das formulações de modelos que buscam legitimação em teorias preexistentes, bem como apoio e validação no campo de forças políticas e educativas, do período em que se processam.

Em belíssimo diálogo imaginário entre Marco Polo e Kublai Kahn, que acompanha os textos do seu livro *Cidades invisíveis*, Italo Calvino (2000, p. 71) diz:

> — De agora em diante serei eu a descrever as cidades — disse o Kan. — Tu nas tuas viagens verificarás se existem.

---

nicípio (mais de 1.000 na ocasião) seguiriam a metodologia construtivista de ensino numa clara tentativa de impor aos professores praticantes do cotidiano escolar a aplicação de um modelo, supostamente salvador.

8. A expressão, de Ernst Bloch, e largamente utilizada por Boaventura de Sousa Santos (2004), além de formulada, em termos mais especificamente relacionados aos processos *aprendizagemensino*, por Maria Teresa Esteban (1992), indica uma possibilidade de realização ainda não plenamente desenvolvida de alguma coisa. É aqui utilizada como meio de indicar que as concepções teóricas dos docentes da educação básica poderiam se converter em teorias educacionais, caso estes a isso pudessem se dedicar ou outros os ouvissem, com seriedade, e o fizessem — acreditamos que nas pesquisas nos/dos/com os cotidianos tentamos disso nos aproximar.

Mas as cidades visitadas por Marco Polo eram sempre diferentes das pensadas pelo imperador.

— Contudo eu tinha construído na minha mente um modelo de cidade de que deveriam deduzir-se todos os modelos de cidades possíveis — disse Kublai.

— Contém tudo o que corresponde à norma. Como as cidades que existem se afastam em grau diverso da norma, basta-me prever as exceções à norma e calcular as combinações mais prováveis.

— Também pensei num modelo de cidade de que deduzo todas as outras — respondeu Marco. — É uma cidade feita só de exceções, impedimentos, contradições, incongruências, contrassensos. Se uma cidade assim é o que há de mais improvável, diminuindo o número dos elementos anormais aumentam as probabilidades de existir realmente a cidade. Portanto, basta que eu subtraia exceções ao meu modelo, e proceda com que ordem proceder chegarei a encontrar-me perante uma das cidades que existem, embora sempre como exceção. Mas não posso fazer avançar a minha operação para além de um certo limite: obteria cidades demasiado verossímeis para serem verdadeiras.

Nessa perspectiva, a regra é a exceção. Toda realidade é excepcional em sua singularidade inconfundível e inimitável. Daí a importância de se estudar a vida cotidiana. É o que permite repensar e compreender a relação entre as teorias e as práticas cotidianas de modo diferente do aprendido, reconhecendo nas práticas muitas das "fontes" daquilo que as teorias supostamente criam ou impõem, permitindo reformular a noção da relação entre norma/modelo e exceção, buscando fazer falar as dimensões da vida que a modernidade emudeceu e a demonstrar os mecanismos de influência mútua entre *práticateoriaprática*. O entendimento desse movimento permanente entre as diferentes instâncias constitutivas do que acontece e do que cada um pensa/sente que acontece, do que se passa, do que cada um pensa/sente que se passa, nos impõe como questões de pesquisa no campo de estudos do Currículo, na atualidade, em conversas constantes e multiplicadas com os praticantes dos cotidianos das redes educativas. É na articulação permanente entre essas diversas redes de *práticasteorias* educacionais cotidianas que precisamos nos situar para ampliar nossa compreensão dos currículos *praticadospensados* e dos processos *aprendizagemensino*, como vem sendo feito por diferentes grupos de pesquisa no Brasil.

Práticasteoriaspráticas educativas cotidianas

Mergulhando nos cotidianos, como vimos fazendo em nossas pesquisas *nosdoscom* os cotidianos, incorporamos aos nossos estudos a possibilidade de entender a complexidade inerente aos processos *aprendizagemensino* (Alves, 2008), que precisam ser lidos e compreendidos enquanto processos complexos, em que os múltiplos elementos constitutivos são indissociáveis uns dos outros: as formulações teóricas aprendidas, os textos estudados, as ideologias e epistemologias que os inspiram, as práticas cotidianas, os desejos, as possibilidades, as negociações de sentidos, os discursos, os conhecimentos e modos de estar e se expressar no mundo dos *teóricopraticantes* da vida cotidiana. Por meio de reflexões e diálogos com os diferentes atores das diversas redes educativas sobre os processos de produção das *práticasteorias* educacionais cotidianas em currículo, potencializamos a compreensão de outros fatores relevantes que as influenciam e/ou constituem, para além da mera dicotomia *teoria x prática* e do embate que opõe defensores da superioridade da teoria e da falibilidade excessiva da prática aos seus opositores, acusados, às vezes com justeza, de praticismo — uma forma de hipervalorização das práticas que desconsideraria os fatores intervenientes na sua constituição e as possibilidades de seu aperfeiçoamento por meio da ampliação e capacitação do diálogo com as teorias.

Esse reconhecimento dos processos complexos e de influências mútuas que constituem as práticas teorias curriculares cotidianas, habitadas por embates epistemológico-político-ideológico-pedagógico e negociações de sentidos, leva a outro reconhecimento, o de que fazeres e saberes cotidianos nem sempre, ou mesmo raramente, constituem um todo coerente que permita aos pesquisadores e aos *teórico-*

praticantes do cotidiano das diferentes redes educativas apontar esta ou aquela ação como conservadora, ou progressista, ou tradicional, ou libertária, ou conscientizadora, ou outros adjetivos com que se podem rotular ações educativas. Isso significa que os processos *aprendizagemensino* ocorrem em meio à tessitura de práticas cotidianas em redes, muitas vezes contraditórias, de convicções e crenças, de possibilidades e limites, de diálogos e embates. Do mesmo modo, os textos das teorias educacionais são formulados no seio das mesmas contradições e se fazem presentes nas redes educativas enredados não só uns aos outros, numa espécie de sincretismo teórico, como também aos modos específicos como deles se apropriam os diferentes *teóricopraticantes* dos cotidianos dessas mesmas redes. Ou seja, nenhuma concepção teórica ou perspectiva prática quanto aos processos de *aprendizagemensino* vai acontecer na realidade do modo como foi pensada/proposta/planejada. Isso porque os processos reais de *ensinoaprendizagem* são habitados por saberes/poderes/quereres dos seus *teóricopraticantes*.

Assim, buscando superar a dicotomia hierarquizante fundamentada na redução do real a modelos teóricos e comportamentais, estamos considerando que não há *teoriaspráticas* que possam ser inequivocadamente identificadas com tendências teóricas diversas em educação. A essencialização dos fazeres cotidianos identificando-os com um ou outro modelo é, nesse sentido, problemática, pois são, na verdade, produtos de enredamentos que fazemos entre normas, circunstâncias e características dos grupos e locais em que estamos inseridos. Dito de outra forma, nas nossas atividades educacionais cotidianas, os currículos que criamos misturam elementos dos textos oficiais com as possibilidades e desejos que temos de implantá-los, crenças e convicções conscientes e opcionais com instintos e sensações de difícil expressão ou compreensão formal. Por sua vez, tais possibilidades se relacionam com aquilo que sabemos e em que acreditamos, ao mesmo tempo que são definidas circunstancialmente. Além disso, há misturas de conhecimentos trazidos pelos diferentes sujeitos em interação com aqueles que são definidos como "conteúdo curricular", modificando uns e outros, dando origem, portanto, a novos conhecimentos.

Acreditamos que estudar o desenrolar da vida cotidiana, entendendo o cotidiano como uma permanente interlocução entre diferentes instâncias da *teoriapráticateoria*, é uma forma de enfrentar o desafio da compreensão da complexidade da realidade educativa, na medida em que ajuda a compreender as intrincadas redes que constituem as relações e negociações entre crenças e desejos, possibilidades e conhecimentos nos diferentes *espaçostempos* e redes educativas. Precisamos considerar, a partir dessa argumentação, não apenas os elementos sociais, culturais e epistemológicos para a compreensão dos nossos modos de produzir *teoriaspráticas* em Currículo, mas também as características e experiências emocionais dos diferentes sujeitos sociais e os modos como cada um as expressa. A observação das *teoriaspráticas* educativas cotidianas não deixa margem a muitas dúvidas quanto a isso. Os diferentes participantes das redes educativas se expressam e criam sentidos próprios para acontecimentos, conhecimentos, convicções presentes nos diversos cotidianos.

Referências bibliográficas

ALVES, N. Decifrando o pergaminho — os cotidianos das escolas nas lógicas das redes cotidianas. In: OLIVEIRA, I. B.; ALVES, N. *Pesquisa nos/dos/com os cotidianos das escolas*. Petrópolis: DP Et Alii, 2008. p. 13-27.

CALVINO, Ítalo. *As cidades invisíveis*. Lisboa: Teorema, 2000.

ESTEBAN, Maria Teresa. Não saber/ainda não saber/já saber: pistas para a superação do fracasso escolar. 1992. Dissertação (Mestrado) — Programa de Pós-graduação em Educação, Universidade Federal Fluminense, Niterói.

FOERSTER, Heinz von. Visión y conocimiento: disfunciones de segundo orden. In: SCHINITMAN, Dora Fried. *Nuevos paradigmas, cultura y subjetividad*. Buenos Aires: Paidós, 1995. p. 91-113.

FOUCAULT, Michel. *L'Ordre du discours*: leçon inaugurale au Collège de France. Prononcé à 2 décembre 1970. Paris: Gallimard, 1971.

FREIRE, Paulo. *Pedagogia da esperança*. São Paulo: Paz e Terra, 1991.

HABERMAS, Jürgen. *La théorie de l'agir communicationnel*. Paris: Editions Du Cerf, 1981. 2 t.

MARTIN-BARBERO, Jésus. *Dos meios às mediações*: comunicação, cultura e hegemonia. Rio de Janeiro: Ed. UFRJ, 1997.

MATURANA, Humberto. Ciência e vida cotidiana: a ontologia das explicações científicas. In: _____; MAGRO, Cristina; PAREDES, Victor (Org.). *Cognição, ciência e vida cotidiana*. Belo Horizonte: Ed. UFMG, 2006. p. 125-160.

MORIN, Edgar. *Ciência com consciência*. Rio de Janeiro: Bertrand Brasil, 1995.

OLIVEIRA, Inês B. Aprendendo nos/dos/com os cotidianos a ver/ler/ouvir/sentir o mundo. *Educação & Sociedade*, v. 28, p. 47-72, 2007.

_____. Políticaspráticas educacionais cotidianas: currículo e ensinoaprendizagem. In: REUNIÃO ANUAL DA ANPEd, 33., 2010, Caxambu (MG). *Anais... Educação no Brasil*: o balanço de uma década. Caxambu: ANPEd, 2010.

SANTOS, Boaventura de Sousa. *A crítica da razão indolente*: contra o desperdício da experiência. São Paulo: Cortez, 2000.

_____. Por uma sociologia das ausências e das emergências. In: _____. *Conhecimento prudente para uma vida decente*. São Paulo: Cortez, 2004.

Tema II

Pedagogia e mediação pedagógica

CAPÍTULO 3

Pedagogia e mediação pedagógica

Maria Eliza Mattosinho Bernardes

A investigação sobre as mediações simbólicas no âmbito da Pedagogia nos leva a refletir sobre qual a finalidade da educação, dos meios para se atingir tais fins e sob quais condições e circunstâncias torna-se possível a objetivação dos pressupostos pedagógicos no contexto escolar.

Neste texto, assume-se a concepção de que a Pedagogia é uma área de conhecimento relevante para se compreender o lugar que a educação ocupa no desenvolvimento social, assim como nos leva ao posicionamento de que a educação tem um papel fundamental na vida em sociedade, pois dependendo do seu lugar e do seu papel no desenvolvimento da sociedade humana, são definidos os fins e os objetivos para se encaminhar soluções para os problemas educacionais no que se refere à organização e aos métodos de ensino.

Em concordância com Konstantinov, Savich e Smirnov (1964, p. 35), entendemos que o objeto da Pedagogia "[...] é a educação como fenômeno social [e que] a Pedagogia manifesta, por um lado, a relação que existe entre o fim, o conteúdo, a organização e os métodos da educação e, por outro lado, a forma de produção de uma determinada sociedade".[1] Neste sentido, a educação é entendida como atividade humana, e a Pedagogia, a ciência que investiga a realidade educacional, os meios para a transformação dessa realidade e as suas finalidades que devem ser correspondentes aos objetivos da educação definidos pela organização da sociedade, envolvendo as concepções social, econômica e política.

Como atividade humana, a educação e as mediações simbólicas vêm sendo nosso objeto de investigação a partir dos pressupostos teórico-metodológicos do materialismo histórico-dialético, da psicologia histórico-cultural e, em especial, da teoria da atividade. No Grupo de Estudo e Pesquisa sobre a Atividade Pedagógica — GEPAPe (FEUSP),[2] a organização do ensino vem se constituindo o objeto de investigação em diversas pesquisas há mais de duas décadas. As elaborações teórico-práticas produzidas pelo grupo nos campos da didática, da psicologia da educação e das metodologias de ensino refletem o movimento de reflexão coletiva por parte dos seus integrantes.

O estudo aqui apresentado sobre as mediações simbólicas no campo da Pedagogia é a síntese de um movimento de investigação sobre a realidade escolar que concebe a *atividade pedagógica* como práxis por entendê-la: a) como uma atividade essencialmente humana; b) por caracterizar-se como social, envolvendo múltiplas relações que se estabelecem numa coletividade de estudo; c) é de ordem sensível-material, uma vez que investiga e propõe intervenções na realidade objetiva; d) promove transformações na realidade investigada, tanto no campo do psiquismo humano como produto do desenvolvimento decorrente da aprendizagem quanto na organização do ensino; e) é consciente por tratar-se de uma proposição no campo educacional de forma intencional e sistemática.

Visando atender aos pressupostos teórico-metodológicos anunciados, o objetivo deste estudo é identificar a essência da atividade

---

1. Tradução livre da obra publicada em língua espanhola.

2. O GEPAPe, Grupo de Estudo e Pesquisa sobre a Atividade Pedagógica, é coordenado pelo professor titular da Faculdade de Educação da Universidade de São Paulo, prof. dr. Manoel Oriosvaldo de Moura.

pedagógica que cria possibilidade para que ocorra o desenvolvimento humano pela via das mediações simbólicas. Para tanto, visa-se, por meio da análise dos processos de ensino e aprendizagem, explicar a mediação em suas múltiplas relações como unidade de análise na atividade pedagógica.

Tem-se como premissa que as mediações simbólicas na atividade pedagógica somente são instituídas na organização do ensino como práxis em nossa sociedade quando as condições e circunstâncias próprias da formação do professor criam possibilidades para que tenha consciência de sua função social numa sociedade de classes e, ao mesmo tempo, que compreenda os limites reais do ensino quando a organização social, política e econômica não prioriza, nos processos educacionais, a promoção do homem como elemento universal da condição humana. Neste sentido, o texto expõe a produção teórica decorrente do movimento de investigação sobre a realidade escolar, apresentando a atividade pedagógica como unidade dialética entre o ensino e a aprendizagem, os aspectos gerais e substanciais da atividade pedagógica e as mediações simbólicas na atividade pedagógica.

Na exposição formal do pensamento dialético sobre a práxis na atividade pedagógica, espera-se anunciar caminhos que contribuam para os estudos da didática, que visem à ampliação da compreensão de como ocorrem os processos de ensino, aprendizagem e desenvolvimento das funções psicológicas superiores, que criem possibilidades para a emancipação humana.

A atividade pedagógica: unidade dialética entre ensino e aprendizagem

Tomando-se a atividade pedagógica como uma particularidade da práxis que se constitui por meio de ações coletivas, as quais criam possibilidades para a transformação das relações educacionais no contexto escolar e da constituição dos sujeitos que a integram, concebe-se que essa atividade seja a síntese das múltiplas determinações que identificam a unidade entre as ações de ensino e as ações de estudo, visando à aprendizagem dos conhecimentos mediados na educação escolar e o desenvolvimento das funções psicológicas superiores (Vigotski, 2001), tanto dos estudantes quanto dos educadores.

Nessas condições, a unidade entre o ensino e o estudo, que gera a aprendizagem do conhecimento por parte dos sujeitos da atividade, objetiva-se pela correspondência entre o significado social e o sentido pessoal entre a atividade de ensino[3] e a atividade de estudo.[4] No caso de o sentido pessoal da ação do educador e do estudante não corresponder à significação da ação elaborada historicamente, as atividades particulares constituintes da atividade pedagógica são consideradas alienadas.

Assim, a necessidade de criar condições para que ocorram transformações na constituição dos sujeitos por meio da apropriação do conhecimento mediado na escola determina o motivo que suscitam as ações na atividade de ensino. Este movimento tem como finalidade criar condições para que os sujeitos individuais possam apropriar-se da produção cultural elaborada historicamente e humanizarem-se, uma vez que, nesta concepção teórica, o contexto escolar é a dimensão particular que articula ações entre a dimensão singular, própria dos sujeitos individuais, e a dimensão universal, como potencial do gênero humano. Em decorrência da unidade dialética na atividade pedagógica, a necessidade e o motivo desencadeador das ações de estudo emergem da consciência dos estudantes de que a apropriação da cultura elaborada historicamente é uma condição

---

3. O significado do lugar social do educador na atividade pedagógica refere-se ao conteúdo histórico de suas ações na execução de sua atividade principal. Vincula-se diretamente ao *ato de ensinar* os conceitos teóricos e outros elementos da cultura letrada, visando superar os conceitos espontâneos postos nas ações educativas em geral.

4. A significação do lugar social do estudante na atividade pedagógica refere-se à *atuação de estudo*, quando se visa à apropriação dos conhecimentos teóricos elaborados historicamente para que o aluno se constitua como herdeiro da cultura e possa intervir sobre ela.

essencial para que eles se humanizem, tornem-se herdeiros da produção cultural humana.

A concepção de consciência aqui utilizada está em concordância com o pensamento marxiano que concebe a consciência dos sujeitos como decorrente das relações sociais que eles integram, ou seja, concebe-se que a consciência é determinada pela vida em sociedade. Desse modo, a consciência dos estudantes sobre o significado social da atividade de estudo é desenvolvida nas diversas situações educativas que atribuem sentido pessoal ao significado social da educação e da apropriação da cultura como produção humana.

Em pesquisa realizada num contexto escolar (Bernardes, 2006), constatou-se que a transformação das condições dos sujeitos e o desenvolvimento das funções psicológicas superiores (FPS) ocorrem de forma objetiva quando as ações na atividade pedagógica são desenvolvidas de maneira intencional e sistemática a partir da consciência, tanto do educador, quanto do estudante, no que se refere ao lugar social que ocupam na sociedade (Leontiev, 1983) e das reais possibilidades criadas pelo ensino.

A figura a seguir expressa a relação dialética presente na consciência dos sujeitos da atividade pedagógica.

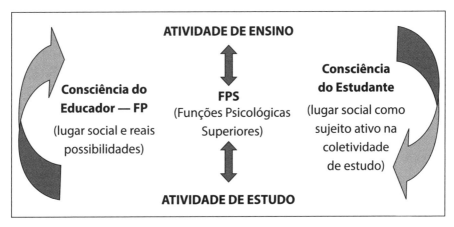

Figura 1 ■ A dialética na constituição da consciência dos sujeitos na atividade pedagógica

Considere-se, conforme a figura, que a consciência do educador também é constituída nas relações sociais, em particular no processo de formação profissional (FP), vivenciada ao longo de sua vida. Ou seja, a dimensão dialética na constituição da consciência se faz presente tanto na formação do educador quanto na formação do estudante. No entanto, pela contradição presente na sociedade contemporânea, o processo de constituição de valores sociais está direcionado aos interesses do capital e não ao desenvolvimento das potencialidades humanas. O que se verifica com bastante frequência no contexto escolar é que tanto o educador quanto o estudante não realizam ações (conscientemente ou não) que visem ao movimento de humanização possível pela apropriação do conhecimento elaborado historicamente, na atividade pedagógica.

Para que tal movimento se constitua na prática, é necessário que os objetivos de ensino e de estudo também sejam correspondentes. Para o educador, na execução de sua função social constituída historicamente, o objetivo de sua atividade é ensinar o conhecimento elaborado. De forma semelhante, para o estudante o objetivo deve ser apropriar-se do conhecimento mediado no contexto escolar. No entanto, isso não significa que o objetivo de ensinar seja a simples transmissão do conhecimento, mas requer que o educador medeie o conhecimento elaborado historicamente a partir dos aportes teórico-metodológicos da didática, da psicologia da educação e das metodologias de ensino.

Na teoria histórico-cultural, ensinar é uma ação necessária na atividade pedagógica tanto quanto é necessário estudar e aprender. Não se concebe a aprendizagem como uma ação espontânea ou decorrente da ação do estudante de forma independente. Aprender e ensinar são ações que devem se objetivar dialeticamente na atividade pedagógica, como uma unidade dialética de fato, ou seja, indissociável.

Concebe-se que as ações do educador na atividade pedagógica devem ser direcionadas para a *organização do ensino*,[5] as quais definem

---

5. Sugere-se a leitura dos textos *Metodologia ativa de ensino e aprendizagem: concepções da teoria histórico-cultural* (Bernardes, 2011), em que são explicitados os fundamentos didáticos presentes na pesquisa realizada no contexto escolar.

as condiçoes — *os modos de ação*[6] — em que o conhecimento será mediado no contexto escolar e, também, para a *definição do conhecimento* a ser mediado na atividade pedagógica. De forma semelhante, as ações dos estudantes devem estar direcionadas para a *execução de tarefas de estudo*, para a *realização de ações de estudo* que possibilitem a apropriação do conhecimento mediado na escola e para a *participação no controle e avaliação do conjunto das ações* realizadas na atividade pedagógica.

As ações de controle e avaliação de forma compartilhada pelos sujeitos da atividade pedagógica ocorrem pelo processo de comunicação que articula o movimento de crítica e autocrítica das elaborações e posicionamentos pessoais e coletivos, possibilitando aos estudantes e ao educador (re)elaborarem suas próprias concepções, superando-as consecutivamente. Trata-se de ações de autocontrole que possibilitam a ampliação da capacidade de pensar crítica e reflexivamente pelo processo de análise e síntese das elaborações individuais e coletivas.

Tais ações executadas, tanto pelo educador quanto pelos estudantes, devem ser apropriadas por ambos de tal forma a se tornarem operações na atividade pedagógica, ou seja, devem ser internalizadas pelos sujeitos para que as ações sejam realizadas de forma consciente. As ações de ensino e de estudo devem ser a manifestação dos *modos de ação* na atividade pedagógica que definem o conjunto de normas explícitas e implícitas que medeiam as relações interpessoais no grupo-classe. Assim, educador e estudantes detêm, de forma compartilhada e cooperativa, a possibilidade de controle e de avaliação na atividade pedagógica pelo compromisso que assumem frente à função social que desempenham. Tal fato é decorrente do desenvolvimento da consciência do educador e dos estudantes nas relações interpessoais criadas na atividade pedagógica.

---

6. O conceito de "modos de ação" é inicialmente apresentado por Leontiev (1994) como o conjunto de ações e operações realizadas na atividade humana. Este conceito é utilizado na pesquisa *As ações na atividade educativa* (Bernardes, 2000) como o conjunto de ações e operações na atividade de ensino a ser considerado pelos professores na organização de ações compartilhadas em sala de aula.

Concebendo a atividade pedagógica como práxis, uma vez que é na atividade em comum (Rubtsov, 1996) que ocorrem o compartilhar de ações e operações, a organização dos *modos de ação*, a compreensão mútua por meio da comunicação, o planejamento das ações individuais e coletivas em busca de resultados comuns obtidos pelos processos de reflexão e crítica possibilitados pela ação mediadora promovida pelo educador, entende-se ser possível a superação das condições singulares dos sujeitos, visando ao desenvolvimento das funções psíquicas superiores como potencialidades do gênero humano.

Aspectos gerais e substanciais da atividade pedagógica

Compreendendo que a atividade pedagógica constitui formas dialética e dialógica, é necessário identificar os *aspectos gerais e essenciais* que a determinam. A forma dialética da atividade pedagógica relaciona-se ao conjunto de ações e operações realizadas no ensino e no estudo para que ocorra a aprendizagem e o desenvolvimento das funções superiores. A dialogia presente na atividade pedagógica vincula-se ao processo de comunicação entre os sujeitos no movimento de crítica e de reflexão sobre o objeto de estudo para que ocorra a superação da compreensão empírica pela compreensão teórica do mesmo.

Os *aspectos gerais* da atividade pedagógica são aqueles que se repetem, ou o conjunto de ações que é invariável e comum nas práticas pedagógicas. Os *aspectos substanciais* são considerados aqueles que, além dos aspectos comuns, constituem traços específicos nas práticas pedagógicas; são considerados necessários e inseparáveis na organização do ensino e propiciam o desenvolvimento das funções psicológicas superiores, considerando-se determinadas circunstâncias e condições.

Tais conceitos são explicados por Davydov (1988, p. 21) ao afirmar que "[...] os traços essenciais são sempre gerais, porém isto resulta em ocasiões insubstanciais", ou seja, todos os traços substanciais são também gerais, no entanto, nem todos os traços gerais são substanciais. Desse modo, os aspectos substanciais são considerados a essência da atividade pedagógica, embora se deva levar em conta a relação dialética entre os aspectos gerais e substanciais nela. Tal fato requer a superação dos aspectos gerais pelos aspectos substanciais, e não a exclusão deles.

Pela análise de diferentes práticas pedagógicas em pesquisas no contexto escolar e levando-se em conta a diversidade do conhecimento mediado na escola, identificamos como *aspectos gerais* os seguintes elementos: a) *a dimensão epistêmica do conhecimento*, considerando-se a especificidade dos conceitos científicos conforme a fase da escolarização em que são mediados; b) o *uso de material de apoio didático* como a base concreta (material e ideal) que subsidia o movimento de internalização dos conceitos; c) a *ação reflexiva* sobre o conhecimento mediado por meio de ações coletivas e cooperativas entre estudantes e entre o educador e os estudantes; d) *a dedução informal* como manifestação da apropriação dos conceitos. Tais aspectos referem-se aos modos de ação que definem as relações interpessoais, o objeto de estudo e o conhecimento teórico mediados nas práticas pedagógicas.

A identificação dos *aspectos substanciais* na atividade pedagógica ocorre a partir do movimento de análise e síntese das práticas pedagógicas, quando são identificados: a) a *lógica* que organiza o conjunto de ações e operações de ensino e de estudo, estabelecendo relações entre os sujeitos e o objeto de estudo; b) o *instrumento pedagógico* como elemento diferenciador na organização do ensino. Trata-se de elementos que definem a organização do ensino de forma específica, diferenciando-a em seus princípios teórico-metodológicos, apesar de levarem em conta os elementos gerais e comuns apresentados anteriormente.

A dimensão lógica que define a organização de ensino e de estudo pauta-se nos princípios da lógica formal ou da lógica dialética, como meios de explicação da realidade e apropriação dos objetos de estudo, visando a fins distintos. A lógica formal propõe a identificação das características externas dos objetos, próprias da constituição empírica do pensamento. Sobre este tema, Álvaro Vieira Pinto (1969, p. 177) afirma que "a lógica formal está perfeitamente habilitada a dar conta dessa missão elementar", ao passo que quando se buscam as relações superiores do pensamento nem sempre a lógica formal consegue ser suficiente, sendo necessária outra forma lógica que analisa o processo histórico e o movimento constituinte do próprio objeto. A superação da explicitação dos fatos possível pela lógica formal é dada pelo modo dialético de pensar. A forma dialética parte da reflexão de que "o homem pensante, a criatura lógica que irá conhecer o mundo natural e explicá-lo, é ele próprio um produto desse mesmo mundo e tem de ser entendido, em todos os seus aspectos e funções, com as mesmas ideias gerais que explicam o processo total da realidade" (Pinto, 1969, p. 184).

Compreende-se que tanto a lógica formal quanto a lógica dialética são instrumentos mediadores na análise da realidade, ambas estudam o pensamento como representação de uma ideia. De acordo com Kopnin (1978), existe uma diferença de princípio na organização das duas formas de pensamento:

> Como a lógica formal, a lógica dialética também analisa o pensamento que se reflete na linguagem, porquanto não há outro pensamento real de existência real para o homem. No entanto, a lógica dialética não se detém na linguagem; considerando a linguagem apenas como meio de existência e funcionamento do conhecimento, ela procura penetrar no próprio processo de aquisição do conhecimento, no próprio processo de pensamento, no modo em que nele se reflete a realidade objetiva. [...] Assim, se a lógica formal se interessa pela própria forma linguística de expressão de uma ideia, então a lógica dialética estuda, antes de tudo, o conteúdo mental expresso na forma linguística, enquanto a dialética dá atenção especial à relação desse conteúdo mental com a realidade objetiva (Kopnin, 1978, p. 85).

A partir da compreensão dos limites e das possibilidades de cada forma lógica de explicação do real e de organização do pensamento por parte do educador, criam-se possibilidades distintas na atividade pedagógica. Assim, a forma lógica da organização do ensino pode ser definida a partir da consciência do educador, tanto de sua função social quanto de que o conteúdo escolar pode assumir características externas e imediatas junto à realidade, ou pode ser estudado em sua historicidade e em relação ao seu movimento de constituição como resultado da produção humana elaborada mediante as contradições da vida em sociedade. A definição da *forma lógica* na organização do ensino também encaminha a eleição do *instrumento pedagógico* que medeiará o conhecimento.

No campo da lógica formal, a organização do ensino pauta-se no processo de generalização conceitual que encontra seus limites na comparação dos dados sensoriais concretos do objeto de estudo, tendo como finalidade a identificação dos traços gerais e a sua classificação, incluindo-os em uma classe específica e identificando as propriedades externas dos objetos. A partir da identificação das características do objeto pela comparação e classificação, é atribuído um termo linguístico, uma palavra, que sintetiza o conceito. O termo linguístico que sintetiza o conceito, de acordo com a lógica do pensamento empírico, constitui-se como juízo que, considerado isoladamente de um sistema de relações, descreve um fenômeno, identifica um fato ou um conceito a partir da realidade imediata. Segundo Davydov (1988) e Rubtsov (1996), este é o método de apreensão da realidade mais comum nas escolas e nos manuais pedagógicos para a formação dos conceitos pelos escolares. O método de generalização conceitual empírica, segundo os autores, tem-se constituído como uma das finalidades principais do ensino escolar.

Por outro lado, organização do ensino pautada na lógica dialética não se limita a identificar características formais do objeto de estudo expressas no conceito, na palavra. Diferentemente, a lógica dialética considera a linguagem como meio de existência e funcionamento do conhecimento na constituição do pensamento teórico. Identifica, a partir do processo de elaboração histórica do conhecimento, o processo de constituição do próprio pensamento e como este fato se reflete na realidade objetiva. Nessa perspectiva, Davydov (1988) identifica que a formação do pensamento teórico é decorrente de um processo objetivo na atividade pedagógica. Os objetos de estudo, nessa perspectiva, não são concebidos de forma isolada, mas pertencentes a um processo de transformação que os leva a assumir características de instrumentos mediadores, superando suas características externas e imediatas, sendo integrados a um sistema de relações.

O estudo sobre a constituição do *instrumento pedagógico* como mediador do conhecimento na educação escolar, a partir da lógica dialética, vem sendo objeto de investigação do GEPAPe — Grupo de Estudo e Pesquisa sobre a Atividade Pedagógica (FEUSP). O produto dessas pesquisas explicita os elementos essenciais para a organização teórico-metodológica da atividade pedagógica por meio da definição do conceito de *atividade orientadora do ensino* (Moura, 2001, 2010a e b). Neste sentido, a atividade orientadora do ensino constitui-se como mediação, pois contempla os elementos da atividade humana, promovendo transformações na realidade (Leontiev, 1994); fundamenta-se na lógica dialética como organizadora das ações e operações entre o conhecimento científico e os sujeitos da atividade, definindo os modos de ação na atividade pedagógica.

Tais características do instrumento pedagógico atribuem sentido específico para a organização do ensino que tenha como finalidade o desenvolvimento do pensamento teórico como uma das funções psicológicas superiores a ser desenvolvida na atividade pedagógica por meio das mediações simbólicas.

Mediações simbólicas na atividade pedagógica

Visando explicar a mediação em suas múltiplas relações como unidade de análise na atividade pedagógica, os *aspectos substanciais* e os *aspectos gerais* constituem-se como princípios de análise das práticas pedagógicas, assim como a *forma lógica* de produção do conhecimento que direciona a constituição do *instrumento pedagógico*.

Em síntese, os elementos generalizáveis na organização do ensino são: as *ações e operações coletivas* e *cooperativas* entre estudantes e entre o educador e os estudantes, as *ações e operações sobre o objeto de estudo* material e/ou ideal, como instrumento que medeia as elaborações mentais, e *as ações e operações vinculadas ao conhecimento teórico* que interferem na formação e transformação do educador e dos estudantes. Tais generalizações não podem ser compreendidas e instituídas isoladamente na organização do ensino, uma vez que se inter-relacionam num *sistema integrado de ações* que evidencia a totalidade na atividade pedagógica.

A figura a seguir evidencia a relação dialética entre as ações e operações na atividade pedagógica, consideradas as generalizações pedagógicas:

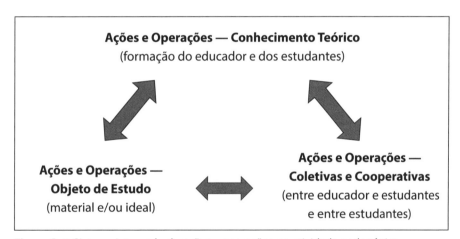

Figura 2 ■ Sistema integrado de ações e operações na atividade pedagógica.
Fonte: Bernardes (2006, p. 299).

No que se refere às *ações e operações dos sujeitos sobre o objeto de estudo* como uma das *generalizações pedagógicas*, identificam-se as relações entre a percepção sensorial, a representação simbólica do objeto e a elaboração do conceito como característico da lógica formal. Tal consideração ocorre em virtude de as percepções sensoriais proporcionarem aos estudantes abstrações iniciais necessárias para a apropriação da realidade objetiva. No entanto, há que se considerar que tais ações e operações caracterizam a dimensão empírica do pensamento dos sujeitos, além de serem tidas como insuficientes para a apropriação do conhecimento teórico e científico. Nestas condições, o objeto de estudo representa o objeto em si, tendo em vista suas condições imediatas e externas.

Ao considerar as *ações e operações dos sujeitos sobre o objeto de estudo* como *elemento substancial*, levam-se em conta não apenas as características imediatas e externas do objeto estudado, mas também o objeto concreto na dimensão posta pelo materialismo histórico dialético, ao correlacionar o concreto com realidade objetiva nas suas múltiplas relações historicamente elaboradas. Trata-se de entender o objeto de estudo como um objeto concreto, não necessariamente material, mas que assume a dimensão de ser ideal por conter, em sua essência, o significado social elaborado historicamente pela humanidade. Entende-se este objeto concreto como pertencente a um sistema de relações que o integra à produção humana, a partir da atividade como meio de trabalho e de comunicação entre os sujeitos.

No movimento de identificação da essência do objeto de estudo, a organização do ensino deve priorizar a relação entre *o objeto de estudo historicizado* (realidade objetiva em suas múltiplas determinações), *as elaborações histórico-culturais* (abstrações que medeiam o movimento de internalização da realidade objetiva) e o *conceito* (significações pertencentes ao sistema de relações teóricas). Nestas condições, identifica-se a essência do objeto de estudo por meio dos nexos internos do conceito que contém os elementos substanciais do mesmo.

Outro elemento constituinte do sistema integrado de ações na atividade pedagógica refere-se às *ações e operações coletivas e cooperativas* entre os estudantes e entre o educador e os alunos.

Como *generalização pedagógica*, tal elemento assume a condição de proporcionar aos estudantes situações de interação que possibilitam a ação reflexiva sobre o objeto de estudo, de forma restrita ou ampla (em pequenos grupos ou no grupo-classe), mediada pela intervenção do educador. As interações decorrentes das ações e operações coletivas e cooperativas pelos estudantes possibilitam o processo de percepção, representação e elaboraçao do conceito como uma construção particular dos sujeitos no movimento de compreensão do objeto de estudo. Nessa dimensão, cabe ao educador direcionar as ações dos estudantes para que eles promovam ações sobre o objeto de estudo, fazer intervenções visando ao processo de síntese a ser elaborado pelos alunos e promover mudanças na organização do ensino que possibilitem ajustes e adequações na elaboração do conceito. Tais condições identificam a forma da práxis na atividade pedagógica que possibilita a dimensão empírica do pensamento dos sujeitos.

Como *elemento substancial* da práxis na atividade pedagógica que possibilita condições favoráveis para o desenvolvimento do pensamento teórico dos estudantes, as ações e operações coletivas e cooperativas entres os sujeitos assumem particularidades que as diferenciam das demais nos aspectos cognitivo, volitivo e afetivo. Tais condições identificam a forma da práxis na atividade pedagógica que possibilita a dimensão teórica do pensamento dos sujeitos.

No aspecto cognitivo, além de considerar as ações interpessoais decorrentes do processo de reflexão coletiva e cooperativa, institui-se a necessidade de se considerar o *movimento dialógico do conceito* que releva a mediação entre o significado social do objeto de estudo e o sentido pessoal manifesto nas elaborações particulares dos estudantes.

Tais mediações devem ser executadas pelo educador de forma consciente e intencional no campo da linguagem, através do uso da palavra que atua como instrumento no movimento de transformação no sentido pessoal do objeto de estudo rumo à apropriação do significado social do mesmo que, por meio da identificação dos nexos internos, sintetiza o conceito teórico. As intervenções no movimento dialógico do conceito devem problematizar as elaborações dos estudantes de tal forma a desencadear novas reflexões de qualidade superior às anteriores; devem também visar à manifestação do pensamento e da linguagem interna dos alunos para promover a conscientização de que o conceito não é uma construção particular promovida por um processo de reflexão singular próprio de uma situação específica de ensino e aprendizagem, mas um produto de práticas sociais historicamente construídas, sintetizadas na elaboração do conhecimento científico.

No aspecto volitivo, são identificados elementos diferenciadores que contribuem para que os alunos apresentem disponibilidade e vontade para executar tarefas e ações de estudo. Considera-se como elemento preponderante no aspecto volitivo a consciência dos estudantes de pertencerem a uma coletividade de estudo, na qual a cada um dos participantes cabe executar ações específicas de forma a contribuir para o desenvolvimento da atividade pedagógica. Neste aspecto, ressalta-se a *divisão de funções entre os sujeitos* da atividade pedagógica e do *controle da aprendizagem* entre eles, contribuindo para que educador e estudantes assumam compromissos com a finalidade da atividade pedagógica. Ao repartir funções, as ações de cada um dos sujeitos têm significado específico na produção coletiva, assim como, ao repartir o controle da aprendizagem entre todos da coletividade de estudo, cada sujeito torna-se cúmplice na execução das ações de ensino e aprendizagem, quando se visa, como produto final da atividade em comum, à apropriação do conhecimento teórico e científico.

Outro elemento é vinculado ao aspecto volitivo das ações e operações coletivas e cooperativas na atividade pedagógica, a *situação desencadeadora* do ensino e aprendizagem, a qual deve ser inserida num *contexto social* que mobilize a execução de ações dos estudantes.

O aspecto afetivo entre os integrantes da atividade pedagógica assume a condição de ser o *amálgama* que se integra aos aspectos volitivo e cognitivo nas ações e operações coletivas e cooperativas. Ressalta-se a importância do *respeito e a valorização das ações e elaborações conceituais de cada um dos sujeitos pertencentes à coletividade de estudo*. No entanto, destaca-se a necessidade de se considerar a relação entre as elaborações individuais e a produção coletiva do grupo-classe. Trata-se de evidenciar a necessidade de a coletividade de estudo receber contribuições de todos os sujeitos da atividade pedagógica para produzir elaborações mais complexas e amplas, valorizando a dimensão interpessoal na constituição da dimensão intrapessoal dos sujeitos.

A relação entre as *ações e operações dos sujeitos sobre o objeto de estudo* e as *ações e operações coletivas e cooperativas* entre os sujeitos identifica a unidade das ações e operações entre sujeito e objeto da atividade pedagógica. A dimensão dialética presente na organização do ensino efetiva-se na interdependência entre a forma e o conteúdo, o material e o ideal, o físico e o psíquico, o abstrato e o concreto, o empírico e o teórico, e entre o afetivo e o cognitivo.

No entanto, para que ocorra a unidade na organização do ensino e a superação da dimensão empírica na apropriação do conhecimento sócio-histórico, torna-se relevante considerar o outro elemento que compõe o sistema integrado de ações na atividade pedagógica — *as ações e operações vinculadas ao conhecimento teórico*. A compreensão da totalidade da práxis na atividade pedagógica, que possibilita o desenvolvimento do pensamento teórico dos estudantes, somente se faz possível considerando a apropriação de conhecimentos teóricos por parte do educador que fundamentem a organização do ensino. Tal concepção é decorrente da consciência de que esta dimensão psíquica nos seres humanos não é natural, e sim promovida por mediações na apropriação do conhecimento.

Além da necessidade de o educador se apropriar de conhecimentos vinculados ao desenvolvimento infantil, às práticas pedagógicas e às relações sociais e filosóficas que medeiam a atuação docente no contexto escolar, há de se considerar a necessidade da apropriação de conhecimentos específicos por parte do educador que relacionem o ensino, a aprendizagem e o desenvolvimento humano numa dimensão histórica e cultural.

A compreensão do ensino como instrumento que medeia o desenvolvimento das funções psicológicas superiores requer que o educador tenha conhecimento das dimensões filo e ontogenéticas constituintes do ser humano (Vigotski, 2001) e das possibilidades reais do ensino escolar como um instrumento da atividade prática revolucionária que pode interferir no processo de transformação de práticas sociais alienantes historicamente instituídas na sociedade.

A apropriação de tais conhecimentos por parte do educador e a consciência das possibilidades reais do ensino e do lugar social que ocupa na sociedade contemporânea interferem na constituição da dimensão psicológica do próprio educador e na definição da práxis na atividade pedagógica, que cria condições favoráveis para a transformação da dimensão psicológica dos alunos. Ao se criarem condições para que o conhecimento teórico seja apropriado pelos estudantes em atividade de estudo, tal apropriação também poderá interferir na transformação da dimensão psicológica deles, na sua conscientização quanto ao lugar social que ocupam na sociedade contemporânea e na sua atuação prática como sujeitos de uma coletividade de estudo. Diante de tais condições e circunstâncias, são organizadas as ações e operações próprias do instrumento pedagógico que medeia o desenvolvimento das funções psicológicas superiores dos sujeitos pertencentes à atividade pedagógica como práxis.

Assim, tanto o estudante quanto o educador formam-se e transformam-se diante da apropriação da produção humana elaborada historicamente. Além disso, concebe-se que, quando os sujeitos encontram um sentido pessoal na sua atividade principal que corresponde ao significado social instituído historicamente, ocorre a possibilidade de superação das práticas sociais alienantes presentes na sociedade.

Considerações finais

Ao se conceber as mediações simbólicas na atividade pedagógica como essenciais para que a educação cumpra os fins e os objetivos de emancipação humana, assume-se uma posição política no campo da educação que visa à promoção das potencialidades humanas pela apropriação da produção cultural e material elaboradas historicamente. Trata-se de se ter como fim desejável a constituição da dimensão universal dos sujeitos e a apropriação do conhecimento científico como produção universal construída ao longo da história da humanidade.

Para tanto, as mediações simbólicas vinculadas ao conhecimento teórico, às ações coletivas e cooperativas e ao objeto de estudo no campo da lógica dialética estabelecem as condições particulares na atividade pedagógica que criam possibilidades de superação das condições instituídas entre os sujeitos individuais, como a dimensão singular, e as potencialidades humanas próprias do gênero humano, como a dimensão universal.

Espera-se que, com a divulgação de pesquisas e produções teóricas sobre a relação entre o ensino, a aprendizagem e o desenvolvimento humano nesta perspectiva teórica, a essência dos processos pedagógicos que criam possibilidades de transformação na realidade venham a ser cada mais contemplados nos processos de formação de professores visando à constituição de uma consciência crítica sobre a sua função social na sociedade de classes, sobre o papel e o lugar da educação como fenômeno social que tenha como fim a emancipação humana.

No entanto, temos ciência de que, pelas contradições presentes em nossa sociedade que tem como foco o desenvolvimento do capital e as relações de poder, os fins da educação aqui anunciados nem sempre são contemplados, seja de forma consciente ou não, nos diversos níveis que definem as metas educacionais brasileiras. Mesmo assim, continuamos a perseguir os fins de uma educação que se constitua como atividade humana e que promova transformações na realidade objetiva de forma dialética, seja na realidade interna aos sujeitos, seja na realidade externa, como decorrente da natureza transformada pelo homem em atividade.

A consciência de nosso lugar social como pesquisadores da educação e formadores de professores, assim como a consciência dos fins da educação e dos seus limites numa sociedade de classes, fazem com que continuemos a lutar por uma educação que seja emancipadora e promotora de transformações positivas em nossa sociedade.

Referências bibliográficas

BERNARDES, M. E. M. *As ações na atividade educativa*. Dissertação (Mestrado em Educação) — Faculdade de Educação, Universidade de São Paulo, São Paulo. 2000.

BERNARDES, M. E. M. *Mediações simbólicas na atividade pedagógica*: contribuições do enfoque histórico-cultural para o ensino e aprendizagem. Tese (Doutorado em Educação) — Faculdade de Educação, Universidade de São Paulo, São Paulo. 2006.

_____. Transformação do pensamento e da linguagem na aprendizagem de conceitos. *Psicologia da Educação*, v. 26, p. 67-85, 2008. (Impresso)

_____. Ensino e aprendizagem como unidade dialética na atividade pedagógica. *Psicologia Escolar e Educacional*, v.13, p. 235-42, 2009.

_____. Metodologia ativa de ensino e aprendizagem: concepções da teoria histórico-cultural. In: CONGRESO INTERNACIONAL DE PSICOLOGÍA Y EDUCACIÓN, 6., Valladolid. *Educación, aprendizaje y desarrollo en una sociedad multicultural*. Valladolid, 2011. p. 1-26, 2011.

_____; MOURA, M. O. de. Mediações simbólicas na atividade pedagógica. *Educação e Pesquisa*, v. 35, p. 463-78, 2009.

DAVYDOV, V. V. *La enseñanza escolar y el desarrollo psíquico*: investigación psicológica teórica y experimental. Moscu: Progresso, 1988.

KONSTANTINOV, N. A.; SAVICH, A. L.; SMIRNOV, M. T. *Problemas fundamentales de la pedagogia*. Havana: Editorial Nacional de Cuba, Editora del Ministerio de Educación, Editora Del Consejo Nacional de Universidades de Habana, 1964.

KOPNIN, P. V. *A dialética como lógica e teoria do conhecimento*. Trad. de Paulo Bezerra. Rio de Janeiro: Civilização Brasileira, 1978.

LEONTIEV, A. N. *Actividad, conciencia, personalidad*. Havana: Pueblo y Educación, 1983.

_____. Uma contribuição à teoria do desenvolvimento da psique infantil. In: VIGOTSKI, L. S.; LURIA, A. R.; LEONTIEV, A. N. *Linguagem, desenvolvimento e aprendizagem*. 5. ed. São Paulo: Ícone, 1994.

MOURA, M. O. de. A atividade de ensino como ação formadora. In: CASTRO, A. D.; CARVALHO, A. M. P. de. (Org.). *Ensinar a ensinar*. São Paulo: Pioneira, 2001.

_____. (Org.) *Atividade pedagógica na teoria histórico-cultural*. Brasília: Líber Livro, 2010a.

_____ et al. Atividade orientadora do ensino como unidade entre ensino e aprendizagem. In: _____ (Org.) *Atividade pedagógica na teoria histórico-cultural*. Brasília: Líber Livro, 2010b. p. 81-109.

PINTO, A. V. *Ciência e existência*: problemas filosóficos da pesquisa científica. Rio de Janeiro: Paz e Terra, 1969.

RUBTSOV, Vitaly. A atividade de aprendizado e os problemas referentes à formação do pensamento teórico dos escolares. In. GARNIER, C.; BERNARZ, N.; ULANOVSKAYA, I. *Após Vigotski e Piaget*: perspectivas social e construtivista, escolas russa e ocidental. Porto Alegre: Artes Médicas, 1996. p. 129-137.

VIGOTSKI, L. S. *Obras escogidas*. Madrid: Machado Libros, 2001.

CAPÍTULO 4

Possíveis tessituras entre currículo e didática:
sobre conhecimentos, experiências
e problematizações

Carlos Eduardo Ferraço

Iniciando uma conversa: sobre experiência, fronteira e problematizações...

O desafio que nos foi lançado para escrever um texto sobre possíveis tessituras entre currículo e didática nos levou a buscar leituras que, porventura, tivessem feito esse encontro[1] e, ainda, nos forçou a movimentar o pensamento, tendo em vista nosso desejo de provocar possíveis diálogos entre esses *contextos de saberes, fazeres e poderes*[2] que

---

1. Destacamos: Libâneo, J. C. Os campos contemporâneos da Didática e do Currículo: aproximações e diferenças. In: Oliveira, M. R. N. S. (Org.). *Confluências e divergências entre didática e currículo*. São Paulo: Papirus, 1998.

2. Durante o texto usaremos alternadamente as expressões "contextos de saberes, fazeres e poderes", "redes de saberes, fazeres e poderes", " redes de conhecimentos", "redes de sentidos", "redes de *teorias/práticas*", "redes de narrativas e imagens" ou simplesmente "redes" no lugar da noção de "campos", tentando pensar nos temas currículo, didática e conhecimento, entre outros, em suas condições de processos, de movimentos, ou seja, tentando não representá-los, não fixá-los em uma dada imagem-limite, mas induzindo seus deslizamentos por vários sentidos.

TEMAS DE PEDAGOGIA

pudessem, ainda que timidamente, favorecer outras reflexões, conversas, debates...

O desafio foi se tornando cada vez mais complexo à medida que, tentando seguir as orientações dos organizadores da obra, buscávamos escrever um texto que tivesse um tom entre o conceitual e o mundo experiencial dos leitores, ou seja, nas palavras de Nilda Alves e José Carlos Libâneo, "um texto com densidade teórica/conceitual, mas também que pudesse ser lido por alunos de cursos de graduação. Como eu gosto de falar: um texto que interpretasse praxicamente a teoria".

Considerando, então, as pistas dadas, ficamos imaginando como nos aproximar do *mundo experiencial* dos leitores com uma escrita consistente teoricamente e, ainda, que pudesse, modestamente, favorecer reflexões na *interseção* entre currículo e didática. Com isso, nosso desafio ao escrever este texto esteve atravessado, todo o tempo, por duas noções: a de *experiência* e a de *fronteira*.

Em termos da ideia de *experiência*, concordamos com Larrosa (2004) sobre a necessidade de superarmos, na área da educação, as análises que oscilam entre a visão *positivista/coisificadora* e a *política/crítica*, indo ao encontro de uma perspectiva mais existencial e estética. Como defende o autor,

> costuma-se pensar a educação do ponto de vista da relação entre ciência e técnica ou, às vezes, do ponto de vista da relação teoria e prática. Se o par ciência/técnica remete a uma perspectiva positivista e coisificadora, o par teoria/prática remete sobretudo a uma perspectiva política e crítica. [...]
>
> Se na primeira alternativa as pessoas que trabalham em educação são construídas como sujeitos técnicos que aplicam com maior ou menor eficácia as diversas tecnologias pedagógicas produzidas pelos cientistas, pelos tecnólogos e pelos especialistas, na segunda alternativa essas mesmas pessoas aparecem como sujeitos críticos que armados de distintas estratégias reflexivas se comprometem, com maior ou menor êxito, com práticas educativas concebidas na maioria das vezes desde uma perspectiva política. [...]
>
> O que vou propor aqui é a exploração de outra possibilidade, digamos que mais existencial (sem ser existencialista) e mais estética (sem ser esteticista), a saber: pensar a educação valendo-se da experiência (Larrosa, 2004, p. 151-3)

Assim, ir ao encontro do *mundo da experiência* das pessoas, para nós, também tem o sentido de tentar provocar uma dada experiência existencial-estética em nós mesmos, de nos (ex)por diante de nossas incertezas, sem a pretensão de resolvê-las, mas buscando, sempre, nos deixar afetar pelos encontros

> A experiência é o que nos passa, ou nos acontece, ou nos toca. Não o que passa ou o que acontece, ou o que toca, mas o que nos passa, o que nos toca. A cada dia passam muitas coisas, porém, ao mesmo tempo, quase nada nos passa. Dir-se-ia que tudo o que passa está organizado para que nada nos passe [...].
> O sujeito da experiência é um sujeito ex-posto. Do ponto de vista da experiência, o importante não é nem a posição (nossa maneira de pôr-nos), nem a o-posição (nossa maneira de opor-nos), nem a im-posição (nossa maneira de impor-nos), nem a pro-posição (nossa maneira de propor-nos), mas a exposição, nossa maneira de ex-por-nos, com tudo o que isso tem de vulnerabilidade e de risco. [...] É incapaz de experiência aquele a quem nada lhe passa, a quem nada lhe acontece, a quem nada lhe sucede, a quem nada lhe toca, nada lhe chega, nada lhe afeta, a quem nada lhe ameaça, a quem nada lhe fere (Larrosa, 2004, p. 154-61).

Em relação ao *uso/consumo* (Certeau, 1994)[3] que fizemos da noção de *fronteira*, encontramos em Santos (2000) uma discussão que favoreceu nossa intenção de pensar possíveis encontros entre currículo e didática, assumindo os conhecimentos aí produzidos a partir de algumas características gerais como: invenção de novas formas de sociabilidade, hierarquias fracas, pluralidade de poderes, fluidez das relações

---

3. Certeau (1994) atribui à noção de uso/consumo uma dimensão de invenção e não apenas de passividade. Ou seja, ao usarmos/consumirmos as coisas do mundo nós, certo modo, as (re)inventamos, fazemos com elas outras coisas, a partir do seu próprio uso/consumo. Para o autor: "Na realidade, de uma produção racionalizada, expansionista, centralizada, especular e barulhenta, posta-se uma produção do tipo totalmente diverso, qualificada como 'consumo', que tem como característica suas astúcias, seu esfarelamento em conformidade com as ocasiões, suas 'piratarias', sua clandestinidade, seu murmúrio incansável, em suma uma quase-invisibilidade, pois ela quase não se faz notar por produtos próprios mas por uma arte de utilizar aqueles que lhe são impostos" (Certeau, 1994, p. 94).

sociais e invenções. De fato, ao desenvolver sua ideia de fronteira, Santos (2000, p. 348-350) nos mostra que:

> viver na fronteira é viver em suspensão, num espaço vazio, num tempo entre tempos. A novidade da situação subverte todos os planos e previsões; induz à criação e ao oportunismo como quando o desespero nos leva a recorrer ansiosamente a tudo o que nos pode salvar. [...]
>
> Viver na fronteira significa ter de inventar tudo, ou quase tudo, incluindo o próprio acto de inventar. [...]
>
> A construção das identidades de fronteira é sempre lenta, precária e difícil. [...]
>
> Os povos da fronteira repartem a sua lealdade por diferentes fontes de poder e aplicam a sua energia em diferentes formas de luta contra os poderes. Promovem assim a existência de múltiplas formas de autoridade. [...]
>
> A fronteira, enquanto espaço, está mal delimitada, física e mentalmente, e não está cartografada de modo adequado. Por esse motivo, a inovação e a instabilidade são, nela, as duas faces das relações sociais. [...]
>
> Viver na fronteira significa viver fora da fortaleza, numa disponibilidade total para esperar por quem quer que seja, incluindo Godot. Significa prestar atenção a todos os que chegam e aos seus hábitos diferentes, e reconhecer na diferença as oportunidades para o enriquecimento mútuo. [...]
>
> O que importa é captar a fenomenologia geral da vida de fronteira, a fluidez dos seus processos sociais, a criação constante de mapas mentais [...] e, acima de tudo, a instabilidade, a transitoriedade e a precariedade da vida social na fronteira.

Assim, movidos, inicialmente, pelas noções de *experiência* e de *fronteira*, fomos levados a pensar nos possíveis encontros entre Didática e Currículo como processos que, em nossa condição de sujeitos complexos e encarnados (Najmanovich, 2001), de sujeitos da experiência (Larrosa, 2004), nos (ex)poriam diante de nossos próprios limites teóricos, de nossas próprias questões estético-existenciais, de nossas próprias necessidades e desejos e, ainda, nos situariam em um contexto movediço, instável, transitório, sem referências ou verdades a serem defendidas, forçando-nos a inventar modos para nos salvar ou, pelo menos, adiar nosso desaparecimento como sujeitos cartesianos, possuidores de uma mente autoconsciente, dotados de uma razão plena com condições objetivas para pensar/representar a realidade. Para Najmanovich (2001, p. 95),

> o sujeito cartesiano construiu um mundo estável, de substâncias eternas e relações matemáticas expressas em leis universais. Um mundo de linhas causais independentes e absolutamente previsíveis em seu curso. Um mundo onde o sujeito estava dividido em compartimentos estanques: corpo e alma, cognição-emoção-ação. [...]
>
> O sujeito complexo, ao contrário, se sabe partícipe e coartífice do mundo em que vive, um mundo em interação, de redes fluidas em evolução, um mundo em que são possíveis tanto o determinismo com o acaso, o vidro e a fumaça, acontecimento e linearidade, surpresa e conhecimento. Um mundo onde o sujeito não é mera subjetividade, nem o mundo pura objetividade.

Ao mesmo tempo que nos lançávamos a esses desafios, fomos incentivados a levar algumas dessas discussões, isto é, possíveis tessituras entre Currículo e Didática para os cotidianos das escolas com as quais realizamos nossa pesquisa sobre currículo,[4] o que também nos fez *experimentar a vida na fronteira*, tendo em vista a complexidade das discussões realizadas e, mais uma vez, os limites dos nossos conhecimentos. Como sujeitos encarnados, pagamos com a incompletude nossa possibilidade de conhecer.

> Enfim, como todos os sujeitos encarnados, nossas categorias se desenvolvem na trama evolutiva da vida, estão inseparavelmente ligadas à nossa experiência social e pessoas [...] com as quais vivemos. [...] O sujeito encarnado desfruta do poder e da criatividade e da escolha, mas deve assumir o mundo que cocriou (Najmanovich, 2001, p. 28-9).

---

4. Trata-se da pesquisa "Currículos realizados nos cotidianos de escolas públicas das séries iniciais do ensino fundamental", com financiamento do CNPq. No decorrer do texto traremos fragmentos de nossas conversas com os sujeitos que participam de nossas pesquisas sem a pretensão de justificá-las e/ou analisá-las e/ou tomá-las como exemplos à luz das discussões que estão sendo feitas. Nossa intenção foi, somente, evidenciar a complexidade dos diferentes sentidos tecidos e partilhados por esses sujeitos em suas redes de saberes, fazeres e poderes.

Assim, o presente texto expressa uma tentativa de contribuir para o debate que se realiza na confluência dos saberes, fazeres e poderes do Currículo e da Didática, buscando trazer muito mais questionamentos do que certezas, conceitos e/ou modelos que sirvam de exemplos aos leitores. Interessa-nos, sobretudo, *implicar* e não *explicar*. Na condição de *sujeitos praticantes pesquisadores*,[5] desejamos *problematizar*.

Nos últimos dois anos de sua vida, Foucault utiliza cada vez mais frequentemente o termo "problematização" para definir sua pesquisa. Por

> problematização, ele não entende a reapresentação de um objeto preexistente, nem a criação por meio do discurso de um objeto que não existe, mas "o conjunto das práticas discursivas ou não discursivas que faz qualquer coisa entrar no jogo do verdadeiro e do falso e a constitui'como objeto do pensamento" [...].
>
> O termo problematização implica duas consequências. De um lado, o verdadeiro exercício crítico do pensamento se opõe à ideia de uma busca metódica da "solução": a tarefa da filosofia não é, portanto, a de resolver — inclua-se substituir uma solução por outra — mas a de "problematizar", não a de reformar, mas a de instaurar uma distância crítica, de "desprender-se", de retomar os problemas. De outro lado, esse esforço de problematização não é, de maneira alguma, um antirreformismo ou um pessimismo relativista (Revel, 2005, p. 70-1).

---

5. A noção de sujeito praticante em Certeau (1994) implica assumir uma dimensão de invenção para a prática, ou seja, implica considerarmos que os sujeitos não apenas passam pelas situações e coisas, mas sempre deixam suas marcas, seus usos/consumos nessas situações e coisas. Como afirma Sousa Filho (1998): "as análises de Michel de Certeau sobre o cotidiano, orientadas por sua hipótese central, revelam — no rumor da vida coletiva e sob a realidade massiva dos poderes e das instituições, mas sem ilusões sobre o seu funcionamento — as microrresistências: microrresistências que fundam microliberdades. Microrresistências mobilizadoras de recursos inimagináveis, escondidos em gente simples, comum. Recursos ocultos muitas vezes bem debaixo do nariz do poder, dando força à massa anônima e a sua subversão silenciosa. Gente agindo como toupeiras, minando os edifícios bem instalados da moral e da lei, sem objetivos políticos determinados. Pequenas subversões sem propósitos, mas que temperam o cotidiano de maravilhas como festas efêmeras que surgem, desaparecem e voltam. Disponível em: <www.cchla.ufrn.br/alipiosousa/>.

Buscando nos situar epistemologicamente a partir dos "usos" da noção de redes e seus desdobramentos na problematização das relações entre Currículo e Didática

Eu acho que o currículo não está sozinho. Tem a ver com avaliação, ensino, aprendizagem, planejamento, com a didática de sala de aula, com o modo como o professor dá aula, o controle que ele tem da turma, os recursos que ele usa. (Rosana, pedagoga)

Mas hoje essa parte da Didática está mais esquecida, as metodologias das matérias estão ficando de lado nas formações. Você não vê mais essa discussão no sistema. (Martha, professora de Matemática)

Você tem razão, mas acho que isso acontece porque, por exemplo, aqui na nossa escola são tantos problemas com violência, drogas, sexo, abuso, falta de apoio da família que falar de didática parece supérfluo, parece perda de tempo. (Joana, professora de Artes)

Aliás, falta de família. Muitos alunos daqui não tem uma família estruturada. Tem situação que quem toma conta da casa e dos irmãos menores é a filha mais velha que às vezes já é mãe também. No que a Didática pode ajudar nessa situação? (Marco, professor de Educação Física)

Não seria interessante pensar as relações entre o Currículo, a Didática também a partir de todas essas questões sociais que atravessam a escola? Será que podemos pensar a Didática ou o Currículo ou a avaliação fora dessas redes sociais, ou não tem nada a ver o que eu estou falando? (Carlos, pesquisador)

Escrever sobre a Didática em suas relações com o Currículo pressupõe, então, um permanente exercício de problematização que, a nosso ver, também nos impõe a necessidade de tentarmos deixar evidente como, em nossa condição de professor-pesquisador, nos relacionamos com essas questões. Implica, sobretudo, a urgência em responder: que sentidos de Currículo, conhecimento e Didática temos tecido e partilhado em nossas redes de saberes, fazeres e poderes? Como temos nos relacionado com esses processos? Como os compreendemos em nossas aulas e/ou pesquisas? Que sentidos sobre os mesmos tem sido ou não potencializados com nossas *teorias/práticas*?[6]

> Olha só, na minha prática como pedagoga eu tento ajudar ao máximo às professoras na preparação de provas, exercícios, atividades. Acho que didática também é isso, é você saber como preparar, como planejar as coisas que você vai fazer. Didática não é só saber dar uma boa aula ou ter domínio de classe. Aliás, se você for só por esse lado você vai concluir que, hoje em dia, ninguém tem mais Didática. Por isso trago sugestões de exercícios, de provinhas, de projetos. Elas adoram e usam com os alunos. (Rita, pedagoga)

> Mas, e as questões sociais que foram trazidas aqui? Como elas se colocam nos nossos trabalhos? É possível pensar o Currículo e a Didática envolvidos com essas questões, como? (Carlos, pesquisador)

> Eu penso que as atividades trabalhadas têm que ser contextualizadas com a vida dos alunos. Pra mim, essa parte da contextualização tem a ver com a didática do professor. Não é só passar um filme e está resolvido. É preciso saber por que esse filme? Que questões sociais e culturais ele aborda? Como vou trabalhar os conteúdos com ele? (Sérgio, professor de Geografia)

Nessa direção, temos nos empenhado, de modo mais objetivo, a partir de nossas pesquisas, em produzir discursos que possam potencializar diferentes sentidos de currículo em suas relações com os conhecimentos e as didáticas, a partir, por exemplo, do *uso/consumo* (Certeau, 1994) que fizemos da noção de *redes*.

De fato, com algumas variações, temos assumido esta noção como condição para elaborarmos nossos discursos, o que nos tem possibilitado mostrar que, pensados em redes, os conhecimentos, os currículos e as didáticas se tecem juntos, se hibridizam, se relacionam permanentemente, sendo difícil ou quase impossível situá-los em lugares epis-

---

6. Inspirados por Alves, nossa escrita unindo palavras tem sido uma dessas tentativas de produzir outros sentidos, além daqueles que normalmente são evocados quando escritas de forma separada. Ou seja, trata-se de uma atitude de transgressão pela escrita que, ao desejar produzir sentidos partilhados, busca romper com o modo excludente, herdado do discurso hegemônico da modernidade, a partir do qual essas dicotomias sempre foram entendidas.

temológicos circunscritos, muito menos reduzi-los às suas relações com os conhecimentos disciplinares.

> Entendo mas, como saber se são esses os conteúdos importantes e não outros? O que caracteriza um conteúdo como sendo importante ou não para os alunos? Há outros assuntos que, mesmo não estando na proposta curricular seriam potentes para o trabalho com eles? E, nesses casos, como ficaria a didática? (Carlos, pesquisador)

> Não sei dizer agora, mas para mim o problema que eu via na discussão da Didática era sempre a mesma ladainha. De um lado, nas capacitações e nos grupos de estudos do Bloco Único, por exemplo, os professores querendo dicas, sugestões e exemplos de atividades, de provas, de dinâmicas, de materiais, de jogos, qualquer coisa que pudesse ajudar na sala de aula. De outro, o Sistema dizendo que não é possível dar receita em educação. (Kátia, professora de Português)

> Mas é importante ter receitas também, eu acho. Como eu vou ajudar o professor se eu não tenho nenhuma sugestão para ele? (Rita, pedagoga).

Trabalhar com a noção de redes nos força, então, a superar as tradicionais visões que, ao se pautarem pelas análises dos processos históricos de constituição desses diferentes *saberesfazeres*, isto é, os do currículo, da didática, da avaliação etc., sempre acabam por legitimar *a centralidade do conhecimento disciplinar* como referência básica para se entender todo e qualquer discurso aí produzido, inclusive aqueles que buscam se situar na contramão dessa centralidade do conhecimento disciplinar.

É como se, para a realização da crítica, as análises sempre tivessem que partir do conhecimento disciplinar sistematizado, tomado como matriz e/ou categoria de análise e/ou como pano de fundo histórico, independentemente das diferentes, e às vezes antagônicas, perspectivas filosóficas que permeiam esses diversos *saberes/fazeres*.

> Bom, como diretor, minha ideia de Didática não tem a ver só com domínio de classe, planejar aula, elaborar provas ou dar uma boa aula. Aprendi que aula bem preparada não garante bom ensino. Eu concordo com essa visão mais social. Didática também tem a ver com o seu compromisso com a vida dos alunos,

interesse em ajudá-los, estimulá-los a sair de onde estão. Aqui na escola nós temos a síndrome da desistência nos alunos da oitava. Acham que já chegaram ao final. Nós fizemos um projeto de visitas a instituições de ensino médio para criar uma vontade neles de continuar. Ter didática é também ter essa preocupação. (Jarbas, diretor)

E o que isso produziu entre eles com relação à vontade de continuar estudando? Mudou alguma coisa? O quê? (Carlos, pesquisador)

Foi interessante porque alguns alunos não conheciam a estrutura do Ifes, que é aqui do lado. Ficaram encantados com o espaço da escola. Mas, ao mesmo tempo, não se viam como alunos de lá. Um deles disse: só passa aqui quem é CDF. Os outros riram. Então eu acho que aí também entra essa parte de conscientização deles, para eles levarem a sério o estudo para seguirem adiante. E a Didática, o envolvimento do professor com essa questão faz toda a diferença. (Solange, pedagoga)

Assim, por exemplo, a defesa da perspectiva de um currículo integrado e/ou interdisciplinar e/ou multidisciplinar e/ou pluridisciplinar só faz sentido quando assumimos como referência de análise a matriz disciplinar, isto é, a ideia que reduz o conhecimento à sua organização disciplinar, situação na qual, na maioria das vezes, se desconsidera a dimensão de complexidade desse mesmo conhecimento em função das tradicionais disciplinas do Currículo e/ou da Didática, o que não faria sentido para as perspectivas que assumem o conhecimento a partir das perspectivas transdisciplinares, rizomáticas ou do conhecimento em redes.

Eu concordo com a Martha e com a Joana. Para mim a Didática ficou para trás. Antes, tinha uma preocupação com a didática. Nossas reuniões de área eram feitas em cima das metodologias. Mas isso foi perdendo espaço, até porque foi ficando chato demais. No final, eram textos e mais textos para ler e discutir em grupo. As reuniões com sugestões de conteúdos, atividades, jogos, materiais, experiências foi desaparecendo. (Miriam, professora de Ciências)

E por que essa resistência em ler textos nos cursos de formação continuada? (Carlos, pesquisador)

Não era resistência de ler. Também era, mas o pior era ler lá na hora e depois fazer grupo para discutir. Para mim isso era falta de didática do coordenador de área. Textos de didática trabalhados sem didática (rs). (Miriam, professora de Ciências)

É verdade, acontecia isso mesmo. Hoje eu vejo que, por exemplo, quando tem reunião ou grupo de estudo, é para falar do desempenho da escola nas avaliações do governo, para cobrar o que a escola não está fazendo. Para falar da necessidade da escola desenvolver projetos para combater a violência, drogas, sexualidade, racismo. Agora está na moda o *bullying*. (Eliana, professora de História)

E o que isso representa em termos dos sentidos de Currículo, Didática, avaliação, enfim, em termos dos sentidos da educação? (Carlos, pesquisador)

O fato de as redes, em suas tessituras, envolverem, inclusive, os conhecimentos disciplinares não significa que só existam esses. De fato, a metáfora/noção de redes usada para pensarmos o conhecimento implica uma complexidade de interconexões de diferentes saberes, fazeres e poderes, que se tecem com linhas de fuga (Deleuze e Guattari, 1995), enredando processos sociais, econômicos, culturais, subjetivos, [...], em diferentes relações espaçotemporais. Implica, por efeito, uma ruptura epistemológica na própria noção de conhecimento.

Este fato, assumido como condição da *pesquisa com os cotidianos escolares* (Ferraço, 2003), nos leva, inexoravelmente, a tentar, sempre que possível, superar a lógica que compartimentaliza o conhecimento em áreas e/ou disciplinas para pensá-lo como múltiplas redes de sentidos, como rizomas (Deleuze, 1995). Ao mesmo tempo, entendemos que, na condição de sujeitos praticantes autores/pesquisadores envolvidos com a noção de redes, nem sempre conseguimos deixar evidente essa discussão, favorecendo, por vezes, uma análise que associa redes a conhecimento disciplinar.

Assumir a noção de redes para pensarmos as relações entre currículo, conhecimento e Didática implica, ainda, envolver nessas redes inúmeros processos como avaliação, planejamento, gestão, ensino, aprendizagem, entre outros, que configuram os *fazeressaberes* educacionais. Ou seja, supõe entender e assumir que esses processos acontecem todos ao mesmo tempo e de forma inter-relacionada nos cotidianos escolares, imprimindo a condição de complexidade da educação.[7]

> Representa que tudo gira em torno da avaliação, do desempenho, das habilidades e competências, das notas do Saeb, do Enem, esses índices que classificam as escolas e que agora já definindo o quanto cada um vai ganhar. Conhecimento como moeda de troca. (Sérgio, professor de Geografia).

> É por isso que eu acho importante que o pedagogo trabalhe com o professor, não tem como fugir da avaliação. De 1ª à 4ª é mais fácil trabalhar com o professor porque o pedagogo domina os conteúdos e a didática. Pode dar mais sugestões de atividades, projetos, provas. Aqui na escola eu trabalho muito assim, em parceria com as professoras, ajudando a fazer a mediação entre elas e os alunos. Quando eu trabalhei de 5ª à 8ª já foi muito mais difícil. A Didática era outra e os conteúdos também. Não tive essa chance de ajudar mais de perto. Até a aproximação com o professor foi mais difícil. Então eu ficava mais por conta da questão da disciplina, das pautas, dos registros no livro de ponto. Até ajudei em alguns projetos, mas era sempre na parte da organização, nunca na discussão dos conteúdos. (Solange, pedagoga)

Ainda tentando nos situar epistemologicamente: sobre (im)possíveis movimentos de superação dos paradigmas tecnicista e crítico da educação

Essa discussão inicial se fez importante na medida em que objetivamos, neste texto, pensar a Didática em meio às redes que são tecidas nos cotidianos das escolas, e em suas múltiplas relações espaçotemporais para além dos saberes disciplinares, envolvendo, como já dito, o currículo, a avaliação, a gestão, o ensino, a aprendizagem, o planejamento, entre outros processos que se realizam na/com a educação.

---

7. Com Morin (1996, p. 176) superamos a noção de complexidade como explicação/solução diante da mutilação do conhecimento, em favor da noção de "tecido junto". "A ambição da complexidade é prestar contas das articulações despedaçadas pelos cortes entre disciplinas, entre categorias cognitivas e entre tipos de conhecimentos. Isto é, tudo se entrecruza, se entrelaça para formar a unidade da complexidade".

A realidade de nossas escolas públicas, principalmente as de periferia exige que o professor conheça a realidade dos alunos. Para mim, como foi dito aqui, a didática também tem a ver com esse conhecimento da realidade. Por exemplo, aqui mesmo na escola tem professor que chega com seu carro, entra na sala, dá sua aula e vai embora. Tem casos que no próprio conselho de classe a gente vê que o professor não conhece seu aluno. Tem situações de pedir coisas impossíveis para alguns alunos. Temos alunos que nunca saíram do bairro. Nunca foram a um cinema, a um *shopping*, teatro, então, nem pensar. Tem aluno que não conhece praia. Fica difícil um professor ter didática se ele não dá conta da realidade e da necessidade de mudar alguma coisa, inclusive na sua própria prática. (Sérgio, professor de Geografia)

E como conhecer essa realidade dos alunos? Isso é mesmo possível? De que realidade nós estamos falando? Existe uma realidade ou realidades? Se são realidades, como conhecê-las de modo a potencializar nosso trabalho com o currículo e a didática? (Carlos, pesquisador)

Assim, por se constituir em redes de saberes, fazeres e poderes, a Didática tem uma dimensão de processo político que não pode ser desconsiderada, sendo realizada por pessoas encarnadas em determinados contextos econômicos, sociais, históricos e culturais que se influenciam mutuamente.

Outra razão que nos motivou a fazer essas ponderações iniciais decorreu das análises feitas por Veiga-Neto sobre a didática e as experiências da sala de aula, a partir do que o autor chamou de visão pós-estruturalista.[8] Coincidentemente, após a leitura de Veiga-Neto e enquanto escrevíamos o presente texto, tivemos a oportunidade de ler o texto "O campo teórico e profissional da Didática hoje: entre a Ítaca e o canto das sereias" (Libâneo, 2010), no qual o autor situa o surgimento e desenvolvimento do discurso pós-estruturalista como uma das hipóteses explicativas para a crescente fragmentação do objeto de estudo da didática. As demais hipóteses trazidas por Libâneo (2010, p. 51-2) seriam:

---

8. Veiga-Neto, Alfredo. A didática e as experiências de sala de aula: uma visão pós-estruturalista. *Educação & Realidade*, Porto Alegre, Faculdade de Educação/UFRGS, v. 21, n. 2, p. 161-75, jul./dez. 1996.

a) Tendência recorrente, em nosso país, de sociologização do pensamento pedagógico em prejuízo do desenvolvimento da ciência pedagógica. b) Enfraquecimento do campo teórico e investigativo da Pedagogia, com consequências no questionamento de sua legitimidade epistemológica e de seu lugar na formação de professores. c) Impactos diretos e indiretos das concepções de políticas sociais do neoliberalismo e sua repercussão nas diretrizes sobre políticas educacionais e práticas escolares. d) Conjugação de fatores externos à escola (sociais, políticos, institucionais) que incidem na diversidade de concepções da pesquisa voltada para a sala de aula.

Então, também movidos pelos textos anteriores, ousamos inferir que nossa proposta de pensar a didática em sua tessitura cotidiana de sentidos implicaria tentar nos situar de fora de dado enquadramento iluminista que tem pautado grande parte das análises da educação, ou seja, de fora da racionalidade pedagógica hegemônica que se sustenta, por exemplo, na contraposição dos paradigmas tecnicista e crítico da educação. Como defende Veiga-Neto (1996, p. 165-66),

no nosso País, eles [os paradigmas tecnicista e crítico] foram dominantes e concorrentes, tanto no discurso quanto nas práticas educacionais. [...] De um lado, o paradigma tecnicista faz do processo de ensinar e aprender uma questão fundamentalmente técnica e, portanto, uma questão interna à escola. [Pensando a escola como máquina], podemos dizer que a Didática é uma caixa de ferramentas dessa máquina; talvez a caixa de ferramentas mais importante. Cada técnica de ensino é uma ferramenta, a ser usada para melhorar o funcionamento da máquina, isto é, para levar o maior número de alunos e alunas a aprender mais coisas em menos tempo, com menos esforço e incomodando menos o professor e a professora. No paradigma tecnicista, a Didática não vai muito além disso: orientar o mais eficiente e eficazmente o fazer pedagógico. [...] De outro lado, o paradigma crítico faz do processo de ensinar e aprender uma questão fundamentalmente política e, portanto, uma questão que extravasa a escola. Nesse paradigma, o professor e a professora saem obrigatória e constantemente da sala de aula para buscar compreender o que é a escola, quais as relações entre essa instituição e o mundo social, econômico, político, cultural em que ela se situa. O paradigma crítico é o paradigma da desconfiança, da suspeita. Seu compromisso é com a transformação das relações econômicas e sociais. Assim sendo, o paradigma crítico se identifica com os movimentos políticos progressistas.

Ao trazer essa "olhada panorâmica" sobre essas duas correntes educacionais, Veiga-Neto (1996) teve por objetivo acentuar as diferenças entre elas e relembrar a que projetos de sociedade elas mais se vinculam. No entanto, como afirma o autor, isso não significa que teremos que optar por uma delas:

> minha intenção é, a partir de agora, sair desses paradigmas e olhá-los de fora [...] e ver que ambos estão ancorados nos mesmos pressupostos inventados pelo Iluminismo, esse amplo movimento cultural eurocêntrico que se articulou nos últimos três séculos. Vendo que ambos têm as mesmas raízes, que ambos são irmãos, veremos que ambos são prisioneiros da mesma lógica iluminista que vem sustentando as relações de dominação e injustiça ao longo dos tempos modernos (Veiga-Neto, 1996, p. 167).

Avançando em suas considerações, o autor questiona: e, *afinal, a partir de uma perspectiva pós-estruturalista, como ficam a Didática e as experiências de sala de aula? Que se pode dizer sobre isso?* As duas respostas propostas por Veiga-Neto (1996, p. 171-72) para questões como as anteriores envolvendo a didática, situadas por ele, respectivamente, no plano epistemológico e no plano pedagógico, são:

> [no plano epistemológico], numa perspectiva pós-estruturalista, não há sentido pensar no que é *mesmo* a Didática, no que é *mesmo* uma experiência de sala de aula. O que interessa é pensar de que maneira eu, de que maneira cada um de nós, professores e professoras, se *relaciona* com essas coisas, como cada um vê e compreende essas coisas. [...] numa perspectiva pós-moderna ou pós-estruturalista [...] não interessa perguntar sobre a essência de algum conceito, algum fenômeno. A noção de que algo deva ter uma essência não passa de uma construção idealista. O que interessa é saber como vemos esse algo e de que maneiras falamos sobre esse algo.
>
> Sempre poderemos pensar — e praticar — de uma maneira diferente qualquer coisa. Isso vale para a Didática e vale para as nossas experiências de sala de aula. Então, sempre haverá novidades a serem construídas, sempre haverá maneiras diferentes de ver e conduzir nosso trabalho em sala de aula.
>
> [...] A segunda resposta àquela pergunta se situa no plano pedagógico. O que a perspectiva pós-estruturalista pode nos oferecer de novo sobre a Didática e

TEMAS DE PEDAGOGIA

sobre as experiências da sala de aula [...] e à compreensão de que ambas são construções, são invenções culturais bem datadas e localizadas. A data e o local foram a Europa pós-renascentista, colonialista, branca, judaico-cristã, machista e elitista. [Nesse sentido], a Didática é um tipo de saber que foi criado para ordenar e disciplinar e que, portanto, atendeu à necessidade de um novo tipo de poder que se estabelecia no mundo moderno.

Ao colocar em análise as noções de Didática que decorrem dos paradigmas crítico e tecnicista e, ainda, ao propor respostas às questões anteriores, Veiga-Neto (1996) nos ajuda a sustentar nossa argumentação sobre a necessidade de pensarmos a didática em meio às redes de narrativas e imagens,[9] produzidas e negociadas pelos sujeitos praticantes dos/nos/com os cotidianos das escolas.

De fato, ao destacar que o que interessa nessa discussão é como cada um de nós vê, compreende, fala sobre ou se relaciona com a didática e com as experiências de sala de aula, no lugar de tentar buscar uma essência para o entendimento desses processos, isto é, em vez de tentar aprisionar essas situações em explicações definitivas, com vista a prescrições pedagógicas, nos empenhamos, neste texto, em problematizar algumas das situações vividas em nossas pesquisas, buscando mostrar, sem grandes pretensões, a importância de nos dedicarmos a pensar nas práticas cotidianas como *espaçostempos* fundamentais de aprofundamento dessas discussões.

Eu acho que são realidades, sim, mas com muitas coisas em comum como falta de condições de vida, saúde, alimentação, trabalho, diversão. E isso vai entrando

---

9. O trabalho com *narrativas associadas às imagens* tem se mostrado, em nossas pesquisas, extremamente potente como possibilidade menos estruturada e formal de aproximação das redes tecidas nos cotidianos escolares. Com a ajuda de Alves (2001), entendemos que *imagem e narrativa remetem uma à outra, incessantemente e em processos permanentes*. Isto é, imagem e narrativa são processos que se evocam mutuamente, não se reduzindo à representação visual de alguma coisa, mas estando envolvidos intrinsecamente na invenção/produção de sentidos dessa coisa. Em termos da noção de imagem aqui proposta, entendemos como Guimarães (1997, p. 63) que: "O conjunto de enunciados que formam uma imagem é, antes de tudo, um bloco de sensações, perceptos, afectos, paisagens e rostos, visões e devires. No trabalho da arte ou da literatura [...] o que se conserva não é o material — seja o signo linguístico, a pedra ou a cor — o que se conserva em si é o percepto ou o afecto."

nas escolas e nós nos acostumamos a achar natural e vamos continuando a trabalhar nossos conteúdos como se nada tivesse acontecendo. Eu acho que saber disso faz muita diferença para a prática pedagógica, para o Currículo e a Didática. (Sérgio, professor de Geografia)

Pra ser sincera, eu só estudei mesmo Teorias de Didática e Currículo na época do concurso. Porque cai na prova e tem aqueles livros clássicos. Fora isso, eu vejo que, no dia a dia, Didática e Currículo podem ser qualquer coisa. Cada um aqui tem a sua didática e seu modo de trabalhar o currículo. Tem professor mais enérgico, conteudista, que dá prova, tem professor que se preocupa mais em trabalhar com projetos, tem professor que se preocupa com essa parte de formar hábitos e valores como respeito, amizade, dignidade. Tem de tudo um pouco, então não dá para normatizar. (Joana, professora de Artes)

E, com isso, como fica, então, o projeto político-pedagógico da escola? Ele não é uma tentativa de garantir um trabalho com alguns princípios em comum? Como fica a proposta curricular da rede? Como ficam as orientações pedagógicas e didáticas que chegam da secretaria de educação? (Carlos, pesquisador)

Tem isso, mas no final cada um faz do seu jeito. Até mesmo as normas que nós acordamos aqui no início do ano do tipo não pode deixar o aluno usar boné, não pode mascar chiclete, não pode deixar o celular ligado e muitas outras, cada um acabou interpretando de um jeito. Aí os próprios alunos falam disso, mas por que que com você não pode e com fulano pode? Eu vejo então que falta uma didática de trabalho que fosse comum. (Joana, professora de Artes)

Se você for por aí não chega a lugar nenhum. Didática para mim é criatividade. Aquele professor que sempre dá aula com cuspe e giz, pra mim, não tem nada de Didática. Hoje em dia o que não falta são sugestões de atividades e jogos pedagógicos, materiais didáticos riquíssimos. Livros didáticos e paradidáticos, televisão, DVD, som, retroprojetor, até *data show* nós temos aqui na escola e poucos usam. A sala de informática e a biblioteca são exemplos. São poucos os professores que elaboram projetos para usarem de uma maneira mais didática. Na maioria das vezes, levam os alunos pra lá e deixam com a bibliotecária ou com o instrutor de informática. (Eliana, professora de História)

Seguindo os ensinamentos de Certeau (1994), interessa-nos, a longo prazo, investir em pesquisas que nos ajudem a produzir uma teoria das práticas, isto é, uma epistemologia dos *fazeres/saberes* de modo a contribuir para a ampliação das possibilidades de invenção e *realização de outras/novas práticas.*

Pensamos que ao discutir as possibilidades de uma epistemologia a partir da prática, assumindo o ensino como fenômeno social complexo, mesmo que em outras matrizes teórico-epistemológicas, Pimenta (2010, p. 26) ajuda em nossa argumentação, quando infere que "as novas pesquisas em Didática têm de recolher, articular e interpretar o conhecimento prático dos professores, não para criar uma literatura de exemplo, mas para estabelecer princípios, pressupostos, regras em campos de atuação".

O balanço das pesquisas e da produção teórica em Didática no âmbito do GT da ANPEd no período referido e nos últimos anos possibilita concluir que, em sua maioria, as pesquisas estão privilegiando a análise de situações da prática e dos contextos escolares, revelando a importância que a perspectiva inovadora da "epistemologia da prática" vem assumindo, apontando outras que darão significativo desenvolvimento para a área, mostrando caminhos orgânicos e convergentes para a ressignificação da Didática: o entendimento do ensino, objeto de estudo da Didática, como fenômeno social, concreto, complexo e multirreferencial, e consequentemente a realização de pesquisas sobre professores e sobre os contextos escolares considerados em suas múltiplas (e novas) determinações (Pimenta, 2010, p. 34).

Sobre alguns movimentos e/ou atitudes das pesquisas nos/dos/com os cotidianos: possíveis contribuições para a problematização das relações entre Currículo e Didática e avaliação e ensino e aprendizagem e planejamento e gestão e...

Ao partilharmos da ideia de que o que interessa nesta discussão é, sobretudo, o entendimento e/ou o investimento em pesquisas que privilegiem a análise das situações práticas concretas vividas nos diferentes contextos escolares, ou ainda, ao defendermos a necessidade de problematizarmos os modos como cada um de nós vê, entende, trabalha, fala sobre ou se relaciona com os currículos, as didáticas, as avaliações, os planejamentos, enfim, com os múltiplos processos educacionais tecidos nas redes de conhecimentos partilhadas nos cotidianos escolares, vamos, aos poucos, nos dando conta das possíveis contribuições das pesquisas nos/dos/com os cotidianos para esse debate, sobretudo aquelas que têm em Michel de Certeau um de seus mais importantes intercessores.

De fato, isto acontece não só pela razão que motivou Certeau durante boa parte de sua vida de pesquisador, isto é, *produzir uma teoria das práticas*, mas, sobretudo, pela possibilidade de, como defendia o autor, poder partilhar de um sentimento de admiração pelos sujeitos praticantes da vida, que não se deixam abater facilmente pelas forças de opressão, criando *táticas e estratégias*[10] de sobrevivência e, assim, investindo o cotidiano de uma força inventiva sem precedentes.

Em Michel de Certeau são sempre perceptíveis um elã otimista, uma generosidade da inteligência e uma confiança depositada no outro, de sorte que nenhuma situação lhe parece *a priori* fixa ou desesperadora. Dir-se-ia que, sob a realidade maciça dos poderes e das instituições e sem alimentar ilusões quanto ao seu funcionamento, Certeau sempre discerne um movimento browniano de microrresistências, as quais fundam por sua vez microliberdades, mobilizam recursos insuspeitos, e assim deslocam as fronteiras verdadeiras da

---

10. Vidal (2005, p. 276-77) observa que: "Como arte dos fortes, para Certeau, a estratégia implicava a existência de um sujeito de querer e de poder, instalado em um lugar suscetível de ser concebido como 'próprio' e, simultaneamente a base de partida de ações visando a uma 'exterioridade' de alvos. Por 'próprio', elucida, devia se entender a vitória do 'lugar' sobre o tempo. Baseando-se no princípio panóptico, usava a metáfora do lugar para indicar as propriedades das instâncias de poder. O lugar permitia não apenas o acúmulo das conquistas efetuadas mas também o domínio do espaço pela visão. [...] Os lugares de poder, portanto, se desenhavam como lugares 'físicos' e 'teóricos'. [...] A tática, por outro lado, configurava-se na arte dos fracos, circulando num espaço que lhe era sempre alheio. Por não possuir um lugar próprio, movia-se no interior do campo inimigo, tendo como aliado apenas o tempo, as possibilidades oferecidas pelo instante em que a vigilância do poder falhava."

dominação dos poderes sobre a multidão anônima. Certeau fala muitas vezes desta inversão e subversão pelos mais fracos.

> [...] Esta diferença em face da teoria se deve a uma convicção ética e política, alimenta-se de uma sensibilidade estética que se exprime em Certeau através da constante capacidade de se maravilhar. O dia a dia se acha semeado de maravilhas, escuma tão brilhante [...] como a dos escritores ou dos artistas. Sem nome próprio, todas as espécies de linguagens dão lugar a essas festas efêmeras que surgem, desaparecem e tornam a surgir. Se Michel de Certeau vê por toda a parte essas maravilhas, é porque se acha preparado para vê-las (Giard, 1994, p. 18).

Do mesmo modo que Certeau se encantava com os movimentos cotidianos que fundavam microliberdades para os praticantes ordinários, ele também denunciava os limites das nossas teorias e dos nossos instrumentos de pesquisa frente à diversidade dessa cultura ordinária. Como escreveu o autor (1996, p. 341-42):

> A cultura ordinária oculta uma diversidade fundamental de situações, interesses e contextos, sob a repetição aparente dos objetos de que se serve. A "pluralização" nasce do uso ordinário, daquela reserva imensa constituída pelo número e pela multiplicidade das diferenças.
>
> Conhecemos mal os tipos de operações em jogo nas práticas ordinárias, seus registros e suas combinações porque nossos instrumentos de análise, de modelização e de formalização foram constituídos para outros objetos e com outros objetivos. [...]
>
> À sua maneira humilde e obstinada, a cultura ordinária elabora então o processo do nosso arsenal de procedimentos científicos e de nossas categorias epistêmicas, pois não cessa de rearticular saber a singular, de remeter um e outro a uma situação concreta particularizante e de selecionar seus próprios instrumentos e suas técnicas de uso em função desses critérios.
>
> Nossas categorias de saber ainda são muito rústicas e nossos modelos de análise por demais elaborados para permitir-nos imaginar a incrível abundância inventiva das práticas cotidianas. É lastimável constatá-lo: quanto nos falta ainda compreender dos inúmeros artifícios dos "obscuros heróis" do efêmero, andarilhos da cidade, moradores dos bairros, leitores e sonhadores, pessoas obscuras das cozinhas. Como tudo isso é admirável!

Partindo, então, desses três aspectos iniciais e fundamentais da teoria proposta por Certeau para a vida cotidiana, isto é, "o desejo de produzir uma teoria das práticas", "a potência com a qual assumia as práticas dos sujeitos comuns" e "a consciência dos limites das nossas teorias/instrumentos de pesquisa para entendimento dessas práticas", ousamos trazer alguns desbodramentos dos mesmos, tendo em vista nossa intenção, nesse momento, de poder contribuir para a problematização das relações entre Currículo e Didática e avaliação e ensino e aprendizagem e planejamento e gestão e...

Um primeiro desdobramento a ser feito refere-se à necessidade de entendermos que essas práticas são, antes de qualquer coisa, políticas, isto é, contêm uma dimensão política que não pode ser nem negada nem minimizada. De fato, uma análise da vida cotidiana é, sempre, uma análise da política da vida cotidiana.

> [...] Nossas construções e nossos entendimentos do que seja a realidade se dão necessariamente numa dimensão política. Tudo sendo resultado de acordos discursivos, tudo é político. O ser humano não é um ser biológico e social e econômico e psicológico e político; isto é, não há uma dimensão política "ao lado" das demais dimensões. O político não é uma dimensão a mais, senão que o político atravessa constantemente todas as demais. Isso se dá de tal maneira que até o acesso que temos a nós mesmos está determinado pelo político. Eu não posso ser um sujeito social sem ser um sujeito político; eu não posso ser um sujeito ético sem ser um sujeito político; eu não posso ser um sujeito epistemológico — isso é, eu não posso nem mesmo pensar ou falar sobre o mundo ou sobre mim mesmo — sem ser um sujeito político (Veiga-Neto, 1996, p. 170).

Entender *as práticas cotidianas como políticas* implica não apenas questionar as permanentes dicotomias estabelecidas na educação entre *práticas* e *políticas*, mas, sobretudo, implica questionar as propostas que buscam, por exemplo, tornar as práticas cotidianas políticas. De fato, seja no ensino, na Didática, no Currículo, na avaliação, no planejamento [...], não faz sentido qualquer proposta de tornar "politizadas" as práticas aí desenvolvidas. Elas já são políticas! Alves (2010, p. 49), partindo de Certeau (1994), nos ajuda nessa defesa ao dizer que:

para começar precisamos dizer que não existe, nas pesquisas com os cotidianos, entre os inumeros grupos que as desenvolvem, a compreensão de que existem "práticas e políticas, na expressão incluída no subtítulo deste Endipe, uma vez que entendemos que as políticas são práticas, ou seja, são ações de determinados grupos políticos sobre determinadas questões com a finalidade explicitada de mudar algo existente em um campo de expressão humana. Ou seja, vemos as políticas, necessariamente, como práticas coletivas dentro de um campo qualquer no qual há, sempre, lutas de posições diferentes e, mesmo, contrárias. Desta maneira, não vemos como "políticas" somente as ações que são mais visíveis. Os grupos não hegemônicos, em suas ações, produzem políticas que, muitas vezes, não são visíveis aos que analisam "as políticas" porque estes foram formados para enxergar, exclusivamente, o que é hegemônico com o que aprenderam com o modo de pensar hegemônico.

Um segundo desdobramento que, certo modo, relaciona-se com o anterior, tem a ver com a ênfase que as pesquisas nos/dos/com os cotidianos dão às diferentes redes tecidas e compartilhadas entre os sujeitos praticantes buscando, sempre que possível, superar uma abordagem centrada no indivíduo. Como defende Certeau (1994, p. 37),

o exame dessas práticas não implica um regresso aos indivíduos. O atomismo social que, durante três séculos, serviu de postulado histórico para uma análise da sociedade supõe uma unidade elementar, o indivíduo, a partir do qual seriam compostos os grupos e à qual sempre seria possível reduzi-los. [...] De um lado, a análise mostra antes que a relação (sempre social) determina seus termos, e não o inverso, e que cada individualidade é o lugar onde atua uma pluralidade incoerente (e muitas vezes contraditória) de suas determinações relacionais. De outro lado, e sobretudo, a questão tratada se refere a modos de operação ou esquemas de ação e não diretamente ao sujeito que é seu autor ou seu veículo.

A partir das discussões anteriores, podemos pensar, por exemplo, nas narrativas que foram trazidas durante o texto, não como atestados individuais sobre como aqueles educadores entendem/realizam, nas suas *práticas políticas*, associações entre Didática e Currículo (o que poderia nos motivar a querer associar cada um dos depoimentos a uma dada teoria pedagógica, bem como identificar aquelas que consideramos como corretas e/ou como equivocadas), mas como expressões das complexas redes de sentidos que são produzidas nessas *práticas políticas* entre Currículo e Didática, evidenciando, como nos ensina Certeau (1994), que em cada um de nós se manifesta uma pluralidade incoerente e, muitas vezes contraditória, de determinações relacionais.

Ou seja, as *narrativasimagens* apresentadas importam para nossas pesquisas com os cotidianos escolares à medida que são pensadas como redes de *políticaspráticas* que se entrecruzam compondo diferentes histórias, sem autores individuais nem espectadores definidos, tecidas aos fragmentos e provocando alterações nos múltiplos *espaçostempos* habitados.

Um terceiro desdobramento que decorre do modo como temos compreendido as *imagens/narrativas* dos praticantes dos cotidianos das escolas, refere-se à necessidade de aceitar que nessas redes estão sendo elaborados, de modo aleatório e enredado, diferentes *discursos*, isto é, diferentes *teorias/práticas* sobre, por exemplo, currículo e didática, os quais, tendo em vista a força deles nas argumentações dos sujeitos das escolas, não podem ser desconsiderados em nossas problematizações. De fato, os distintos *usos/consumos* (Certeau, 1994) que os sujeitos fazem das "teorias" que aprenderam, produzem outras "teorias" que, certo modo, se diferenciam dos modelos teóricos conhecidos, sistematizados pela literatura educacional. Por não terem autorias identificadas nem sistematizações e, ainda, pelas condições de enredamentos que as caracterizam, essas *práticasteóricas* tornam-se impossíveis de serem identificadas e/ou entendidas em sua complexidade, não se deixando capturar/questionar com facilidade.

Um último desdobramento a ser aqui apresentado refere-se à maneira como temos nos colocado, na condição de *pesquisadores com os cotidianos*, diante dessas complexas redes de *teorias/práticas* tecidas e compartilhadas nas escolas com as quais realizamos nossas pesquisas. Nesse sentido, temos defendido, por exemplo, que não nos cabe "retomar" e/ou "levar" para as escolas como referência do que deve ser feito os discursos/modelos de teorias sobre Currículo, Didática, avaliação ou outro tema relacionado à educação, reforçando uma dada atitude iluminista de *pensar o outro* como alguém a ser conduzido ou ensinado.

Ao contrário, temos defendido a necessidade de *pensar com o outro*, isto é, de *pensar com os educadores*, tentando potencializar relações mais horizontais, ouvindo-os em suas *teorias/práticas*, suas crenças, necessidades, expectativas, desejos e intenções para, *com* eles, colocar em análise os próprios discursos elaborados nessas redes. Ou seja, uma tentativa de aproximação desses sujeitos, nos próprios movimentos de tessitura de suas redes de pensamentos.

> O essencial do trabalho de análise que deveria ser feito deverá inscrever-se na análise combinatória sutil, de tipos de operações e de registros, que coloca em cena e em ação um *fazer-com*, aqui e agora, que é um ato singular ligado a uma situação, circunstâncias e atores particulares (Certeau, 1996, p. 341; grifo nosso).

Essa atitude de *pensar com o outro* nos tem levado à pista deixada por Certeau (1994, 1996), em termos do *uso* que ele fazia das *conversas* em suas pesquisas. Giard (1994, p. 26-7), ao se referir a esse uso, destaca a preocupação que ele tinha em, ao conversar com os *sujeitos ordinários*, tentar estabelecer uma condição de empatia fora do comum, ao mesmo tempo que não dedicava uma atenção diretiva. Sempre encorajando as pessoas a se colocarem, buscava escutá-las atestando a riqueza das palavras ditas.

> As retóricas da conversa ordinária são práticas transformadoras "de situações de palavra", de produções verbais onde o entrelaçamento das posições locutoras instaura um tecido oral sem proprietários individuais, as comunicações de uma comunicação que não pertence a ninguém. A conversa é um efeito provisório e coletivo de competências na arte de manipular "lugares-comuns" e jogar o inevitável dos acontecimentos para torná-los habitáveis (Certeau, 1994, p. 50).

Durante as conversas que tivemos com os educadores, cujos fragmentos foram trazidos para este texto, tivemos a oportunidade de colocar em análise alguns dos sentidos de Didática, em suas relações com o Currículo, que foram apresentados não para que os mesmos fossem substituídos por outros, nem muito menos para confrontá-los em termos do que seria certo ou errado de se fazer nessa ou naquela situação. Interessou-nos, naquelas conversas, colocar o pensamento em movimento, realizar um exercício que nos permitisse instaurar uma distância crítica, nos levando a entender que não há "uma" visão de Didática e/ou de Currículo mais adequada, mais correta, mais efetiva do que as outras, uma visão que possa dar conta da diversidade de questões que são vividas nos cotidianos das escolas.

A intensidade dos debates com os educadores nos permitiu entender a importância de se pensar, por exemplo, processos de formação nos quais essas questões, entre tantas outras, pudessem ser conversadas em suas interconexões, em suas relações e na produção de sentidos. Mas isso é para uma outra conversa...

Referências bibliográficas

ALVES, Nilda. Redes educativas "dentrofora" das escolas, exemplificadas pela formação de professores. In: DALBEN, Ângela et al. (Org.). *Convergências e tensões no campo da formação e do trabalho docente*. Belo Horizonte: Autêntica, 2010. p. 49-66.

_____. Decifrando o pergaminho: o cotidiano das escolas nas lógicas das redes cotidianas. In: _____; OLIVEIRA, Inês Barbosa de (Org.). *Pesquisa no/do cotidiano das escolas*: sobre redes de saberes. Rio de Janeiro: DP&A, 2001. p. 13-38.

CERTEAU, Michel de. *A invenção do cotidiano 2*: morar, cozinhar. Petrópolis: Vozes, 1996.

_____. *A invenção do cotidiano*: as artes de fazer. Petrópolis: Vozes, 1994.

DELEUZE, Gilles; GUATTARI, Félix. *Mil platôs*: capitalismo e esquizofrenia. São Paulo: Editora 34, 1995.

FERRAÇO, Carlos Eduardo. Eu, caçador de mim. In: GARCIA, Regina Leite (Org.). *Método*: pesquisa com o cotidiano. Rio de Janeiro: DP&A, 2003. p. 157-175.

GIARD, Luce. História de uma pesquisa. In: CERTEAU, Michel de. *A invenção do cotidiano*: as artes de fazer. Petrópolis: Vozes, 1994. p. 9-32.

GUIMARÃES, César. *Imagens da memória*: entre o legível e o visível. Belo Horizonte: Ed. UFMG, 1997.

LARROSA, Jorge. *Linguagem e educação depois de Babel*. Belo Horizonte: Autêntica, 2004.

LIBÂNEO, José Carlos. O campo teórico e profissional da didática hoje: entre a Ítaca e o canto das sereias. In: FRANCO, Maria Amélia Santoro; PIMENTA, Selma Garrido (Org.). *Didática*: embates contemporâneos. São Paulo: Loyola, 2010. p. 43-73.

_____. Os campos contemporâneos da Didática e do Currículo: aproximações e diferenças. In: OLIVEIRA, M. R. N. S. (Org.). *Confluências e divergências entre didática e currículo*. São Paulo: Papirus, 1998.

MORIN, Edgar. *Ciência com consciência*. Rio de Janeiro: Bertrand Brasil, 1996.

NAJMANOVICH, Denise. *O sujeito encarnado*: questões para pesquisa no/do cotidiano. Rio de Janeiro: DP&A, 2001.

PIMENTA, Selma Garrido. Epistemologia da prática ressignificando a Didática. In: _____; FRANCO, Maria Amélia Santoro (Org.). *Didática*: embates contemporâneos. São Paulo: Loyola, 2010. p. 15-41.

REVEL, Judith. *Foucault*: conceitos essenciais. São Carlos: Claraluz, 2005.

SANTOS, Boaventura de Sousa. *A crítica da razão indolente*: contra o desperdício da experiência. São Paulo: Cortez, 2000.

SOUSA-FILHO, Alipio. *Michel de Certeau*: fundamentos de uma sociologia do cotidiano. Disponível em: <www.cchla.ufrn.br/alipiosousa/>. Acesso em: 12 jul. 2010.

VEIGA-NETO, Alfredo. A didática e as experiências de sala de aula: uma visão pós-estruturalista. *Educação & Realidade*, Porto Alegre, Faculdade de Educação/UFRGS, v. 21, n. 2, p. 161-175, jul./dez. 1996.

VIDAL, Diana. Michel de Certeau e a difícil arte de fazer história das práticas. In: FARIA FILHO, Luciano Mendes de (Org.). *Pensadores sociais e história da educação*. Belo Horizonte: Autêntica, 2005. p. 257-84.

Tema III

As culturas e os processos escolares
O lugar da cultura científica

CAPÍTULO 5

A cultura escolar como uma questão didática

Raquel Aparecida Marra da Madeira Freitas

Introdução

A questão da cultura na escola e no processo de ensino e aprendizagem tem sido uma discussão obrigatória no campo da educação. Entre publicações brasileiras sobre o tema verificam-se estudos, pesquisas e reflexões que destacam o papel da cultura na formação e desenvolvimento das subjetividades dos alunos, chamando a atenção para as formas pelas quais a cultura aparece no cotidiano escolar, seja no âmbito organizacional ou nas práticas de ensino (Candau, 1997, 2000; Moreira, 2002; Alves, 2003; Veiga-Neto, 2003; Koff, 2009; Moreira e Candau, 2011; Lopes e Macedo, 2011). As ideias de alguns estudiosos estrangeiros que analisam as relações cultura e escola vêm tendo presença expressiva no debate brasileiro, tais como Hall (2006), Bernstein (1996), Forquin (1993; 2000), Gimeno Sacristán (1995; 2002), McLaren (1996), Pérez-Gómez (2001). Estudos como os mencionados, nem todos tratados neste texto, pensam a escola para além da instrução, compreendendo-a como lugar de entrecruzamento de culturas, marcadas política, econômica e socialmente.

Na tradição da teoria formulada por Vigotski, a teoria histórico-cultural,[1] duas posições estão mais em evidência nas discussões das relações entre cultura e educação. Enquanto uma vê a cultura, predominantemente, como o patrimônio constituído pela humanidade expresso nos conteúdos da ciência, da arte, da filosofia como valores universais, outra a vê como práticas culturais em contextos situados de atividade e experiência. Este texto propõe-se a defender que a compreensão da cultura somente como patrimônio universal ou somente como práticas culturais cotidianas em contextos singulares pouco contribui para o avanço da reflexão teórica e para a efetividade das práticas pedagógicas escolares que visam ao desenvolvimento das subjetividades dos alunos. Busca-se mostrar como as relações entre cultura e processos de ensino e aprendizagem aparecem nas diferentes abordagens a partir da teorização original de Vigotski.

Cultura e escola na teoria histórico-cultural: Vigotski, Leontiev, Davydov, Hedegaard

A teoria de Vigotski representa uma reorientação radical da explicação do desenvolvimento psicológico humano, ampliando-se posteriormente como base teórica para diversos estudos e pesquisas, indo para além da psicologia e chegando a outros campos, particularmente o da educação. Sua adjetivação como *histórica e cultural* já indica o fulcro desta teorização radical, como salientam Oliveira e Rego (2010, p. 22):

> Se pensarmos no adjetivo *cultural* atribuído a essa perspectiva, devemos levar em conta que toda interação social é aqui analisada como emergente em uma

---

1. A teoria inicialmente formulada por Vigotski deu origem a uma tradição teórica composta de correntes que se distinguem: a teoria histórico-cultural, a teoria da atividade, a teoria sociocultural. No Brasil, a tradição Vigotskiana também é denominada de sócio-histórica, como também de enfoque histórico-cultural, teoria sociocultural e teoria sócio-histórica-cultural, denominações essas que indicam diferentes interpretações da teoria de Vigotski.

cultura, envolvendo os meios socialmente estruturados (como os grupos e instituições), os instrumentos e a linguagem. E o *histórico* funde-se com o *cultural*, já que os instrumentos foram inventados e aperfeiçoados ao longo da história social do homem. Além disso, os fenômenos psicológicos nessa abordagem são considerados em processo de mudança, ou seja, tratados historicamente.

Entre os diversos conceitos que se entrelaçam na teoria de Vigotski importa destacar, para o presente capítulo, os de "mediação" e de "zona de desenvolvimento proximal", pois, na medida em que dizem respeito à aprendizagem e ao desenvolvimento por meio do ensino, trazem implicações didáticas.

Mediação cultural, didática e transformação do aluno

Vigotski (2000, p. 27) explica que "a natureza psicológica da pessoa é o conjunto das relações sociais, transferidas para dentro e que se tornaram funções da personalidade e formas da sua estrutura". A natureza social das funções psíquicas decorre de sua construção histórica, sendo que o desenvolvimento psicológico humano dá-se como um processo social e histórico mediado pela cultura. O desenvolvimento da mente humana é primeiramente coletivo, em forma de relações sociais.

A cultura, para Vigotski, diz respeito a toda espécie de criação humana não dada pela natureza. Trata-se de uma concepção ampla e não distintiva, o que não retira a relevância de suas explicações sobre o papel da cultura na aprendizagem e no desenvolvimento humano. Em todo o arcabouço teórico-conceitual de Vigotski, a cultura está envolvida nos processos de mediação, exercendo papel essencial na constituição subjetiva do indivíduo a partir das relações e interações sociais.

Como Vigotski, Leontiev também explicou a constituição social do ser humano. Para ele, *"não se nasce personalidade*, chega-se a ser personalidade por meio da socialização e da formação de uma endocultura, através da aquisição de hábitos, atitudes e formas de utilização dos instrumentos" (Leontiev, 2004, p. 129). A constituição de uma personalidade individual ocorre como produto da atividade social. Assim, a personalidade se desenvolve no transcurso da vida social do indivíduo, como um produto relativamente tardio no desenvolvimento histórico e ontogenético do ser humano (Leontiev, 1983).

A ideia de cultura em Vigotski relaciona-se ao conceito de mediação. Para ele, não agimos sobre o mundo físico e social de forma direta e imediata e sim de forma mediada. Na interação com os outros, por meio do uso de signos e da atribuição de significados e sentidos a tudo que o cerca, o ser humano vai se constituindo. Na mediação cultural, os signos orientam a atividade psicológica do indivíduo internamente. Tal como escreve Fichtner, "na sua forma mais elementar, o signo é uma marca externa, que auxilia o homem nas tarefas que exigem memória ou atenção" (Fichtner, 2011, p. 26).

A mediação explica o surgimento dos processos mentais especificamente humanos, assim como a ligação entre processos sociais históricos e processos individuais, marcando a constituição da consciência. Sendo mediadas, as funções psicológicas humanas situam-se no território social e instrumental da cultura. O mais importante nesta concepção é que as funções superiores estendem-se "para fora da pele", na cultura, incorporando o complexo e poderoso tecido externo social e cultural (Del Río e Álvarez, 2007, p. 9). É o que acentua Vigotski ao escrever que, no indivíduo, a história das funções psicológicas superiores revela-se como história da transformação dos meios de comportamento social em meios de organização psíquica individual (Vigotski, 2007).

No processo de formação e desenvolvimento da atividade mental humana, a mediação é a condição mais importante que determina não somente a estrutura como também a gênese das funções psíquicas. Na base do desenvolvimento humano encontra-se a aprendizagem como processo social que permite a um indivíduo adentrar na vida intelectual de outras pessoas. A aprendizagem diz respeito sempre à cultura, uma vez que não somente ocorre no interior da cultura, como também ocorre pela mediação dela (Wertsch, 1994).

TEMAS DE PEDAGOGIA

Fichtner (2011) considera que a explicação de Vigotski sobre as funções mentais confere a estas uma qualidade social irredutível, uma vez que só mediante as interações sociais entre os seres humanos é que os instrumentos materiais e psíquicos de uma cultura apresentam seu potencial e sua dinâmica. A cultura, portanto, está absolutamente implicada na constituição de cada ser humano, no entanto não de forma homogênea.

> O provocante nesta perspectiva é que os indivíduos não são vistos como resultados do seu meio social que uniformizaria as identidades. Vigotski considera o indivíduo como singular e irrepetível. Os indivíduos constroem estas qualidades não se colocando contra o que é cultura ou contra a sociedade que habitam (nos sentidos psíquicos e materiais deste habitar o mundo), mas mediante uma apropriação individual e singularmente diferenciada da sua cultura (Fichtner, 2011, p. 6).

Compreende, pois, que a categoria da mediação presente na teoria de Vigotski permite compreender o ensino e a aprendizagem como processos fundamentais de constituição do aluno. A cultura na escola é plena de tipos, formas, padrões, de conhecimentos, de relações, de valores, de modos de ser e de agir que envolvem as dimensões científica, ética, política, afetiva dos alunos. Pela mediação de significações sociais e pessoais, afeta o aluno como sujeito de atividade social. Esta mediação cultural, no entanto, não ocorre como simples incorporação de uma cultura externa ao aluno, pois, como explicou Vigotski, trata-se de um processo complexo em que o indivíduo transforma significados e dá origem a outros novos. Para isso, há que se reconhecer que, dada a importância fundamental dos signos no desenvolvimento das funções psíquicas, deve-se incluir, no sistema de categorias psicológicas, as formas psicológicas externas de atividade como a fala, a leitura, a escrita, o cálculo, o desenho (Vigotski e Luria, 2007).

Do papel que os signos culturais exercem na mediação do desenvolvimento das funções psicológicas decorre a necessidade de maior valorização do papel dos conteúdos no desenvolvimento dos alunos. Assim, o conceito de mediação cultural remete a uma questão didática relevante: como processos de interação social, os processos de ensino e de aprendizagem de conteúdos culturais resultam em transformações cognitivas e sociais nos alunos?

A zona de desenvolvimento proximal

Estreitamente associado ao conceito de mediação cultural encontra-se o conceito de zona de desenvolvimento proximal (ZDP). Este conceito acentua a importância da mediação cultural e a natureza social da aprendizagem. Consequentemente, ressalta também a importância da aprendizagem formalmente organizada para o desenvolvimento das funções psíquicas. Vigotski defendeu a aprendizagem como aspecto universal e necessário do desenvolvimento cultural do ser humano. Desde que seja adequadamente organizada, ela movimenta processos de desenvolvimento que de outra forma não ocorreriam.

> [...] o aprendizado desperta vários processos internos de desenvolvimento, que são capazes de operar somente quando a criança interage com pessoas em seu ambiente e quando em cooperação com seus companheiros. Uma vez internalizados, esses processos tornam-se parte das aquisições do desenvolvimento independente da criança (Vigotski, 1998, p. 118).

A *zona de desenvolvimento proximal* diz respeito à diferença entre a capacidade do indivíduo para realizar tarefas com o auxílio de outras pessoas e a capacidade de realizá-las por si mesmo, como resultado de aprendizagem. A zona de desenvolvimento proximal permite-nos compreender que o ensino escolar influencia marcadamente o desenvolvimento da consciência do aluno. Mas, para isso, precisa proporcionar interações sociais e estar adiantado em relação ao seu desenvolvimento.

> O que a criança é capaz de fazer hoje em cooperação, será capaz de fazer sozinha amanhã. Portanto, o único tipo positivo de aprendizado é aquele que caminha à frente do desenvolvimento, servindo-lhe de guia; deve voltar-se não tanto para

TEMAS DE PEDAGOGIA

as funções já maduras, mas principalmente para as funções em amadurecimen
to. [...] o aprendizado deve ser orientado para o futuro e não para o passado
(Vigotski, 1998, p. 130).

Esse conceito eleva-se em importância quando se pensa sobre os
objetivos da educação escolar e sobre a seleção do que, como e por que
ensinar e aprender na escola. Ressalta a necessidade de a escola prover
aos alunos conhecimentos mais complexos, mais sistematizados, mais
aprofundados do que aqueles que o aluno adquire na aprendizagem
decorrente de interações e mediações culturais nos contextos de que
participa, de maneira assistemática, através de mediações providas
pela experiência sociocultural. Vigotski (1998) explicou que a aprendizagem dos conceitos científicos não está relacionada somente ao
valor que possuem enquanto produtos da ciência, mas, sobretudo, ao
papel central que exercem no desenvolvimento da consciência do
aluno. Essa explicação de Vigotsky permite considerar a questão da
cultura, da mediação do desenvolvimento do aluno e da formação de
sua consciência como uma questão didática.

Leontiev (1983), com base em Vigotski, conceitua a consciência
como o movimento interno, no plano da atividade mental, dos elementos constitutivos da atividade prática concreta na vida real em sociedade. Na consciência, as capacidades formadas histórica e socialmente são objetivadas como cultura. O ser humano se apropria dessas
capacidades mediante a interiorização, desobjetivando-as da cultura,
tornando-as subjetivas, reproduzindo em si, de forma ativa e criadora,
as capacidades e habilidades históricas resultantes das ações de tantos
outros e objetivadas na cultura espiritual e material. Assim, a aprendizagem é um processo que se realiza individualmente, mas se constitui socialmente. Como interpreta Fichtner (1999, p. 4), "o mundo dos
objetos nunca é somente o mundo das qualidades objetivas, mas desde o início é o mundo dos significados sociais e pessoais".

Os conceitos "mediação" e "zona de desenvolvimento proximal"
ressaltam o papel fundamental que a cultura científica escolar exerce
como mediação da aprendizagem e do desenvolvimento dos alunos.
Levam-nos a compreender que a exigência didática de organização da

aprendizagem como processo social e cultural na sala de aula não se reduz a procedimentos de promover nas aulas formas mais participativas. Constituem uma condição indispensável para que os alunos se apropriem de conceitos científicos como significados sociais que transformam suas capacidades pessoais. A esse respeito, são relevantes as contribuições de Davydov.

Aprendizagem de conceitos científicos e transformação do pensamento do aluno, segundo Davydov

Davydov (1982, 1988, 1997, 1999) estendeu ao campo da aprendizagem e do ensino as teorias de Vigotski e de Leontiev. Para ele, o objeto da atividade de aprendizagem do aluno são os conceitos científicos (conceitos teóricos ou abstratos), em sua forma e conteúdo. O conceito científico sintetiza os processos de abstração, reflexão e generalização de certo objeto, unindo seu conteúdo e sua forma no processo mental de sua construção.

Fundamentando-se em Rubinstein, Davydov (1982) explicita o conceito científico a partir da posição materialista dialética. Um conceito científico revela a essência do objeto como a sua base, onde se operam nele todas as modificações por meio das interações e conexões com outros objetos. O conceito envolve sempre uma correlação entre o aspecto particular de um objeto em conexão indissolúvel com seu aspecto geral, ou seja, no conceito revela-se a lei fundamental a que o objeto ou fenômeno está subordinado. O conceito sempre requer pensar por abstrações, por correlações, de modo tal que o aluno tome o objeto geral em sua conexão com uma forma singular de apresentar-se na realidade. Como afirma Rubinstein (apud Davydov, 1982, p. 235), "a noção geral obtida pela separação das características comuns é apenas um conjunto externo de indícios; o verdadeiro conceito de fazer suas interconexões e movimentos".[2]

---

2. Tradução livre da autora do espanhol ao português.

Davydov (1997, p. 8) mostra que o conceito teórico está presente na reflexão e, em qualquer caso, sempre se apresenta em um sistema de conceitos.

Um critério para o conceito autenticamente científico ou teórico é, segundo nós, aquele seu conteúdo que, mediante certas ações intelectivas, particularmente a reflexão, fixa certas relações genéticas de pertencimento ou a "célula" de um determinado sistema de objetos em desenvolvimento. Sobre a base desta célula, pode-se deduzir mentalmente por este conceito o processo total do desenvolvimento do sistema dado. Em outras palavras, o pensamento e os conceitos empíricos consideram os objetos como constantes e acabados, enquanto que o pensamento e os conceitos teóricos analisam os processos do seu desenvolvimento.

Para formar o conceito científico (pensamento teórico), o professor não pode apenas comunicar aos alunos as conclusões científicas da investigação do objeto, pois é preciso que os leve ao caminho investigativo do conceito. Por exemplo, as perguntas, as questões, as conjecturas que o professor instiga os alunos a produzirem sobre um objeto ou fenômeno devem conter a lógica do pensamento investigativo que originou o conceito.

A aprendizagem dos conceitos científicos é uma atividade mental que promove processos de análise, abstração, generalização e síntese. Ao ser integrado às funções cognitivas do aluno, um conceito passa a se articular com outros, servindo de procedimento para a ação mental em inúmeras aprendizagens posteriores.

O indivíduo deve atuar e produzir as coisas segundo os conceitos que, como normas, já existem anteriormente na sociedade, ele não os cria, e sim os capta, apropria-se deles. Só então se comporta humanamente com as coisas. Como norma da atividade, na educação o conceito atua, para os indivíduos, como primário em relação às suas diversas manifestações particulares. Como algo universal, este conceito é o modelo original (protótipo) e a escala para avaliar as coisas com as quais o indivíduo se encontra empiricamente (Davydov, 1988, p. 75).

Assim, não se trata da formação de conceitos científicos em si mesmos, mas do surgimento de mudanças qualitativas na atividade mental dos alunos e o que elas representam para seu desenvolvimento psíquico.

Esta compreensão realça a mediação didática como essencial à mediação cognitiva exercida pelos sistemas de conceitos das diversas ciências sobre o pensamento do aluno. Como já apontou Maheu (2001), com base em Lenoir, a apreensão inteligente do objeto de conhecimento pelo aluno não ocorre de forma imediata, mas sim mediatizada. A ação do professor precisa incidir justamente nessa relação entre o aluno e o saber que ele busca construir formando um conceito. Portanto, nos processos de ensino e aprendizagem, o professor realiza a mediação didática da mediação cognitiva do aluno.

Mariane Hedegaard: relação entre tradições sociais do conhecimento e desenvolvimento conceitual

Hedegaard tem desenvolvido sua pesquisa em torno do conceito de aprendizagem de Vigotski — relação entre a pessoa e o mundo pela apropriação de ferramentas pela mediação cultural — e da teoria do ensino desenvolvimental de Davydov. Esses estudos estão associados ao entendimento de que crianças aprendem em sua interação em casa, na escola, nos grupos de pares, no trabalho, ou seja, em contextos de práticas sociais e culturais. Para essa autora, trata-se de compreender como se dá a aprendizagem em diferentes tradições sociais e culturais e diversos contextos institucionais no uso de ferramentas e seu compartilhamento. Ela desenvolveu experimentos de ensino com base nas ideias de Davydov, para o qual um tipo de ensino baseado no desenvolvimento conceitual (pensamento teórico) possibilita tanto relacionar exemplos concretos a ideias gerais quanto compreender o geral em exemplos concretos. Desse modo, o domínio de conteúdos na forma de conceitos contribui para análise e compreensão de situações singulares, abrindo possibilidades de combinar princípios gerais do tema em estudo com o conteúdo e as práticas culturais cotidianas que a criança conhece e vivencia (Hedegaard, 1996, 2004). Retomamos essas ideias adiante.

Contextos socioculturais e escola desde a concepção sócio-histórica-cultural

A concepção sócio-histórica-cultural, também denominada frequentemente de teoria sociocultural, é uma importante derivação da escola de Vigotski, oferecendo uma visão bastante peculiar das implicações da cultura na escola. Ao tratarem da teoria sociocultural, Stetsenko e Arievitch (2002) relembram sua constituição inspirada nas obras originais de Vigotski e a tese central deste teórico de que as mentes das crianças se desenvolvem como um resultado de constantes interações com o mundo social. O mundo social é o mundo de pessoas que fazem coisas com e para o outro, que aprendem uns com os outros e usam as experiências de gerações anteriores para cumprir com êxito as exigências da vida no presente.

Segundo alguns teóricos da teoria sociocultural, por exemplo, Wertsch e Tulviste (2002), Vigotski ofereceu inestimável contribuição ao entendimento da formação das funções mentais humanas como processo histórico e mostrou como a cultura, ao criar formas de comportamento, muda a mente num processo interminável de criação de novas formas culturais e novos patamares de funcionamento mental. Mas consideram também que, ao limitar seu interesse pela cultura à mediação semiótica, não clarificou seu entendimento dos mecanismos pelos quais as relações sociais incorporadas nos signos e nos significados culturais modulam as funções superiores.

Também Daniels (2003) destaca em sua obra a ausência de tratamento mais aprofundado sobre a cultura. Para ele, a teoria de Vigotski não alcançou a dimensão da cultura em contextos mais particularizados, nos quais a cultura em geral se recontextualiza em função de relações singulares situadas localmente. É nessa direção que a teoria sociocultural busca avançar, oferecendo análises que consideram os contextos institucionalizados e as relações que, em função desses contextos, convertem-se em relações subjetivas, assumindo distintas formas, marcadas por culturas locais. Considera, assim, que no âmbito da herança teórica Vigotskiana as relações internas entre os conceitos interação social, ferramentas culturais e zona de desenvolvimento proximal não foram suficientemente explicadas.

Os defensores da abordagem sociocultural apresentam em comum a compreensão da natureza sociocultural do desenvolvimento humano, ressaltando que distintos contextos de cultura resultam em diferentes formas de cognição, de processos mentais e de desenvolvimento. A partir de princípios mais amplos, a abordagem sociocultural apresenta posições que se distinguem quanto à cultura em função do foco que lhe é dado e da compreensão de como se dá sua influência no sujeito. Este foco ora recai sobre a interação, ora sobre a participação, ora sobre o próprio contexto cultural.

Por exemplo, Cole (2011) busca analisar a organização do ensino/aprendizagem como atividade que faz parte de um "micromundo" social, com suas próprias normas, valores, rituais e todos os ingredientes de um sistema de atividade ou prática cultural. Para este autor, a abordagem sociocultural valoriza a compreensão de como os efeitos de dado contexto são incorporados à atividade que nele se realiza.

Enquanto à teoria histórico-cultural corresponde o modelo da interiorização, à teoria sociocultural corresponde o modelo da participação (Matusov apud Daniels, 2003). De acordo com Daniels (Idem, ibidem), no modelo da interiorização (teoria histórico-cultural) o indivíduo seria mais passivo, enquanto no modelo da participação (teoria sociocultural) sua atuação como indivíduo seria mais ressaltada.

A seguir são brevemente apresentadas algumas das correntes teóricas situadas na vertente sociocultural, destacando-se as teorias de James Wertsch, Barbara Rogoff, Jean Lave e Etienne Wengler, com interpretações sobre a mediação, as interações sociais, a participação e os contextos de práticas culturais.

A *aprendizagem situada em contextos de prática*

Nesta abordagem descrita por Lave e Wenger (1991) e Lave (1996, 2001), as práticas sociais são compreendidas como precedentes aos processos cognitivos. Sendo primárias, as práticas sociais dão origem aos fenômenos, entre eles, a aprendizagem. Os objetivos dos sujeitos, portanto, não são anteriores à ação, e sim consequências retrospectivas à ação. Nesta concepção, o foco da análise da aprendizagem recai sobre a participação dos indivíduos em comunidades de prática e sua cognição situada em atividades realizadas nos cenários culturalmente organizados.

Lave e Wenger (1991) concebem as comunidades de práticas como conjuntos de relações entre pessoas, atividades e mundo. Comunidades de prática constituem condição intrínseca ao conhecimento dos sujeitos, pois fornecem o suporte interpretativo necessário à atribuição de sentido a uma herança cultural. Assim, consideram que a participação do sujeito em uma prática cultural em uma comunidade é um princípio epistemológico de aprendizagem. A aprendizagem, portanto, é uma atividade integrada a uma prática social e dela inseparável. Diz respeito às mudanças que ocorrem na pessoa mediante as possibilidades fornecidas pelos sistemas de relações presentes nas práticas sociais. Aprender é, ao mesmo tempo, uma condição de pertencimento a um grupo e uma forma evolutiva desse pertencimento, resultando no desenvolvimento da identidade do sujeito. Desta compreensão decorre o entendimento de que a atividade (inclusive a atividade de aprendizagem) não pode ser totalmente planejada e estruturada *a priori*, uma vez que sua realização concreta sofre mudanças a partir das ações dos sujeitos.

Esta concepção apresenta-nos o desafio de compreender a escola, a sala de aula, os alunos e os professores como comunidades de práticas culturalmente organizadas. Lave e Wenger nos instigam a enxergar a sala de aula como uma comunidade local de prática em que professor e alunos estabelecem relações sociais e formas de participação que repercutem relevantemente na sua maneira de aprender. Se as práticas desenvolvidas na escola, na sala de aula, são originárias de processos cognitivos condicionados à participação dos sujeitos (professores, alunos, coordenadores, diretores e todos os trabalhadores do sistema escolar), o fundamental é a compreensão das relações entre esses sujeitos e do modo como ocorre (ou não) a participação de cada um. Estas relações, e a participação, estão na base do desenvolvimento cognitivo. Alunos e professores, como uma comunidade de prática, na dependência das relações e formas de participação, vão negociando significados e assim vão ocorrendo aprendizagens. O foco está sobre o contexto das práticas como um contexto propiciador de relações de aprendizagens.

A ação mediada por ferramentas culturais e a cognição

Um dos teóricos mais expressivos da teoria sociocultural, James V. Wertsch, defende que a ação humana só pode ser interpretada a partir da relação dialética entre agentes humanos e ferramentas culturais (Wertsch, 1999). Em sua teorização, aparece como conceito central a ação mediada, que inclui tanto a ação mental como a ação prática. A ação mediada é a tensão irredutível entre agentes ativos e ferramentas culturais. Os instrumentos de mediação e os indivíduos estão inerentemente implicados, de modo que não se pode definir a ação de forma separada do sujeito e dos instrumentos de mediação com os quais ele opera no interior da ação.

Para Wertsch (Idem, ibidem), formas específicas de funcionamento psíquico refletem e reproduzem cenários sociais, culturais e históricos concretos, uma vez que as ferramentas culturais que exercem mediações sobre os sujeitos são inerentemente situadas cultural, institucional e historicamente. Consequentemente, a cognição e o pensamento humanos são processos inseparavelmente situados em contextos, envoltos em mediações. Na perspectiva da ação mediada, é fundamental compreender como as diferentes formas de funcionamento interpsíquico produzem diversas maneiras de uso das ferramentas culturais (Wertsch, 2002); isso não quer dizer que as ferramentas cul turais ou as consequências de sua apropriação sejam inerentemente boas ou ruins. Estão implicados na ação mediada, por um lado, o encontro entre os meios de mediação que são convencionais e válidos dentro dos limites de uma coletividade e, por outro, o uso concreto desses meios, que é individual, único, irrepetível. Nesse encontro há sempre uma tensão irredutível (Wertsch, 1994).

A abordagem da ação mediada proposta por Wertsch, se considerada em relação aos processos de ensino e de aprendizagem, requer compreender a escola como uma coletividade em que professores e alunos são agentes utilizando ferramentas culturais, concretamente e de modo singular, compondo. Também devem ser consideradas todas as formas de mediação, sejam aquelas criadas no contexto da escola ou aquelas originadas fora dela.

Cabe alertar que, apesar da insistência de Wertsch em considerar as microdinâmicas das interações sociais em contextos situados de ação, é preciso ir além, identificando também o modo como essas microdinâmicas são influenciadas por mediações oriundas do contexto social amplo. Por exemplo, não se pode desconsiderar que os modos pelos quais os alunos se apropriam de conteúdos e práticas culturais e as utilizam no contexto da escola possuem relação com os modos como esses conteúdos e práticas se apresentam como ferramentas no contexto das relações sociais fora da escola. Este é, por exemplo, o caso das relações entre igualdade e diferença, das relações étnicas, de gênero, geracionais etc.

As relações e mediações do contexto social amplo do qual faz parte a escola não podem estar subsumidas à primazia das ações mediadas da escola como microcontexto. Por outro lado, não é aceitável que as ações mediadas presentes no contexto escolar e da sala de aula sejam subsumidas ao contexto macrossocial. O desafio teórico e prático é o de compreender as ações mediadas, as ferramentas culturais e sua apropriação e o uso por professores e alunos no contexto singular da escola sem excluir sua conexão essencialmente contraditória com as relações sociais históricas em sentido amplo.

A participação guiada na atividade sociocultural: aprendizagem como processo de participação

Na concepção descrita por Barbara Rogoff, os processos colaborativos entre indivíduos que participam de uma atividade produzem implicações para seus processos cognitivos e seu desenvolvimento. Rogoff (1995) sugere que se desloque a compreensão da cognição como propriedade de indivíduos para se pensar a cognição como um aspecto da atividade humana sociocultural. Cada grupo social tem uma história e um conjunto de valores, técnicas, papéis, práticas sociais e ferramentas, formados e reformulados pela participação de seus membros, pela história, pelas restrições e pelos recursos do grupo (Rogoff, 1993a).

Combinando ideias de Vigotski e de Piaget, Rogoff desenvolveu a noção de aprendizagem como processo de colaboração, em que as pessoas se apropriam das maneiras de saber e de fazer as coisas, através da participação nas atividades culturalmente organizadas, como membros de uma comunidade com sistemas e arranjos interpessoais. Na participação guiada, por processos de negociação de uma comunidade ou um grupo, os participantes mais experientes orientam a atividade de participantes novatos. A orientação dos mais experientes é fornecida aos novos membros do grupo juntamente com as regras, normas e soluções alternativas que facilitem sua participação plena.

Em um contexto sociocultural de aprendizagem, na interação com os outros, vão sendo postas aos indivíduos exigências de aquisição de certas habilidades sobre um assunto ou objeto. Pela participação guiada, a aprendizagem ocorre como resultado do ensino ativo e intencional, dirigido por sujeitos mais qualificados, muito embora um indivíduo também aprenda por meio da observação e participação em atividades diárias no interior de uma cultura ou de um grupo social (Rogoff, 1993b).

A participação é fundamental, mas depende fortemente dos objetivos e entendimentos comuns, esforços compartilhados de um grupo. Rogoff (Idem, ibidem) exemplifica apontando os agrupamentos escolares, as equipes esportivas, as famílias, em que a participação cultu-

TEMAS DE PEDAGOGIA

ralmente estruturada exige dos membros individuais o esforço de se envolver e colaborar com o grupo. Como resultado, os indivíduos tornam-se, por exemplo, um tipo específico de aluno, de jogador de futebol, de boa filha etc.

Do conceito de participação guiada, depreende-se que a escola, a sala de aula, os alunos e professores podem ser compreendidos como uma comunidade, um grupo com hábitos, regras, costumes, normas explícitas e tácitas, formas de relações, formas de participação e de apropriação de conhecimentos e práticas, com efeitos de mudança nos alunos.

A proposta de Rogoff oferece subsídios para o fortalecimento dos processos de ensino e aprendizagem como processos sociais, coletivos. No entanto, é preciso lembrar que as formas de participação instituídas nos diversos grupos e comunidades (inclusive a escola) nem sempre são colaborativas e democráticas, ou guiadas para objetivos emancipatórios, de justiça social.

Entrelaçando práticas socioculturais, cotidiano escolar e formação cultural e científica

Conforme antecipamos anteriormente, Hedegaard trata das relações entre cultura, aprendizagem e desenvolvimento dos alunos enfatizando como as práticas socioculturais e institucionais, em diferentes contextos, exercem um papel nas formas de aprendizagem. Buscando ampliar o conceito de mediação a partir da formulação original de Vigotski, ela conceitua a aprendizagem como uma mudança na pessoa e na sua relação com o mundo social e material, ocorrida a partir de transformação na utilização de ferramentas culturais, para o que concorrem o papel das tradições culturais fora da sala de aula.

Fundamentando-se, também, em Davydov, Hedegaard aborda o ensino e a aprendizagem como um duplo movimento didático: do abstrato para o concreto e do concreto para o abstrato. Neste movimento, o professor ensina orientando os alunos a partir do aspecto geral de um problema a ser resolvido ou questão a ser descoberta, enquanto os alunos aprendem por meio de tarefas realizadas em contextos de atividades concretas (p. ex., museus, filmes etc.) (Hedegaard, 1996).

Hedegaard e Chaiklin, em seu livro *Radical-local teaching and learning* (2005), defendem que o ensino deve ser significativo para o desenvolvimento das capacidades de análise e interpretação dos alunos acerca de sua situação histórica de vida. A educação escolar formal tem como um dos objetivos principais a aquisição, pelos alunos, do discernimento e da capacidade para utilizar os conteúdos na compreensão do mundo social e natural. Da escola também é esperado que prepare e motive os alunos por meio das matérias escolares, para participarem da vida social em distintas práticas (econômicas, políticas, culturais).

A proposta de Hedegaard e Chaiklin visa contribuir tanto para realização dos objetivos formais da escola como para o desenvolvimento pessoal dos alunos. Para isso, a origem cultural dos estudantes e suas condições históricas devem ser levadas em conta na organização dos processos de ensino e aprendizagem, assim como as variações de práticas culturais específicas (p. ex., leitura, escrita, cálculo, fenômenos físicos, históricos etc.) em diferentes contextos sociais (cidade, campo, família rica, família pobre, diferenças culturais e religiosas etc.).

A premissa central desta proposta é a mudança radical na educação formal, visando integrar objetivos educacionais gerais e variações e diversidades individuais, presentes nas práticas culturais concretas dos alunos a fim de que a escola contribua para o desenvolvimento de motivos e competências relevantes para sua vida social, em sua condição histórica. São fundamentais ao desenvolvimento do aluno as conexões entre sua participação nas relações sociais, suas motivações e a apropriação que ele faz das capacidades humanas (Hedegaard, 2011).

A prática cotidiana e as formas históricas gerais de agir das crianças, na família e na escola, formam tradições de práticas concretas de vida que se tornam parte de uma criança em particular. Por isso, argumenta a autora (Idem, ibidem), a identidade cultural criada por meio da participação do aluno no cotidiano da vida nas práticas institucionais é uma parte do seu desenvolvimento psicológico.

O desenvolvimento é uma consequência de como um sujeito age em atividades desafiadoras e como participa de atividades da vida cotidiana em diferentes práticas institucionais. Na escola, como contexto institucional de práticas, a atividade do aluno tem que desafiar sua capacidade. Nesse sentido, a aprendizagem voltada à zona de desenvolvimento proximal, tal como descrita por Vigotski, contribui para que o aluno conheça sobre o mundo e sobre si mesmo. No entanto, alerta a autora, as atividades na escola e no cotidiano do aluno em casa nem sempre são coordenadas, podendo ser difícil para ele transcender esses diferentes mundos. Por exemplo, valores, crenças, normas, expectativas de ação presentes na vida cotidiana, na família, podem ser muito diferentes dos da escola, e até mesmo opostos, tornando difícil a participação do aluno na atividade escolar (Idem, ibidem).

A proposta de Hedegaard avança rumo a uma concepção que, simultaneamente, valoriza a apropriação da cultura científica escolar e as variadas culturas nos diferentes contextos históricos dos alunos. Ajuda a compreender que, na escola, ainda que seja fundamental ter clareza das contradições que envolvem a relação entre a cultura e as culturas, estas não podem ser tratadas como estando em oposição. Cultura e culturas possibilitam aos alunos a apropriação de diferentes tipos de capacidades e influenciam de diferentes formas seu desenvolvimento.

Conclusão

As teorias e conceitos apresentados neste texto expressam posições de autores que seguem, e buscam avançar, a tradição teórica de Vigotski, com análises acerca das relações entre cultura como patrimônio universal e cultura como práticas culturais em contextos cotidianos da vida social. Contribuem para a ampliação e o aprofundamento teórico acerca das categorias do "social" e do "cultural", oferecendo reflexões que ajudam a pensar sobre o lugar da cultura na escola, particularmente nos processos de ensino e de aprendizagem. Mostram em comum a compreensão do papel fundamental da cultura na mediação da aprendizagem, a valorização da posição do aluno nas relações sociais, a valorização da sua participação na atividade social conjunta.

Na teoria histórico-cultural, a aprendizagem da cultura formada pelo conjunto das construções coletivas culturais e históricas é central por mediar o surgimento de novas capacidades no aluno, de transformações na sua identidade social/pessoal e em sua consciência. Na teoria sociocultural, as formas de conhecimento, de interação, de práticas, de ensino e de aprendizagem ancoradas na experiência cotidiana dos alunos adquirem mais importância do que a apropriação de conhecimentos e práticas disponíveis no acervo histórico cultural e científico. Importa mais a mediação a partir de interações e artefatos culturais no contexto escolar e na experiência dos sujeitos, alunos, professores, pais, comunidade do que as mediações culturais científicas.

Se, por um lado, as análises proporcionadas pela abordagem sociocultural têm o mérito de enfatizar as interações criadas pelos sujeitos nas práticas socioculturais em contextos como formas de relações, regras, interesses, tensões e contradições, por outro, elas não permitem avançar na compreensão da cultura como uma questão para a Didática. A esse respeito concordamos com Stetsenko, para quem a posição de autores que ressaltam os processos comunicativos e atividades socialmente compartilhadas não enfatiza a aquisição individual de conhecimentos e práticas, ou seja, a dinâmica interpsicológica acaba sendo o ponto final das atividades de aprendizagem. Ela escreve:

> A atividade social compartilhada é necessária, mas apenas como ponto de partida na apropriação gradual de uma criança de novos conhecimentos e habilidades, servindo como ponto de apoio no processo de apropriação gradual de subjetivação (personalização) de uma nova atividade pela criança (Stetsenko, 1999, p. 239).

A pesquisadora reconhece a importância do aspecto comunicativo no processo de ensino e aprendizagem, no entanto, considera necessário enfocar as transformações na estrutura interna da atividade de aprendizagem que leva à subjetivação de novas atividades. Em concordância com essa posição, entendemos que a valorização das interações sociais, da participação, das práticas socioculturais não pode neglicenciar os processos psicológicos internos de formação de novas formações mentais que, sem seguida, se tornarão dispositivos internos de regulação das ações do aluno. Na mesma lógica, entendemos que conhecimentos e valores universais e conhecimentos e valores situados em contextos cotidianos de práticas não devem ser vistos como excludentes, ainda que possuam gêneses distintas, apresentando-se na vida social dos alunos de formas distintas, resultando em diferentes modos de aprender e conhecer.

Para finalizar, cabe retomar o que é central para a Didática. Como aponta Libâneo (2012), o ato didático destaca a relação dinâmica entre professor, aluno, matéria, e dessa relação decorrem as perguntas clássicas que a Didática se põe: o que ensinar? para quê? para quem? como? sob que condições? Essas perguntas permitem concluir que são sumamente relevantes as posições de Davydov, Hedegaard e Chaiklin, em que articulam a formação científica e cultural e as práticas socioculturais e institucionais. Não desconsideram as práticas culturais e experiências dos alunos em contextos cotidianos de vida, mas defendem como objetivo central da escola a apropriação da cultura científica como condição de desenvolvimento das capacidades intelectuais dos alunos e de apreensão crítica dos contextos de sua própria vida cotidiana. Acredita-se ser esta uma posição enriquecedora para a compreensão da cultura como uma questão inerentemente da Didática.

Referências bibliográficas

ALVES, Nilda. Cultura e cotidiano escolar. *Revista Brasileira de Educação*, Rio de Janeiro, n. 23, p. 62-74, 2003.

BERNSTEIN, Basil. *A estruturação do discurso pedagógico*: classe, códigos e controle. Petrópolis: Vozes, 1996.

CANDAU, Vera M. F. Pluralismo cultural, cotidiano escolar e formação de professores. In: CANDAU, Vera M. F. (Org.). *Magistério*: construção cotidiana. Petrópolis: Vozes, 1997.

_____ (Org.). *Diferenças culturais e educação*: construindo caminhos. Rio de Janeiro: 7Letras, 2011.

_____. Cotidiano escolar e cultura(s): encontros e desencontros. In: _____ (Org.). *Reinventar a escola*. Petrópolis: Vozes, 2000

_____; ANHORN, Carmen T. G. A questão didática e a perspectiva multicultural: uma articulação necessária. In: REUNIÃO ANUAL DA ANPEd, 22., *Anais...*, Caxambu, 2000, p. 24-28.

COLE, M. On the study of culture and mind: interview with Prof. Michael Cole. By Vlad Glăveanu. *Europe's Journal of Psychology*, v. 7, n. 1, p. 8-16, 2011.

DANIELS, Harry. *Vigotski e a pedagogia*. Trad. de Milton Camargo Mota. São Paulo: Loyola, 2003.

DAVYDOV, Vasili. V. Il problema della generalizzazione e del concetto nella teoria di Vigotski. *Studi di Psicologia dell'Educazione*. Roma: Armando, v. 1, 2, 3. 1997.

_____. Problems of developmental teaching. The experience of theoretical and experimental psychological research. *Soviet Education*, v. XXX, n. 8, ago. 1988.

_____. What is real learning activity? In: HEDEGAARD, M.; LOMPSCHER, J. (Eds.). *Learning activity and development*. Aarhus: University Press, 1999.

_____. *Tipos de generalización en la enseñanza*. Ciudad de La Habana: Editorial Pueblo e Educación, 1982.

DEL RÍO, Pablo; ALVAREZ, Amelia. Instrumento y signo. Una introducción evolutiva a la teoría de la mediación. In: VIGOTSKI, L. S.; LURIA, Alexander, R. *El instrumento y el signo en el desarrollo del niño*. Madri: Fundación Infancia y Aprendizaje, 2007.

FICHTNER, Bernhard, J. Desenvolvimento e aprendizagem humana na perspectiva da abordagem histórico-cultural. In: CONGRESSO NACIONAL DE REORIENTAÇÃO CURRICULAR, 1., *Anais...*, Blumenau: Ed. da FURB, 1999. p. 32 -35.

_____. *O paradigma histórico-cultural (Vigotski e Leontiev)*: Perspectivas e Limites. Goiânia, 2011. 104 p.

FORQUIN, Jean-Claude. *Escola e cultura*: as bases sociais e epistemológicas do conhecimento escolar. Trad. de Guacira Lopes Louro. Porto Alegre: Artes Médicas, 1993.

FORQUIN, Jean-Claude. O currículo entre o relativismo e o universalismo. *Educação & Sociedade*, Campinas, v. 21, n. 73, p. 47-70, 2000.

GIMENO SACRISTÁN, J. Currículo e diversidade cultural. In: SILVA, Tomaz T.; MOREIRA, Antonio F. (Org.). *Territórios contestados*: o currículo e os novos mapas políticos culturais. 6. ed. Petrópolis: Vozes, 1995.

_____. *Educar e conviver na cultura global*: as exigências da cidadania. Porto Alegre: Artmed, 2002.

HALL, Stuart. *Identidade cultural na pós-modernidade*. Rio de Janeiro: DP&A, 2006.

HEDEGAARD, Mariane. How instruction influences children's concepts of evolution. *Mind, culture, and activity*, Aarhus, v. 3, n. 1, p. 11-24, 1996.

_____. A cultural-historical approach to learning in classrooms. Outlines. *Critical Practice Studies*, Copenhaguen, n. 1, p. 21-34, 2004

_____. A cultural-historical approach to children's development of multiple cultural identities. In: KONTOPODIS, M.; WULF, C.; FICHTNER, B. (Eds.). *Children, development and education*: cultural, historical, anthropological perspectives. New York: Springer, 2011

_____; CHAIKLIN, Seth. *Radical-local teaching and learning*. Aarhus: Aarhus University Press, 2005.

KOFF, ADELIA M. N. S. *Escolas, conhecimentos e culturas*: trabalhando com projetos de investigação. Rio de Janeiro: 7Letras, 2009.

LAVE, Jean. Teaching, as learning, in practice. *Mind, culture and activity*. v. 3, n. 3, p. 149-164, 1996.

_____. La práctica del aprendizaje. In: CHAIKLIN, S.; LAVE, J. (Comp.). *Estudiar las prácticas*: perspectivas sobre actividad y contexto. Buenos Aires: Amorrotu Editores, 2001.

_____; WENGER, Etienne. *Situated learning*: legitimate peripheral participation. Cambridge: Cambridge University Press, 1991.

LEONTIEV, Alexei N. *Actividad, conciencia y personalidad*. Habana: Editorial Pueblo y Educación, 1983.

_____. Ninguém nasce personalidade. Entrevista concedida a Evald Ilenkov e Karl Levitin. In: GOLDER, M. (Org.). *Leontiev e a psicologia histórico-cultural*: um homem em seu tempo. São Paulo: Xamã, 2004.

LIBÂNEO, José C. *Didática*. São Paulo: Cortez, 1994.

LIBÂNEO, José C. Didática na formação de professores: entre a exigência democrática de formação cultural e científica e as demandas das práticas socioculturais. In: SANTOS, Akiko; SUANNO, Marilza V. R. (Org.). *Didática e formação de professores*: novos tempos, novos modos de ensinar e aprender. Porto Alegre: Sulina, 2012.

LOPES, Alice C.; MACEDO, Elizabeth. *Teorias de currículo*. São Paulo: Cortez, 2011.

MCLAREN, Peter. *Multiculturalismo crítico*. São Paulo: Cortez, 2000;

MAHEU, Cristina M. D. T. *Decifra-me ou te devoro*: o que pode o professor frente ao manual escolar? 2001. 410 f. Tese (Doutorado em Educação) — Faculdade de Educação, Universidade Federal da Bahia, Salvador.

MOREIRA, Antonio F. B. Currículo, diferença cultural e diálogo. *Educação & Sociedade*. Campinas, v. 23, n. 79, p. 15-38, 2002.

_____; CANDAU, Vera M. F. (Org.). *Multiculturalismo*: diferenças culturais e práticas pedagógicas. 7. ed. Petrópolis: Vozes, 2011.

OLIVEIRA, Marta K. O.; REGO, Teresa. R. Revolucionário inquieto. *Revista Educação,* São Paulo, p. 6-17, 2010. (Col. História da Pedagogia, n. 2.)

PÉREZ-GÓMEZ, A. I. *A cultura escolar na sociedade neoliberal*. Porto Alegre: ArtMed, 2001.

ROGOFF, Barbara. Observing sociocultural activity on three planes: Participatory appropriation, guided participation, apprenticeship. In: ÁLVAREZ, Amelia.; DEL RÍO, Pablo.; WERTSCH, James; V. (Org.). *Perspectives on sociocultural research*. New York: Cambridge University Press, 1993a.

_____. *Aprendices del pensamiento*. Barcelona: Ediciones Paidos Iberica, 1993b

_____. Development trough participation in sociocultural activity. *New directions for child development*, San Francisco, n. 67, p. 45-65, 1995.

STETSENKO, Anna. Social interaction, cultural tools and the zone of proximal development: in search of a synthesis. In: CHAIKLIN, Seth; HEDDGAARD, Mariane; JENSEN, Uffe J. (Eds.). *Activity theory and social practice*: cultural-historical approaches. Aarhus: Aarhus University Press, 1999.

_____; ARIEVITCH, I. Teaching, learning, and development: a post-Vigotskian perspective. In: WELLS, G.; CLAXTON, G. (Ed.). *Learning for life in the 21st century*. Oxford: Blackwell, 2002.

VEIGA-NETO, Alfredo. Cultura, culturas e educação. *Revista Brasileira de Educação*, Rio de Janeiro, n. 23, p. 5-15, 2003.

TEMAS DE PEDAGOGIA

VIGOTSKI, Lev S. Manuscrito de 1929. *Educação & Sociedade*, Campinas, v. 21, n. 71, p. 21-44, 2000.

_____. *Pensamento e linguagem*. 3. ed. São Paulo: Martins Fontes, 1991.

_____. *A formação social da mente*: o desenvolvimento dos processos psicológicos superiores. 6. ed. São Paulo: Martins Fontes, 1998.

_____; LURIA, A. R. *El instrumento y el signo en el desarrollo del niño*. Madrid: Fundación Infancia y Aprendizaje, 2007.

WERTSCH, James. V. The primacy of mediated action in sociocultural. *Mind, culture, and activity international journal*, v. 1, n. 4, p. 212-208, 1994.

_____. *La mente en acción*. Buenos Aires: Aique Editorial, 1999.

_____. Computer mediation, PBL, and dialogicality. *Distance Education*, v. 23, n. 1, 2002.

_____; TULVISTE, P. L. S. Vigotski e a psicologia evolutiva contemporânea. In: DANIELS, H. (Org.). *Uma introdução a Vigotski*. São Paulo: Loyola, 2002.

CAPÍTULO 6

Currículo e cultura:
o *lugar* da ciência

Alice Casimiro Lopes

Elizabeth Macedo

Introdução

Dentre as diferentes formas com que o currículo foi — e continua sendo — significado ao longo dos tempos, ganha destaque sua identificação com o conhecimento — escolar, acadêmico, científico, erudito — e se vincula a um debate sobre as relações entre currículo e ciência. Com isso, o processo acentuado de críticas pelas quais a ciência passa a ser submetida no século XX tem impactos significativos no campo do currículo. Mudam as formas de legitimação do conhecimento, é questionada a objetividade, o realismo e o monismo racionalista que fundamentaram a ideia de verdade científica. Mais do que isso, são desconstruídas as próprias bases do que se entende por conhecimento na modernidade, promovendo uma reconfiguração da significação do currículo, particularmente aquela associada a critérios epistemológicos. Entendemos ser no âmbito dessa crise de legitimação que o próprio tema proposto para este texto se insere. Em outras palavras, pensar em um *lugar* para a ciência nas relações entre currículo e cultura só se coloca na medida em que esse *lugar* parece ser posto em dúvida, desestabilizado.

Neste texto, propomo-nos a enfrentar essa temática considerando a ciência como mais um dos muitos discursos — jogos de linguagem com os quais significamos o mundo — que envolvem a produção curricular. Para tal, iniciamos analisando, com base em Lyotard (2000), o questionamento às formas modernas de legitimação do conhecimento, e mais particularmente a ciência, tendo em vista a compreensão de como vem sendo por ele compreendida a ciência pós-moderna. Procuramos com essa análise apoiar a discussão sobre as implicações dessa crise de legitimação para o campo do currículo, principalmente tendo em vista a centralidade conferida no campo ao debate sobre os conhecimentos válidos. Em um segundo momento, defendemos o enfrentamento dessa problemática a partir da significação do currículo como cultura, na perspectiva da não fixação de identidades, antagonismos e saberes.

O *lugar* da ciência na contemporaneidade

A modernidade se constitui no século XVII ao enunciar o sujeito racional — o sujeito iluminista — capaz de produzir a ciência como um conhecimento que se fundamenta na natureza e no objeto. Como discute Elia (2010), a ciência já nasce moderna, buscando se apartar do próprio sujeito que a constitui, ao mesmo tempo que se afasta de uma episteme considerada antiga, fundamentada no divino.

Com esse afastamento, entre sujeito que conhece e objeto a ser conhecido, se funda a ideia de objetividade e o discurso de legitimação do conhecimento científico. A ciência é considerada o discurso verdadeiro porque baseado na descrição do objeto — a Natureza. A própria adjetivação de uma dada ciência como *natural* é uma das maneiras de enunciar uma forma de legitimação a partir da natureza da realidade, diferenciando esse saber do discurso do senso comum.

Mesmo quando a relação da ciência com os processos de descrição e análise da natureza é questionada, a pretensão de considerar a ciência como espaço da verdade e da objetividade é embasada em algum fundo realista. A ciência é entendida como calcada na prova empírica e na experimentação — formas de reproduzir o real —, com base em uma racionalidade que garante a possibilidade dessa objetividade, ainda apartada do sujeito.

Tanto assim o é que, quando as Ciências Sociais começam a ser construídas, sua cientificidade é definida por meio da relação com as formas de provar das Ciências Naturais. Para serem legitimadas como conhecimentos verdadeiros, as Ciências Sociais têm que manter a mesma separação sujeito-objeto e buscar modelos quantitativos e empíricos calcados na racionalidade das ciências naturais, também distante dos saberes do cotidiano.

Lyotard (2000) argumenta como a ciência se constrói com base em um saber denotativo de maneira a se afastar das formas narrativas dos saberes do senso comum cotidiano. O saber científico não é todo saber, mas é um saber formado por discursos, produzidos em certos jogos de linguagem que, uma vez submetidos a certas regras, podem ser legitimados como ciência. Nesse sentido, nem todos são autorizados a estabelecer as regras para que um enunciado possa ser considerado científico.

Os saberes narrativos também têm suas regras próprias, também se estabelecem em jogos de linguagem, mas eles se autorizam, como afirma Lyotard, por sua pragmática, sem precisar recorrer à argumentação e/ou às provas. Nos saberes narrativos do cotidiano, não há afastamento entre sujeito e objeto, na medida em que se pressupõe a existência do narrador que conta a história desse objeto. Mas no processo de legitimação da ciência na modernidade, esses saberes passam a ser tratados como não científicos, sendo situados como o lugar do não conhecimento, da opinião, do preconceito, da ideologia, "do não saber", por serem julgados não por suas próprias regras, mas pelas regras de legitimação intrínsecas à própria ciência.

Esse processo de legitimação no âmbito do próprio contexto científico, entretanto, também é acompanhado, ao longo dos tempos, por um processo de legitimação social mais amplo, capaz de garantir o financiamento dos custos cada vez mais altos dos empreendimentos científicos. Segundo Lyotard, esse processo se desenvolve a partir de dois grandes relatos de sustentação da ciência na modernidade, dois possíveis discursos narrativos do sujeito humano: como o herói do conhecimento (a ciência pela ciência) ou como o herói da liberdade (ciência como caminho da emancipação). Nessas duas narrativas, prossegue o autor, permanece uma teleologia, pois ambas dependem da projeção de uma finalidade, seja esta o conhecimento ou a liberdade.

É então que se estabelece o primeiro grande paradoxo da ciência. É fora das próprias regras do jogo científico que a ciência tem que buscar suas formas de legitimação. Ao mesmo tempo que se constrói pela rejeição dos discursos narrativos para sua legitimidade como conhecimento objetivo, no qual sujeito e objeto se separam, tem que recorrer a esses mesmos discursos narrativos para se sustentar socialmente.

A crise a qual usualmente damos o nome de pós-modernidade é assim definida por Lyotard como uma crise dos processos de legitimação da ciência, a partir das transformações que se estabelecem nela própria e em outros campos da cultura desde o fim do século XIX. Na medida em que tanto as formas denotativas de legitimação da ciência, no âmbito de suas próprias regras, quanto as formas narrativas dos relatos de legitimação pelo conhecimento ou pela liberdade são colocadas em crise, a própria ciência e sua centralidade na vida contemporânea também entram em crise.

Com o advento da mecânica quântica,[1] do teorema de Gödel[2] e do princípio da incerteza de Heisenberg,[3] é postulada a relação sujei-

---

1. Teoria da física que estuda os sistemas atômicos e subatômicos.

2. Kurt Gödel enunciou o teorema que leva seu nome. Esse teorema também é conhecido como teorema da incompletude, pois por ele se prova a inexistência de soluções no interior de um único sistema por ausência de provas irrefutáveis.

3. Princípio base da mecânica quântica pelo qual o resultado de uma observação de partículas subatômicas não pode ser predito com certeza — podemos prever teoricamente apenas a probabilidade de um certo resultado. Nesse sentido, o observador, ao construir e utilizar o instrumento de medida de eventos subatômicos, interfere sobre o evento observado.

to-objeto nos processos físicos, assim como são questionados o realismo da prova empírica e o determinismo das formulações newtonianas. Soma-se a isso a crescente articulação da ciência com a tecnologia, tornando sua validação intrinsecamente associada ao poder e à *performance*. A ciência tanto é sustentada pelo modo de produção capitalista como sustenta o desenvolvimento do capitalismo. Por isso, Lyotard conclui que as formas de provar da ciência passam a ser legitimadas pela capacidade de atingir os desempenhos esperados.

A concepção de ciência como conhecimento verdadeiro, calcado no real, na natureza, na prova empírica, é então substituída pela concepção da ciência como uma atividade social e cultural, interessada, que tem a pretensão de verdade. A ciência assume a esfera do verídico, na busca de alcançar credibilidade e confiança. Para tal, constitui as regras de legitimação de seus saberes com base nas *performances* que é capaz de produzir. Nesse sentido, os saberes científicos se aproximam da perspectiva pragmática dos saberes narrativos, além de tornar inequívoca sua relação com o poder.

Nas palavras de Lyotard, a ciência pós-moderna se valida pela performatividade e pela paralogia. O poder é inserido nos processos de legitimação, pois o conhecimento não é validado por ser verdadeiro, bom, justo ou belo, mas por expressar um bom desempenho, eficiente, capaz de gerar uma produção e uma tecnologia (performatividade). Ou, em uma perspectiva que rompe com o determinismo da *performance*, o conhecimento é validado pela criação de paradoxos nas regras estabelecidas, de forma a construir regras diferentes e montar um novo jogo (paralogia). Com a ciência se constituindo como força de produção, não há mais necessidade dos grandes relatos da liberdade e do conhecimento para justificar o discurso científico. Por isso, a pós-modernidade é também a crise das grandes narrativas mestras (as metanarrativas) que tentam organizar e subordinar outras narrativas.

A crise dos grandes relatos de conhecimento e emancipação tem implicações profundas para o projeto educacional como empresa moderna. No que tange ao currículo, somos mesmo obrigados a buscar defini-lo de outra forma. Sua relação com o conhecimento tem sido tão forte no decorrer da História que o debate sobre o currículo se confundiu, em diversos momentos, com o debate sobre os conhecimentos mais válidos. Na definição do que é válido, a ciência, com toda a legitimidade que lhe é socialmente conferida, tem ocupado lugar de destaque.

No âmbito das teorias curriculares tradicionais, em suas acepções clássicas ou progressivistas, o conhecimento acadêmico-científico é valorizado de diferentes formas. Há tendências clássicas em que o conhecimento científico é tomado como verdade e, portanto, como conhecimento válido para transmissão na escola. Outras optam pelo silêncio em relação a qualquer questionamento da ciência, naturalizando a identidade entre conhecimento e ciência. Mesmo as vertentes progressivistas que distinguem conhecimento científico de conhecimento escolar centram essa diferença na necessidade de construir um método pedagógico que considere o aluno, mantendo as disciplinas científicas como a referência sobre o que o estudante deve aprender.

Com o pensamento crítico, a teoria curricular passa a questionar a centralidade do conhecimento acadêmico-científico e, especialmente, a assunção de sua neutralidade partilhada pelas abordagens tradicionais. Denuncia-se a hegemonia do conhecimento acadêmico-científico, considerando-se que há um vínculo entre a superioridade conferida a esses saberes e a manutenção das desigualdades sociais e das hierarquias entre as pessoas. Seja por conectar o currículo à estrutura econômica da sociedade ou às tentativas de hierarquizar sujeitos pela maior valorização das produções simbólicas que constroem, os autores dos enfoques críticos entendem o questionamento ao lugar da ciência na sociedade como uma forma de combater os privilégios sociais de grupos no poder. Com isso, defendem a valorização dos saberes populares para a construção de propostas emancipatórias por meio do empoderamento dos sujeitos nas práticas cotidianas. Ainda que a teoria crítica tenha tido o mérito de desnaturalizar a identidade entre conhecimento científico e conhecimento válido, criou uma dicotomia entre saberes dominantes e dominados que manteve, em muitos casos, como na pedagogia histórico-crítica, a centralidade da ciência.

Sem pretender homogeneizar os discursos curriculares nessa tipologia apressada,[4] parece-nos razoável dizer que, sob a égide da centralidade da ciência na modernidade, o debate sobre currículo se vinculou atavicamente à questão do conhecimento e, nesse sentido, oscilou entre o relativismo da aceitação de múltiplos saberes como igualmente válidos — a ciência ou o saber popular têm igual valor de verdade — e o universalismo de considerar a existência de alguns saberes com maior legitimidade — maior valor de *verdade* — em relação aos demais.[5] Ao afirmar a existência dessa oscilação, não estamos considerando que os critérios para definir a legitimidade — e universalidade — de um saber são os mesmos,[6] nem que não haja embates em torno da tentativa de definir finalidades sociais[7] para a escolarização.

Os abalos gerados pela entrada em cena do que Lyotard chama de pós-modernidade sobre uma teoria curricular na qual currículo, conhecimento e ciência estão tão claramente imbricados são profundos. Não se trata apenas de discutir que outro conhecimento poderia substituir o científico nem de garantir uma pluralidade de conhecimentos num currículo multicultural. As críticas pós-modernas atingem as fundações mesmas da modernidade no que concerne ao conhecimento científico — como sua própria medida ou relacionado a um fim desejável para a humanidade — ou mesmo à centralidade do conhecimento. Ética e estética estão, cada dia mais, galgando um espaço que haviam perdido para a epistemologia.

No campo do currículo, tais abalos têm se manifestado por uma guinada em relação à cultura, que, em certa medida, incorpora a leitura

---

4. Para uma análise mais acurada, ver Lopes e Macedo (2011).

5. Claude Grignon expressa esse dualismo como uma divisão entre pedagogias legitimistas e relativistas (Grignon, 1992).

6. A definição desses critérios tem sido objeto de muitas teorias curriculares: acadêmicos, instrumentais, pragmáticos, científicos, historicamente situados, vinculados à capacidade de libertação humana ou à capacidade de produzir mudanças na estrutura social e econômica.

7. Os embates sobre os fins sociais da escolarização passam por ideias como o pragmatismo, a libertação humana, a capacidade de atuar criticamente, a transformação social, a capacidade de produzir mudanças na estrutura social e econômica e tantos outros conceitos aos quais se recorrem para tentar ir construindo um discurso sobre nossas opções sociais, políticas e educacionais.

do mundo contemporâneo empreendida por Lyotard. Cotidiano, contingência, diferença, identificação, discurso e texto tornam-se significantes destacados, mobilizando sentidos que parecem apagar os rastros das discussões epistemológicas. Com isso, há quem diga que o conhecimento e, particularmente, a ciência perdem seu *lugar* no debate curricular. Mais drasticamente, o abandono do conhecimento[8] é, por vezes, também situado como correlato ao abandono da discussão política.

Neste texto, partiremos de um registro pós-estrutural e pós-colonial para defender uma leitura cultural do currículo, rechaçando, no entanto, a conclusão de que isso implica o abandono da discussão sobre conhecimento.[9] Não concordamos que a ciência perdeu seu *lugar* na discussão curricular, mas, para tal, o significante lugar não pode assumir a conotação de fixação de espaço, ainda que simbólico. Os jogos de linguagem e os discursos produzidos a partir desses jogos produzem sentidos socialmente e, dessa forma, produzem sentidos para o currículo. Independentemente de a ciência ser ou não um discurso previsto para ser abordado em sala de aula, ela faz parte desses jogos e, portanto, é uma das formas como significamos o mundo.

Isso não significa, no entanto, assumir uma posição multicultural relativista, que tem sido, muitas vezes, apontada como solução para a ausência de um padrão de verdade que legitime determinados discursos. Nela, os diferentes saberes, sejam eles científicos ou não, são aceitos como válidos e não se assume qualquer posicionamento favorável a uns ou a outros. Entendemos que essa é uma opção insuficiente, porque desconsidera o poder inerente à tentativa de universalização de determinados saberes e, ao mesmo tempo, fixa os diferentes saberes

---

8. Interessante notar como esse suposto abandono por vezes é acompanhado de uma defesa acentuada do conhecimento nos textos curriculares produzidos no MEC, visando orientar professores nas escolas. Ver, por exemplo, as Diretrizes curriculares para a Educação Básica, publicada em 2010.

9. Em outros textos, já argumentamos que as discussões pós-estruturais, ao introduzirem uma reconfiguração da cultura que aparentemente confere ao tema uma centralidade, não implicam abandonar ou de alguma forma minimizar a política. Diferentemente, trata-se de conceber cultura e política como mutuamente imbricadas. Para o desenvolvimento dessa discussão, ver Lopes (2010) e Macedo (2004, 2006).

em lugares predeterminados. Desconsidera, portanto, que o agonismo no qual estamos sempre lutando para produção de determinados significados — dentre eles o de currículo — é constituído por diferentes jogos de linguagem em processos que envolvem hibridismos e luta pelo poder de significar. É nessa perspectiva que passamos a tratar o currículo como (jogos de linguagem da) cultura, o que nos levará a redefinir as questões relevantes na relação entre currículo e ciência.

Questionando a reificação da cultura e a fixação de sujeitos, *seus* saberes e antagonismos

A importância que assumiu na teoria curricular a seleção de conhecimentos válidos assentou-se sobre a concepção de cultura como repertório partilhado de significados, um dos quais denominado ciência iluminista. Essa reificação da cultura cria também os muitos antagonismos com os quais vimos lidando na teoria curricular entre: saberes científicos e populares, saberes dos professores e dos alunos, saberes dominantes e dominados. O ceticismo pós-moderno em relação a uma verdade universal nos impõe a tarefa de entender, e mesmo desconstruir, os mecanismos pelos quais essa reificação se tornou não apenas possível, mas a tônica do pensamento moderno.

Assumindo uma perspectiva antirrealista, nosso movimento rumo a essa desconstrução opera com a ideia de que a reificação da cultura — criando uma cultura universal ou diversas culturas em sua revisão multicultural — é a expressão de mecanismos de controle dos processos de significação. Tais mecanismos fixam sentidos para cultura e também a identidade dos sujeitos que supostamente pertencem aos grupamentos culturais assim criados. São, portanto, responsáveis pela criação de um conjunto de ficções que nomeamos como culturas.

Importa-nos, na tentativa de recuperar a ideia de fluxo cultural que nos parece mais promissora para sustentar uma teoria curricular, entender a criação dessas ficções. Ou, mais propriamente, como essas

TEMAS DE PEDAGOGIA

ficções são feitas reais, que articulações as hegemonizam como expressão de uma verdade ou, como aconteceu com a ciência, da verdade. Tomando a ciência como exemplo, é possível perceber como sua definição como prática cultural capaz de dar respostas às demandas do mundo moderno foi produzida por um conjunto de estratégias políticas. Essas estratégias foram úteis não apenas para que a cultura científica fosse criada e nomeada, mas também para que se apresentasse como universal e atemporal.

Tanto Said (1990) quanto Willinsky (2004) analisam a supremacia do discurso da ciência na modernidade, explicitando as dinâmicas que levam a ciência ao lugar de cultura universal.[10] Em estudo histórico, Willinsky defende que a hegemonia do discurso da ciência esteve claramente ligada à expansão colonial da Europa. Por um lado, as navegações para América e Ásia criaram um grande laboratório em que as hipóteses poderiam ser testadas. Por outro, a ampliação do fluxo cultural tornava possível para a ciência se apropriar de diferentes saberes, integrando-os ao seu projeto cultural que se tornava mais rico, na medida em que deslegitimava outros possíveis projetos. Com isso, a ciência se apresentava como um sistema cultural poderoso, universal, que criava condições técnicas e ideológicas para a expansão colonial que a realimentava.

Trabalho semelhante é feito por Said ao analisar o Oriente como construção do Ocidente. O autor argumenta que a cultura científica foi um sustentáculo para a dominação colonial do Oriente, na medida em que o construiu discursivamente a partir da aplicação de sua lógica própria ao material com o qual trabalhava. Ao tentar aproximar o Oriente daquilo que podia compreender, a cultura científica criou-o como o passado das nações ocidentais, justificando, com isso, a importância da dominação. Apesar de simétrico inferior do Ocidente, o Oriente seria o berço da civilização mundial, tendo dela se destacado por não participar da cultura científica moderna. Esse discurso abre

---

10. No caso da cultura científica, sua nomeação envolveu ainda o apagamento do termo cultura e sua substituição pelo termo conhecimento. Por cultura, a modernidade entendeu o exterior constitutivo do termo ciência.

não apenas a possibilidade, mas a necessidade de que ele seja tirado desse lugar de estranheza que ocupa, mesmo que para isso seja necessária a dominação pela força.

Nesses dois exemplos, fica claro que a cultura científica se construiu como possibilidade de explicar o mundo, deslegitimando muitas possibilidades já existentes e dificultando o aparecimento de tantas outras. Parece-nos interessante, também, notar que esse movimento foi mais forte em um momento em que as navegações intensificavam os fluxos culturais pelo maior contato entre sujeitos fisicamente apartados. Os fluxos mais intensos vinham acompanhados da necessidade de controlar a diferença não domesticada que explodia nesses encontros. Não se tratava do encontro com o outro que já se podia nomear, mas com um outro desconhecido, a própria expressão da diferença. Traduzi-lo, nomeá-lo como o outro conhecido — estancando o fluxo incontrolável da diferença — era fundamental para a ordem vigente. A cultura científica desempenhou papel central nesse processo e sua força pode ser entendida pela importância desse papel.

Exemplificar com a cultura científica não significa, no entanto, que ela seja a única forma de controle dos processos de significação ou que tal controle dependa de grandes aparatos políticos e tecnológicos. Ele está presente em nossos atos cotidianos de nomeação, no simples uso que fazemos das palavras com a pretensão de estarmos imprimindo-lhes determinado significado. Sem esse controle não seria mesmo possível nenhuma interação entre as pessoas, nenhum diálogo ou identificação entre elas. Ser imprescindível não o torna, no entanto, menos violento.

Não apenas, mas especialmente, em momentos de crise, é possível que determinados significantes assumam a função de organizar sistemas de representação, o que dificulta a circulação de outros sentidos. São momentos em que muitas demandas de diferentes grupos deixam de ser atendidas, criando uma aproximação entre eles no que tange a sua oposição a algo que lhes é externo, mas que impede o atendimento de suas demandas. Em geral, a articulação se faz em torno de significantes amplos capazes de condensar diferentes sentidos, chegando mesmo a se esvaziar. Nesse momento, significações contingentes e parciais se hegemonizam, ou seja, transformam-se em universais. Se é verdade que esse processo nunca pode ser total, é também visível, ao longo da história, que há estratégias capazes de tornar essa hegemonia mais duradoura, quando a particularidade de um sistema de significação passa a representar a totalidade de forma tão completa que se confunde com ela e seu caráter particular é praticamente apagado. A cultura científica da modernidade é um dos mais fortes exemplos de confusão de um sistema particular de significação com a totalidade da possibilidade de significar.

Embora se apresente como a totalidade, a estabilidade de sistemas como a cultura científica depende da exclusão de outras possibilidades de significação que, nomeadas, funcionam como o seu outro. Esse outro é a expressão da incompletude da totalidade e, portanto, deve ser desvalorizado, se possível a ponto de desaparecer. Como não o é, a totalidade tem que conviver com o absurdo de seus outros. No caso da cultura científica, os saberes populares, o senso comum, as culturas nativistas, as artes funcionaram como outros sistemas de significação mesmo no auge da modernidade. Com as críticas postas pela condição pós-moderna, essa pluralização de sistemas de significação tem se tornado ainda mais impactante.

No currículo, o impacto dessa pluralização pode ser visto na desconfiança em relação ao sistema hegemônico de significação, de onde a maioria dos conteúdos curriculares são selecionados. Tal desconfiança, no entanto, tem redundado na pluralização dos sistemas de significação com os quais se busca responder às mesmas perguntas sobre o conhecimento mais válido. O que segue inscrito nessa alternativa, não importa quantos sistemas possam ser referenciados, é o fato de que se trata de fechamentos discursivos que buscam evitar a circulação ampla de sentidos, são golpes de força que restringem as possibilidades de expressar o mundo.

É nesse sentido que julgamos que uma Teoria do currículo, preocupada com a possibilidade de criação de sentidos ainda não dados, precisa criticar esses fechamentos, não um ou outro, mas a própria restrição à circulação de sentidos, ao fluxo cultural. Trata-se de operar com outro entendimento da cultura — como lugar de criação de sentidos, como enunciação — e desconstruir a noção de que a cultura é a restrição. Ao contrário, ela é o lugar da diferença, aquele onde se produzem incessantemente sentidos novos, em que a dimensão pedagógica que, segundo Bhabha (2003), lida com as tradições da cultura é perturbada por uma dimensão performática que reinscreve a tradição no tempo presente/futuro. É importante salientar que não se trata de atualizar o passado, relê-lo com as lentes do presente ou sob a óptica dos projetos futuros, mas de subverter a temporalidade continuísta que sustenta a ideia de cultura como coisa a ser transmitida. Também não é suficiente reconhecer que a cultura é reprodução e produção, mas assumir a impossibilidade de distinção entre tais dimensões. Na definição de Bhabha (2003), está-se falando de um terceiro espaço, uma região ambivalente entre sentidos que imaginamos fixados (e descrevemos como tal) e aqueles que se projetam na enunciação, um entre-lugar.

Para nos percebermos habitando esse entre-lugar, o exercício a ser feito é a desconstrução dos mecanismos que estancam a proliferação de sentidos universalizando determinados sentidos. Por desconstruir, não se entende a possibilidade de operar num quadro em que não haja estancamentos, mas apenas mostrar que eles não se sustentam em nenhum princípio que os torne verdadeiros, que são em si ambivalentes. Essa foi a tarefa desenvolvida por Lyotard (2000), por exemplo, ao mostrar que a legitimação do saber científico precisa recorrer ao saber narrativo. Foi também o que fizeram Willinksy e Said em seus estudos sobre a colonização dos sistemas de pensamento pelo saber Iluminista. No currículo, a desconstrução precisa ser feita em, pelo menos, duas frentes, intrinsecamente relacionadas: em relação ao conhecimento que é objeto da escolarização, o conteúdo, mas também em relação ao próprio sentido de currículo.

No que tange ao sentido do currículo, a aceitação de que a cultura é um entre-lugar em que o novo é criado implica a impossibilidade de seguir entendendo-o como uma seleção (interessada ou não) de conhe-

TEMAS DE PEDAGOGIA

cimentos dentro de repertórios previamente dados. Nessa perspectiva, o currículo será, ele também, manifestações culturais, momentos/ instantes de cultura, em que os sentidos proliferam sem controle até que sejam estancados pela nomeação. Um entre-lugar em que qualquer suposto estancamento é reaberto na enunciação sempre performática. Para que tal compreensão ganhe espaço entre nós, a tarefa da Teoria do currículo seria buscar explicitar os muitos fechamentos produzidos pelas diferentes formas de defini-lo, muitas das quais têm em comum a ideia de que os conteúdos são selecionados de repertórios daquilo que é válido ensinar. Obviamente, tal teoria estaria, também ela, produzindo sentidos para o currículo, mas, como lembra Spivak (1999), essa tarefa pode ser realizada sob constante desconfiança epistemológica.

Desnaturalizar a ideia de currículo como seleção do conhecimento válido tem impactos óbvios na relação entre currículo e cultura científica. Tais impactos não são, no entanto, a negação da importância da cultura científica no currículo. Trata-se, contudo, de uma importância que se dá em outras bases. Inicialmente, é preciso retomar a ideia de que a cultura científica é apenas uma ficção, a nomeação de um fechamento discursivo hegemonizada por diferentes mecanismos. Como ficção, entretanto, ela opera produzindo outros sentidos, dentre os quais o próprio sentido de currículo. Opera, portanto, legitimando tanto a ideia de que conteúdos curriculares são selecionados quanto os conteúdos propriamente ditos. Nesse sentido, a desconstrução da noção de cultura como repertório partilhado de sentidos é também a desconstrução da ficção da ciência.

De modo a evitar interpretações equivocadas, é importante destacar que desconstruir não quer dizer negar, mas apenas explicitar que não há nenhuma verdade que sustente as significações que tomamos como únicas. Desconstruir a cultura científica como um dos sistemas referenciais do currículo — e a própria ideia de sistemas referenciais que lhe é correlata — é, portanto, apenas explicitar que sua definição como sistema de sentidos somente foi possível pela intervenção do poder. Do poder em seu sentido político e econômico, mas também simbólico. Um poder sem o qual qualquer significação seria impossível, mas que, ao mesmo tempo que necessário, é impeditivo da circulação de outros sentidos. Assim, não é a importância da cultura científica para o currículo que está em jogo, mas a leitura científica do mundo e do currículo que precisa ceder espaço a uma atitude desconstrutiva. Tal atitude é anticientífica — porque borra distinções e fronteiras —, mas não é anticiência. Não se trata de uma condenação moral da cultura científica por sua hegemonia como sistema de significação, mas de fazer o seu reconhecimento ser acompanhado de um questionamento radical.

Referências bibliográficas

BHABHA, Homi. *O local da cultura*. Belo Horizonte: Ed. UFMG, 2003.

ELIA, Luciano. *O conceito de sujeito*. Rio de Janeiro: Jorge Zahar, 2010.

GRIGNON, Claude. A escola e as culturas populares: pedagogias legitimistas e pedagogias relativistas. *Teoria e Educação*, Porto Alegre, n. 5, p. 50-4, 1992.

LOPES, Alice Casimiro. Currículo, política, cultura. In: SANTOS, Lucíola et al. (Org.). *Convergências e tensões no campo da formação e do trabalho docente*. Belo Horizonte: Autêntica, 2010. v. 1, p. 23-37.

_____; MACEDO, Elizabeth. *Teorias de currículo*. São Paulo: Cortez, 2011.

LYOTARD, Jean-François. *A condição pós-moderna*. Rio de Janeiro: José Olympio, 2000.

MACEDO, Elizabeth. Currículo e hibridismo: para politizar o currículo como cultura. *Educação em Foco*, Juiz de Fora, v. 8, p. 13-30, 2004.

_____. Currículo: cultura, política e poder. *Currículo sem Fronteiras*, v. 6, p. 98-113, 2006.

SAID, Edward. *Orientalismo*: o Oriente como invenção do Ocidente. São Paulo: Companhia das Letras, 1990.

SPIVAK, Gayatri C. *A critique of postcolonial reason*: toward a history of the vanishing present. Cambridge: Harvard University Press, 1999.

WILLINSKY, John. Ciência e a origem da raça. In: LOPES, Alice Casimiro; MACEDO, Elizabeth (Org.). *O currículo de ciências em debate*. Campinas: Papirus, 2004. p. 77-118.

Tema IV

Práticas pedagógicas nas múltiplas redes educativas

CAPÍTULO 7

Práticas pedagógicas nas múltiplas redes educativas

Maria Amélia Santoro Franco

Introdução

Neste texto, quero discutir a questão das práticas pedagógicas, tendo como pano de fundo das reflexões a questão central da Didática, vinculada ainda à grande pergunta proposta por Comênio: como ensinar tudo a todos? Não nos esqueçamos de que a lógica da Didática é a lógica da produção da aprendizagem (nos alunos), a partir de processos de ensino previamente planejados. Quando falo de Didática, sou conduzida a focar o ensino escolar, ou seja, o ensino instigado a partir da escola; um ensino que solicita planejamento, dado seu caráter intencional. No entanto, cada vez mais, sabe a Didática que, ao planejar o ensino, espera-se uma determinada aprendizagem. Ou seja, planeja-se o ensino na intencionalidade da aprendizagem futura do aluno. No entanto, o grande desafio tem sido a impossibilidade de controle ou previsão da qualidade e da especificidade das aprendizagens que decorrem de determinadas situações de ensino. Já dizia Sócrates: *o ensino é sempre mais que o ensino!*

A questão de Comênio que reverbera na Didática atual é extremamente contraditória e instigante. É instigante porque o planejamento do ensino, por mais eficiente que seja, não poderá controlar a imensidão de possibilidades das aprendizagens decorrentes. É contraditória porque, na lógica da Didática, parece haver uma dissonância básica: o ensino só se concretiza nas aprendizagens que produz, sendo que as aprendizagens, em seu sentido alargado e bem estudadas pelos pedagogos cognitivistas, decorrem de sínteses interpretativas realizadas nas relações dialéticas do sujeito com seu meio. Não são imediatas, não são previsíveis, ocorrem por interpretação do sujeito, dos sentidos criados, das circunstâncias atuais e antigas, ou seja, não há correlação direta entre ensino e aprendizagem. Quase se pode dizer que as aprendizagens ocorrem sempre para além ou para aquém do planejado; nos caminhos tortuosos, lentos, dinâmicos das trajetórias dos sujeitos... Radicalizando essa posição, Deleuze (2006, p. 237) afirma, em *Diferença e repetição*, que não é possível saber e controlar como alguém aprende.

É necessário admitir, por outro lado, que as aprendizagens ocorrem entre os múltiplos ensinos que estão presentes, inevitavelmente, nas vidas das pessoas e que, algumas vezes, contradizem ou potencializam o ensino escolar. Essas concomitâncias de ações de ensino põem em realce o desafio da Didática hoje: tornar o ensino escolar tão desejável e vigoroso quanto outros "ensinos" que invadem a vida dos alunos e, ao mesmo tempo, compatibilizá-los, potencializá-los, dialogar com eles. O ensino escolar precisa, com a intervenção da Didática, tornar-se uma prática que se constitui em *foradentrofora* da *escolavida*.

Apesar dessas características e das dificuldades em mediar o ensino com as condições de seu não controle sobre uma previsível aprendizagem, ainda assim, não acredito na Pedagogia Anarquista, em seu amplo sentido. Considero que as relações entre professor, aluno, currículo e escola são relações que impõem uma convivência, tensional e contraditória, entre o sujeito que aprende e o professor que se organiza e prepara as condições para ensinar. Basta imaginar o professor como desencadeador de processos de aprendizagem e "acompanhador" das possibilidades múltiplas de retorno de sua ação para perceber que o processo desencadeado produz novas aprendizagens, algumas previstas e outras não; as desejadas e as não desejadas. Enfim, como a vida, o que decorre da ação de um bom ensino serão sempre situações imponderáveis. O importante é acompanhar, vigiar, recompor e readequar o planejado inicial. Essa dinâmica, que vai do desencadear nos alunos de situações desafiadoras, intrigantes, exigentes, aos retornos que os alunos produzem, misturando vida, experiência atual e interpretações dos desafios postos, é a marca da identidade do processo ensino-aprendizagem, visto em sua complexidade e amplitude.

Considero que todo processo de ensino precisa considerar a complexidade dos processos formativos, inseridos sempre em múltiplos contextos que interferem na escola e dela reverberam. A sala de aula sempre será uma múltipla rede educativa, portanto, campo de tensões, de riqueza e de complexidade de sentidos. Assim, cabe à Didática planejar e sistematizar a dinâmica dos processos de aprendizagem. Ou melhor, caminhar no meio de processos que ocorrem para além dela, de forma a garantir o ensino de conteúdos e práticas que são considerados fundamentais para aquele estágio de formação do aluno e, através desse processo, disponibilizar mecanismos nos sujeitos que poderão qualificar/redirecionar as novas aprendizagens para além da escola. Caberá à Didática saber recolher, como ingredientes do ensino, essas aprendizagens de outras fontes, de outros mundos, de outras lógicas, para incorporar na qualidade de seu processo de ensino e na ampliação daquilo que se considera necessário para o momento pedagógico do aluno.

Sabe-se da circunstancialidade dos conteúdos de aprendizagem que são considerados em um determinado momento pedagógico. No entanto, a expectativa é a de que esta seleção de conteúdos e práticas conexas seja cada vez mais ampliada e qualitativamente diferenciada, de forma que o ensino seja cada vez mais ensino/leitura do mundo e cada vez menos ensino/informações do mundo. Sendo assim, quais práticas pedagógicas possibilitarão à Didática dar conta da complexidade da tarefa de ensinar em meio a redes educativas cada vez mais tecidas e mais impregnantes? E, afinal, o que são práticas pedagógicas? Este texto procurará responder a tais questões.

Práticas pedagógicas

É comum considerar que práticas pedagógicas e práticas educativas sejam palavras sinônimas e, portanto, unívocas. No entanto, ao falarmos de práticas educativas, estamos nos referindo a práticas que ocorrem para a concretização de processos educacionais. Já ao nos referirmos às práticas pedagógicas, estamos nos reportando a práticas sociais que se exercem com a finalidade de concretizar processos pedagógicos. Falamos, então, de práticas da educação e práticas da Pedagogia. Mas, Pedagogia e educação são conceitos e práticas distintas?

Trata-se, a meu ver, de conceitos mutuamente articulados, no entanto, com especificidades diferentes. Pode-se afirmar que a educação, numa perspectiva epistemológica, é o objeto de estudo da Pedagogia, enquanto numa perspectiva ontológica é vista como um conjunto de práticas sociais que atuam e influenciam a vida dos sujeitos, de modo amplo, difuso e imprevisível. Por sua vez, a Pedagogia pode ser considerada como uma prática social que procura organizar/compreender/transformar as práticas sociais educativas que dão sentido e direção às práticas educacionais. Digamos que a Pedagogia impõe um filtro de significado à multiplicidade de práticas que ocorrem na vida das pessoas. A diferença é de foco, de abrangência e de significado, ou seja, a Pedagogia realiza um filtro nas influências sociais que, em totalidade, atuam sobre uma geração. Essa filtragem é estabelecida por instituições sociais com fins educativos: a família, a igreja e, mais especificamente, a escola. Pode-se dizer que a igreja ainda exerce influência pedagógica na subjetividade da estrutura pedagógica de uma sociedade. Esta filtragem, que é o mecanismo utilizado pela ação pedagógica, é na realidade um processo de regulação e, como tal, um processo educativo. Reitero, assim, o sentido de Pedagogia como prática social, oferecendo uma direção de sentido às práticas que ocorrem na sociedade, realçando seu caráter eminentemente político. Ela impõe/propõe/indica uma direção de sentido. Nessa perspectiva, processos vinculados a mídias como TV, redes sociais *on-line*, internet, passam a ter neste atual século grande influência educacional sobre as novas gerações, competindo com as escolas em desigualdade de condições. A escola e suas práticas pedagógicas têm tido dificuldades em mediar e potencializar as tecnologias da informação e comunicação. O *que/como* pode a Pedagogia mediar tais influências? Como transformá-las em processos pedagógicos numa perspectiva emancipadora? Um dos temas cruciais da Pedagogia como educar/formar mediando tantas influências educacionais nos alerta para a complexidade das práticas pedagógicas e para o já mencionado desafio posto à Didática: como trazer à escola essa multiplicidade de influências e trabalhar pedagogicamente a partir delas?

Que são, afinal, práticas pedagógicas? São práticas as que se organizam intencionalmente para atender a determinadas expectativas educacionais solicitadas/requeridas por uma dada comunidade social. Nesse sentido, elas enfrentam, em sua construção, um dilema essencial: sua representatividade e seu valor advêm de pactos sociais, de negociações e deliberações com um coletivo. Ou seja, as práticas pedagógicas se organizam e se desenvolvem por adesão, por negociação ou, ainda, por imposição. Por certo, essas formas de concretização das práticas produziram faces diferentes para a perspectiva científica da Pedagogia![1]

Em pesquisa recente (Franco, 2008a), entrevistei algumas professoras alfabetizadoras buscando compreender como organizavam suas práticas docentes em relação aos procedimentos didáticos de alfabetização infantil. Percebi nas entrevistas que a grande questão eram as práticas que mediavam o processo. Era comum afirmarem que tais práticas variavam de escola a escola e afetavam os procedimentos didáticos. Realçavam, ainda, a falta de consenso em relação à idade/

---

1. Para aprofundar essa questão, ver Franco (2001).

fase em que a criança deveria iniciar formalmente esse processo, se mais precocemente ou após os sete anos. Outras questões referiam-se a fundamentos epistemológicos do processo: trata-se de alfabetização ou letramento?[2] Cartilhas ou livros de alfabetização? Sabe-se que o letramento requer um contexto de leitura, materiais variados, círculos de conversas e diálogos. Nem sempre as professoras possuíam controle sobre esses aspectos que impactavam diretamente suas práticas.

Este exemplo mostra que uma prática pedagógica, como a de alfabetização, convive com decisões que antecedem a prática de sala de aula, tais como o enfoque epistemológico a utilizar, a existência de recursos didáticos de suporte, a escolha de métodos e procedimentos. Percebe-se, assim, que há decisões que extrapolam/transcendem a sala de aula. A escola sozinha não pode inserir o aluno no universo letrado, no contexto e no gosto pela leitura e escrita. A prática de letramento supõe um esforço familiar e social para vivência de práticas de leitura de mundo. É preciso a adesão de pais e outras instâncias da comunidade, levar em conta as influências das mídias, planejar coletivamente a cooperação entre outras disciplinas escolares. São fatores que irão, de uma forma ou outra, repercutir na ação docente. Há outras questões a serem consideradas nas práticas pedagógicas de alfabetização: como trabalhar com a criança que caminha em um ritmo diferenciado; como produzir processos de inclusão na sala de aula; como lidar com a criança desinteressada; como incluir os pais no processo, já que se sabe que a presença interessada dos pais favorece o interesse pela leitura e escrita.

Verifica-se, pois, que as práticas pedagógicas se constituem por um conjunto complexo e multifatorial. Devido ao fato de as práticas pedagógicas se "infiltrarem" na cultura de modo a assegurar sua legitimação e, também, por se aninharem em práticas já existentes, elas requerem adesão, negociação e, em alguns casos, imposição, conforme já mencionado. Por exemplo, a obrigatoriedade de encaminhar crianças à escola ocorre, na maioria dos casos, por adesão, mas ocorre,

---

2. Letrar, segundo Magda Soares (1998, 2000, 2003), é mais que alfabetizar, é ensinar a ler e escrever dentro de um contexto em que a escrita e a leitura tenham sentido e façam parte da vida do aluno.

também, por imposição. A escolha, pelos pais, de determinadas escolas em detrimento de outras deve-se a decisões deste tipo: alguns preferem colocar a criança na escola X, porque lá a alfabetização inicia-se logo depois dos 4 anos de idade; outros preferem a escola Y, onde a alfabetização é tardia em relação à anterior. Em muitos casos, trata-se de adesão a alguma proposta pedagógica, mas envolve negociações e acertos mútuos. No caso de escolas públicas, nota-se, na maioria das vezes, imposição de propostas pedagógicas, apesar das honrosas exceções, em que se trabalha com o planejamento participativo, envolvendo as famílias.

Em resumo, decisões, princípios, ideologias, estratégias de negociação e adesão são ingredientes estruturantes das práticas pedagógicas. Tais práticas precisam ser percebidas, analisadas e compreendidas na perspectiva da totalidade. Desse modo, nos processos coletivos de tomada de decisão da escola, as práticas pedagógicas precisam ser explicitadas em sua intencionalidade. Práticas pedagógicas impostas sem tais explicitações tendem a ser superficialmente absorvidas, sem adesão do grupo que as protagoniza. Esta afirmação pode ser reforçada pelos dados de outra pesquisa que realizamos (Franco, 2008b), cujo objetivo era compreender como os professores estavam significando a obrigatoriedade de não reprovação às crianças de primeiro ciclo nas escolas estaduais paulistas, quando da implantação do projeto de *progressão continuada*.[3] Constamos que as práticas pedagógicas de avaliação são práticas históricas, vinculadas a uma história profissional, que implicam relações de identidade, de poder, de autonomia. Ou seja, elas não ocorrem de pronto nas salas de aula. Elas estão vinculadas a solicitações de políticas educacionais oficiais, a delimitações das instituições de ensino, das circunstâncias onde a instituição se insere, por exemplo, se na escola pública ou privada, ao segmento social atendido, além de especificidades e circunstâncias do trabalho docente.

---

3. Progressão continuada: este regime passou a vigorar no estado de São Paulo após a Deliberação 09/97, que implantou oficialmente a progressão continuada e que a partir de 1998 foi instaurada em todas as escolas da rede estadual. A partir de então, a retenção de um aluno só acontecerá ao final dos ciclos em casos extremos de não superação dos conteúdos e de faltas acima de 25%.

A título de exemplo, uma professora deu o seguinte depoimento:

Meus alunos aprendem, gosto de trabalhar com eles, poucos deles não obtêm êxito e são reprovados. Não quero e não gosto de reprovar. Mas essa medida humilha os professores, tira de nós o ato de avaliar, sinto como uma invasão no nosso saber fazer.

A professora parece ter razão. Uma nova prática pedagógica, não suficientemente discutida com o coletivo, impõe uma mudança no modo como cada professor estava lidando com sua tarefa. Na mesma pesquisa, dizia outra professora: "Tudo seria ótimo se a escola tivesse a infraestrutura pedagógica para acompanhamento das crianças em defasagem de aprendizagem [...] Precisamos de um novo espaço/tempo pedagógico para acompanhá-las em tempo integral." Também esta professora está coberta de razão.

Há outros ingredientes da complexidade das práticas pedagógicas. Há, por exemplo, uma história das práticas, cultural e socialmente engendradas, o que produz expectativas de papel e representações sociais variadas. Há uma história da profissão, do papel social do professor, o que delimita poderes e perspectivas no exercício do ser e estar na profissão. Nesse cenário de tantas práticas e culturas aninhadas, que criam e criaram um *ethos profissional*, como mudar as práticas por imposição? Como dizer que doravante a profissão professor perderá uma instância essencial de sua atividade que é ensinar, avaliar, replanejar? Em políticas educacionais de alguns estados brasileiros, principalmente aquelas orientadas por propostas neoliberais, o deliberar sobre princípios, métodos, perspectivas e intencionalidades do processo de avaliação da aprendizagem passa a não ser mais da competência do docente, nem do coletivo dos docentes, nem das orientações das teorias pedagógicas; outros interesses, não explícitos, comandam a organização de novas práticas pedagógicas. A despeito do que acabamos de afirmar, no entanto, sabe-se, conforme realça Certeau (2001), que as práticas nunca são totalmente reflexos de imposições, elas reagem, respondem, falam e transgridem. Assim, os professores transformam suas práticas anteriores, criam artimanhas e táticas para adaptarem-se às novas circunstâncias. Neste processo, criam-se satisfações e insatisfações.

Se, como já dissemos, as práticas pedagógicas são práticas que se constroem para organizar determinadas expectativas de um grupo social, pergunto: que expectativas estão postas nas alterações impostas ao processo avaliativo[4] que ocorreu sem a adesão de professores, de pais, talvez mesmo de alunos? Pois bem, são práticas que se impõem, sem negociações, sem adesões. Continuam sendo práticas pedagógicas? Sim, porque impostas, sim, apesar da não explicitação de suas intencionalidades. Sim, produzirão alterações na cultura da prática docente, no ambiente das salas de aula, nas representações sociais do sentido de escola, do sentido de aprendizagem, do sentido das práticas de avaliação. É verdade que os professores reagirão, criarão artimanhas para conviver com a situação, mas isso não é suficiente! É preciso saber o rumo que toma essa reorganização das práticas, uma vez que, em situação de insatisfação profissional, podem-se produzir efeitos não desejáveis para a escola, para a educação das crianças. Quero realçar que esse professor, à primeira vista apático, pode ser, na realidade, um professor reagindo, criando formas e meios de fazer diferente. Pode-se acreditar que há sempre tensões entre o imposto que se institui e o vivido no cotidiano e que, neste espaço de contradição, se há desânimo, há também esperanças!

Analiso esses exemplos para comentar o caráter das práticas pedagógicas: a) adentram a cultura escolar, expandem-se na cultura social e modificam-na; b) pressupõem um coletivo composto por adesão/ negociação ou imposição; c) expressam interesses explícitos ou disfarçados; d) demonstram a qualidade dos processos educativos de uma sociedade, marcando uma intervenção nos processos educacionais mais espontaneístas, e ainda; e) as práticas pedagógicas condicionam e instituem as práticas docentes. Pode-se afirmar que as práticas docentes não se transformam de dentro das salas de aula para fora, mas, ao contrário. Pelas práticas pedagógicas, as práticas docentes podem

---

4. No programa de progressão continuada, conforme nota anterior.

ser transformadas, para melhor ou para pior. A sala de aula organiza-se pela teia de práticas pedagógicas que a envolve e com ela dialoga.

Prática docente e prática pedagógica

Uma questão recorrente que surge entre alunos ou participantes de palestras refere-se à seguinte dúvida: toda prática docente é prática pedagógica? Minha resposta é: nem sempre! A prática docente é uma prática pedagógica quando esta se insere na intencionalidade prevista para sua ação. Assim, enfatizo que um professor que sabe qual é o sentido de sua aula frente à formação do aluno, que sabe como sua aula integra e expande a formação desse aluno, que tem a consciência do significado de sua ação, esse professor tem uma atuação pedagógica diferenciada: ele dialoga com a necessidade do estudante, insiste em sua aprendizagem, acompanha seu interesse, faz questão de produzir aquele aprendizado, acredita que este aprendizado será importante para o aluno.

Investiguei durante onze anos em uma escola pública,[5] observando as salas de aula e a prática docente. Realizei muitas pesquisas-ações buscando compreender o sentido que o professor atribuía à sua prática. Posso afirmar que o professor que está imbuído de sua responsabilidade social, que se vincula ao objeto do seu trabalho, que se compromete, que se implica coletivamente ao projeto pedagógico da escola, que acredita que seu trabalho significa algo na vida dos alunos, esse professor tem uma prática docente pedagogicamente fundamentada. Ele insiste, busca, dialoga, mesmo que não tenha muitas condições institucionais para tal. Dei um nome para isto: o professor encontra-se em constante *vigilância crítica*. É um professor quase atormentado por essa vigilância. Esse professor não consegue simplesmente "dar a lição" e não mais pensar nisso. Ele está lá, testando e refletindo. Pois bem,

---

5. Ver Franco (1996).

essa é uma prática docente que elabora o sentido de prática pedagógica. É uma prática que se exerce com finalidade, com planejamento, com acompanhamento, com vigilância crítica, com responsabilidade social. Perguntam-me sempre: e onde aparece a teoria? E eu procuro demonstrar que o professor que age desta maneira tem concepções teóricas sobre seu fazer pedagógico. Ele não está nesse momento aplicando uma prática de forma mecânica e burocrática, ao contrário, está coordenando sua prática com sua teoria da aprendizagem. Essa teoria pode estar ultrapassada, equivocada? Sim, pode; no entanto, há convicção, há empenho, há coerência didática.[6]

Para corroborar esta afirmação, busco um exemplo. Estava eu em uma escola pública realizando uma pesquisa sobre a percepção de alunos e professores do sentido do pedagógico na escola, quando uma aluna do ensino médio me interrompeu e me perguntou: *esse pedagógico é o mesmo que postila?*[7] Quis saber mais e ela me deu este depoimento:

> [...] cheguei há seis meses de uma cidade pequena no interior de Minas e lá o professor não tinha "postila", ele ensinava. Aqui tenho encontrado dificuldade com as "postilas", porque quando não entendo, o professor manda eu olhar na "postila" e copiar. Eu copio e não aprendo! Lá em Minas, como não tinha "postila", o professor tinha que ensinar. Quando eu não entendia, ele explicava muitas vezes, até eu aprender. Daquele modo eu sempre fui boa aluna, mas aqui em São Paulo tem esse jeito mais moderno de ensinar e eu não consigo acompanhar!

É triste ouvir esse relato vivido pela aluna. Percebia-se seu desespero e, de outro lado, podia-se pressentir um professor que abdicou da possibilidade de intervir no processo de ensino. É como se dissesse: "se as apostilas ensinam, que assim o façam, eu me retiro da cena". Infelizmente, nos muitos lugares em nosso país em que se adotou a obrigatoriedade das apostilas, o docente parece mesmo "sair da cena".

---

6. *Ciclo Básico* no *Estado de São Paulo*, durante a gestão de Franco Montoro (1983-1987). Decreto n. 21.833, de 28 de dezembro de 1983, de São Paulo.

7. Referia-se às apostilas que os professores da rede pública de ensino estão utilizando por orientação da secretaria estadual.

Voltemos ao conceito: práticas pedagógicas são práticas sociais que se organizam para dar conta de determinadas expectativas educacionais de um grupo social. Duas questões se mostram fundamentais: articulação com as expectativas do grupo e a existência de um coletivo. Referi-me ao fato de que as práticas pedagógicas só podem ser compreendidas na perspectiva da totalidade, ou seja, as práticas pedagógicas e práticas docentes estruturam-se em relações dialéticas pautadas nas mediações entre totalidade e particularidade. Quando realço a categoria totalidade como marcante e essencial ao sentido de prática pedagógica, quero entendê-la como expressão de um dado momento/espaço histórico, permeada pelas relações de produção, relações culturais, sociais e ideológicas. Desse modo, como prática social, a prática pedagógica produz uma dinâmica social entre o dentro e o fora (*dentrofora*) da escola. Isto significa que o professor sozinho não transforma a sala de aula, que as práticas pedagógicas funcionam como espaço de diálogo: ressonância e reverberação das mediações entre sociedade e sala de aula.

A sala de aula é um espaço onde ocorrem as múltiplas determinações decorrentes da cadeia de práticas pedagógicas que a circundam. Quando se considera a necessidade de olhar essas práticas na perspectiva da totalidade, compreende-se melhor essas relações, tal como realça Lukács (1967, p. 240):

> A categoria de totalidade significa [...] de um lado, que a realidade objetiva é um todo coerente em que cada elemento está, de uma maneira ou de outra, em relação com cada elemento e, de outro lado, que essas relações formam, na própria realidade objetiva, correlações concretas, conjuntos, unidades, ligados entre si de maneiras completamente diversas, mas sempre determinadas.

Este todo é composto de partes, leis, lógicas mediadas entre si que, quando se desconectam, produzem desarticulações que prejudicam o sentido original que possuíam. Desse modo, não é da natureza das práticas docentes encontrarem-se avulsas, desconectadas de um todo, sem o fundamento das práticas pedagógicas que lhe dão sentido e direção. A prática docente avulsa, sem ligação com o todo, perde o sentido. É esta uma das razões que justifica a presença da coordenação pedagógica nas escolas, concretizada mesmo, sob forma de uma equipe de pedagogos, que tem por finalidade organizar espaços e possibilidades de conexão, de articulação, de sentido, entre a prática docente e a prática pedagógica.

No projeto político-pedagógico de uma escola, devem estar expressas as expectativas e intenções do grupo escola. Nesse projeto, amalgamam-se práticas pedagógicas circundantes; a cultura da comunidade, os conhecimentos que devem fazer parte do conhecimento escolar e, assim, surgem novas práticas que lhe darão sustentação. Tornar vivo a cada dia o projeto pedagógico é fundamental para a circulação de sentidos e envolvimento coletivo do grupo de professores e equipe pedagógica. O projeto pedagógico elaborado apenas pela equipe dirigente ou que fica só no papel de nada serve. Ele precisa expressar os anseios e as expectativas do grupo envolvido com aquela escola. Não há projeto pronto, não há práticas prontas. As práticas pedagógicas deverão se reorganizar e se recriar a cada dia para dar conta do projeto inicial que vai transmudando-se à medida que a vida, o cotidiano, a existência o invadem. Há uma "insustentável leveza" das práticas pedagógicas que permite a presença de processos que organizam comportamentos de adaptação/renovação decorrentes das transformações inexoráveis que vão surgindo nas múltiplas mediações/superações entre mundo e vida.

Em relação às práticas pedagógicas, nada do que foi continua igual, mesmo que, muitas vezes, o primeiro olhar pareça evidenciar que esteja tudo igual. No entanto, negando o empírico e adentrando a lógica da organização atual das práticas, percebe-se que há mudanças sendo gestadas em seu interior. Usando a expressão de Certeau (2001), sempre há espaço para a "liberdade gazeteira das práticas", ou seja, sempre há espaço para invenções no e do cotidiano, e essa porosidade das práticas proporciona múltiplas reapropriações de seu enredo e de seu contexto. Para conhecer o sentido das práticas é preciso adentrar no seu âmago, e esse âmago precisa ser buscado nos diálogos com as representações elaboradas de cada sujeito. As práticas não mudam por decreto (Franco 2008a, 2010), só mudarão quando seus usuários assim o considerarem. Conhecer as práticas, considerá-las em sua situacionalidade e dinâmica, é o papel da Pedagogia como ciência, ou seja, compreender as práticas educativas; compreendê-las nesse movimento oscilante, contraditório e renovador.

Acredito na importância da atividade pedagógica oferecendo direção de sentido proporcionada pelos conhecimentos e saberes da Pedagogia. As práticas, como vimos, são suficientemente anárquicas, elas caminham para além do planejado, assim, considero a necessidade de sínteses provisórias que vão sendo elaboradas pelo olhar pedagógico, bem como pondero como fundamental aos processos de ensino uma direção de sentido, direção emancipatória e crítica. Por entre a porosidade das práticas e a vigilância crítica da Pedagogia, constitui-se um campo tensional por onde circula a educação. É nessa tensão que o novo pode emergir, mas, como afirmava Paulo Freire, se nós não inventarmos o novo, esse novo se fará de qualquer modo. Acredito na necessidade da direção de sentido, a partir do coletivo, produzindo o desenvolvimento de consciências, discursos e atos que busquem uma nova direção às práticas referendadas, direção que é emancipatória, crítica e inclusiva.

A Pedagogia e as práticas pedagógicas

A ausência dos fundamentos pedagógicos tecendo as práticas educativas foi gradativamente produzindo um distanciamento entre o educativo e o pedagógico (Franco, 2003). Nessa direção, as práticas foram adquirindo uma forma estruturada, engessada, distanciando-se de seu sentido original. Essas práticas transformaram-se em rituais, em técnicas de fazer, e retirou-se delas sua especificidade de fazer-se e refazer-se pela interpretação dos sujeitos nelas envolvidos. Temos visto escolas mortas, sem alma, atividades sem sentido e sem criatividade.

Sabe-se que, historicamente, a Pedagogia foi teorizada por diferentes óticas científicas, resultando numa multiplicidade de abordagens conceituais e, às vezes, levando a configurações reducionistas de sua especificidade e de sua possibilidade como ciência da educação. Essa situação foi, gradativamente, produzindo um emaranhado epistemológico em relação à construção do conhecimento pedagógico, descaracterizando seu *status* de ciência da educação, negando-o como base científica fundamentadora da práxis educativa (Franco, 2001). Com isso, cresceu a tendência de se retirar a pedagogia de cena, de desprestigiar o protagonismo dos pedagogos. Em lugar deles, foram se instalando os tecnólogos da prática, que foram, aos poucos, reduzindo a educação à mera instrução, a formação docente em treinamento de habilidades, os professores em "executores". A invasão da lógica "capitalística" na educação tem retirado da prática o elemento artesanal, criativo, crítico, que é imanente à prática pedagógica. Tais representações e o crescimento desses significados, além das representações das finalidades e exigências da educação, que a supervalorizam por resultados, a avaliação por testes, subestimando a atividade do professor e do aluno e rejeitando valores educativos, apequenaram e alteraram a identidade da Pedagogia. Forçou-a a distanciar-se de seus ideais político-transformadores, encerrando-a nas salas de aula, onde seu papel passa a ser apenas o de racionalizar ações para qualificar a eficiência do ensino, na perspectiva instrumental. Assim, como enfatiza Libâneo (1998, p. 126), a formação pedagógica vai significando, cada vez mais, a preparação "técnica" do professor e, cada vez menos, o campo de investigação sistemática da realidade educativa.

Nessa direção, Bezerra e Paz da Silva (2006), ao analisarem o esvaziamento do sentido de prática pedagógica, comentam:

> O trabalho pedagógico tem, imanente a si, momentos de plena liberdade que nenhuma forma de trabalho possui. São momentos do pensar concentrado, quando tomamos consciência daquilo que queremos conhecer. A questão é que não se pode, capitalisticamente, definir um tempo para o pensamento conhecer. O tempo dedicado ao conhecimento é objetivamente aberto e contíguo, não se pode marcar horário para ele acontecer, como se marca o tempo em uma análise de psicanálise. É no tempo do trabalho pedagógico dedicado à laboralidade do conhecimento que se multiplicam e intensificam as intuições

e as ideias, que não pode ser racionalmente controlado. Esse é realmente o tempo de criatividade intelectual mais intenso.

Deve-se pensar também que a formação de professores não se efetua no vazio, devendo estar vinculada a uma intencionalidade, a uma política, a uma epistemologia, a pesquisas aprofundadas dos saberes pedagógicos. A formação de professores desvinculada de um projeto político só pode caracterizar uma concepção extremamente pragmatista, reprodutivista, tecnicista da ação docente. O distanciamento das esferas pedagógica e educativa reforça a concepção de que a prática docente se realiza na eficiente reprodução de ações mecânicas, pouco refletidas, e assim pode ser considerada como uma tarefa simples, que pode ser construída com poucos recursos.

Nós todos, educadores, professores, pedagogos, percebemos o quanto está sendo difícil ao mundo educacional concretizar ações de transformação da prática escolar, pois sabemos que faltam nas escolas o *espaçotempo* pedagógico que possa dar suporte ao coletivo docente. Portanto, tentar buscar reinterpretações de práticas, ampliando o espaço de construção pedagógica, é mais que questão acadêmica, é buscar as estratégias de sobrevivência social/profissional que fundamentarão a possibilidade e esperança da profissão pedagógica e a valorização da profissão magistério.

Precisamos incorporar a vida à escola. Vida é dinamismo, dialética, contradições e tensões. A Pedagogia e a Didática têm pela frente o desafio de descongelar a escola de suas práticas ultrapassadas e oferecer espaços para a construção coletiva de novas vivências, conhecimentos e saberes.

A prática educativa, a prática pedagógica e a prática docente

Parece haver um consenso social de que a educação deve ser o instrumento por excelência da humanização dos homens em sua con-

TEMAS DE PEDAGOGIA

vivência social, uma vez que os sujeitos, imersos em sua prática e impregnados das diversas influências educacionais, estão constantemente participando, interagindo, intervindo no seu próprio contexto cultural, requalificando a civilização, para condições que deveriam ser cada vez mais emancipatórias e humanizantes. Como realça Charlot (2005, p. 38):

> O sujeito se constrói pela apropriação de um patrimônio humano, pela mediação do outro, e a história do sujeito é também a das formas de atividade e de tipos de objetos suscetíveis de satisfazerem o desejo, de produzirem prazer, de fazerem sentido.

O pedagógico é, neste sentido, um elemento relacional entre os sujeitos, portanto, o pedagógico é uma construção coletiva, não existe *a priori*, não existe senão na *dialogicidade* dos sujeitos da educação, conforme a visão de Freire. Percebe-se facilmente que o potencial educacional de uma sociedade pode ou não ser uma influência educativa. Dependerá de como tais ações e práticas se organizam com os projetos sociais de formação, de humanização dos sujeitos.

Quando as intencionalidades de uma prática social estão explicitadas, elas podem permitir a inteligibilidade dessas práticas e tornarem-se assim práticas educativas, que ocorrem por certo e inexoravelmente dentro e fora da escola. Essas práticas sociais só se tornarão educativas pela explicitação/compreensão/conscientização de seus objetivos, tarefa da investigação científica na educação.

Portanto, a prática pedagógica realiza-se através de sua ação científica sobre a práxis educativa, visando compreendê-la, torná-la explícita a seus protagonistas, transformá-la, através de um processo de conscientização de seus participantes, dar-lhes suporte teórico; teorizar com os atores, buscar encontrar em sua ação o conteúdo não expresso de suas práticas. Como enfatiza Veiga (1992, p. 117):

> Na sala de aula, o professor faz o que sabe, o que sente e se posiciona quanto à concepção de sociedade, de homem, de educação, de escola, de aluno e de seu próprio papel. [...] é na sala de aula que o professor cria e recria as possibilidades

de sua prática docente, toma decisões, revê seus procedimentos, avalia o que fez.

Ou seja, o professor, ao construir sua prática pedagógica, está em contínuo processo de diálogo com o que faz, por que faz e como deve fazer. É quase intuitivo esse movimento de olhar, avaliar, refazer. Construir e desconstruir; começar de novo; acompanhar e buscar novos meios e possibilidades. Essa dinâmica é o que faz da prática uma prática pedagógica.

Vejo em minha vivência de pesquisadora muitos professores fechando os olhos para sua prática, evitando refletir, negando-se ao diálogo. Tenho observado que são formas de resistir ao impacto de orientações externas, excessivamente prescritivas, que buscam impor formas de fazer, invadindo o saber fazer próprio do docente. Será justa esta intervenção? Onde ficam os sujeitos da prática, isto é, os professores?

Considerações finais

O que, como e para que ensinar? São questões que mobilizam os pesquisadores das áreas de Currículo e de Didática. As escolas são *espaçostempos* múltiplos, multirreferenciais, complexos e dinâmicos. Nas salas de aula, convergem práticas organizadas por diversas lógicas, por diferentes sujeitos. Caberá à Didática, auxiliada pelos estudos curriculares, considerar e receber as múltiplas influências e determinações que estão presentes na escola e dar-lhes organização e leitura crítica, uma vez que, como já realcei, as práticas do mundo da vida são maravilhosamente anárquicas, devem entrar e colorir a escola, os espaços de aprendizagem. No entanto, é preciso organizá-las para bem conviver, afastando o *laissez-faire* pedagógico...

Caberá à Didática adentrar numa realidade complexa, superar sua tradição normativa e renovar-se com as cores do novo mundo. É preciso que haja espaço para que as diferentes culturas sintam-se acolhidas e trabalhadas didaticamente; é preciso que as diferentes classes sociais e culturais sintam-se incluídas, percebendo respeitadas suas diferenças. Será preciso que os distintos *timings* de aprender sejam respeitados e valorizados. Precisamos construir uma Didática que, através de sua prática, crie espaços para a negociação cultural, enfrentando os desafios da assimetria, e que caminhe na direção de um projeto em que as diferenças estejam contínua e dialeticamente articuladas. Como afirma Candau (2009, p. 60):

> Esta perspectiva ainda está em gestação de forma muito tímida e frágil, e os desafios para processos educativos são muitos, mas acredito que é possível caminhar nesta direção, fazendo do diálogo intercultural um eixo fundamental para reinventarmos a escola e construir permanentemente saberes, valores e práticas compartilhadas pelos diferentes grupos socioculturais presentes numa sociedade determinada..

Isso tudo é novo para a escola, para a Didática e para os professores. Mas é o grande desafio que toda sociedade precisa cumprir, ao menos em parte, o sonho de Comênio: ensinar tudo a todos e caminhar um pouco mais na direção de criar perspectivas para *ensinaraprenderensinar* com todos, em processos cada vez mais emancipatórios e inclusivos.

Referências bibliográficas

BEZERRA, Ciro; PAZ DA SILVA, Sandra Regina. *Mercadorização e precarização do trabalho docente*: contradições. In: SEMINÁRIO DA REDESTRADO — REGULAÇÃO EDUCACIONAL E TRABALHO DOCENTE, 6., UERJ, Rio de Janeiro, 2006. Retirado de texto disponível em: <www.fae.ufmg.br/.../trabalhos/.../mercadorizacao_precarizacao.doc>. Acesso em: 20 mar. 2011.

CANDAU, Vera (Org.). *Didática*: questões contemporâneas. Rio de Janeiro: Forma e ação, 2009.

CARVALHO, Márcia Cavalchi de. *A prática docente do professor de matemática e o sistema apostilado de ensino do estado de São Paulo*, 2011. Dissertação (Mestrado) — Universidade Católica de Santos, Santos. (Mimeo.)

CERTEAU, Michel de. *A invenção do cotidiano*: artes de fazer. Petrópolis: Vozes, 2001. [Originalmente publicado em língua francesa em 1980.]

CHARLOT, Bernard. *Relação com o saber, formação de professores e globalização*: questões para a educação hoje. Porto Alegre: Artmed, 2005.

DELEUZE, Gilles. *Diferença e repetição*. Trad. de Luiz Orlandi e Roberto Machado. Rio de Janeiro: Graal, 2006.

FRANCO, Maria Amélia Santoro. *Nas trilhas e tramas de uma escola pública*, 1996. Dissertação (Mestrado) — Pontifícia Universidade Católica, São Paulo.

_____. *A pedagogia como ciência da educação*: entre epistemologia e prática, 2001. Tese (Doutoramento) — Universidade de São Paulo, São Paulo.

_____. *Pedagogia como ciência da educação*. Campinas: Papirus, 2003.

_____. Entre a lógica da formação e a lógica das práticas: a mediação dos saberes pedagógicos. *Educação e Pesquisa (USP)*, v. 34, p. 109-126, 2008.

_____. Trabalho docente e políticas públicas. Trabalho encomendado. *ANPEd*, GT-08. Caxambu.2008b.

_____. Pesquisa-ação: a produção partilhada de conhecimento. *Unopar Científica*, Ciências Humanas e Educação, v. 11, p. 15-30, 2010.

LIBÂNEO, José C. *Pedagogia e pedagogos para quê?* São Paulo: Cortez. 1998.

LUKÁCS, György. *Existencialismo ou marxismo*. São Paulo: Senzala, 1967.

SOARES, Magda Becker. Alfabetização: a ressignificação do conceito. *Alfabetização e Cidadania*, n. 16, p. 9-17, jul. 2003.

_____. *Letramento*: um tema em três gêneros. Belo Horizonte: Autêntica, 1998.

_____; MACIEL, Francisca. *Alfabetização*. Brasília: MEC/Inep/Comped, 2000 (Série Estado do Conhecimento.)

VEIGA, Ilma Passos Alencastro. *A prática pedagógica do professor de didática*. 2. ed. Campinas: Papirus, 1992.

CAPÍTULO 8

Práticas pedagógicas nas múltiplas redes educativas que atravessam os Currículos

Janete Magalhães Carvalho

Introdução

A discussão proposta neste texto enfoca três dimensões relacionadas entre si e, num primeiro momento, apresenta a questão dos **Currículos em sua relação com as redes sociais** em sua potência singular. Aborda, desse modo, a necessidade de superação do não lugar ocupado pelo coletivo como massa passiva, em direção à potencialização do comum como conjunto de singularidades cooperantes, de inteligência coletiva e de trabalho biopolítico imerso em redes de sociabilidades múltiplas, nas quais se inserem os Currículos.

Em um segundo momento, sobrevoamos a dimensão das **redes sociais na constituição dos Currículos**. Nesse sentido, inter-relacionamos os conceitos de Currículos e redes sociais em sua constituição enredada nos múltiplos contextos cotidianos, compreendendo que tais redes sociais e/ou sociotécnicas, em seus modos de circulação, consumo e uso, produzem informações, linguagens e afetos/afecções que potencializam, ou não, os Currículos em redes.

No terceiro escrito, ao enfocarmos o campo dos possíveis da **produção dos Currículos em redes**, apresentamos a concepção de Currículos como redes de conversações e ações complexas que, envolvendo outra racionalidade, voltam-se para a potência da ação coletiva, da solidariedade, da vida. Trabalhando algumas dimensões de possíveis para essa "nova" racionalidade, pontuamos, pela constituição de redes de inteligência coletiva, a necessidade de produção de Currículos como: corpo político; enredamento de múltiplos contextos articulados entre si; processos rizomáticos voltados para o exercício de práticas pedagógicas não dogmáticas

Algumas questões que atravessaram o texto foram: como dar visibilidade às forças que produzem a potência do coletivo na elaboração dos Currículos? Como é pensada a questão do não lugar ocupado pelos professores, alunos e comunidade no processo de produção curricular? Outra racionalidade se coloca dentro os possíveis de os Currículos se manifestarem como corpo político? O que envolveria essa "nova" racionalidade?

Currículos e redes sociais

Entendendo que os Currículos envolvem, além dos documentos emanados dos órgãos planejadores e gestores da educação, os documentos das escolas, os projetos, os planos, os livros didáticos, ou seja, tudo que atravessa as *praticasteorias*[1] escolares, compreende-se que os Currículos se constituem por tudo aquilo que é vivido, sentido, praticado no âmbito escolar e para além dele, colocado na forma de documentos escritos, conversações, sentimentos e ações concretas vividas/realizadas pelos praticantes do cotidiano. Cabe destacar que o Currículo formal, o operacional e o efetivamente praticado são dimensões

---

1. Forma de escrita aprendida com Nilda Alves, engendrando novas palavras, com sentido de superar as dicotomias herdadas do discurso hegemônico da modernidade, potencializando outros tantos sentidos e significações.

ou diferentes faces do mesmo fenômeno — os Currículos em sua relação com a realidade sociopolítica, econômica e cultural mais ampla (Carvalho, 2009).

Por sua vez, o conceito de redes sociais não está, necessariamente, ligado a computadores, e sim às conexões entre as pessoas. Desde o século XIX, grande parte do esforço científico tem sido aplicada no desenvolvimento de meios de translação e comunicação, ou seja, em novas formas de conectar pessoas. Carros, aviões, rádio e televisão encurtam a distância entre os seres humanos e, ao mesmo tempo, se constituem em poderosos instrumentos estratégicos pelos quais circulam ideias e modos de vida. Esse processo de ligar pessoas, ideias, modos de vida e produção social é chamado de era da conexão e/ou da sociedade de comunicação.

Entretanto, a sociedade sempre funcionou em rede. Aliás, sociedade e rede são conceitos indissociáveis. Os seres humanos vêm se organizando em redes colaborativas desde o começo dos tempos. Há muito que tal tipo de organização permite que sejamos capazes de transformar o mundo ao nosso redor, criando conhecimento e cultura de maneira coletiva. Não há sociedade se não houver redes: de amigos, de famílias, de comércios, de conhecimentos, de afetos etc., conectados por algum fator que combina os anseios, interesses e desejos das pessoas e coletivos.

Entender a sociedade como redes ligadas por desejos levanta o problema de sua constituição. Opondo ao conceito de massa o de multidão, Negri (2005) pontua que, quando falamos de multidão, referimo-nos a um conjunto, mais do que a uma soma de singularidades cooperantes. Para ele, a multidão pode ser definida como o conjunto de singularidades cooperadoras que se apresentam como uma rede, uma *network*, um conjunto que define as singularidades em suas relações umas com as outras, portanto, distintas da massa passiva e amorfa, visto que, na singularidade, o homem vive na relação com o outro e se define na relação com o outro. Sem o outro, ele não existe em si mesmo.

É a partir da singularidade que se explica o comum. Buscar o comum não significa buscar realidades pressupostas. Ao considerarmos o mundo como feito de singularidades que consistem em relações e, portanto, existem na medida em que estão em relações, aumentamos nossa capacidade de ação em redes que se convertam em reais e produtivas, nas quais a relação entre singularidade e cooperação se torna fundamental.

Desse modo, a concepção de multidão deve ser compreendida não como simples reunião de muitas individualidades. A multidão é um monstro revolucionário das singularidades não representáveis; parte da ideia de que qualquer corpo já é uma multidão e, por conseguinte, contém em si a expressão e a cooperação. A multidão é ela própria uma potência maior e diversa que a potência de cada corpo que entra em sua composição, envolvendo a ideia de inteligência coletiva (Hardt e Negri, 2005b).

A noção de inteligência coletiva refere-se à ideia de "potência de ação coletiva" dos grupos, dependendo, fundamentalmente, da capacidade de indivíduos e grupos interagirem e, dessa forma, produzirem, trocarem e utilizarem conhecimentos, linguagens e afetos/afecções por meio de conversações e ações organizadas a partir da formação de redes cooperativas de produção de subjetividades em redes de solidariedade (Hardt e Negri, 2005b).

A subjetividade é engendrada, produzida, pelas redes e campos de força social. O que importa destacar aqui é a constituição de complexos de subjetivação — indivíduo-grupo-máquina-trocas múltiplos — que oferecem à pessoa possibilidades diversificadas de recompor uma corporeidade existencial. De fato, máquinas infocomunicacionais estariam engendrando profundas transformações nos dispositivos de produção das subjetividades. Vivemos um tempo de mudanças em que as relações são paradoxais. A mistura, a miscigenação cultural, resulta num processo de enriquecimento e empobrecimento, singularização e massificação, desterritorialização e reterritorialização, potencialização e despotencialização da subjetividade em todas as dimensões (Parente, 2004).

Nesse contexto, podemos perceber que, na atualidade, a realidade do aqui e agora se encontra imersa nas tramas de uma temporali-

TEMAS DE PEDAGOGIA

dade "maquínica", multitemporal, na qual percebemos a "desconte neirização" não só do tempo, mas também do espaço, do ser e do conhecimento. Serres (1998) diz que o tempo funciona como um filtro, que ora faz passar, ora impede a passagem. É dessa forma que as tecnologias remetem ao duplo movimento de aceleração e desaceleração, inovação e tradição, desterritorialização e territorialização. A contemporaneidade se caracteriza cada vez mais por uma cultura remixada, misturada e miscigenada, que exige não mais ignorar o estar-com-os-outros. Não se podem ignorar as relações em rede.

Para Serres (1998), a relação de mistura e conexão que a rede forma cria um espaço diferente, uma pantopia, uma reconfiguração do espaço com todos os lugares num só lugar e cada lugar em todos os lugares. É o que Foucault (2006) define como uma heterotopia, ou seja, diversos agrupamentos dos diferentes tempos e espaços podendo ocupar um não lugar.

O espaço, segundo Foucault (2006), passa a ser definido pelas relações de vizinhança entre pontos e elementos e forma séries, tramas, grafos, diagramas, redes. Sendo assim, os movimentos singulares e cooperativos em direção à constituição do comum, procurando superar o processo de individualização das referências inserido em agenciamentos coletivos de enunciação, envolvem a busca dos movimentos de singularização e potenciação do coletivo, visto que

> [...] nenhuma subjetividade está do lado de fora e todos os lugares foram agrupados num não lugar geral [...]. Quando dizemos que a teoria política precisa tratar da ontologia, queremos dizer em primeiro lugar que a política não pode ser construída de fora para dentro. Política é campo de pura imanência (Hardt e Negri, 2005a, p. 376).

Desse modo, entendemos por virtual o conjunto de poderes para agir (ser, amar, transformar, criar) que reside na constituição de redes na multidão. Considerando que o conjunto virtual de poderes da multidão é construído por lutas e consolidado em desejo, torna-se necessário investigar como o virtual pode exercer pressão nas bordas do possível e, assim, produzir o comum. "A passagem do virtual através do possível para o real é o ato fundamental de criação. O trabalho ativo, que constrói a passagem do virtual para o real, é o veículo da possibilidade" (Hardt e Negri, 2005a, p. 379).

Nessa perspectiva, apontamos para a dificuldade da constituição do coletivo escolar e, nesse sentido, a relevância de esse coletivo se constituir como comunidade compartilhada (Carvalho, 2007-2010), visto que as tentativas de incremento dos processos de formação dos coletivos escolares têm esbarrado na questão da excessiva individualização do trabalho docente e discente que aparece não conectado ao coletivo no qual se inscreve.

Hoje, na atualidade, o trabalho é, de imediato, uma força social animada pelos poderes do conhecimento, do afeto, da informação e da linguagem na formação de redes singulares e cooperativas de todo tipo.

Biopolítico foi o termo forjado por Foucault para designar uma das modalidades de exercício do poder sobre a população como massa global. Hardt e Negri (2005a) propõem uma pequena inversão conceitual. Biopolítica deixa de ser a perspectiva do poder sobre o corpo da população e suas condições de reprodução da vida. A própria noção de vida deixa de ser definida apenas em termos dos processos biológicos que afetam a população. Nesse sentido, os autores argumentam:

> É preciso insistir sobre o fato que a atividade implicada no trabalho imaterial permanece, ela mesma, material — ela engaja nosso corpo e nosso cérebro, como todo trabalho. O que é imaterial é seu produto. E, desse ponto de vista, nós admitimos que a expressão 'trabalho imaterial' é bastante ambígua. Talvez, por isso, seja preferível falar de 'trabalho biopolítico', isto é, um trabalho que cria não somente bens materiais, mas também relações e, em última instância, a própria vida social (Hardt e Negri, 2005a, p. 381).

Sendo assim, vida significa afeto, inteligência, desejo e cooperação. Vida que é regulada, ordenada de alguma forma por uma espécie de imersão em um fluxo contínuo que Negri (2005) denomina de biopolítico. Isso porque implica efetivamente a vida, envolve formas de vida que são consequentes umas às outras, que estão ligadas umas às outras, porque o cultural, o social e o político entram como elementos absolutamente fundamentais na vida de cada pessoa em redes de sociabilidade múltiplas, atravessadas e singulares, nas quais se insere a produção dos Currículos.

As redes de produção do Currículo

Qualquer Currículo representa aspirações, táticas e estratégias em sua relação com os conflitos e afetos vivenciados em seu entorno. A escola expressa uma história coletiva anunciada nas medidas do *espaçotempo* que se reflete em sua geografia e que possibilita, ainda, considerar a articulação do espaço escolar como análogo às estruturas das redes sociais. Compostas por nós (pessoas), elos (relações) e por princípios organizadores, as redes são dinâmicas e complexas, formadas por pessoas e grupos, interligadas de forma horizontal e predominantemente descentralizadas (Duarte, Quandt e Souza, 2008).

Inter-relacionando os conceitos de Currículo e de redes sociais, compreende-se que as forças que geram o movimento estão entrelaçadas na teia da diferença social, histórica, econômica e cultural dos vários elos que a regem e da necessidade de troca de informações, linguagens, afetos e afecções entre os diferentes tipos de nós. Desse modo, concebem-se os Currículos como atravessados, entrelaçados por múltiplos outros contextos cotidianos.

De acordo com Alves (2010), não há, nas pesquisas com os cotidianos, a compreensão de que existam "práticas e políticas", assim como "teorias e práticas", visto a compreensão de que as políticas são práticas, ou seja, são ações de determinados grupos políticos sobre determinadas questões com a finalidade explicitada de mudar algo existente em algum campo de expressão humana. Ou seja, as políticas são, necessariamente, práticas coletivas dentro de um campo qualquer no qual há, sempre, lutas de posições diferentes e mesmo contrárias.

Dessa maneira, os grupos não dominantes, em suas ações, produzem políticas que, muitas vezes, não são visíveis aos que analisam "as políticas" porque foram formados para enxergar, exclusivamente, a perspectiva que é dominante e/ou que atende aos interesses dominantes como "dispositivos" que dirigem como imagem especular o ver, o falar e o julgar.

Desse modo, as existência de múltiplas redes educativas que, em contextos diferenciados, vão nos proporcionando complexas compreensões do mundo, dos seres humanos, de ações a serem desenvolvidas, precisam ser compreendidas em suas particularidades, ao mesmo tempo que devem ser vistas nas múltiplas relações que estabelecem umas com as outras.

Nesse sentido, Alves (2010, p. 55) pontua que existe uma complexa articulação entre os múltiplos contextos que atravessam as *praticasteorias* pedagógicas e, consequentemente, as *praticasteorias* curriculares, indicando os seguintes contextos: o das *praticasteorias* da formação acadêmica; o das *praticasteorias* pedagógicas cotidianas; o das *praticasteorias* das políticas de governo; o das *praticasteorias* coletivas dos movimentos sociais; o das *praticasteorias* das pesquisas em educação; o das *praticasteorias* de produção e "usos" de mídias; o das *praticasteorias* de vivências nas cidades. Lembra a autora: "[...] que mais do que *espaçostempos* fechados em si, estes contextos são sempre — mesmo quando achamos que não são —, articulados uns aos outros, embora de modo desigual [...], e se inter-influenciando, permanentemente", pois estão conectados em redes de saberes, fazeres e poderes.

Desse modo, concebe-se o Currículo escolar como atravessado, entrelaçado por múltiplos outros contextos cotidianos. A escola depende dos fluxos das relações da ordem próxima e da distante para propulsionar seu crescimento. A ordem próxima compõe as relações de imediatice, as vinculações diretas entre as pessoas e os grupos mais ou menos organizados e desses grupos entre si, enquanto a ordem distante é regida por instituições poderosas, por um código jurídico, formalizado, ou não, por conjuntos significantes, concebidos no interior das formações discursivas e das instituições.

Nessa direção, deve-se buscar cartografar como essa rede contém, em sua dinâmica de formação e de incremento e em suas práticas discursivas de produção e de relacionamento, as marcas das significações com outras e múltiplas redes de sociabilidade, ou seja, o entrelaçamento de múltiplos cotidianos: de um cotidiano das relações afetivas e familiares atado às institucionais de vários portes: comerciais, políticos, educacionais, religiosos, de lazer etc., envolvendo as relações socioeconômicas, culturais e institucionais.

Assim, na produção do Currículo no cotidiano escolar, estamos imbricados com o mundo, com as pessoas, com o que nos acontece. A rede sociotécnica de grande complexidade é composta da riqueza dos nossos sentidos e faculdades, como também dos objetos, suportes, dispositivos e tecnologias. O importante é pensar não na tecnologia em si, como prótese ou extensão, mas como um processo contínuo de delegação e distribuição das atividades cognitivas, linguísticas e afetivas que formam uma rede com os diversos "dispositivos" não humanos. Em outras palavras, uma rede de aprendizado, de circulação da informação, da linguagem e dos afetos, que permite resolver de forma *praticoteórica* o problema da presença e da ausência em um lugar. Essa rede estabelece uma interação material e imaterial entre o centro e a periferia. Importa, entretanto, considerar que, pela circulação da informação, novas linguagens, afetos e afecções estabelecem "zonas de comunidade", isto é, a descoberta daquilo que nos outros corpos convém ao nosso. Aquilo que nos afeta, que nos é relevante, de modo a constituirmos, em relação, nossas "zonas de singularidade".

Assim, as ordens que a cidade transmite, na forma de significações, das simultaneidades e dos encontros, também atravessam a escola em suas redes de sociabilidade, obrigando os seus habitantes a reinventar suas tradições e a desvelar a realidade edificada, mantendo-a como espaço de troca e de materialização da vida humana. Nesse processo de reconstrução em outras bases sociais, culturais, afetivas etc., os habitantes dos *espaçostempos* escolares esquadrinharam, na experiência e no tácito da economia do saber, a refundação de sua trajetória.

Ao abordar a questão dos Currículos no cotidiano escolar, procuramos enfocar a dimensão das práticas pedagógicas voltadas para a potencialização de redes de sociabilidade singulares e de cooperação para a produção curricular num coletivo tecido em rede. Assim, apontamos a potência da concepção de Currículo como redes de conversações e ações que criam novas formas de comunidade, o que implica assumir a ideia de "potência de ação coletiva". Nesse sentido, tomamos como hipótese principal que essa "potência" depende fundamentalmente da capacidade de indivíduos e grupos se colocarem em relação, gerando, então, o agenciamento de formas-forças comunitárias, com vista a melhorar os processos de aprendizagem e criação nas coletividades locais, bem como no interior de redes cooperativas de todo tipo, ou seja, debater os possíveis dos Currículos vividos a partir dos conhecimentos, linguagens, afetos e afecções que estão em circulação nas práticas discursivas, em redes de conversações e ações complexas no cotidiano escolar (Carvalho, 2009).

Desse modo, ao focarmos as práticas pedagógicas no cotidiano escolar, entendemos que elas estão inseridas em todo um esforço coletivo, envolvendo a participação de múltiplos agentes sociais que, direta ou indiretamente, contribuem para a melhoria das condições de vida de pessoas e populações. Compreendemos, assim, também, que a dimensão política se efetiva pelos fluxos de conhecimentos, linguagens e afetos, enfim, em redes de trabalho informativo, linguístico e afetivo que ocorrem buscando a emergência de outra concepção de público, de coletivo e de Currículo.

Mesmo focando nosso trabalho no cotidiano escolar e no Currículo vivido, ressaltamos que ele deve ser visualizado como um elemento integrado a todas as redes mais amplas de trabalho social que se enredam com os processos de produção de subjetividades na sociedade capitalista.

Nesse sentido, buscamos uma aproximação da "materialidade" constitutiva da lógica das redes de conhecimentos, linguagens, afetos/afecções que se enredam no cotidiano escolar, reconhecendo e defendendo a natureza eminentemente micropolítica e conversacional do trabalho em educação na constituição desse cotidiano escolar, em seus efeitos sobre a produção do Currículo como redes de conversações e ações complexas.

TEMAS DE PEDAGOGIA

Portanto, consideramos que o Currículo escolar, como redes de conversações e ações complexas, busca os possíveis da sua constituição, fundado nas dimensões da conversação e da ação para a recriação de saberes, fazeres e afetos da/na/com a escola, constituindo redes de "inteligência coletiva".

Partimos, desse modo, do pressuposto de que a constituição de Currículos compartilhados pode estar na origem de uma nova racionalidade, assim como do desejo de que essa constituição possa avançar à medida que, pela linguagem, pelo conhecimento, pelos afetos e afecções, se introduzam experimentações e exercícios de solidariedade cada vez mais vastos.

Cumpre considerar que, num Currículo como processo de conversação e ação complexa, o conhecimento acadêmico, a subjetividade e a sociedade estão inextricavelmente unidos. É essa ligação, essa promessa de educação para as nossas vidas privadas e públicas, que a Teoria do Currículo deve elaborar, persistindo na causa da educação pública como propriedade comum, para que um dia as escolas possam trabalhar a diferença e afastar a exclusão e a desconexão. Quando assim fizermos, as escolas não serão mais fábricas de competência e de conhecimento, nem negócios acadêmicos, mas escolas: locais de educação para a criatividade, a erudição, a intelectualidade interdisciplinar, os saberes transversais, a comunicação, a afetividade cooperativa, a forma de afetar e ser afetado na produção de cooperação para o trabalho coletivo.

É nesse desejo social da coletividade definida como um corpo político que se inscreve a perspectiva do Currículo como conversação e ação complexa conectada a uma produção de subjetividade inventiva/criativa.

Esse corpo político se manifestaria em uma ação problematizada pela conversação, meio potencial agenciador de outras práticas. As conversações, nesse sentido, remetem a novos questionamentos das situações vividas e, dentro das situações, potencializam, pela criação e experimentação, a possibilidade do singular.

No cotidiano escolar, professores e alunos, como qualquer dos cidadãos de uma comunidade, estão inseridos em uma formação sociocultural que eles engendram, mas são, também, por ela engendrados. Sendo assim, a perspectiva é processual, visto não ser possível o estabelecimento de nenhum consenso sobre o que venha a ser o "Currículo ideal". Na relação é que a dimensão política do pedagógico será estabelecida. Relação essa que se processará não apenas entre conhecimentos, linguagens, afetos, afecções e os entes educativos inseridos no cotidiano escolar, pois atravessará outros entes e instâncias com os quais os Currículos vividos estabelecerão conexões e ações.

A produção dos Currículos em redes

Alves (2010) argumenta, nesse sentido, que o "sentimento" de estar, viver e sentir em sociedade, em múltiplos contextos enredados entre si, cria condições de compreender o quanto tais contextos atuam nas práticas pedagógicas, visto que os praticantes incorporam "paisagens" diferenciadas e se relacionam com diferentes outros praticantes oriundos de múltiplas "comunidades". A autora contesta o pressuposto incorporado no pensamento pedagógico do mundo ocidental de que os muros das escolas eram sólidos, sendo necessário, pois, "abrir os muros da escola" ou "ver por detrás dos muros da escola", partindo de pressuposto inverso, ou seja, de que, na compreensão das redes de conhecimentos e significações em que vivemos, os muros não mais existem, pois, ao entrarmos todos nos *espaçostempos* escolares, como aliás em todas as redes educativas, nós o fazemos tendo "encarnados" em nós todos os conhecimentos e significações que incorporamos em nossas redes de viver, fazer e sentir.

Vivemos em tempo de efetiva conexão entre populações e contextos interpenetrados entre si. A prática pedagógica nesses *espaçostempos* está direta e indiretamente conectada com as redes sociais de todo tipo, que se expandem de modo flexível e rizomaticamente, em contraposição ao modelo arbóreo do Currículo e das práticas fechadas dentro dos muros da escola. Paradoxalmente, entretanto, verifica-se, nas escolas e para além delas, uma aposta na transcendência de conteúdos curriculares tomados como "verdades universais".

Educadores há que, pela divisão e especialização que detectam no mundo do trabalho, defendem Currículos arbóreos, segmentares e progressivistas. Alves (2010) lembra, a esse respeito, a influência que teve sobre o sistema escolar brasileiro o modelo de escola capitalista napoleônica, dispondo como núcleo central disciplinas como: língua materna, matemática, ciências (biológicas, físicas e geográficas) e preparo físico, que serviriam para "educar" os quadros médios e superiores para as empresas e para as guerras "necessárias" às conquistas capitalistas. As disciplinas relacionadas com as condições de nosso viver, ser e sentir cotidianos: as artes, a história, as que dizem como se processam as relações humanas, são situadas perifericamente, como de menor importância. Operou-se, assim, uma grande divisão baseada na lógica cartesiana associada aos interesses capitalistas na relação entre os pilares do poder e mercado, com disciplinas hierarquizadas e organizadas na metáfora da árvore com "bases/fundamentos", "tronco comum", ramificações e especializações. Especialismos estes só permitidos aos que conseguem chegar "ao alto" nos estudos superiores/universitários. Contra esses Currículos-árvores, questiona a autora:

> Perguntas como: nossos Currículos — em todos os níveis — precisam continuar a se desenvolver em disciplinas? Há outros modos de se organizar os conhecimentos escolares? Como superar as divisões e hierarquizações surgidas por interesse do capitalismo? Isto já está sendo feito em alguns *espaçostempos*? (Alves, 2010, p. 64).

Cabe, portanto, ressaltar que a metáfora das ramificações arborescentes nos ajuda a entender uma espécie de programa mental, por meio do qual nos plantam árvores na cabeça: a da vida, a do saber etc. E o poder, na sociedade, é sempre arborescente — a metáfora visualiza, comunica melhor o sentido dessa estrutura que representa a hierarquia. Mas, na organização do saber, quase todas as disciplinas passam por esquemas de arborescência: a biologia, a informática, a linguística (os autômatos ou sistemas centrais). Na realidade, não se trata de uma simples metáfora (no sentido linguístico), e sim do que nos faz entender essa metáfora, ou seja, que existe todo um aparato que se planta no pensamento, um programa de funcionamento para obrigá-lo a ir pelo "bom" caminho, das ideias "justas". A metáfora da árvore clareia a maneira como se articulam, na comunicação social, os esquemas de poder: a contraposição "árvore"/"rizoma" pode assim se valer da revisão crítica das estruturas de poder vigentes na sociedade. Essas características das redes podem ser aplicadas aos organismos, às tecnologias, aos dispositivos, mas também à produção de subjetividade por meio de práticas pedagógicas menos dogmáticas, hierárquicas e verticais.

O dogmatismo contido nas práticas pedagógicas envolve um tipo de linguagem pretensamente neutra, objetiva e "cientificamente" orientada. Para Deleuze e Guattari (1997), a linguagem dos professores deveria ser afetiva, comunicativa, expressiva, informativa e nunca neutra. Entretanto, a escola tende a utilizar uma linguagem que se manifesta predominantemente, na vida, na escola e no Currículo, por "palavras de ordem" e pelo discurso indireto.

"A professora não se questiona quando interroga um aluno, assim como não se questiona quando ensina uma regra de gramática ou de cálculo. Ela 'ensigna', dá ordens, comanda" (Deleuze e Guattari, 1997, p. 11). Desse modo, os ensinamentos dos professores e da "máquina do ensino obrigatório" (p. 11) não se efetivam a partir de significações primeiras, não são consequências de informações, visto que são ordens que se apoiam em outras ordens, ou seja, constituem um sistema de redundância que não comunica informações, mas impõe ao aluno coordenadas semióticas com todas as bases duais da gramática (masculino-feminino, singular-plural, substantivo-verbo etc.). Ensino, portanto, como comunicações de ordens semióticas de base dual que impõem, entretanto, mais do que ordens, impõem, também, uma visão de mundo baseada no ou isto ou aquilo e em modelos, moldes discursivos previamente categorizados.

Desse modo, a função da linguagem não é expressiva ou informativa, pois, tomando o enunciado como palavra de ordem, nas prá-

TEMAS DE PEDAGOGIA

ticas pedagógicas, ela adquire, como função, fazer obedecer. Isso pode ser percebido em vários informes que ressoam no cotidiano escolar, repassados pelos órgãos centrais de controle da "máquina de ensino obrigatório" que, tal como nos informes do governo, pouco se preocupam com a veracidade, mas definem muito bem o que deve ser observado e guardado, de modo que a fala passa a se constituir, fundamentalmente, não como enunciado de juízo ou expressão de um sentimento, mas como "[...] comando, o testemunho de obediência, a asserção, a pergunta, a afirmação ou a negação, frases muito curtas que comandam a vida e que são inseparáveis dos empreendimentos ou das grandes realizações" (Deleuze e Guattari, 1997, p. 12).

A linguagem, como a vida, manifesta-se de modo plural e, assim, incluso no dogmatismo da fala do "mestre" incide, também, a limitação dos meios de expressão e os conteúdos tomados como verdades universais, descontextualizados da vida que teima em se manifestar. Dessa forma, a linguagem dá ordens à vida e, portanto, a vida emudece, escuta e aguarda.

A subjetividade é como a cognição, o advento, a emergência de um afeto e de um mundo a partir de suas ações no mundo. Pensamos por rizomas, em raízes que se bifurcam e crescem aleatoriamente. O rizoma nos mostra o comportamento das redes, onde a trama de nós não mais identifica o ser, o corpo, o autor. Somos um produto rizomático. Multidões dentro de todos nós. Dentro e fora, fora e dentro.

Para Alves (2010, p. 65), existem momentos de atuação e criação visíveis e momentos de desaparecimento, pelo menos para nossos "olhos", acostumados ao que é considerado "desenvolvimento" pelos modos de pensar dominantes. Para estes, só podemos considerar que há o movimento crescente e linear, sempre para a frente: "[...] afinal *aprendemosensinamos* que é assim que o 'progresso' funciona. No entanto, a compreensão atual permite perceber que nunca é assim".

É necessário, portanto, identificar, analisar e caracterizar como se desenvolvem os processos nas tantas redes educativas curriculares. Precisamos potencializar práticas pedagógicas não dogmáticas inseridas nos modos rizomáticos, como as tantas forças sociais em movimentos complexos e diversificados, fazendo nascer conexões nesses *espaçostempos* apropriados, ao buscarmos compreender os tantos contextos em que se dão as *praticasteorias* pedagógicas, e nas difíceis e contraditórias, mas também riquíssimas de possibilidades, relações em rede, que esses contextos mantêm entre si (Alves, 2004, 2005).

Portanto, em caminhos sem fim, uma vez que os professores e alunos deixam de ser responsáveis pela produção de seu trabalho e se situam como massa e não como multidão singular nas redes de saberes, fazeres e afetos que constituem, tendem a ser consumidores e/ou usuários de saberes e lógicas alienígenas para eles. Na medida em que, nas redes e com as redes, eles se expressam como singularidades cooperantes, o corpo educativo passa a concretizar-se como um corpo político, possibilitando que sejam estabelecidos encontros que potencializem os saberes, fazeres e afetos constituindo um movimento rizomaticamente não dogmático de produção de Currículos em rede. Dessa forma, em caminhos sem fim, propomos Currículos como redes de conversações e ações complexas que, envolvendo uma "nova" racionalidade, se voltem para a potência das práticas pedagógicas como ações curriculares coletivas, grávidas de solidariedade e encharcadas de vida, acenando para alternativas "outras", possíveis e sensíveis.

Referências bibliográficas

ALVES, Nilda. Redes educativas "dentrofora" das escolas, exemplificadas pela formação dos professores. In: SANTOS, Lucíola Licínio de Castro Paixão et al. (Org.). *Convergências e tensões no campo da formação e do trabalho docente.* Belo Horizonte: Autêntica, 2010. p. 49-66.

_____. Questões epistemológicas no uso cotidiano das tecnologias. In: CONGRESSO BRASILEIRO DE CIÊNCIAS DA COMUNICAÇÃO, 27., Porto Alegre: Intercom — Sociedade Brasileira de Estudos Interdisciplinares da Comunicação, set. 2004.

_____. Redes urbanas de conhecimentos e tecnologias na escola. In: CONGRESSO BRASILEIRO DE CIÊNCIAS DA COMUNICAÇÃO, 28., Rio de Janeiro: Intercom — Sociedade Brasileira de Estudos Interdisciplinares da Comunicação, set. 2005.

CARVALHO, Janete Magalhães. *O cotidiano escolar como comunidade de afetos*. Petrópolis: DP Et Alii, 2009.

_____. *O cotidiano escolar como comunidade compartilhada*. Projeto de pesquisa. Vitória: PPGE-Ufes/CNPq, 2007-2010.

DUARTE, Fabio; QUANDT, Carlos; SOUZA, Queila. *O tempo das redes*. São Paulo: Perspectiva, 2008.

DELEUZE, Gilles; GUATTARI, Félix. 20 de novembro de 1923: postulados da linguística. In: _____. *Mil platôs*: capitalismo e esquizofrenia. São Paulo: Editora 34, v. 2, p. 11-59, 1997.

FOUCAULT, Michel. Outros espaços. In: MOTTA, Manoel Barros (Org.). *Ditos e escritos/ Michel Foucault*: organização e seleção de textos. Rio de Janeiro: Forense Universitária, 2006. v. 3.

HARDT, Michael; NEGRI, Antonio. *Império*. Rio de Janeiro: Record, 2005a.

_____. *Multidão*: guerra e democracia na era do Império. Rio de Janeiro: Record, 2005b.

NEGRI, Antonio. *A constituição do comum*. In: SEMINÁRIO INTERNACIONAL CAPITALISMO COGNITIVO: ECONOMIA DO CONHECIMENTO E A CONSTITUIÇÃO DO COMUM, 2., Conferência Inaugural. Rio de Janeiro: RITS, 2005.

PARENTE, André. Enredando o pensamento: redes de transformação e subjetividade. In: PARENTE, André (Org.). *Tramas da rede*. Porto Alegre: Sulina, 2004.

SERRES, Michel. *Atlas*. Paris: Albin Michel, 1998.

Tema V

Disciplinas escolares e as mudanças atuais nas funções do conhecimento

CAPÍTULO 9

O conhecimento e o papel do professor

*Bernhard Fichtner**

Nas sociedades modernas, a escola representa a instituição que mais cresce e se expande em todas as áreas da vida social. Na escola, as crianças e adolescentes passam o tempo mais produtivo e criativo de suas vidas. Geralmente, entram com esperança, criatividade, fantasia, vontade de aprender e, na maioria dos casos, saem desiludidos, lesados, empobrecidos. Saem "afortunados" possuidores de habilidades, competências e conhecimentos que, na maioria das vezes, não têm relação com as suas vidas e com a sociedade na qual devem viver e trabalhar.

Assim, assistimos à famosa crise da Pedagogia e, sobretudo, da escola que, aparentemente, não está atendendo às necessidades e aos desejos dos indivíduos e à demanda da sociedade na formação, apesar de todos os seus esforços por modernizar-se.

Geraldi (2004, p. 16) caracteriza esta crise de fora e dentro da escola como crise dos sistemas de produção, que hoje são estruturalmente produtores do desemprego; como crise dos paradigmas científicos e crise do nosso modo de habitar o planeta:

---

* Agradeço a colaboração de Maria Benites, sua crítica e suas contribuições.

Neste contexto, a escola se faz, discursivamente, uma instituição "tábua de salvação". E como "salvação" não sobrevive enquanto conceito, sem associar-se à "culpabilização", a escola tem sido culpada pelo insucesso da sua formação face às exigências do mercado. E as políticas educacionais neoliberais, para além de suas reformas curriculares que se constituíram essencialmente pela definição de parâmetros de conteúdos a serem ensinados, não souberam fazer mais do que propor sistemas de avaliação e avaliações de sistemas/redes de ensino, cujos resultados produzem hierarquizações das instituições de ensino, sinalizando para o "mercado consumidor" quais as escolas nível A, quais as redes mais preparadas, quais as regiões aquinhoadas.

Efetivamente, sabe-se que a escola jamais foi uma "tábua de salvação", pois sua existência sempre serviu e continuará servindo aos processos de seleção e exclusão social. Trata-se agora de as sociedades capitalistas encontrarem a quem culpabilizar pelo insucesso no disputadíssimo mercado de trabalho: o próprio trabalhador por sua escolaridade insuficiente ou inadequada e a instituição escolar por sua desatualização e incapacidade de acompanhar as ondas de mudança dos humores do mercado.

O discurso sobre a crise da educação ou da escola apresenta para mim uma provocação e um desafio para tematizar um assunto que nesse discurso moralista é um tabu e que quase não é mencionado: *o conhecimento*. Parece que esse tema está muito claro e óbvio: o conhecimento está preestabelecido no currículo, nos planos de ensino, nos livros didáticos etc. Parece que sabemos o que é conhecimento.

Este capítulo tenta reconquistar a perspectiva epistemológica para a Didática, quer dizer, a relação do indivíduo com o mundo e com o conhecimento sobre esse mundo. *No primeiro momento*, gostaria de questionar aspectos gerais do conceito de "apropriação" na abordagem histórico-cultural. *No segundo momento, trabalho* o potencial metodológico desse conceito para tematizar o conhecimento numa nova perspectiva: conhecimento como sistema aberto de formas objetivas e subjetivas de conhecimento. Essa nova perspectiva de conhecimento baseado na *dialética entre objetivações e apropriação* servirá, *no terceiro momento*, para questionar a relação entre o conhecimento científico e o papel do professor. Nos três momentos, entendo a Didática como ciência pedagógica, isto é, como ciência profissional do professor.

Apropriação como aprendizagem ou a construção do novo

O conhecimento é, atualmente, objeto de estudo de diferentes disciplinas, tais como a Filosofia, a Sociologia, as Ciências Políticas, a Psicologia e tantas outras. É surpreendente que, apesar das diferenças nas diversas disciplinas científicas, o conhecimento, em todas elas, é conceitualizado como algo "objetivo", "um objeto dado", um "sistema de dados", "sistema de informações" **ou** como um fenômeno da consciência imediatamente dado que tem aspectos psíquicos, sociológicos, históricos.[1] Gostaria de apresentar uma alternativa: uma conceitualização de conhecimento como "objetivação" partindo do conceito de "apropriação" nas obras de A. N. Leontiev (1978).

O conceito de *apropriação* é implicitamente baseado para Leontiev em duas questões: como se inscrevem as estruturas objetivas da sociedade nas estruturas subjetivas do individuo, sem que com isso o indivíduo apareça como produto da sociedade? Como os indivíduos constroem em *processo de apropriação* a unicidade, a singularidade e a irrepetibilidade de sua própria personalidade, não apesar, mas por causa da sociedade? O ponto de partida para Leontiev é a categoria do "trabalho" nas obras de K. Marx. *Trabalho* é por um lado:

> Atividade dirigida com o fim de criar valores-de-uso, de apropriar os elementos naturais às necessidades humanas, é condição necessária do intercâmbio entre o homem e a natureza; é condição natural eterna da vida humana (Marx, 1996, p. 208).

---

1. Atualmente se encontra um discurso sobre a assim chamada "Sociedade do Conhecimento" radicalmente criticado, como a redução de conhecimento à informação e transformação em mercadoria (veja Duarte, 2003; Gorz, 2005).

E, por outro lado, é resultado desse processo, dessa atividade, fixado num objeto, *a objetivação*:

> O produto do trabalho é o trabalho que se fixou num objeto, que se transformou em coisa física, é a *objetivação* do trabalho. A realização do trabalho constitui simultaneamente a sua objetivação (Marx, 1993, p. 159).

As necessidades humanas não se limitam apenas à reprodução biológica do indivíduo. Com base na satisfação das necessidades elementares surgem outras, o que permite a continuidade e evolução da história humana. Poesia e ciência, arte, música etc. são objetivações humanas. Nesse processo histórico o homem não transforma só a natureza, mas também ele próprio. Através da categoria do trabalho, Marx demonstra como a história humana se origina e se desenvolve. Leontiev estrutura a *apropriação* na complementaridade dialética entre *objetivação* e *apropriação*:

> O processo que transforma o trabalho, de forma de atividade em forma de ser (ou de objetividade, "Gegenständlichkeit"), pode estudar-se como um processo de encarnação, de objetivação nos produtos da atividade dos homens, das suas forças e faculdades intelectuais, e a história da cultura material e intelectual da humanidade manifesta-se como um processo que exprime sob uma forma exterior e objetiva as aquisições do desenvolvimento das aptidões do gênero humano. Nesta óptica, pode-se considerar cada etapa do aperfeiçoamento dos instrumentos e utensílios, por exemplo, como exprimindo e fixando em si um certo grau de desenvolvimento das funções psicomotoras da mão humana, a complexificação da fonética das línguas como a expressão do desenvolvimento das faculdades de articulação e do ouvido verbal, o processo nas obras de arte como a manifestação do desenvolvimento estético da humanidade etc. Mesmo na indústria material ordinária, sob o aspecto de objetos exteriores, estamos perante faculdades humanas objetivadas ou das "forças essenciais" (objetivadas) do homem ("Wesenskräfte des Menschen") (Leontiev, 1978, p. 165).

O mundo das *objetivações* não é aberto, não é dado imediatamente. Em comparação com a natureza, representa para cada animal já no início da sua vida um ambiente onde ele pode entrar e adaptar-se imediatamente. O mundo das *objetivações* é dramaticamente fechado para os seres humanos. Por exemplo, dentro da criança não existe nenhuma chave para abri-lo. Para cada criança, para qualquer indivíduo humano, esse mundo é apresentado como *tarefa de apropriação*:

> Os mais simples instrumentos e objetos da vida quotidiana, com os quais as crianças se deparam, devem ser por elas entendidos na suas qualidades específicas. Em outras palavras: a criança deve realizar uma atividade prática ou cognitiva com os objetos, aquela que está incorporada nestes objetos (Leontjew, 1971, p. 231, traduzido do alemão).

Leontiev explica que o processo de *apropriação* depende, por um lado, da qualidade específica do mundo dos objetos e, por outro, das condições sociais do processo de apropriação:

> Um objeto, que a criança pega com a mão, será introduzido, sem problemas, no sistema de seus movimentos naturais. A criança leva, por exemplo, a colher para a boca, como se fosse qualquer outro objeto do cotidiano, que não tem caráter de instrumento, e faz isso sem prestar atenção se deve colocar a colher de forma horizontal. Estes movimentos da mão da criança serão transformados lentamente numa qualidade fundamental através da intervenção concreta e direta dos adultos que ensinarão à criança o correto uso da colher e, assim, os movimentos da criança serão subordinados à lógica objetiva do uso deste instrumento. A estrutura geral destes movimentos foi transformada; receberam um nível mais adequado em relação ao objeto. A criança se apropria do sistema dos movimentos funcionais, o sistema das ações de caráter instrumental, que é subordinado às relações topológicas (Leontjew, 1971, p. 240, traduzido do alemão).

Aqui a criança realiza uma atividade especial com este objeto que é adequada àquela capacidade humana incorporada nessa *objetivação* chamada colher. Nesse processo de *apropriação*, a "atividade conjunta" se transforma, passo a passo, e o peso da assimetria dada pela ajuda de um adulto (no exemplo da colher, a mãe) vai diminuindo e se converte numa cooperação simétrica mediada. Numa síntese, Leontiev chega à conclusão de que a aprendizagem humana tem a função da *apropriação*.[2]

---

2. Leontiev explica detalhadamente esse conceito em comparação com a aprendizagem dos animais, que tem a função de adaptação (Leontiev, 1978, p. 169).

Mas aqui encontramos um problema: o processo de aprendizagem representa a *apropriação* das experiências históricas e sociais, materializadas nas *objetivações*. Significa isso só uma reprodução e repetição de algo já estabelecido? Como então poderia se desenvolver o novo em cada indivíduo? Como então poderá se desenvolver o sujeito como alguém original? Como então se constrói a personalidade humana com seu núcleo absolutamente único e irrepetível através do processo da *apropriação*?

A seguir, utilizo a expressão "sentido subjetivo", criada por F. Gonzáles Rey (2007, p. 155-79), que critica a conotação objetivista do conceito de "sentido pessoal" de Leontiev.[3] Para Gonzáles Rey, a categoria de *sentido subjetivo* permite uma abertura da questão da subjetividade baseada no caminho de Vigotski em que: "no processo da vida societal, as emoções entram em novas relações com outros elementos da vida psíquica, novos sistemas aparecem, novos conjuntos de funções psíquicas; unidades de maior ordem emergem" (Gonzáles Rey, 2007, p. 171). A categoria de *sentido subjetivo* permite compreender a subjetividade como um nível de produção psíquica, inseparável dos contextos sociais e culturais em que acontece a ação humana e o surgimento do novo.[4] Também utilizo o termo *objetivações* ou o *sistema de significados* numa perspectiva mais ampla do que Leontiev. *Objetivações ou significados objetivos* são para mim *possibilidades* abrindo um novo horizonte de pensar e agir. *Sentidos subjetivos* e *significados objetivos* têm uma relação recíproca e complementar: eles abrem um caminho para uma nova concepção de conhecimento, o que será discutido no tópico 2.

---

3. A relação com o mundo não é compreendida por Leontiev como uma produção simbólica dos sujeitos. Quer dizer, também, como uma produção do novo, mas como uma interiorização de operações com objetos sensorialmente definidos, o que, de fato, mantém a subjetividade como refém da objetividade (veja González Rey, 2007, p. 165).

4. Além de Leontiev, o filósofo italiano Agamben (2005) interpreta o processo de entrada das crianças na linguagem ("sistema de significados") como base do surgimento do novo, quer dizer, como base da história.

O potencial metodológico do conceito de *apropriação* provoca a tarefa de entender e analisar:

- como um indivíduo no processo da sua ontogênese se apropria, através da sua atividade, do que é incorporado, materializado, cristalizado nas *objetivações,* quer dizer, nas experiências da humanidade;
- como surge nesse processo a consciência como atividade interior através de uma atividade exterior;
- como cada indivíduo constrói algo novo transformando o *sistema de significados* em *sistemas de sentido subjetivo.*

O potencial metodológico da complementaridade dialética entre *objetivações* e *apropriação* abre também um caminho para entender o que é conhecimento numa nova perspectiva.

O sistema de formas subjetivas e objetivas de conhecimento

A seguir, vou tratar do conceito *"conhecimento"*. O conceito de *sistema de significados como objetivações* e a categoria de *sentido subjetivo* servem para tematizar e questionar o que é conhecimento numa perspectiva epistemológica, o que me serve como guia para abordar os fundamentos epistemológicos do problema de conhecimento numa dialética entre o objetivo e o subjetivo.

A minha hipótese: As *formas objetivas de conhecimento* são resultado das atividades dos sujeitos, são separáveis deles e têm uma autonomia na sua exterioridade e materialidade. As *formas subjetivas do conhecimento* são, também, resultado da atividade dos indivíduos, mas fundamentalmente não são separáveis deles. *Formas subjetivas e objetivas do conhecimento estabelecem a subjetividade dos indivíduos; ambas as formas de conhecimento têm uma qualidade social.*

Para concretizar essa perspectiva epistemológica, me utilizo do exemplo do "machado de pedra" como modelo de conhecimento:

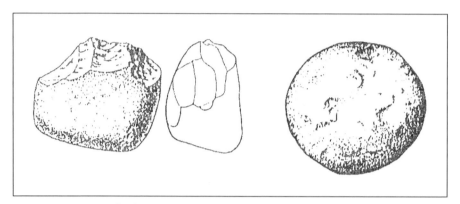

Fonte: Herrmann e Ullrich 1991, p. 258.

Esse machado de pedra tem uma antiguidade de cerca de 4,5 milhões de anos.[5] Ele é muito mais do que simplesmente um instrumento técnico, muito mais do que somente um prolongamento da mão de um homem e suas operações. O machado de pedra tem uma qualidade social. Sua própria produção e sua aplicação são processos sociais extremamente complexos. Os estudos sobre a evolução do homem de R. Leakey (1995) mostram que esses "objetos-meios" só podem ser produzidos por grupos sociais e que serviram para a distribuição de presas de caça. É importante ressaltar que a distribuição de presas de caça é uma atividade inerente à espécie humana porque primatas não humanos são incapazes de repartir (Fichtner, 2008, p. 51-65).

O machado de pedra une duas dimensões do comportamento humano frente à realidade, a dimensão da *produção* e da *representação*.

---

5. O machado de pedra é encontrado a partir do período Paleolítico Anterior — Olduvai/Tanzânia (Herrmann e Ullrich, 1991, p. 74). O uso do machado de pedra é um exemplo do método histórico/genético proposto por Vigotski, segundo o qual compreender qualquer fenômeno da realidade significa analisar a sua gênese e seu processo de desenvolvimento.

TEMAS DE PEDAGOGIA

Numa perspectiva sistemática, a forma do machado de pedra expressa dois componentes da atividade do sujeito: "produzir" e "representar". Ambos são modos distintos de "objetivar" e de materializar algo. Ambos os modos estão reciprocamente relacionados na forma e oferecem uma unidade inseparável no machado de pedra. "*Produzir*" tem relação com manejar e modificar uma realidade dada, com operações e procedimentos. Produzir refere-se sempre a um método como tal, por exemplo, "cortar". Cada método, neste sentido, é um exemplo de esquema geral de ação. Via de regra, como métodos, não estão vinculados a um tempo, lugar e sujeito específicos, mas sempre a um meio (instrumento) e sua forma específica. É a forma que prescreve como manejar os meios. O uso adequado desses meios não depende da vontade arbitrária do indivíduo: não é possível usar o machado de pedra para secar uma peça de cerâmica utilizada no cozimento da caça. "Representar", por sua vez, não visa modificar coisas. É uma atividade que remete às coisas, interessa-se pela realidade delas como tais, mas que se dirige ao outro. Refere-se a entender, discernir e conceber; refere-se à "imagem da realidade". No "produzir", a forma desaparece completamente na função. A sua materialidade concreta e específica perde valor. Importância tem só a função efetiva. Ao contrário, no modo de "representar", a forma é explicitamente acentuada.

Representar e *produzir* explicitam dois lados opostos da forma: forma enquanto função, como abreviatura de procedimento no manejo de objetos, e forma como representação que possibilita captar e compreender algo dos próprios objetos, da própria realidade mesma. Ambos têm em comum o fato de resultarem de uma generalização. Machados de pedra são resultados de uma generalização prática, quer dizer, de uma generalização que foi construída e provada na práxis social. Este tipo de generalização aponta para duas direções da *forma*: *a relação da forma com o sujeito implica por um lado compreender e entender uma realidade, por outro, em seu conjunto, a forma apresenta um método. Em sua referência ao sujeito, a forma sempre implica poder.*

Forma significa por um lado sempre limitação, fixação e determinação. Na forma do machado de pedra, um determinado âmbito de objetos (a área de pedras) está *formalizado*; pela forma, esse âmbito é medido e assim compreendido. Estas determinações sempre dependem dos níveis específicos da história da sociedade. Por outro lado, forma significa também disponibilidade de procedimentos e operações, de métodos, nos quais uma tendência universal e geral se revela constantemente. Este paradoxo de limitação e potencial universal tem a ver com a história social do sujeito da atividade.

O modelo do machado de pedra nos apresenta *a mediação fundamental do conhecimento*. O conhecimento não tem uma relação imediata com a realidade. O conhecimento não é um fenômeno imediato da consciência e, também, não é um fenômeno com uma existência autônoma e independente. *O conhecimento é sempre conhecimento de algo e de um sujeito. Conhecimento é uma relação. O meio dessa relação é a forma.*[6]

A seguir, vou explicar e concretizar este sistema de relações objetivas e subjetivas.

O sistema de *formas objetivas de conhecimento* é uma realidade social autônoma, a sua dinâmica desenvolve-se na prática histórica e social da sociedade. Nessa prática se constrói uma complexidade de diferentes *formas objetivas de conhecimento* como as tecnologias (desde o machado de pedra até as novas tecnologias de informação e comunicação), os sistemas simbólicos e semióticos, a arte, as ciências, as religiões etc. As *formas objetivas de conhecimento* não se apresentam como um conjunto simplesmente seriado. Foram elaboradas num contexto histórico de relações sociais, acumuladas de uma determinada maneira e sistematicamente estruturadas e transferidas. Sem dúvida, nesse contexto, entrou e entra a possibilidade de fazer.

O potencial metodológico do conceito de *formas objetivas de conhecimento* permite pesquisar e relacionar esses "mundos de objetivações"

---

6. Conhecimento é relacionado necessariamente com a sua forma; nela conhecimento é quase objetivado, torna-se "em frente" de um sujeito. Mas conhecimento não é fixado absolutamente na sua forma, não é idêntico com sua forma. A relação entre conhecimento e sua forma deve ser analisada e compreendida como uma relação sócio-histórica. Essa união e diferença entre forma e conhecimento têm uma relevância altíssima para a conceitualização de aprendizagem como apropriação.

numa interdisciplinaridade, incluindo disciplinas tão diferentes como Filosofia, Sociologia, Ciência Política, Psicologia e Pedagogia.

Tratarei agora da relação do sujeito com o conhecimento. As *formas subjetivas de conhecimento*, inseparáveis do sujeito, surgem no processo de apropriação das *formas objetivas de conhecimento (objetivações)* e são, ao mesmo tempo, pressupostas delas. A categoria *sentido subjetivo* (Gonzáles Rey, 2007, p. 170) abre um caminho valioso para concretizar o *sistema de formas subjetivas de conhecimento*. Gonzáles Rey entende essa categoria como momento constituinte e constituído da subjetividade.

> O sentido subjetivo é a forma pela qual a multiplicidade de elementos presentes na subjetividade social[7] se organiza numa dimensão emocional e simbólica, possibilitando ao homem e a seus distintos espaços sociais novas práticas, que em seus desdobramentos e nos processos emergentes que vão se produzindo nesse caminho constituem o desenvolvimento humano em todos os seus aspectos, dentro dos novos contextos de organização social que, por sua vez, participam da definição desses processos e se transformam no curso dos mesmos (Gonzáles Rey, 2007, p. 174).

Nos limites deste capítulo não posso tematizar como as diferentes formas subjetivas de conhecimento emergem como sistemas históricos, por exemplo, o sistema de emoções, o sistema de fala interior.[8]

Na perspectiva da categoria *sentido subjetivo*, também entendo as nossas formas de perceber como formas subjetivas de conhecimento. Nos seres humanos, percebemos através dos cinco sentidos (olfato, visão, audição, paladar e tato) o nosso mundo exterior e também nós mesmos. Os cinco sentidos são mediadores de percepção. Estas funções

---

7. Com a expressão *subjetividade social*, Gonzáles Rey tematiza aquelas produções sociais carregadas de sentido subjetivo que estão configuradas por processos emocionais e simbólicos produzidos nas mais diferentes esferas de sociedade (veja 2007, p. 172; 2003, p. 202). O esquema "aluno" ou "professor" pode ser compreendido também como forma objetiva de conhecimento.

8. Vigotski apresenta uma hipótese provocante na sua pesquisa sobre a fala interior: "a fala interior" tem uma lógica e uma gramática completamente diferente da "fala exterior", quer dizer, a lógica de uma obra de arte (veja Vigotski, 2009, capítulo 7).

da percepção têm um "caráter circular/feedback".[9] Caráter circular porque, ao tocarmos um objeto — uma pedra, por exemplo —, percebemos um objeto material e, ao mesmo tempo, algo de nós mesmos, nosso tato, nossa memória de pedra. Disciplinas científicas, tais como Biologia, Fisiologia, Psicologia, Filosofia, desenvolveram teorias sofisticadas e por vezes contraditórias, porém quase nunca é acentuado o "caráter circular/feedback" da percepção. Ou seja, percepções, sentimentos, pensamentos constroem no processo de apropriação o seu conteúdo específico e seu caráter sistêmico como uma relação recíproca. Perceber, sentir, pensar se desenvolvem através do sentido subjetivo em *formas subjetivas de conhecimento*. O termo *forma* expressa a qualidade social e histórica. Ver e ouvir e sentir hoje é totalmente diferente que há cem anos atrás.

Numa perspectiva epistemológica, o conhecimento apresenta-se como sistema histórico, social e cultural no qual a forma atua como mediadora principal entre o objetivo e subjetivo. A recuperação do conceito epistemológico de conhecimento apresenta atualmente um desafio grande para a Pedagogia e Didática, em que atualmente a epistemologia parece desempenhar um papel marginal.

O professor como "intelectual exemplar"

No discurso atual sobre a Didática, discute-se a relevância do domínio dos conteúdos e das metodologias das disciplinas a serem ensinados pelo professor J. C. Libâneo apresenta um quadro desolador da situação do ensino fundamental no estado de Goiás e também no país (Libâneo, 2010 e 2009). É quase ausente uma preocupação epistemológica entre conteúdos e metodologias das diferentes matérias. O

---

9. Gehlen (1997, p. 131) descreve isto como qualidades "reflexivas", características que os primatas não humanos não possuem. O sistema de *feedback-relations* é pesquisado por Bateson (veja Bateson, 1991 e 1993; Bateson e Bateson, 1987).

mesmo quadro desolador se encontra também na Alemanha (Czerny, 2010; Pfisterer, 2003; Fend, 2006).

A prática cotidiana nas escolas é determinada por uma cultura do instrucionismo. Entende-se a escola como a instituição social cuja especificidade é a transmissão do conhecimento historicamente acumulado de forma sistematizada e organizada. Ensinar significa explicar um conteúdo, sobretudo conceitos científicos. Nessa cultura do instrucionismo, conhecimento se transforma em objeto "petrificado", como algo dado, imutável, estereotipado, que não se renova a cada nova compreensão. E os alunos tornam-se depósitos, garrafas que precisam ser enchidas de conhecimento. Essa cultura de instrucionismo é marcada pela rotina quase dogmática das aulas, pela expectativa de aprendizagem centrada na figura do professor, cuja avaliação serve para selecionar e classificar os alunos.

A respeito das explicações sobre as *formas objetivas e subjetivas de conhecimento*, gostaria de apresentar e discutir uma perspectiva nova, talvez utópica: o professor como *intelectual exemplar*.[10] Gramsci (1979) afirma que todo ser humano é intelectual, no entanto, nem todos desempenham esta função na sociedade. Dessa forma, só é possível compreender as atividades intelectuais no contexto em que estas se encontram no conjunto geral das relações sociais:

> Não existe atividade humana da qual se possa excluir toda intervenção intelectual, não se pode separar o *homo faber* do *homo sapiens*. Em suma, todo homem, fora da sua profissão, desenvolve uma atividade intelectual qualquer, ou seja, é um "filósofo", um artista, um homem de gosto, participa de uma concepção do mundo, possui uma linha consciente de conduta moral, contribui assim, para manter ou para modificar uma concepção do mundo, isto é, para promover novas maneiras de pensar. [...] A maneira de ser do novo intelectual não pode mais consistir na eloquência, este estimulante exterior e superficial de sentimen-

---

10. Essa ideia é baseada no conceito "intelectual orgânico" de Gramsci que transformei no conceito "intelectual exemplar", para questionar o papel exemplar do professor entre a ciência, escola e sociedade.

tos e paixões, mas numa intervenção ativa na vida prática, como construtor e organizador com contínua força de convicção e não como orador simplesmente — no entanto superior ao espírito matemático abstrato; baseando-se no trabalho-técnico ele conseguiu chegar à ciência técnica e à concepção humanística histórica, sem a qual se permanece "especialista" e não um "líder" (especialista e político) (Gramsci, 1979, p. 8).

Utilizo o conceito do "intelectual exemplar" como categoria de mediação entre o nível macro e o nível micro. Quer dizer, o professor incorpora a função social de conhecimento, particularmente do conhecimento científico na sua própria personalidade. O professor não é um cientista, mas também não é um técnico, um *expert*. A categoria do *intelectual exemplar* é a chave para a autocompreensão do professor representando o fator integral da sua atividade inteira como *sentido pessoal*.

O professor é, portanto, o mediador entre o conhecimento e o aluno, sobretudo entre conhecimento científico e seres humanos em desenvolvimento:

A mediação realizada pelo professor entre o aluno e a cultura apresenta especificidades, ou seja, a educação formal é qualitativamente diferente por ter como finalidade específica propiciar a apropriação de instrumentos culturais básicos que permitam elaboração de entendimento da realidade social e promoção do desenvolvimento individual (Basso, 1998, p. 4).

Uma qualidade importante da profissão do professor na escola, na prática da sala de aula, tem a ver com a necessidade de integrar o total das competências e exigências específicas que estão mais separadas nas outras profissões de nossa sociedade, como ocorre nas profissões técnicas em geral, no advogado, no médico. O professor não ensina na escola conhecimentos desconectados, capacidades dissociadas, habilidades desligadas, e sim, prepara os alunos para a vida na sociedade, quer dizer, para uma existência completa e total. É preciso que um professor saiba a importância dessa existência completa e total, sendo necessário que realize na sua prática escolar experiências relacionadas com o todo da sua existência.[11] Quando não se entende bem o que isso tem a ver com a vida de um indivíduo na sociedade, coloca-se em primeiro plano na formação universitária dos futuros professores os métodos do ensino como tecnologia. Ou seja, a Didática fica reduzida a uma tecnologia.

O trabalho do professor, na sua essência, não existe propriamente no que ele faz, *mas no que ele pessoalmente é.* Não são os métodos, as técnicas, as ações, as palavras de um professor que são decisivos, mas o seu espírito, sua autenticidade, sua credibilidade. Os alunos serão motivados e intensamente orientados por ele, quando tudo que ele ensinar representar uma preocupação pessoal dele, quer dizer, quando ele simplesmente é autêntico na sua prática. O professor representa um *modelo vivo da união do conhecimento e da atitude pessoal com o conhecimento.* O papel da professora/do professor exprime a necessidade que a razão exige da incorporação humana, como diz o filósofo Kant (1997).

A perspectiva da categoria do *intelectual exemplar* mostra que esse modelo vivo de uma união entre conhecimento científico e a pessoa se torna cada vez mais importante. Hoje, as crianças e os jovens quase não encontram mais na sociedade moderna essa união viva entre a atitude pessoal e o conhecimento. As crianças e jovens identificam o que é conhecimento, sobretudo conhecimento científico na nossa sociedade, só nas formas técnicas, nas máquinas, nos sistemas de instrumentos que se podem imediatamente usar e usufruir. Eles têm uma experiência com o conhecimento muito linear: conhecimento científico como técnica e tecnologia, como uma materialização e cristalização imediata do conhecimento científico. A computarização da sociedade, atualmente, se pode descrever como um processo para estandardizar, formalizar, controlar numa forma total a comunicação social e a pessoal (veja Weizenbaum, 1976; Winograd e Flores, 1986).

---

11. Isso não significa que o professor não precisa de métodos e técnicas. Ao contrário, o professor faz uso de métodos e técnicas — mas numa perspectiva epistemológica que Libâneo detalhadamente concretiza (Libâneo, 2010).

O escritor e poeta alemão Frederico Schiller tematiza no seu drama *Don Carlos* — escrito nos anos 1783-1787 — as consequências de um mundo totalmente controlado e estruturado numa perspectiva técnica: o universo do rei Felipe II na corte espanhola. Todas as relações humanas em seu entorno se transformaram em funções úteis e técnicas. O rei busca desesperadamente um amigo que ele não encontra e, ao final, torna-se um louco: a verdade se situa só nas relações sociais que um mundo absolutamente técnico não tem mais.

Nossas crianças e jovens vivem numa sociedade na qual — como nunca anteriormente — o conhecimento científico é, por um lado, onipresente em todas as áreas e níveis da vida cotidiana; por outro, conhecimento científico tornou-se absolutamente invisível no sistema de aparelhos e suas funções técnicas. Nisso se delineia, a meu ver, a crescente importância do modelo do professor como intelectual exemplar.

Quais poderiam ser as consequências do modelo do *intelectual exemplar* na formação de futuros professores? Existem metodologias e métodos na formação universitária de um futuro professor que permitem a elaboração de suas *próprias formas subjetivas de conhecimento* como *sentido subjetivo?*

Referências bibliográficas

AGAMBEN, G. *Infância e história*: destruição da experiência da história. Belo Horizonte: Editora UFMG, 2005.

BASSO, I. S. Significado e sentido do trabalho docente. *Caderno Cedes*. v. 19, n. 44, abr. 1998. Disponível em: <http://www.scielo.br>. Acesso em: 10 abr. 2011.

BATESON, G. *A sacred unity*. Further steps to an ecology of mind. In: DONALDSON, RODNEY, E. (Org.). New York: Harper Collins, 1991.

_____. *A natureza e o espírito*. Uma unidade necessária. Rio de Janeiro: Francisco Alves, 1993.

_____; BATESON, M. C. *Angels fear*. Toward an epistemology of the sacred. New York: Macmillan Publishing Company, 1987.

CZERNY, S. *Was wir unseren kindern in der schule antun... und wie wir das ändern können*. München: Südwest Verlag, 2010.

DUARTE, N. *Sociedade do conhecimento ou sociedade de ilusões?* Quatro ensaios crítico-dialéticos em filosofia da educação. Campinas: Autores Associados, 2003.

FEND, H. *Geschichte des bildungswesens*. Der sonderweg im europäischen kulturraum. Wiesbaden: VS Verlag für Sozialwissenschaften, 2006.

FICHTNER, B. Lernen und lerntätigkeit. Ontogenetische, phylogentische und epistemologische Studien. *International Cultural-Historical Human Sciences*, Berlim: Lehmann Media, v. 24, 2008.

GEHLEN, A. *Der mensch. Seine* natur und seine stellung in der welt, 13. Aufl., Wiesbaden: Quelle & Meyer, 1997.

GERALDI, J. W. *A aula como conhecimento*. Aveiro: Universidade de Aveiro, 2004. (Col. Teoria Poiesis Praxis.)

GONZÁLES REY, F. *Sujeito e subjetividade*: uma aproximação histórico-cultural. São Paulo: Pioneira Thomson Learning, 2003.

_____. As categorias de sentido, sentido pessoal e sentido subjetivo: sua evolução e diferenciação na teoria histórico-cultural. *Psicologia da Educação*, São Paulo, v. 24, p. 155-79, 1º sem. de 2007.

GORZ, A. *O imaterial*: conhecimento, valor e capital. São Paulo: Annablume, 2005.

GRAMSCI, A. *Os intelectuais e a organização da cultura*. Rio de Janeiro: Civilização Brasileira, 1979.

HERRMANN, J.; ULLRICH, H. *Menschwerdung*. Berlin: Akademie Verlag Berlin, 1991.

KANT, I. *Crítica da razão pura*. 4. ed. Lisboa: Fundação Calouste Gulbenkian, 1997.

LEAKEY, R. *A origem da espécie humana*. Rio de Janeiro: Rocco, 1995.

LEONTIEV, A. N. *O desenvolvimento do psiquismo*. Lisboa: Livros Horizonte, 1978.

LEONTJEW, (Leontiev) A. N. *Probleme der entwicklung des psychischen*. Berlim: Volk und Wissen, 1971.

LIBÂNEO, J. C. Docência universitária: formação do pensamento teórico-científico e a atuação nos motivos dos alunos. In: D'ÀVILA, Cristina (Org.). *Ser professor na contemporaneidade*: desafios, ludicidade e protagonismos. Curitiba: CRV, 2009. p. 69-83.

LIBÂNEO, J. C. O ensino da didática, das metodologias específicas e dos conteúdos específicos do ensino fundamental nos currículos dos cursos de Pedagogia. In: *Estudos Pedagógicos*, Brasília, v. 91, n. 229, p. 562-83, 2010.

MARX, K. *Manuscritos econômico-filosóficos*. Lisboa: Edições 70, 1993.

_____. *O capital*. Crítica da economia política. Livro 1 — O processo de produção do capital. Rio de Janeiro: Bertrand Brasil, 1996.

PFISTERER, A. *Schulkritik und die suche nach schulalternativen — ein motor der schulentwicklung?* Rückblick und ausblick an der schwelle zum 21. Jahrhundert. Hamburgo: Kovac, 2003.

VIGOTSKI, L. S. *A construção do pensamento e da linguagem*. São Paulo: Martin Fontes, 2009.

WEIZENBAUM, J. *Computer power and human reason*. From judgement to calculation. New York: W. H. Freeman and Company, 1976.

WINOGRAD, T.; Flores, T. *Understanding computer and cognition*. New York: Alex Publishing Cooporation, 1986.

CAPÍTULO 10

Disciplina escolar e conhecimento escolar
conceitos *sob rasura* no debate
curricular contemporâneo

Carmen Teresa Gabriel

Márcia Serra Ferreira

> O sinal de "rasura" (X) indica que eles [os conceitos-chave] não servem mais — não são mais "bons para pensar" — em sua forma original, não reconstruída. Mas uma vez que eles não foram dialeticamente superados e que não existem outros conceitos, inteiramente diferentes, que possam substituí-los, não existe nada a fazer senão continuar a se pensar com eles [...] (Hall, 2000, p. 104).

Instigadas pela provocação contida na citação anterior, nos propomos, neste texto, a entrar no debate educacional contemporâneo colocando dois conceitos 'clássicos' no campo do Currículo — o de *disciplina escolar* e o de *conhecimento escolar* — "sob rasura". Fazemos isso como um exercício intelectual por meio do qual entendemos ser possível pensar o 'político' nesse campo "no intervalo entre a inversão e a emergência" (Hall, 2000, p. 104). Isso significa que, nos afastando de perspectivas que ora apostam em uma centralidade naturalizada desses conceitos, ora na completa superação deles, buscamos olhar por trás das linhas cruzadas que marcam as rasuras (Hall, 2000), deslocando significados previamente fixados e permitindo a emergência de "novos" sentidos.

Nossa opção pelos conceitos de *disciplina escolar* e de *conhecimento escolar* se justifica por uma convergência de interesses em pesquisas que vêm sendo desenvolvidas no Núcleo de Estudos de Currículo da Faculdade de Educação da Universidade Federal do Rio de Janeiro (NEC/UFRJ).[1] Afinal, em produções que investem tanto no conhecimento acadêmico (Ferreira e Gabriel, 2008; Gabriel, Ferreira e Monteiro, 2008) quanto no conhecimento escolar (Ferreira, 2005, 2007, 2008; Gabriel, 2008, 2010a, 2010b; Lima e Ferreira, 2010), temos explorado as implicações das contribuições teóricas de autores como Ivor Goodson, Thomas Popkewitz, Stephen Ball, Ernest Laclau e Chantal Mouffe para pensar o "político" que pauta as lutas hegemônicas em torno das definições de conhecimento em escalas espaço-temporais diferenciadas.

Tal opção se justifica, portanto, pela reafirmação de que as lutas pela democratização da escola pública brasileira passam, em grande medida, pela questão do conhecimento (Gabriel e Moehlecke, 2006; Gabriel, 2008, 2010a, 2010b). Ela se justifica, igualmente, pelo reconhecimento da força da tradição disciplinar na produção sócio-histórica dos currículos escolares (Goodson, 1995, 1997, 2001; Ferreira, 2005, 2007, 2008; Lima e Ferreira, 2010). Nesse contexto, argumentamos em favor da potencialidade do conceito de *conhecimento disciplinarizado* que, ao fundir contingencialmente os conceitos de *disciplina escolar* e *conhecimento escolar*, nos oferece um instrumento retórico para enfrentarmos as demandas políticas elaboradas pela e/ou direcionadas à escola pública.

---

1. Coordenamos, atualmente, as pesquisas "Verdade, diferença e hegemonia nos currículos de História: um estudo em diferentes contextos" (apoio FAPERJ/JCE 2010, coordenação da primeira autora) e "Sentidos das relações entre teoria e prática em cursos de formação de professores em Ciências Biológicas: entre histórias e políticas de currículo" (apoio CNPq/Universal 2010, coordenação da segunda autora).

Para o desenvolvimento de tal argumentação, iniciamos explorando alguns aspectos da teorização do discurso de Ernest Laclau e Chantal Mouffe que permitem explicitar os sentidos de político/social que nos interessa fixar nos sistemas discursivos aqui privilegiados: o "campo do Currículo" e a "escola democrática". Em seguida, operamos com tal teorização para colocar "sob rasura" (Hall, 2000) os conceitos de *disciplina escolar* e de *conhecimento escolar* e sustentar a potencialidade heurística do significante *conhecimento disciplinarizado* nos sistemas discursivos já mencionados. Por fim, reafirmamos a produtividade da "costura" teórica realizada para pensarmos outras articulações entre Currículo, diferença e poder, "desafiando" as cadeias discursivas hegemônicas e investindo em "novos" sentidos para o político no campo acadêmico e na democratização da escola pública brasileira.

O "político" na teoria do discurso: entre a inversão e a emergência

> Mais precisamente, esta é a forma como eu distingo o *"político"* da *"política"*: por *"o político"* eu entendendo a dimensão do antagonismo a qual eu tomo como constitutivo das sociedades humanas, enquanto que por *"política"* eu significo uma série de práticas e instituições através das quais uma ordem é criada, organizando a coexistência humana no contexto de conflitualidade provido pelo político (Mouffe, 2005, p. 9, grifos da autora).

A citação de Mouffe (2005), ao fixar sentidos que diferenciam o "político" da "política", nos ajuda a trazer para o debate aquilo que nos interessa para operar neste texto: com os conceitos de *disciplina escolar* e de *conhecimento escolar* "sob rasura" (Hall, 2000). Importa sublinhar que tal interesse se dá em torno de dois processos sociais que, embora específicos, encontram-se articulados: um primeiro, relacionado às disputas internas de fixação de sentidos no campo do Currículo; um segundo, envolvendo as lutas hegemônicas em torno da fixação de sentidos sobre o que *é* e o que *não é* escolar em meio aos projetos mais amplos de democratização que se encontram em disputa.

Dizemos isso porque não nos propomos a entrar no debate sobre as políticas curriculares, mas sim compreender, a partir do campo do Currículo, o jogo político em torno dos processos de produção, de classificação e de distribuição do que chamamos, neste texto, de *conhecimento disciplinarizado*. Além disso, entendemos que, ao falar em democratização da escola pública brasileira, nos colocamos em mais um terreno 'contestado' onde sentidos em disputa configuram as demandas de diferentes grupos sociais envolvidos nesse debate. Reafirmar a importância dos conceitos de *disciplina escolar* e de *conhecimento escolar* tem por objetivo, portanto, investir em demandas particulares desse processo de democratização que apostam no papel ambivalente e subversivo do *conhecimento disciplinarizado*.

Tal opção tem nos aproximado, do ponto de vista teórico, de abordagens discursivas antiessencialistas e pós-estruturalistas, em particular das produções de Ernest Laclau e Chantal Mouffe, nas quais o político assume a dimensão ontológica do social. Nas palavras de Laclau (2008, p. 2, grifos do autor), por exemplo, isso significa que "o político deixa de ser um *nível* do social, tornando-se uma *dimensão* presente, em maior ou menor escala, ao longo de toda a prática social". Podemos entender, então, que a realidade social não se apresenta como algo que se explica *per si*, positivada e fechada nela mesma em nome de um fundamento extradiscursivo. Essa afirmação rompe, pois, com uma definição do social pautada ora em uma "objetivação essencialista", ora em um "subjetivismo transcendental", incitando-nos a buscar, em meio à variedade dos jogos de linguagem disponíveis, outras articulações fixadoras do sentido de social/político "com a qual nos comprometemos" (Laclau, 1996, p. 46). Afinal, para Laclau (2008, p. 2), "o político é uma das formas possíveis de existência social", formas essas que se manifestam no campo da discursividade.

Nessa perspectiva, podemos afirmar que os processos sociais que envolvem a produção do significado de *conhecimento disciplinarizado* assumem diferentes sentidos ambivalentes e provisórios em função das múltiplas e variadas contingências históricas que, por sua vez, nos oferecem diferentes possibilidades de articulações discursivas. Importa também sublinhar que esse tipo de entendimento do social/político pressupõe operar com uma noção de discurso que obviamente não se resume a um conjunto de textos falados e/ou escritos, mas o considera como "uma totalidade estruturada resultante da prática articulatória" (Laclau e Mouffe, 2004, p. 143).

Nesse enfoque discursivo, podemos afirmar que não existem termos positivos, mas apenas diferenças. A produção do significado se dá em meio a um sistema que é, simultaneamente, relacional e diferencial. Podemos entendê-lo como relacional na medida em que, como afirma Mendonça (2009, p. 157), estudioso de Ernest Laclau, o discurso é "uma consequência de articulações concretas que unem palavras e ações, no sentido de produzir sentidos que vão disputar espaço no social". Essa dimensão relacional do sistema discursivo aparece claramente nos textos de Laclau, como, por exemplo, no fragmento a seguir, no qual o autor define discurso como:

> Um conjunto de elementos nos quais as relações desempenham um papel constitutivo. Isso significa que estes elementos não preexistem ao complexo relacional, mas se constituem por meio dele. Assim, "relação" e "objetividade" são sinônimas (Laclau, 2005, p. 86, tradução livre).

Esse entendimento de "relação" reafirma a ideia de incompletude do social, pois ela "não surge de identidades plenas, mas da impossibilidade da constituição das mesmas" (Laclau, 2004, p. 125). Além disso, podemos entender o sistema discursivo como diferencial na medida em que a sistematicidade do discurso pressupõe um limite radical — isto é, antagônico — que define, ainda que provisoriamente, o que está dentro e, simultaneamente, o que se encontra fora de cada sistema, condição para que o mesmo se constitua como tal.

Essa dimensão diferencial nos remete, diretamente, à questão da fixação de fronteiras entre estruturas significativas que configuram o social. Esse limite se fixa em uma tensão permanente entre a "lógica da equivalência" e a "lógica da diferença", a primeira responsável pela produção de cadeias de equivalência, por meio do apagamento, nos processos de significação, das unidades diferenciais, e a segunda pelo estancamento dessas cadeias, por meio da produção de diferenças radicais, isto é, de limites que funcionam como um "bloqueio da expansão contínua do processo de significação" (Laclau, 1996, p. 71). Desse modo, como afirma Mendonça (2009, p. 167):

> Todo discurso, toda identidade formada por uma articulação discursiva se dá a partir de seu próprio corte antagônico, ou seja, um outro discurso que nega, que ameaça a existência de todos os elementos que constituíram um determinado discurso.

A objetivação e a totalização dos sistemas discursivos — aspectos inalcançáveis, porém, necessários para que os processos de significação se tornem possíveis — são asseguradas, pois, pelas dimensões relacional e diferencial do discurso assumido na perspectiva laclauniana. Nesse quadro teórico, é justamente a negação de um centro transcendental, que extrapolaria o jogo da linguagem, como fundamento para a afirmação da objetivação e totalização do social/político que serve de ponto de partida para a compreensão das estratégias mobilizadas pelas lutas hegemônicas travadas nos diferentes sistemas discursivos.

Com efeito, o entendimento do político/social na teoria de Laclau e Mouffe (2004) se adensa pela ressignificação do conceito de hegemonia gramsciano, ao romper com suas bases essencialistas e assumir de forma radical a contingência da constituição desse político/social. O conceito de hegemonia, nesse novo quadro teórico, não corresponde a um lugar a ser conquistado ou combatido, e sim a processos de significação permanentes que emergem das práticas articulatórias que mobilizam as duas lógicas distintas e antagônicas, embora interdependentes, anteriormente explicitadas: a "lógica da equivalência" e a "lógica da diferença". Assumimos, pois, o significado de hegemonia "como um processo de ordem social de construção de universais capazes de condensar uma multiplicidade de sentidos dispersos no campo da discursividade" (Mendonça, 2009, p. 168).

Podemos reafirmar, então, que a relação hegemônica se instaura nesse movimento de produção de cadeias de equivalência que tem como função discursiva preencher a incompletude do social. Hegemonizar significa investir no preenchimento do sentido de universal que, por sua vez, se apresenta como de representação impossível. Assim, para Laclau (2005, p. 95):

> Essa operação pela qual uma particularidade assume uma significação universal incomensurável consigo mesma é o que denominamos hegemonia. E dado que essa totalidade ou universalidade encarnada é, como vimos, um objeto impossível, a identidade hegemônica passa a ser algo da ordem do significante vazio, transformando sua própria particularidade no corpo que encarna uma totalidade inalcançável.

São essas lógicas — a "lógica da equivalência" e a "lógica da diferença" —, portanto, que garantem a elaboração e a fixação provisória dos diferentes sentidos em disputa nos sistemas discursivos. Para tal, o papel desempenhado pelos "pontos nodais" (Laclau, 2004, p. 113) no sistema de significações é de suma importância. São esses "pontos discursivos privilegiados dessas fixações parciais [...] que são alvos e resultados das lutas hegemônicas, numa dada formação social" (Burity, s.d.). Afinal, na medida em que o fechamento simbólico do social não pode se justificar por nenhuma essência, isto é, por qualquer fundamento 'fora' do jogo da linguagem, a apreensão dos processos sociais se faz por meio desses pontos nodais produzidos pelo estabelecimento simultâneo de cadeias de equivalência entre diferentes sentidos/demandas que anulam as identidades diferenciais e de um corte antagônico produtor de uma diferença radical, um "exterior constitutivo", que funciona como elemento que permite a articulação das diferenças. De acordo com Laclau (2004, p. 113):

> A prática de articulação, portanto, consiste na construção de pontos nodais que fixam parcialmente o sentido; e o caráter parcial desta fixação procede da abertura do social, resultante, por sua vez, do constante transbordamento de todo discurso pela infinitude do campo da discursividade.

O entendimento de político de Chantal Mouffe como "dimensão antagônica" tomada como "constitutiva das sociedades humanas" mostra, assim, o seu potencial analítico ao inserir-se na teoria do discurso que, como afirma Mendonça (2009, p. 168), é uma "teoria da hegemonia". O espaço hegemônico, na perspectiva da teoria do discurso aqui privilegiada, abre caminho para toda uma lógica do social que redimensiona a tensão entre o universal e o particular nos processos de significação mobilizados em diferentes sistemas discursivos. Desse modo, podemos dizer que o que está em jogo não é acabar com os antagonismos ou, então, eliminar a ideia de universal — aspectos que, como nos aponta as teorizações do discurso, são indispensáveis nos processos de identificação —, mas deslocar a fronteira, investindo na produção de outros significantes vazios, de outros universais, de outros antagonismos, de outros pontos nodais em meio a novas práticas articulatórias diferentes daquelas até hoje hegemônicas. Com efeito, isto significa compreender que "todo discurso é uma tentativa de dominar o campo da discursividade, de deter o fluxo das diferenças, construir um centro, dizer a verdade do social" (Burity, s.d.).

Operando *sob rasura*: o que nos interessa fixar?

Tomando como referência a teoria de discurso anteriormente explicitada, retomamos nesta seção o argumento de que os conceitos de *conhecimento escolar* e de *disciplina escolar* encontram-se "sob rasura" (Hall, 2000). Isso significa considerar que, embora reconheçamos as críticas e os questionamentos que vêm sendo elaborados acerca desses conceitos, reafirmamos que eles ainda são "bons para pensar" politicamente o campo acadêmico e a democratização da escola brasileira. Dito de outro modo, trata-se de buscar investir em outras articulações discursivas, em outros pontos nodais. Tal posicionamento permite-nos considerar esses conceitos como objetos de investigação "incontornáveis" no debate curricular contemporâneo, uma vez que, por meio do adjetivo escolar, ambos os conceitos nos remetem ao estabelecimento, ainda que provisório, da fronteira que nos interessa investigar na área da educação.

No caso deste texto, na medida em que trabalhamos com processos sociais diferenciados, porém articulados, entendemos que o nosso desafio consiste em operar "duplamente" na fronteira, a qual se desloca em função das lutas hegemônicas travadas em dois diferentes sistemas discursivos: o "campo do Currículo" e a "escola democrática".

No que se refere ao sistema discursivo "campo do Currículo", entendemos que o debate teórico vem, muitas vezes, esvaziando a potencialidade analítica dos conceitos de *disciplina escolar* e de *conhecimento escolar*. Ao incorporar as contribuições das diversas teorizações da cultura, percebemos que o debate curricular investe em articulações discursivas que impactam a fixação das fronteiras dos sistemas privilegiados neste texto. Nesse movimento, percebemos articulações que tendem a subalternizar essas próprias contribuições em favor das teorizações curriculares críticas que elegem a produção, classificação e distribuição do conhecimento como foco central para pensar o político nesse campo. De igual modo, evidenciamos que, em nome de uma "outra leitura política do cultural" (Macedo, 2006), apoiada em perspectivas pós-estruturalistas, os discursos buscam investir na hegemonização de sentidos de Currículo que se articulam de forma a enfraquecer a capacidade heurística dos conceitos de disciplina escolar e de conhecimento escolar. Se, no primeiro caso, conhecimento e cultura tornam-se equivalentes, podemos argumentar que, no segundo caso, o significante Currículo perde força ao se confundir com cultura.

De modo semelhante ao que ocorre com o sistema discursivo "campo do Currículo", as demandas que se articulam em torno do sistema discursivo "escola democrática" vêm reforçando o enfraquecimento já mencionado ao estabelecerem cadeias de equivalência que associam sentidos de disciplinarização e de conhecimento curricularizado aos sentidos de ciência e de escola moderna. Nesse movimento, as críticas a uma pretensa representação universal do conhecimento científico e ao papel da escola como transmissora desse conhecimento têm sido transferidas para os conceitos de *disciplina escolar* e de *conhecimento escolar*, que passam a ser identificados como momentos de discursos universalistas. Não é por acaso que, nesses discursos, o *conhecimento disciplinarizado* tende a se situar no exterior da fronteira que fixa os sentidos de outros conhecimentos — tais como "conhecimento popular", "conhecimento comunitário", "conhecimento do aluno", "conhecimento contextualizado" — como componentes dos Currículos de uma escola democrática.

Nesse processo, o "limite radical" (Laclau e Mouffe, 2004) entre o que *é* e o que *não é* escolar — condição de fixação do sentido de escola — se enfraquece, enfraquecendo, por sua vez, a própria argumentação que reforça a pertinência dos debates em torno da diferença naquilo que a articula com o sistema discursivo escola.

Vale ressaltar que não pretendemos com essa discussão teórica reabilitar os Currículos cientificistas que fixam sentidos de *conhecimento disciplinarizado* tomando como ponto nodal o significante ciência percebido como um universal essencializado. De igual modo, não se trata de desconsiderar as relevantes contribuições teóricas dos estudos da diferença, uma vez que reconhecemos a importância de tal produção nos deslocamentos e ressignificações nas lutas hegemônicas em torno do que tem sido validado nos Currículos escolares. Como afirmado anteriormente (Gabriel, 2008, p. 225):

> A crítica [...] de um determinado discurso sobre a interface entre currículo e cultura não deixou imune a articulação estabelecida com o conhecimento, demandando novos esforços teóricos para pensar essa questão do ponto de vista político, epistemológico e pedagógico. Essa tarefa exige que continuemos a buscar igualmente novas redefinições para a interface entre conhecimento e cultura no campo do Currículo.

Interessa-nos, então, buscar novas redefinições que reafirmem o papel político do adjetivo escolar. Concordamos que o debate teórico em torno do político no "campo do Currículo" perde força ao se limitar a questões que envolvem o conhecimento e sua disciplinarização no âmbito escolar. Defendemos, no entanto, que tal concordância não significa uma impossibilidade de emergência de "novos" sentidos para os conceitos de *disciplina escolar* e de *conhecimento escolar*, os quais redimensionem o político na área da educação. Neste trabalho, ao operarmos com os referidos conceitos "sob rasura" (Hall, 2000), afirmamos essa possibilidade na medida em que esse redimensionamento possibilita-nos fortalecer, a um só tempo, a marca do escolar nos sistemas discursivos "campo do Currículo" e "escola democrática".

Entendemos que a fixação do sentido de *conhecimento disciplinarizado* permite-nos caminhar nessa direção. Como toda identidade diferencial, tal significante, ao mobilizar, simultaneamente, a "lógica da equivalência" e a "lógica da diferença", estabelece um antagonismo que faz emergir processos internos e externos de significação. Ao optarmos pelo uso desse significante, investindo em sua função discursiva de ponto nodal, estamos, pois, operando na fronteira entre o que *é* e o que *não é* escolar, reafirmando o papel da instituição escola nas lutas mais amplas da democratização.

Compreendemos que tal "operação" possibilita-nos associar, discursivamente, os diferentes sentidos de *disciplina escolar* e de *conhecimento escolar* como momentos de uma mesma cadeia de equivalência que produz e que fixa sentidos para o adjetivo escolar. Afinal, como afirma Laclau (1996), toda identidade é sistêmica e ambivalente, sendo estabelecida por meio de uma cadeia de equivalência entre elementos de um sistema discursivo específico — o contexto escolar —, constitutivamente dividida entre as duas lógicas já explicitadas. Assim, para que a identidade de *conhecimento disciplinarizado* seja fixada, é preciso estabelecer, por meio da lógica da diferença, um limite 'autêntico' que defina a fronteira entre aquilo que *é* e aquilo que *não é* identificado como escolar. O jogo entre essas duas lógicas se faz, assim, por meio de pontos discursivos privilegiados estabelecidos por práticas articulatórias constantes e provisórias e em função dos interesses em disputa em um contexto específico.

Nesse jogo, nossa aposta concentra-se, portanto, menos nas definições do universal e do particular em disputa e mais nos processos de significação contingentes e provisórios que deslocam a fronteira entre o universal e o particular. Afinal, como temos nos interrogado (Gabriel, 2010a), o problema seria o universal ou a forma de defini-lo? Como defini-lo sem pensar em limites, em fronteiras? E, ainda, segundo o próprio Laclau (1996, p. 47), a fronteira entre o universal e o particular seria, ela mesma, universal ou particular? Nesse debate, trata-se de pensar estratégias que permitam ampliar a cadeia de equivalência que sustenta a estrutura significativa 'escola democrática' e, simultaneamente, assumir exclusões e antagonismos que também condicionam sua possibilidade de ser identificada como tal. Trabalhar, portanto, na fronteira produzida pela "lógica da equivalência" e pela "lógica da diferença".

Entendemos, assim, que o sentido de *conhecimento disciplinarizado* que queremos fixar, ao assumir a função de um ponto nodal nos discursos diferenciais que disputam o sentido de Currículo escolar, pode produzir "novas" articulações hegemônicas, fazendo deslocar a fronteira entre o que *é* e o que *não é* escolar. Afinal, como nos aponta Burity (2008, p. 48):

> Na medida em que uma demanda particular é capaz de assumir a representação de um conjunto de outras demandas igualmente particulares e sem deixar aquela demanda particular, passa a falar/agir em nome desse conjunto, estamos diante de uma hegemonia.

Em meio ao jogo político

O argumento que construímos ao longo desta produção evidencia os papéis desempenhados pelos conceitos de *disciplina escolar* e de *conhecimento escolar* que permitem considerá-los como objetos de investigação "incontornáveis" no debate contemporâneo. Como já deixamos claro no início, nosso texto parte de uma aposta epistemológica pautada na afirmação de que o significante *conhecimento disciplinarizado* carrega potencialidades analíticas para pensar o político no campo do Currículo.

Tal aposta, nos dias atuais e no quadro de significação antiessencialista no qual nos situamos, significa compreender que essa "potencialidade" se constrói em meio às lutas hegemônicas travadas em contextos históricos particulares. Referimo-nos, particularmente, aos sistemas discursivos "campo do Currículo" e "escola democrática", nos quais são disputados e fixados os significados de político e de escola, assim como de *disciplina escolar* e de *conhecimento escolar*. Um lugar de importância se tece, uma vez que, em meio às articulações disponíveis no campo acadêmico, em função dos interesses que estão em jogo, posicionamos esse debate em face da urgência política que se traduz nas diferentes demandas voltadas à instituição escolar. Entre essas demandas, articuladas em torno da expressão "democratização da escola", interessa-nos reforçar o movimento de hegemonização nessa cadeia de equivalência de uma demanda particular que está diretamente associada à função dessa instituição no que se refere à socialização e à democratização do acesso ao conhecimento escolar.

No que se refere ao debate mais amplo sobre o papel da escola pública na atualidade, esse posicionamento teórico significa entrar nas disputas em torno da fixação dos sentidos de *disciplina escolar* e de *conhecimento escolar* com o intuito de explorar as rasuras, os deslocamentos possíveis e os sentidos emergentes. Destacamos que, nesses processos discursivos, se configuram, ainda que provisoriamente, as articulações hegemônicas, garantindo a satisfação de um maior número de demandas democráticas que são endereçadas, hoje, ao sistema nacional de ensino público. Dito de outra forma, ao argumentarmos a favor da ideia de operar com o significante *conhecimento disciplinarizado* como ponto nodal de uma cadeia equivalencial em torno do sentido de escolar, entendemos que este pode articular diferentes demandas democráticas direcionadas ao Currículo que excedem o que é diferencialmente representável dentro dos sistemas discursivos "campo do Currículo" e "escola democrática". Nesse movimento, deslocam-se fronteiras que passam a "desafiar" as cadeias discursivas hegemônicas, formando-se outras cadeias equivalenciais nas quais nos interessa investir.

Referências bibliográficas

BURITY, J. A. Discurso, política e sujeito na teoria da hegemonia de Ernesto Laclau. In: MENDONÇA, D.; RODRIGUES, L. P. (Org.). *Pós-estruturalismo e teoria do discurso*: em torno de Ernesto Laclau. Porto Alegre: EDIPUCRS, 2008. p. 35-51.

_____. Desconstrução, hegemonia e democracia: o pós-marxismo de Ernesto Laclau. *Revista do Instituto de Pesquisas Sociais*, Recife: FUNDAJ, (Fundação Joaquim Nabuco), Colección INPSO. Disponível na Biblioteca Virtual da Clacso, s.d.

FERREIRA, M. S. *A história da disciplina escolar ciências no colégio Pedro II (1960-1980)*. Tese (Doutorado) — Faculdade de Educação, UFRJ, Rio de Janeiro, 2005.

_____. Investigando os rumos da disciplina escolar ciências no colégio Pedro II (1960-1970). *Educação em Revista* (UFMG). v. 45, p. 127-44, 2007.

_____. Currículo de ciências: investigando as ações do centro de ciências do estado da Guanabara, Brasil, nos anos de 1960/70. In: CONGRESSO LUSO-BRASILEIRO DE HISTÓRIA DA EDUCAÇÃO, 7., *Anais...* Porto, 2008. p. 1-7.

_____; GABRIEL, C. T. Currículos acadêmicos e extensão universitária: sentidos em disputa. *ETD, Educação Temática Digital*, v. 9, p. 185-200, 2008.

GABRIEL, C. T. Conhecimento escolar, cultura e poder: desafios para o campo do Currículo em "tempos pós". In: CANDAU, V. M.; MOREIRA, A. F. *Multiculturalismo, diferenças culturais e práticas pedagógicas*. Petrópolis: Editora Vozes, 2008.

_____. Conhecimento escolar, universalismos e particularismos: sobre fixações de fronteira no campo do Currículo. In: ENCONTRO NACIONAL DE DIDÁTICA E PRÁTICA DE ENSINO, 15., Belo Horizonte, 2010a.

_____. Currículo e epistemologia: sobre fronteiras do conhecimento escolar. In: COLÓQUIO SOBRE QUESTÕES CURRICULARES, 9.; COLÓQUIO LUSO-BRASILEIRO: DEBATER O CURRÍCULO E SEUS CAMPOS, POLÍTICAS, FUNDAMENTOS E PRÁTICAS, Porto, 2010b. (No prelo.)

_____; FERREIRA, M. S.; MONTEIRO, A. M. Democratização da universidade pública no Brasil: circularidades e subversões nas políticas de Currículo. In: LOPES, A. C.; LOPES, A.; LEITE, C.; MACEDO, E.; TURA, M. L. (Org.). *Políticas educativas e dinâmicas curriculares no Brasil e em Portugal*. Petrópolis: DP et al.; Faperj, 2008, p. 251-68.

GABRIEL, C. T; MOEHLECKE, S. Conexões de Saberes: uma outra visão sobre o ensino superior. *Revista Contemporânea de Educação*, n. 2, dez. 2006. Disponível em: <http://www.educacao.ufrj.br/revista/indice/numero2/artigos/smoehlecke.pdf>.

GOODSON, I. F. *Currículo*: teoria e história. Petrópolis: Vozes, 1995.

_____. *A construção social do currículo*. Lisboa: Educa, 1997.

_____. *O currículo em mudança*. Porto: Porto Editora, 2001.

HALL, S. Quem precisa de identidade? In: SILVA, T. T. (Org.). *Identidade e diferença*: a perspectiva dos estudos culturais. Petrópolis: Vozes, 2000.

LACLAU, E. *La raison populiste*. Paris: Editions du Seuil, 2005.

_____. *Emancipación y diferencia*. Buenos Aires: Difel, 1996.

_____. *Os novos movimentos sociais e a pluralidade do social*. Disponível em: <http://www.anpocs.org.br/portal/publicacoes/rbcs_00_02/rbcs02_04.htm>. Acesso em: 6 jul. 2008.

_____; MOUFFE, C. *Hegemonía y estratégia socialista*. Hacia una radicalización de la democracia. Buenos Aires: Fondo de Cultura Económica de Argentina, 2004.

LIMA, M. J. G. S.; FERREIRA, M. S. Educação ambiental na escola: investigando sentidos sobre interdisciplinaridade e disciplinarização nas políticas de Currículo. In: BOZELLI, R. L.; SANTOS, L. M. F.; LOPES, A. F.; LOUREIRO, C. F. B. (Org.). *Curso de formação de educadores ambientais*: a experiência do projeto pólen. Macaé: Nupem/UFRJ, 2010. p. 227-47.

MACEDO, E. Currículo como espaço-tempo de fronteira cultural. *Revista Brasileira de Educação*, v. 11, n. 32, p. 285-96, maio/ago. 2006.

MENDONÇA, D. Como olhar "o político" a partir da teoria do discurso. *Revista Brasileira de Ciência Política*, Brasília, n. 1, p. 153-69, jan./jun. 2009.

MOUFFE, C. *On the poltical*: thiking in action. London: Routledge, 2005.

Tema VI

Os espaços e os tempos de aprender e ensinar

CAPÍTULO 11

Os espaços e os tempos de aprender e ensinar

Ana Lúcia Amaral

O objetivo deste texto é discutir, do ponto de vista da Didática, a *influência dos espaços e dos tempos escolares sobre o aprender e o ensinar*. Para justificar a escolha da argumentação que apresento no texto, devo dizer que minha formação no nível médio, em nível superior e mestrado ligaram-me visceralmente às hostes da Didática. Meu doutorado, entretanto, em *Social Sciences of Education*, imprimiu um caráter *curriculista* à minha formação, dado que nos países anglofônicos a Didática está subsumida nos estudos de Currículo.

Após a conclusão do Doutorado retornei ao Brasil, encontrando um cenário pedagógico de rejeição à Didática e à Pedagogia, momento que retomarei ainda neste texto. Ante os fracassos sucessivos da escola brasileira evidenciados em uma série de avaliações nacionais e internacionais, vi-me desafiada a fazer uso da minha experiência docente e de pesquisadora, e dos conhecimentos adquiridos aqui e lá fora, para interpretar e analisar a realidade educacional brasileira. Venho-me dedicando a esse trabalho, não apenas do ponto de vista macro, com o viés nitidamente *curriculista*, mas também, e especialmente, do ponto de vista micro, qual seja, da escola e da sala de aula, agora ressignificadas em seus tempos e espaços, mas sob o olhar que me é especialmente caro, o olhar *didático*.

O século XXI tem-se mostrado pródigo em avaliações internacionais, e o Brasil vem se saindo muito mal em todas elas. O mesmo se dá em relação às avaliações nacionais. Para enfrentar esse problema de baixa qualidade de ensino nas escolas públicas, educadores e formuladores de políticas públicas educacionais vêm tentando encontrar um modelo de escola que consiga superar o quadro descrito. A partir das últimas décadas do século passado, surgiram propostas de escolas chamadas *progressistas*, a maioria delas em âmbitos municipais, entre elas, a Escola Cidadã de Porto Alegre e a Escola Plural de Belo Horizonte. Um dos aspectos comuns, focados por essas propostas, dizem respeito à organização dos tempos e espaços escolares: uma vez que o sistema seriado que vigorara até então se achava acoplado a uma imagem de insucesso, a preocupação com mudanças nos tempos e espaços escolares emergiu fortemente como ponto fulcral dessas propostas, com vista à superação dos problemas do ensinar e do aprender.

Tempos e espaços, nos dizeres de Libâneo, dizem respeito à organização da escola, respeito ao desenvolvimento do aluno, aos ritmos individuais, aos fatores socioculturais, à subjetividade, às relações, à convivência etc. Mas, como tudo isso converge para as funções sociais, culturais e pedagógicas das escolas? Como mudar uma concepção de escola, mas como, também, retomar uma estrutura, um rigor, um trabalho sistematizado em torno dos conteúdos? Foi esse o mote que me foi encomendado e é com o olhar da professora de Didática que me debrucei sobre o tema proposto.

Se o tratamento dado ao meu trabalho fluísse pelo meu viés *curriculista,* eu começaria por tratar do tema distinguindo dois tipos de estrutura organizacional:

A organização por séries

Os sistemas seriados que se organizavam até recentemente em oito séries vêm agora propondo o acréscimo de mais uma série, tornando o Ensino Fundamental uma sequência de nove séries (cada pequeno caldeirão representando aqui uma série).

A organização por ciclos

O número de ciclos pode variar para o Ensino Fundamental. Propus aqui uma representação de três ciclos (três caldeirões), com três anos em cada um, perfazendo três ciclos para o Ensino Fundamental.

Ou seja: eu trataria o tema de uma maneira mais sistêmica, procurando evidenciar os prós e os contras de uma e outra forma de organização, enfatizando a tendência dos educadores que se autonomeiam *progressistas* a adotarem a organização em ciclos.

A professora de Didática, entretanto, em lugar de adotar um ponto de vista macro respaldado por fundamentos sociológicos, políticos, antropológicos, culturais, prefere enfocar o caldeirão onde se prepara o *caldo* da educação propriamente dita — a escola, a sala de aula — e analisar os seus ingredientes do ponto de vista pedagógico e didático.

O grande sociólogo americano John Meyer afirmava que *a sala de aula é o "chão" da fábrica chamada escola*: é lá que se concretizam as mudanças — se os professores não se sensibilizam, ou não são competentes para tal, as reformas ficarão sempre no plano do discurso.

Aí, para o bojo desse caldeirão, estarão voltadas as minhas considerações, analisando os ingredientes básicos do caldo: **o professor, os alunos, os conteúdos, as metodologias, a avaliação, e os tempos/espaços**. A distinção desses elementos faz-se com um propósito meramente elucidativo, uma vez que estão todos visceralmente imbricados.

Retomemos o título do trabalho: *Os espaços e os tempos de **aprender e ensinar***. Há algum tempo, havia uma nítida separação entre o aprender e o ensinar: *aprender* pertencia ao campo de estudos da Psicologia e *ensinar*, ao campo da Didática. Posteriormente surgiu a necessidade de unir os dois campos, ante a convicção de que *não acontece o ensino se não houver aprendizagem*. Mais recentemente, com a hegemonia do *construtivismo* no discurso educacional brasileiro, este chegando mesmo a embasar os Parâmetros Curriculares Nacionais (MEC, SEF, 1997), o estudo da aprendizagem se sobrepôs aos estudos sobre o ensino. Vigoram ainda, entre muitos professores, a crença de que *toda aprendizagem é construída pelo aprendiz; ninguém ensina nada a ninguém; o aprendiz é o sujeito de sua própria aprendizagem* etc. Isto, de certa maneira, conduziu a uma minimização da figura do professor. O ensinar passou a segundo plano, abrindo espaço para os adeptos do *aprender*.

Embora, ao longo da vida, inúmeras aprendizagens ocorram sem a figura de alguém que ensina, não é isso o que se espera de um ambiente escolar. Ali, por força de necessidades várias, existem duas figuras-chave: o aluno e o professor, e dois ofícios muito nítidos: o de aluno e o de professor (Perrenoud, 1995, 2002; Tardif e Lessard, 2008).

No decorrer do texto, preocupo-me em deixar clara a importância que dou aos dois ofícios, de aluno e de professor, e aos dois conceitos: ensinar e aprender.

Começarei por abordar os elementos propostos: o professor, os alunos, os conteúdos, as metodologias, os tempos e espaços, e a avaliação, com um resumo de como esses elementos foram percebidos a partir de pesquisa realizada na rede municipal de Belo Horizonte (Dalben, 2000), numa avaliação de um projeto que se propôs a mudar radicalmente as suas escolas, alterando **os seus tempos e espaços**, e a relação entre o **aprender e o ensinar**.

A percepção dos elementos propostos em pesquisa realizada na escola plural

O projeto "Avaliação da implementação do projeto político-pedagógico Escola Plural" originou-se de uma sugestão do Conselho Estadual de Educação, em 1994, época em que o programa foi apresentado para aprovação daquele órgão como uma experiência a ser implantada na rede municipal de educação (Dalben, 2000). Entretanto, a avaliação propriamente dita se processou, sobretudo, em 1999.

Criado na gestão do prefeito Patrus Ananias e tendo como idealizadores a secretária de educação Profa. Glaura Vasques de Miranda e o secretário adjunto Prof. Miguel Arroyo, o projeto deveria ser submetido a um processo de avaliação externa ao final de quatro anos. Depois de dois anos de implantação, houve mudança de governo e o projeto foi conduzido pela secretária Maria Céres Pimenta Spínola de Castro que, ao final do tempo estabelecido previamente, negociou com o Game — Grupo de Avaliação e Medidas Educacionais — FaE/UFMG a avaliação em questão (Dalben, 2002).

O professor

A rede municipal de ensino de Belo Horizonte abrangia, em 1999, 175 escolas, 8 mil professores e 180 mil alunos, administrados em nove regionais. A formação de professores era, em sua maioria, de nível superior, sendo que 53% dos professores das séries iniciais possuíam licenciatura plena e 19% estavam em processo de formação (Dalben, 2000). No 3º Ciclo e Ensino Médio, boa parte dos professores vinha investindo em cursos de especialização e mestrado. Por meio de parcerias com outras instituições e via Cape — Centro de Aperfeiçoamento dos Profissionais de Educação —, a Secretaria Municipal de Educação também investiu na formação de seus profissionais (Dalben, 2000).

Do estudo feito (Amaral, 2002), assim se mapeou o universo das escolas, de acordo com o nível de aceitação do projeto: (a) as que acataram oficialmente o projeto; (b) as que o acataram parcialmente; (c) as que o rejeitaram. Dentro de cada escola, mesmo entre as adeptas, também existiam subconjuntos: professores e pais que aprovavam o projeto; professores e pais que o rejeitavam.

Foi dada aos professores uma grande autonomia. A prática pedagógica ficava a cargo de um "trio" ou "quarteto" de professores que respondia por cada turma. A eles cabia a escolha dos conteúdos, estes, de modo geral, escolhidos pelos próprios alunos e desenvolvidos, preferencialmente, sob a forma de "projetos de trabalho".

Mas havia uma grande preocupação com a "não retenção" dos alunos, em especial com a não alfabetização dos mesmos:

> coisas que a gente não deve largar. Por exemplo, [...] os alunos não sabem os fatos. Eles não sabem os fatos, mas estão passando. Essa coisa de não ter retenção, eles estão sendo promovidos sem saberem nada de nada, não podem ficar retidos. Como você quer qualidade se não tem retenção? (Profa. 2º ano, 2º Ciclo, Relatório Escola 20, apud Amaral, 2002)

Os alunos

Como foi explicitado à época da pesquisa, a rede contava com 180 mil alunos, distribuídos em 175 escolas, com perfis diferenciados no tocante à aceitação do projeto. O aluno, visto como um ser cultural, passou a ser o centro da nova lógica de organização e priorizado como sujeito portador de conhecimentos construídos ao longo de sua vida (a mudança de foco do *ensinar* para o *aprender*).

No entanto, a reputação de uma "escola que não reprova" preocupava não somente professores. A despeito do forte discurso em torno da avaliação formativa, a ausência de notas e de provas criou um clima de relaxamento quanto aos padrões de qualidade. Os resultados apresentados pelos alunos, embora sem o fantasma da repetência, não justificaram as mudanças radicais.

A ausência da repetência, num julgamento superficial, deveria ser motivo de satisfação para os alunos, dado que avaliações e, principalmente, provas foram sempre alvo de críticas e de medos. Entretanto, esse não é um sentimento discente generalizado, em face da sensação de uma avaliação frouxa, pouco discriminativa. Aí vai o depoimento de um aluno:

> O aluno não tomar bomba é muito difícil para eles, ter esse desenvolvimento, porque é muito complicado para eles, né? A gente passa numa matéria sem saber a matéria. Na Escola Plural é assim, a gente passa numa matéria sem saber a matéria. Na Escola Plural é assim, a gente passa. Igualzinho em Matemática, eu não sei, mas passei. [...] A gente deveria voltar à escola normal: se o aluno estiver ruim, repete o ano, e os que estiverem bons, passam direto. [...] É até entender a Matemática. Enquanto não aprender, não passar... Matemática é muito importante!" (Aluna 2º ano, 3º Ciclo, Relatório Escola 20, apud Amaral, 2002, p. 23)

A aluna parece compreender que a inclusão social passa por uma escolaridade séria, responsável, de cobranças...

Os conteúdos

A ausência de um Currículo comum às turmas de mesmo ciclo deixou os professores sem referência para a avaliação no domínio da cognição. Na maioria das escolas, a seleção dos conteúdos ficava a cargo do "trio" ou "quarteto" de professores de cada turma, acabando por caracterizar o ensino "incidental", do qual se espera o cumprimento do preceito da contextualização. Entretanto, depoimentos nos mostraram que isto levava, ao final de um ciclo, à identificação de lacunas imperdoáveis na cognição dos alunos. A alfabetização (como, de resto, nas escolas públicas brasileiras, em geral) vem sendo um grande nó. A impressão que nos passaram os professores observados e entrevistados é a de que existia uma crença internalizada segundo a qual a opção pelos conteúdos era uma traição a uma proposta que enfatizava os projetos de trabalho e a construção do conhecimento. Havia uma conotação pejorativa ao que chamavam de "conteudismo".

As metodologias

Diferentemente, as metodologias, em especial aquelas centradas nos alunos, revestidas de um caráter nitidamente "coletivo", encontraram um campo fértil para a sua implantação. A criação de novas metodologias de ensino envolvendo as múltiplas linguagens dos novos tempos tornou-se uma questão fundamental. A centralidade dos conteúdos foi deslocada para a relação dos sujeitos com o conhecimento e sua capacidade de dar significado a esses conhecimentos (Dalben, 2000).

Ressalto o "método de projetos", elevado à categoria de "pedagogia de projetos", nos moldes propostos por Hernandez e Ventura (1998). Uma boa parte dos professores passou a desenvolver suas atividades em torno de um *projeto*, cujo tema, na maioria das vezes, era escolhido pelos alunos, sem direcionamento ou censura por parte dos mestres. Certos de que esta era a melhor maneira de contextualizar o ensino, acabaram, sem o perceber, por transformar o ensino em *ensino incidental*, guiado pelo interesse dos alunos, pelo surgimento de novas questões. Como a lógica da seriação é apresentada como uma lógica ditada pelos *conteúdos*, a nova proposta se apresenta como uma experiência a ser vivenciada em prazo mais dilatado... os ciclos de formação.

Os tempos e os espaços

O projeto propunha a instituição de novos tempos e espaços escolares, tanto para os professores, quanto para os alunos. Na Escola Plural, os ciclos de formação se sustentavam em dois princípios básicos:

- o ser humano passa por fases de desenvolvimento e, no decorrer dessas fases, passa por experiências de vida e desenvolve-se segundo suas possibilidades fisiológicas e psicológicas;
- o ser humano, ao estar no mundo, participa da vida, estabelecendo relações com o meio, isto é, mediante suas experiências e nessas relações aprende sobre si e sobre a vida. São estas vivências que lhe oferecerão um referencial de ideias, valores e habilidades para viver e refletir no/sobre o mundo. É, nesse sentido, um sujeito de conhecimento (Dalben, 2000, p. 58).

Os ciclos de formação surgiram, então, como uma solução para dilatar o tempo de aprendizagem dos alunos, sem a cobrança até então verificada a cada fim de ano, numa tentativa de baixar os altos índices de repetência supostamente dela decorrentes.

A concepção de ciclo visava a um ensino que privilegiasse o que é mais significativo em cada período da formação dos sujeitos. Os saberes e valores que fazem parte do dia a dia de cada um passaram a se constituir "material escolar". O ciclo foi, pois, entendido como um tempo contínuo e dinâmico que se identificava com o tempo de formação do próprio desenvolvimento humano: infância, puberdade, adolescência. Foram apresentados como os novos eixos lógicos que iriam delimitar os parâmetros para a nova organização do ensino.

A avaliação

Quando da criação da Escola Plural, foi dada uma forte ênfase ao caráter formativo da avaliação, mas *previam-se avaliações formais ao final dos ciclos*, numa tentativa de recuperação dos alunos que não houvessem atingido padrões mínimos de desempenho. Entretanto, posteriormente essa norma foi abandonada em favor da "progressão continuada". À época da pesquisa, um grande número de professores comungava a ideia de que reprovações sucessivas trazem malefícios, já davam a devida importância à avaliação contínua e qualitativa, mas concordavam também que a eliminação das notas trouxe um grave problema para eles, professores, para os pais e para os próprios alunos, sobretudo no que diz respeito ao compromisso, ao empenho nos estudos e à disciplina.

Este é, em rápidas pinceladas, o retrato de um projeto que se propôs a mudar os rumos da escola de maneira radical. Esse e outros projetos alternativos acabaram por ser "absorvidos" pelos sistemas oficiais de ensino: federal, estaduais, municipais. As grandes bases serviram também como linhas que ajudaram a tecer novas propostas, inclusive os PCN — Parâmetros Curriculares Nacionais (1997).

No entanto, embora essas ideias — incluindo o caráter construtivista que impregnou os PCN e as variadas propostas de ciclos em substituição à seriação — tenham se disseminado Brasil afora, os resultados alcançados pelos alunos brasileiros nas avaliações nacionais e internacionais (destaque para o Pisa, Programa Internacional de Avaliação de Alunos, uma avaliação comparada) continuam tristes. Fica a pergunta: E ENTÃO?

Retomando o tema "os espaços e os tempos de aprender e ensinar": como torná-los fatores de sucesso escolar?

Na tentativa de tornar mais claras as nossas ideias, usamos a metáfora de um caldeirão para falar de um caldo que se pretende nutritivo, saudável, saboroso, rico o bastante para fazer da escola um ambiente que produzisse o sucesso escolar, mas também, o sucesso na vida lá fora... Falamos de um caldeirão onde se cozinham os elementos essenciais a uma boa educação.

Os conteúdos

Quando falamos da criação de uma sociedade mais justa, não entendemos que cabe à escola promover uma redistribuição de riquezas. A riqueza que a escola pode distribuir é a cultura sistematizada, patrimônio cultural acumulado pela humanidade e a que todos os cidadãos têm direito em uma sociedade democrática. Negar isso às classes menos favorecidas é discriminá-las, barrando-lhes a mobilidade social.

Quando falamos de acesso à cultura, é bom que o permitamos sem desdenhar as diferentes "culturas". Essas, tal como as minorias sub-representadas, deverão ser objeto de estudo e respeito como os demais temas constantes do desenho curricular, sem se limitarem ao mero festejo de efemérides (Dia do Índio, Dia Internacional da Mulher).

Quanto à seleção dos conteúdos escolares, sabe-se que toda seleção é, de alguma forma, arbitrária: um grupo de responsáveis pelas políticas educacionais, ou gestores, ou mesmo professores optam por um recorte que julgam o mais adequado. É interessante que a seleção possa ser feita por especialistas com vasta experiência, capazes de criar um conjunto significativo para os alunos e seu contexto. Esse recorte passa a se constituir um norte para os professores responsáveis pela implementação curricular, sem que essa oferta se assemelhe a um *menu* que um professor (ou grupo de professores) estabelece de acordo com o seu paladar... A falta desse norte deixa os professores sem rumo...

As metodologias

Embora o escopo da Pedagogia seja muito maior que o puro domínio de métodos e técnicas de ensino (estes, um dos muitos elementos tratados no âmbito da Didática), foi nesse terreno — dos métodos e das técnicas — que se perpetraram os maiores ataques à Pedagogia e à Didática.

Ao longo das últimas décadas, a Pedagogia foi alvo de constantes *invasões*. Nas décadas de 1980 e 1990, nas ondas do Marxismo e das Teorias da Reprodução, a Pedagogia foi invadida pela Sociologia e pela Política, num processo drástico: embora revelando as tristes distorções do sistema educacional que, via avaliação, expurgava da escola, precoce e cruelmente, os alunos socialmente desfavorecidos, os sociólogos tomaram a si a tarefa de *destruição* da Pedagogia, num processo altamente ideológico! A pesquisa pedagógica cedeu lugar à pesquisa sociológica: o microambiente da sala de aula foi literalmente abandonado em favor das macroanálises. Métodos e técnicas de ensino foram alijados do discurso do professorado, cuja identidade diluiu-se na militância e na doutrinação. Até mesmo os clássicos da Pedagogia foram relegados ao esquecimento!

O Currículo dos cursos de Pedagogia foi exorcizado de disciplinas pedagógicas, abrindo-se um espaço bem maior para os fundamentos de natureza sociológica, filosófica, antropológica, histórica. As disciplinas pedagógicas, quando presentes, repetiam o mesmo discurso embasado nos mesmos autores das outras áreas, numa deplorável mesmice. Os pedagogos sentiam-se convidados a *refletir sobre educação*, mas não se sentiam mais aptos a *fazer educação* (Amaral, 2002).

Sobretudo, o Currículo das Faculdades de Educação tornou-se altamente ideologizado. Vejamos o que disse sobre isso o atual Ministro da Educação, Fernando Haddad, em entrevista à revista Veja, em 17 out. 2007:

> Um problema evidente é o dogmatismo que chega a algumas salas de aula do país. Ele exclui da escola a diversidade de ideias na qual ela deveria estar apoiada, por princípio, e ainda restringe a visão de mundo à de uma velha esquerda. Não é para esse lado, afinal, que o mundo caminha. Sempre digo que em uma igreja ou em um partido político as pessoas têm o direito de promover a ideologia que bem entenderem, mas nunca em uma sala de aula. A obrigação da escola é formar pessoas autônomas — capazes, enfim, de compreender de modo abrangente o mundo em que vivem. Todo procedimento que mutila isso é incompatível com um bom processo de aprendizado. Em suma, educação não combina com preconceito.

No âmbito da Educação Fundamental, assistimos a um progressivo fracasso de nossas escolas, de nossos mestres, especialmente no que diz respeito à alfabetização: tendo-lhes sido confiscados os métodos e as técnicas com que conduziam o processo, viram-se obrigados a *criar*. Um número sem conta de nossos professores não sabe mais como alfabetizar.

No âmbito da Educação Superior, havia profissionais que trabalhavam a educação "até a porta da escola", mas não a adentravam. *Fazer educação* tornou-se uma coisa menor, da qual os próprios pedagogos se envergonhavam: tornaram-se, então, pseudossociólogos, pseudofilósofos, pseudoantropólogos e assim vai, repetindo o jargão de outros campos, mas sem o estofo necessário para teorizar sobre eles. E o *campo* da Pedagogia foi invadido por outros profissionais, com bagagem bastante para falar de educação, criticar a educação, refletir sobre a educação, mas não suficiente para *fazer educação*. Este foi o espaço que ficou sem dono...

Sentimos que se faz necessário resgatar a credibilidade da Didática, fomentando a pesquisa de qualidade na área. O bom professor precisa ser capaz de refletir sobre a Educação em sua totalidade, mas dele espera-se que seja também capaz de *ensinar promovendo aprendizagem*. O conhecimento de pesquisas pedagógicas e o domínio de métodos e técnicas de ensino podem auxiliá-lo bastante nessa tarefa.

E, em que pese a contribuição do interacionismo e do sociointeracionismo para a Educação, não se pode ignorar o grande problema gerado pela disseminação da falácia: "ninguém ensina nada a ninguém". Sobretudo, todos os campos de conhecimento apresentam sempre um *como fazer* que foi abandonado, no campo da Pedagogia, em favor da "criatividade do professor". Estarão os nossos professores devidamente preparados para tal exercício?

O uso de metodologias consagradas só pode enriquecer o trabalho do professor. Vejamos algumas delas.

Os projetos de trabalho: a serviço de um planejamento cuidadoso, visando à formação de habilidades a partir da busca de soluções para problemas *relevantes*, internalizando conteúdos necessários à formação do cidadão e ao enfrentamento do mercado de trabalho, são excelentes procedimentos. No bojo dos projetos de trabalho, podem e devem ser inseridos outros procedimentos, tais como *entrevistas, excursões, exposições, confecção de painéis, elaboração de jornais, dramatizações etc.,* todos eles visando à formação de habilidades a partir de uma aquisição honesta dos conteúdos trabalhados: *não se formam habilidades no vazio...*

A resolução de problemas: que não deve se limitar à área da Matemática.

O trabalho de grupo: esse é o procedimento por excelência para dar cumprimento ao que vem se chamando de "Pedagogia diferenciada" (Perrenoud, 2000). Os grupos podem ser formados para o estudo coletivo de um texto, para resolver diferentes problemas, para debater um tema, para planejar tarefas, e outras finalidades. Como procedimento de avaliação, é apenas um recurso para facilitar o trabalho do professor, mas pouco eficiente: os bons alunos "carregam" os ineficientes...

Os grupos podem ser organizados por critérios de semelhança ou de diferença (Slavin, 1993). Por exemplo: pode-se organizar um grupo de alunos que tenham, todos eles, dificuldades de leitura. Isto facilita o trabalho para o professor, pois ele pode selecionar tarefas especiais e materiais adequados para a maioria da turma trabalhar independentemente, enquanto dá uma atenção específica àqueles alunos (Cohen, 1994).

A outra possibilidade é a formação de grupos com níveis diferenciados de rendimento, reunindo alunos mais proficientes e menos proficientes em determinada área ou habilidade. A grande troca, nesse caso, é entre os próprios alunos: os mais proficientes estarão auxiliando os colegas. Nesse caso, ao contrário do que muitos pensam, beneficiam-se todos: muitas pesquisas já foram conduzidas e mostram que, ao ensinar, os alunos fortes crescem em seu aprendizado, na medida em que, ao organizarem seu pensamento e seus conhecimentos para ensinar, aprendem mais e em níveis mais complexos: é a força pedagógica da comunicação!

O professor

É peça-chave na engrenagem aqui descrita. O fato de tornar-se mediador da aprendizagem dos alunos não o libera da responsabilidade de planejar; de preparar aulas bem fundamentadas e ao mesmo tempo atraentes para os alunos; de criar situações problematizadoras e desafiadoras; de acompanhar cuidadosamente o desenvolvimento de seus alunos e registrar seus progressos e dificuldades; de preparar atividades e selecionar materiais adequados à superação das dificuldades encontradas; de programar a ampliação dos espaços de aprendizagem, valendo-se do espaço físico da comunidade e das pessoas-recurso nela disponíveis: variando os procedimentos e recursos...

Como se vê, espera-se que seja um professor *competente e capaz de desenvolver competências...*

O grande desafio que se põe hoje para a Educação, quando se envereda pela questão das competências, é como organizar um Currículo com base nelas. Nilson José Machado, no capítulo "Sobre a ideia de competência", traz reflexões extremamente importantes sobre o tema: para ele, "a organização da escola é, e continuará a ser, marcadamente disciplinar; os professores são, e continuarão a ser, professores de disciplinas, não havendo qualquer sentido na caracterização de um professor de competências" (In: Perrenoud et al., 2002, p. 139). Entretanto, ele pondera sobre a urgência de uma reorganização do trabalho escolar que reconfigure seus espaços e seus tempos, que revitalize os significados dos Currículos como mapas de conhecimento, da formação profissional como um amplo espectro de competências, e uma redefinição do papel do professor, responsável por conhecimentos e valores.

Esse desafio cresce em dimensões, quando nos lembramos de que, afinal, um projeto que se proponha a formar recursos humanos "competentes" deve aceitar, também, o desafio de não negligenciar a dimensão ético-política que deveria mediar todo trabalho com vista à formação de "profissionais competentes".

Que saberes seriam necessários à formação de um professor "competente? Um bom número de autores já classificou, com algumas variações, os "saberes" que deveriam ser do domínio do professor: Perrenoud, Altet, Tardif, entre muitos. Tomei um deles, Clermont Gauthier (Gauthier et al., 1998), para falar desses "saberes". Ele os classifica como: *o saber disciplinar; o saber curricular; o saber das ciências da educação; o saber da tradição pedagógica* (um saber que transparece numa espécie de intervalo da consciência); *o saber experiencial* (a experiência e o hábito estão intimamente relacionados. O professor elabora uma jurisprudência particular feita de truques que ele acredita que funcionam). Quero chamar a atenção para a última categoria: ***o saber da ação pedagógica*** — é o saber experiencial dos professores a partir do momento em que se torna público e que é testado através das pesquisas realizadas em sala de aula. Os saberes da ação pedagógica legitimados pelas pesquisas são atualmente o tipo de saber menos desenvolvido no repertório de saberes do professor, embora seja, paradoxalmente, o mais necessário à profissionalização do ensino!

Gauthier argumenta que, na falta de um saber da ação pedagógica válido, o professor, para fundamentar seus gestos, continuará recorrendo à experiência, à tradição, ao bom-senso, saberes que além de comportarem limitações importantes, não o distinguem em nada, ou quase em nada, do cidadão comum.

Vemos, assim, que fica permitido, ao professor, o uso do "ensaio e erro" com seus alunos. E eu me pergunto: onde fica a ética do *ensinar* em situações como essa? Quando precisamos de um médico, um dentista, um psicólogo para nossos filhos, procuramos informações a respeito dos profissionais, buscamos o que há de melhor. Mas, contentamo-nos em entregá-los a um processo de "ensaio e erro", quando se trata de sua educação...

Gauthier ainda pondera que, para profissionalizar o ensino, é essencial identificar saberes da ação pedagógica válidos e levar os outros atores sociais a aceitar a pertinência desses saberes. Mas, como convencer a sociedade da pertinência desses saberes se os próprios docentes não o fazem?

Precisamos partir para uma formação de professores competentes!

Aprender e ensinar

Eu diria, até mesmo, ensinar e aprender, uma vez que não estamos falando das aprendizagens espontâneas que ocorrem ao longo da vida, mas daquelas que devem acontecer sob a responsabilidade do professor.

Vivemos num tempo em que as informações estão disponíveis de muitas maneiras, em especial na Internet. Cabe ao professor cuidar para que o aluno possa transformar suas informações (adquiridas por transmissão ou construção) em "conhecimento", isto é, o corpo estruturado dos diferentes campos teóricos e práticos.

Temos falado muito também em *aprender a aprender:* é uma habilidade que não se forma no vácuo, aprende-se a aprender, aprendendo alguma coisa, algum *conteúdo!*

Ao professor cabe ensinar a aprender!

A avaliação

Neste livro há capítulos dedicados exclusivamente à avaliação. Furto-me de repetir conceitos, ainda que por demais importantes. A despeito de eu considerar a avaliação um ponto nevrálgico em qualquer proposta pedagógica, limito-me a ressaltar apenas três pontos:

- a avaliação deve existir a serviço da aprendizagem: seus resultados devem ser usados para (re)direcionamento das atividades durante o período letivo;
- a avaliação com o caráter de "medida" deve ser utilizada ao final de cada ciclo (ou mesmo série) para que se tomem as medidas necessárias à recuperação — não de "notas", mas de aprendizagens;
- a "prova" é um instrumento válido de avaliação, assim como as notas. Sua revisão pode constituir um excelente instrumento de aprendizagem para os alunos. Há alunos (e falo isso com

a experiência de muitos anos de ensino presencial e a distância) que não estudam se não houver prova do conteúdo ministrado!

Os espaços e os tempos de aprender e ensinar

Por si sós, os ciclos nada garantem. É interessante, sim, dar aos alunos mais tempo para garantir a sua aprendizagem, mas prorrogar esse tempo sem que tenha sido dispensado à aprendizagem o cuidado necessário, sem que tenham sido buscados objetivos, assimilação de conteúdos, formação de habilidades ou competências, sem que o progresso de cada aluno tenha sido devidamente monitorado e o percurso devidamente corrigido, terá sido uma tarefa inócua, uma escamoteação, um faz de conta...

Quanto aos espaços, é preciso entendê-los como uma ampliação da sala de aula. Isto requer uma arquitetura especial para as escolas: espaços diferenciados para aprendizagens diferenciadas, amplitude, clareza, adequação. Enfim, precisamos de infraestrutura escolar! Os espaços também têm de ser entendidos como os recursos disponíveis da comunidade: bibliotecas, teatros, parques, museus... E... o espaço não pode deixar de ser virtual também! A disponibilização de computadores e da Internet para os nossos alunos faz-se urgente!

Enfim, um "caldo educacional" substancioso para nossas escolas!

Referências bibliográficas

AMARAL, A. L. Os projetos de trabalho na ótica da escola plural. In: DALBEN, A. I. de F. (Org.). *Singular ou plural?* Eis a escola em questão. Belo Horizonte: Game/FaE/UFMG, 2000. p. 67-75.

_____. As políticas públicas de avaliação e sua repercussão nas práticas pedagógicas da escola plural. *Estudos em Avaliação Educacional*. n. 26, jul./dez. 2002.

AMARAL, A. L.; SALGADO, M. U. C. *Projovem urbano*. Manual de orientações gerais. Brasília, 2008.

COHEN, E. G. *Designing groupwork*: strategies for the heterogeneous classroom. New York: Teachers College, Columbia University, 1994.

DALBEN, A. I. de F. (Org.) *Singular ou plural?* Eis a escola em questão. Belo Horizonte: Game/FaE/UFMG, 2000.

_____. A prática pedagógica e os ciclos de formação na Escola Plural. In: _____. *Singular ou Plural?* Eis a escola em questão. Belo Horizonte: Game/FaE/UFMG, 2002. p. 58.

GAUTHIER, Clermont et al. *Por uma teoria da pedagogia*. Ijuí: Unijuí, 1998.

HERNÁNDEZ, F.; VENTURA, M. *A organização do currículo por projetos de trabalho*: o conhecimento é um caleidoscópio. Porto Alegre: Artmed, 1998.

MEC/SEF. *Parâmetros curriculares nacionais*, 1997.

PERRENOUD, P. *Ofício de aluno e sentido do trabalho escolar*. Porto: Porto Editora, 1995.

_____. *Pedagogia diferenciada*: das intenções à ação. Porto Alegre: Artmed, 2000.

_____ et al. *A prática reflexiva no ofício de professor*: profissionalização e razão pedagógicas. Porto Alegre: Artmed, 2002.

SLAVIN, R. Student differ: so what? *Educational Researcher*, v. 22, n. 9, p. 13-4, dec. 1993.

TARDIF, M.; LESSARD (Org.). *O ofício de professor*: história, perspectivas e desafios internacionais. Petrópolis: Vozes, 2008.

CAPÍTULO 12

Imagem-escola

Antonio Carlos Amorim

Neste capítulo, pretendo entrar por fendas que pressionam e sufocam a escola na bipolaridade sugerida pelas relações entre espaço e tempo, um certo tipo de contexto para as *formas de ensinar*, uma potência "comum" aos campos da Didática e do Currículo. Opto for fazer tal movimento *entre* imagens de escola, circunscrevendo, especialmente, a história da escola por algumas contribuições que os estudos culturais trouxeram como ferramenta analítica para o campo da educação — basicamente nas leituras que foram feitas de obras de Michel Foucault por estudiosos do campo do Currículo. Tanto a genealogia quanto as práticas de enunciação forçam-me a questionar a contiguidade entre imagem-representação-realidade.

A emergência das imagens pela subordinação à história são multiplicidades que compõem alguns extratos interessantes e que o capítulo quer indicar como contribuições ímpares para se pensarem novos estatutos da imagem, na sua relação com o pensamento, traçando planos de fuga da representação. Para tanto, sobrevoam-se as palavras narrativa, experiência e corpo, lançando sobre elas tonalidades de conceitos de Gilles Deleuze, em busca de sentidos para a imagem, deixando vazar a escola pelas bordas, poros e incorpóreos.

Aproximar-se na imagem de um "silêncio inapreensível que a torna potência propícia à germinação do sentido" (Fadigas, 2003, p. 21), um devir na consonância entre espaço e tempo, a partir de fluxos do sujeito, humano — com sua memória — e em constante alteração, em acontecimento — o excesso de humano ou o não humano.

Pensar por linhas das vertentes pós-estruturalistas, que compreendem a história como uma constante ficção do tempo presente, e cuja inspiração me chegou por uma espécie de paixão convidada pelos estudos culturais, abriu-me à possibilidade de estudos de escritas e de imagens olhando para a abertura/devir e não para a cicatriz/identidade, apostando em sujeitos que se fazem não somente pelas suas cicatrizes, mas também pelos espaços vazios que são produzidos nos encontros com seres/coisas.

O movimento turbilhonar, de um nômade em torno de si e contrário e seduzido ao deserto que o contém, das leituras dos textos de Gilles Deleuze delineia um tipo de paisagem que é da correnteza de um rio. Fazer a vida escolar acontecer neste meio apresenta-se como um problema, instabilidades ao infinito.

Para o tema das *formas de ensinar*, considero sugestivo partir de um tempo não cronológico, com que possamos pensar em movimentos de contrações e dilatações, expansões e adensamentos. Trata-se de articular o tempo à duração, e o espaço à sucessão, gerando a ideia de coexistência e de variação, um presente vivo que já é passado (desde que presente é presente) e ao mesmo tempo arrastado para o futuro.

Uma outra gênese (heterogênese?) das formas de ensinar, em que a luta de organizar a vida a partir do caos seja concomitante à necessidade de se lançar ao caos para apostar na dissolução do par espaço-tempo.

Rascunhar um estilo em que indagar como sair do caos e conquistar a autonomia de produzir um mundo seja-nos a condição de pensar a imagem como campo problemático do Currículo.

Algum plano de fuga

Entre a história e a via das imagens, a escola padece. Imóvel, tênue, uma quase-sombra. Nunca se viu tão figurada. Nunca se viu, essa é a verdade. Vê-se agora entre dois espelhos, que a multiplicam em estilhaços, saboreiam suas faces, fendem-se no seu corpo... **Tão** vazio. Tenta escapar, e o seu reflexo a recaptura. Tenta se metamorfosear, e o seu conteúdo, "dado" a ver e a ser colocado em comparação pelos estilhaços, enraíza-a. Não se trata de nenhum tipo de sofrimento, não estamos tratando desta dimensão corpórea. É mesmo um desalento. Não haverá casos, contos, ensaios, narrativas que a encorajem. O contágio da figuração, sem disputa e só com acordos, entre a história e as imagens, deixa-a despida como a personagem Camila do filme brasileiro "Nome Próprio". Não saberá mais viver sem o contágio. A história e a via das imagens são seus inimigos agora. Como não os via anteriormente? Não teria, pois, os meios de se armar contra eles. Pois bem, hum... Também não há espaços para alívios. Antes fosse algo imperceptível e aleatório, não tão cheio de enquadramentos, olhos e perspectivas. Veem-na com tanto otimismo e crítica ao mesmo tempo, que seu desejo de precipitar a ordem do mundo poderá se realizar? Ora, a escola diz para si mesma que este desejo não é **tão** seu assim. **Tão** vazio. Abre um livro de Ferdinando Hernández (2006) e lê: "*Mas eu sei que o abajur que Celina acendia naquelas noites não é o mesmo que agora se acende na recordação. A cara dela e as demais coisas que receberam aquela luz também estão cegas por um tempo imenso que se fez por cima do mundo. E escondido no ar daquele céu houve também um céu do tempo: foi ele que tirou a memória dos objetos. Por isso é que eles não se lembram de mim.*" Superficiar.

A *nostalgia* efetuada pela modernidade ao juntar o sujeito ao homem foi a primeira linha com que pensei por que o cinema se interessava, em alguns tipos de filmes, em apresentar imageticamente os ritmos, os tempos e os espaços escolares. Pensei isso a partir de filmes que não eram sobre a escola, ou que utilizassem a escola como cenário. A violência de pensar as imagens e os sons da escola na montagem e edição de filmes partiu de uma produção americana chamada *Judy Berlin* (EUA, Artisan Films, 2000), que é a história de uma pretendente a atriz que vivia no subúrbio de uma cidade dos Estados Unidos, e iria se mudar para Los Angeles.

O filme trata de um caos — da lucidez, da consciência e da civilidade — originado pelo fenômeno de um eclipse solar. Na parte inicial do filme, são intercaladas, com outras imagens, as tomadas da escola pública em que a mãe de Judy Berlin trabalha como professora. São imagens tanto do espaço físico como de seu uso pelas pessoas que frequentam a escola ou nela trabalham. Na edição do filme, tanto as imagens quanto os sons da escola retardam a narrativa. São acontecimentos que chegam antes ou depois do que se quer contar no filme, com imagens em preto e branco, e com narrativa muitas vezes *nonsense*. A escola e o eclipse são os dois pontos de ruptura da vontade de ao assistir ao filme interpretá-lo ou entrar em sintonia. A escola é de outro tempo, assim como o eclipse. Essa posição da escola no filme *Judy Berlin* é uma inversão dos valores da luz: esse cinema, à semelhança da filosofia de Gilles Deleuze, deixa de ser um olhar aberto sobre as formas claras e nítidas da escola na sua identidade, passando a ser gesto, salto, distanciamento extremo, tensa obscuridade. Distanciamento extremo da consciência. Tensa obscuridade do humano.

Também o são os registros escritos do filme experimental *The happy life* de Valérie Pavia (Paris, Lowave, 2005), que é parte da série dos azuis, cor com a qual compõe a sensação de nostalgia. Faz algo no estilo de um autorretrato que narra na fala e na escrita, compulsiva e repetidamente comportada em linhas de um caderno. Um **prefiro nunca fazer**, escreve ela, rasurado linha a linha, e embalsamado pela cor azul; por este gesto de deslocar a escrita da face, da identificação. Um "eu" que afirma o registro de sua história: inversamente destinada a um *não*. Rasura estética, uma busca de trazer para este *não ser* a experiência da história em ausências. Não são apagamentos, são linhas que se tornam densas e fazem um tipo de superficialidade com a película fílmica, em que estratos são colocados uns sobre os outros. A face é mais um desses estratos, não a sua síntese.

Trata-se da experiência do fragmento, de uma continuidade-descontínua. Sem apagamentos efetivos, o que se deixa são os vestígios e rastros. Eclipsados, azulados, acúmulos em um corpo opaco da memória. Espaço-temporalidade que se conecta à obra *Sobre este mesmo mundo*,[1] de Cinthia Marcelle, artista mineira, que cria

> uma instalação resultante de um apagamento. Abaixo de um longo quadro-negro, montes de pó de giz repousam denunciando tudo que um dia ali já foi expressado. Da mancha branca sobre o quadro, avistam-se versões, dizeres e paisagens deixadas para trás. Apropriando-se de signos da educação formal, a obra subverte a doutrina escolar e reserva à artista a oportunidade de vivenciar produtiva e imaginativamente o "desaprendizado". Disponível em: <http://www.29bienal.org.br/FBSP/pt/29bienal/participantes/Paginas/participante.aspx?p=76>.

Morfogênese do Hhe storia

A consolidação do campo dos estudos culturais na educação, no Brasil, é fortemente associada com sua opção, mesmo que filiado às perspectivas pós-estruturalistas, pelas metodologias historiográficas. Focar os estudos culturais no campo do Currículo auxiliar-nos-á neste texto. As possibilidades de análises das imagens da escola[2] ou que circulam nela ou por ela a partir das matrizes dos estudos culturais são significativamente uma mudança no tratamento metodológico que, por exemplo, não circunscreverá à imagem seu caráter de ilustração ou de documento/prova.

Poderíamos tratar de outras tendências historiográficas que buscam os mesmos objetivos, mas a escolha pelos estudos culturais tem pelo menos três explicações: a primeira é a centralidade nas culturas, compreendidas como práticas de significação e de circulação de sentidos, a partir dos conceitos de discurso e texto (aos quais a imagem é subordinada); a segunda é que foi devido à influência dos estudos

---

1. Sobre este mesmo mundo. 2009-2010. Instalação. Pó de giz, quadro-negro, apagador. 120 × 840 × 8 cm. Disponível em: <http://www.galeriavermelho.com.br/artista/87/cinthia-marcelle>.

2. Ver número temático Escola, currículo e cultura: narrativas, objetos e imagens da *Revista ETD*, v. 9, 2008. Disponível em: <http://www.fae.unicamp.br/revista/index.php/etd/issue/view/139>.

culturais no campo da educação, que emergiram e se estabilizaram certas possibilidades de pensar as *diferenças*, com ou sem as identidades. Por fim, na articulação entre a centralidade da cultura nos estudos de Currículo no Brasil dos últimos anos e o que em minhas pesquisas quero dialogar neste campo, a escolha por rasurar as ideias de identidade, diferença, corpo e representação mostra-se sensível e significativamente interessante para propor o plano de sensação e de composição para o Currículo.

Há um estudo que se destaca na "iniciação" aos estudos culturais que alguns estudiosos brasileiros do campo da educação produziram academicamente. Trata-se do livro *Arqueología de la escuela*, de Julia Varela e Fernando Álvarez-Uría (1995). Só a título de exemplificação, podemos citar os nomes de Alfredo Veiga-Neto e Marisa Vorraber Costa, e da argentina Inés Dussel, como interlocutores importantes com a obra referida. Importantes porque derivaram com esta obra formas de tratar a história da escola, especialmente dando algumas vias às imagens.

Em *Arqueología de la escuela*, apropriando-se de Michel Foucault, é proposta uma forma de olhar e escrever "a *história em perspectiva, crítica e interessada*: a genealogia, que parte de um problema ou conceito atual e elabora um 'mapa' — não dos antepassados, mas sim das lutas e dos conflitos que configuraram o problema tal como o conhecemos hoje. Os materiais históricos (fontes, escritos de época, análises históricas) não são revisados com um interesse meramente erudito ('para aprender mais') e sim com o objetivo de compreender como se criaram as condições que configuram o presente" (Dussel e Caruso, 2003, p. 34).

Em seu livro *Arqueología de la escuela*, Julia Varela e Fernando Álvarez-Uría (1995) esboçam as condições sociais da aparição de uma série de instâncias que permitiram tal surgimento da escola nacional espanhola. Indicam:

- a definição de um estatuto da infância;
- a emergência de um espaço específico destinado à educação das crianças;

- o aparecimento de um corpo de especialistas da infância dotados de tecnologias específicas e de "elaborados" códigos teóricos;
- a destruição de outros modos de educação;
- a institucionalização, propriamente dita, da escola: a imposição da obrigatoriedade escolar decretada pelos poderes públicos e sancionada pelas leis.

O ponto de vista do seu estudo é daqueles que sofrem os efeitos de poderes e saberes específicos. Em suas palavras, aplicam o método genealógico para abordar o passado desde uma perspectiva que os ajude a decifrar o presente, a rastrear continuidades obscuras por sua imediatez, e a determinar os processos de montagem das peças-mestras, seus engates, para que servem e a quem, a que sistemas de poder estão ligadas, como se transformam e se disfarçam, como contribuem, enfim, a tornar possíveis nossas condições atuais de existência.

Fazem este trabalho no qual as formas de permanência deixam de constituir um ponto de apoio. Nada no homem é suficientemente estável e fixo para compreender os outros homens e reconhecer-se neles. Buscam por um sistemático exercício de ruptura da vontade e da apropriação do sentido da história em sua totalidade; não consideram ser possível recuperar a história enquanto expressão de um movimento temporal linear e coerente. Buscam fazer um trabalho histórico que permita romper com a vontade de reconhecimento de nós mesmos nas formas do passado, de modo a ser possível deixar de pensar o passado apenas como o momento anterior à emergência natural das formas da experiência presente.

A genealogia é cinzenta, escreve Foucault. Ela é meticulosamente documental, trabalha sobre documentos desordenados, várias vezes reescritos. Não existem gêneses lineares, o mundo das coisas ditas conheceu muitos disfarces, lutas, invasões, e as palavras não guardam intactos os seus sentidos, os desejos, as suas lógicas. "Através da genealogia, confrontamo-nos com uma história onde se destacam as rupturas e as descontinuidades. A genealogia procura perspectivar as diferentes cenas onde os *acontecimentos* — os sentimentos, os instintos, os conhecimentos, o amor — irrompem" (Vilela, 2010, p. 315). Num cenário de descontinuidades e rupturas, a irrupção de um acontecimento que desenha, no seu próprio espaço de emergência, a força de um começo histórico, assinala um *lugar de confronto* entre as forças que estão em jogo numa relação de poder. Não é possível, então, pensar em um *sentido* da história, uma vez que a história é um problema sem sentido.

"O que importa são as singularidades dos acontecimentos. Mostrar a mobilidade, a fragmentação, a heterogeneidade no interior do que conhecemos e somos. A genealogia remete para a articulação entre o corpo e a história: ela mostra o *corpo impresso de história* e a *história arruinando o corpo*" (Vilela, 2010, p. 317). Para Foucault, é o corpo que transporta em si o estigma dos acontecimentos passados, a sanção de toda a verdade e de todo o erro e, inversamente, a origem dos desejos e das lutas.

Nas imagens de infância, por exemplo, apresentadas no livro de Julia Varela e Fernando Álvarez-Uría (1995), por trabalharem dentro da lógica da representação, o corpo, a vida têm suas diferenças — inclusive marcadas pela emergência histórica — subordinadas às dimensões complementares do Mesmo e do Semelhante, do Análogo e do Oposto. Configuram-se, portanto, como uma repetição sem diferença, um adensamento da relação entre pensamento e imagem em que a última esmaga as potencialidades de as diferenças proliferarem. Tratam as imagens de crianças, como se o conceito de infância estivesse na identidade da imagem, a oposição entre infância antes e depois da escolarização na determinação do que é a imagem, a semelhança no objeto (imagem-criança).

O que parece ser necessário pensar é na deformação, na criação de uma zona em várias formas que não são identificadas; o comum a elas é a indiscernibilidade. O sensível das cores e sombras precisa do esvaziamento dos clichês.

Esse mundo dos clichês que a história da escola pela via das imagens acaba por fazer acontecer no campo da educação pode ser pensado a partir de dois elementos que Gilles Deleuze (2005) destaca do trabalho de Michel Foucault: a relação entre linguagem, sentido e acontecimento — no trabalho analítico entre o enunciado e o visível; e a visão como primordial na percepção da imagem.

Para Gilles Deleuze (2005, p. 60), o que Foucault espera da História é a determinação dos visíveis e dos enunciáveis em cada época, que ultrapassa os comportamentos e as mentalidades, as ideias, tornando-as possíveis.

> Foucault deixava-se fascinar tanto pelo que via como pelo que ouvia e lia, e a arqueologia concebida por ele é um arquivo audiovisual. Foucault alegra-se em enunciar, e em descobrir os enunciados dos outros, porque ele também tem uma paixão de ver: o que define é, acima de tudo, a voz, mas também os olhos. Os olhos, a voz. Foucault nunca deixou de ser um vidente.

Os primados entre o enunciado e o visível são distintos: para o primeiro, a espontaneidade da sua condição (linguagem) lhe dá uma forma determinante. O visível, por sua vez, graças à receptividade da sua (luz), tem apenas a forma do determinável. Deleuze lança para essas relações entre determinável e determinante algumas perguntas que podem nos auxiliar a pensar as formas persistentes das imagens da escola, pela via da história. *Se a determinação é infinita, como o determinável não seria inesgotável, tendo uma forma que não é a da determinação? Como é que o visível não se esquivaria, eternamente determinável, quando os enunciados o determinam infinitamente? Como impedir que o objeto fuja?* Para alguns tipos de pensamento e criação, Deleuze destaca a proposição de uma terceira instância, a *imaginação*.[3] Não é o caso de Foucault, que, para Deleuze, deixa em aberto "no que consistiria essa dimensão, esse novo eixo que coadapte o determinável e a determinação, o visível e o enunciável, a receptividade da luz e a espontaneidade da linguagem, operando além das duas formas e aquém destas" (Deleuze, 2005, p. 77).

---

3. "A imaginação poder-se-ia definir pela imagem cristal, um circuito de trocas; 'imaginar é fabricar imagem cristal, fazer a imagem funcionar como um cristal" (Deleuze, 2004, p. 85).

Voltemos ao trabalho de Julia Varela e Fernando Álvarez-Uría, para identificarmos como eles solucionaram tal problema, uma vez que pensaram historicamente com Foucault. No último capítulo do livro, aproximam-se dos processos de subjetivação, ou seja, reatam a linguagem à constituição dos sujeitos, e apontam a subjetivação como a expressão da articulação entre o visível e o enunciável. Pensam isso a partir da emergência das *novas pedagogias* (aquelas que buscam a igualdade social, a emancipação e a crítica). Seria inescapável? Se continuarmos com Deleuze (2005), essa subjetivação dá-se em um mundo feito de superfícies superpostas, arquivos ou estratos. Por isso, o mundo é saber. E neste ponto, quando os autores espanhóis conversam, na finalização do seu livro, com a sociologia de Basil Bernstein, o saber — e sua vinculação social a uma nova classe média, sempre, e com pouca chance de reverter às classes populares — acaba por participar muito pouco das descontinuidades.

Se seguirmos com Deleuze (2005), podemos apostar que os estratos são atravessados por uma fissura central, que reparte de um lado os quadros visuais, de outro, as curvas sonoras — o enunciável e o visível de cada estrato, as duas formas irredutíveis do saber, Luz e Linguagem. Ou seja, há dois vastos meios de exterioridade (as dobras da subjetivação) onde se depositam, respectivamente, as visibilidades e os enunciados. Os autores espanhóis não propõem que se penetrem nos estratos, uma vez que a resultante sociológica estruturalmente faz da imagem os quadros que ilustram os enunciados. Como um estrato totalizante, fazem da solidificação da poeira visual e do eco sonoro de uma batalha que se trava sobre ele — *a emergência das novas pedagogias* — a forma das singularidades, os corpos visíveis, as pessoas falantes. Portanto, sem emergência, sem mortes parciais, um tipo de estratégia que não aprofunda as fissuras, nem salta por cima. Acabam por fazer uma história com sentido, e as imagens integram-se ao enunciado sem diferenciar-se.

O que temos neste livro, e em outros textos dos mesmos autores ou que com eles seguem, cuja destacável circulação e importante uso, ao menos no início dos estudos culturais e de educação no Brasil, são marcos relevantes é, com relação às imagens da escola, uma história que dá forma às forças atuantes. "Não existe espaço para as linhas selvagens, as extremidades livres, um tipo de velocidade da superfície que faria furacões numa vida em dobras" (Deleuze, 2005, p. 130).

Uma *quase* impossibilidade de a imagem efetuar-se como passagem, uma janela em que os acontecimentos atravessem a vida. "Memórias, conteúdos de vida, de existências impregnados na imagem que se deixam perdurar nas superfícies. Como entrar neste mundo que as imagens nos proporcionam?" (Wunder et al., 2006, p. 10).

Nas formas de luz, cores e linhas, com os traçados de tom cinza, os mais variados, e tendendo ao desaparecimento (*lembremos que a genealogia é cinzenta*), as imagens da escola, pela via da história, também incidem na recomposição de um sentido totalitário de querer preencher toda tela, todo espaço, e reclamar a ausência do clichê. Melancolia e saudade.Uma ordem simbólica da transcendência, como pensá-la de outra maneira?

Ao retomar o início do capítulo, em que há sugestão de contato com o caos para se pensar a criação artística, no que diz respeito a abrir encontros entre imagem e pintura, pelos estudos de Gilles Deleuze, instigam-me os "traçados ou trajetos que não são formados, [e] são um trabalho preparatório, invisível, silencioso e muito intenso, profundamente instável e flutuante" (Godinho, 2007, p. 194). O *diagrama* — um delineamento sem forma nem substância, nem conteúdo ou expressão — que ou transforma-se em código, e tem uma posição na tela que poderia ser considerada minimalista, ou ocupa toda a tela, evitando o caos, e não deixando que germinem as linhas menores, e o que a mão consegue fazer "às cegas". Passagens, afectos e trajetos que produzem metamorfoses, que dão corpo e fazem-no, modificam-no.

É no estudo das obras de Francis Bacon que Gilles Deleuze encontra uma possibilidade de o diagrama ser outra coisa, que não o máximo e o mínimo da intensidade, mas que sua presença é que permite que algo saia dele. Essa ideia do efeito do diagrama, como algo que rompe ao que um código quer significar e poder dar sentido, são linhas de pensamento intensas para uma pragmática (e seus conjuntos de signos) que retém o valor dos ícones de relação, mas não se funda na similaridade. As relações de força que atravessam cada coisa (que, no mundo, expõe-se, cruza-se e é sugerida pelo diagrama que atravessa e coexiste em todos os espaços) são uma outra opção para dimensionar o espaço, "zona de superfície, de fronteira, confim no corpo, na relação com outros corpos, rede ou carta que tece ou traça com outros e os outros com ele" (Godinho, 2007, p. 195).

O que se pode alcançar, talvez, é pensar ainda por um exercício diagramático ao encontro das diferenças tornadas visíveis. Segundo Ana Godinho (2007, p. 195), "ter corpo para não ter corpo (ter consciência dele e precisar não ter para se poder viver na escala macro)". A diferença, impressão qualitativa produzida pela contração de impressões sensíveis que se repetem na experiência, é a produção do novo no espírito a partir de um encontro com um signo natural que provoca na imaginação forças antes desconhecidas, forças que ultrapassam a imaginação e a experiência. "[...] ou não ter corpo e passar a tê-lo, numa escala micro. Por exemplo, com uma carícia ou um beijo — para a criança o beijo da mãe sara todos os seus males e também o dela sara os da mãe" (Idem, ibidem).

Tal exercício diagramático forçaria a história das formas, com teor de arquivo a que as imagens de escola corresponderiam, ao devir das forças, dobrando-se e excedendo-se a um significado e outro. Ao lançar esse tipo de paradoxo de permanência da possibilidade das imagens no jogo entre forma e conteúdo ou entre discurso e formas visíveis, Tom Conley (2010) sugere considerá-las na formação de uma paisagem geológica. Recolhendo das análises que Gilles Deleuze faz do cinema, especialmente da política a que o filósofo atribuiu à Pedagogia das imagens do cinema moderno (da qual extraímos, por exemplo, para este capítulo, a proposição de associar tempo e duração e de um espaço extranarrativo), Conley faz uma indicação de que o diagrama — pensado como uma alternativa à relação espaço-tempo da narrativa intervalar do cinema — pode ser a entrada nos interstícios da imagem, um tipo de captura da metamorfose que toma lugar em um instante sem tempo; por exemplo, no cinema moderno tal instante é quando se passa de uma ideia de imagem-movimento para imagem-tempo, ou, em outras palavras, à narração cristalina que implica um desmoronamento dos esquemas sensório-motores. As situações sensório-motoras deram lugar a situações óticas e sonoras puras às quais as personagens, que se tornavam videntes, já não podem ou querem reagir.

O corpo — imagens da escola — no diagrama das *formas de ensinar*, não reativo, atravessado por linhas selvagens da fronteira do caos.

Imagem, captura de forças

Ao pensar as imagens da escola e o diagrama, podemos considerar que a terceira instância, a que referimos anteriormente, é uma reconstrução ou recomposição do arquivo do tempo presente com vista a um longo futuro, ao encontro do devir.[4]

O devir está entre duas multiplicidades onde uma não se torna a outra, argumenta Inna Semetsky (2006). É como uma linha que passa entre dois pontos distintos e que não é constituída por esses. Como focos de luz que se cruzam. Haveria apenas a desterritorialização. A autora australiana constrói para a educação uma conversa com Gilles Deleuze cujo foco é a subjetividade humana, traço de um estilo pragmático de pensar a educação, que é problematizado. A subjetividade é a relação do uno, sendo considerada também uma multiplicidade, que cresce do meio, pois é onde toda a multiplicidade se constitui; sua produção é algo criativo e artístico. A subjetividade é um processo de

---

4. Quando estudava particularmente alguns aspectos do cinema brasileiro, apareceram como importantes os conceitos de identidade e sua estabilidade na constituição aglutinadora dos devires e das políticas de identificação, em especial nas redes de poder. Pensar com a afiguração foi alternativa para não centralizar o sujeito e, sim, os corpos; nessa direção, tornou-se potente o conceito de devir como afecto, como aquilo que agencia a sensação encarnada nos corpos, abertura à proposição do Currículo *desfiguração* (Amorim, 2011), linha de fuga e de encontro com a sensação. Desfiguração porque, em algumas dobras, mantém a figuração do sujeito como substrato corpóreo para o campo de forças atuar.

devir, é uma não identidade. Como as multiplicidades do fora e o dentro, em que um não é a rejeição do outro e sim existem em uma relação, em uma dinâmica. O dentro é a dobra do fora.

A linha que separa a bipolaridade, como o hoje e o amanhã, o aqui e o lá, o antes e o depois, aparece como uma terceira parte e se constitui o devir-outro. Há então uma zona de indiscernibilidade onde as três partes se encontram; nesse aspecto, o diagrama pode ser uma fuga às relações de poder entre visível e enunciável. A escola, nas imagens, devém-outra.

O devir-outro são acontecimentos experienciais da vida, os devires múltiplos acontecem no meio. Inna Semetsky (2006), ao longo de seu livro, argumenta que há pontos coincidentes da pragmática da experiência de John Dewey e a de Gilles Deleuze, cuja importância para a sua proposição das relações entre educação e devir merece ser ressaltada, uma vez que, por tal aproximação, a ênfase na subjetividade persiste.

No capítulo intitulado "Becoming child", Inna Semetsky (2006) conclui seu livro, reafirmando o sentido de experiência para uma filosofia da educação de John Dewey, algo bem próximo a

> nenhuma experiência será educativa se não resultar, simultaneamente, no conhecimento de mais fatos e na consideração de mais ideias e em melhor e mais ordenado arranjo desses fatos e ideias. Não é verdade que a experiência seja um princípio estranho à experiência. Se assim o fosse, a experiência seria tão dispersa que se tornaria caótica (Dewey, 2010, p. 86).

A articulação entre os conceitos de experiência para os dois autores é possível, para Inna Semestky (2006), à medida que assume que o diagrama é o que permite relacionar o visível e o articulável pelo conceito spinosista de percepto com o qual Deleuze pensa, em vários momentos, a arte e o plano da sensação. O corpo como superfície expressiva dos perceptos seria a dimensão do encontro entre experiência e devir, marcada por uma correlação entre sujeito e objeto nas formas de ensinar, não de transmissão, certamente, mas, ainda sim, de permitir alçar o conhecimento.

O corpo também é uma via significante para que Warren Sellers e Noel Gough (2010) apresentem o que denominaram *performances* com as quais pensam (diferenciadamente) na filosofia da educação e no campo de pesquisa em Currículo. Escrevem um artigo no qual ensaiam experimentações com palavras e imagens e o que denominam de metáforas[5] (como nomadismo, rizoma, linhas de fuga, espaço liso e espaço estriado), procurando ir além de seu sentido metafórico, por vezes apropriado em outros estudos do campo da educação.

Dentre os registros apresentados de suas pesquisas, para este capítulo é importante trazer como os autores propõem a leitura da imagem fotográfica de uma criança com uma toca para protegê-la do sol, enchendo um baldinho com areia em um parquinho de uma escola de educação infantil. O fato de se poder descrever a imagem e associá-la ao registro de algo acontecido é uma das premissas para que os autores indiquem a força da narrativa que parte do sujeito sobre o objeto. Propõem, em contrapartida, que se pense que ambos, sujeitos e objetos, pela/na fotografia possam ser narrados em outra temporalidade — a do acontecimento da imagem (ou seja, sua duração) — e outra espacialidade — a do incorpóreo da imagem (ou seja, a criação de um campo de forças pelas cores, luz, forma e vazios que a narrativa entre objeto e sujeito, sem referente fixo, pode fazer pensar).

A intenção dos autores é apresentar um conjunto de narrativas cuja experimentação de escrita funcione como uma "rizossemiótica", alternativa ao estruturalismo e às teorias do signo dentro de uma pragmática da linguagem representacional. Propõem criar imagens para uma teoria de Currículo, ao mesmo tempo imanente e emergente; a opção deles é apostar em uma organização genealógica para o Currículo, cujos germens do caos ressubmetam-se à significação.

---

5. Uma passagem, mesmo que rápida, pela produção brasileira na área de Currículo em que se dialoga com os conceitos de Gilles Deleuze, permitirá identificar uma sintonia de trabalho com os mesmos conceitos, mas divergências entre considerá-los como metáforas ou não na sua apropriação pelos autores. É importante consultar publicações de Sandra Corazza (UFRGS), Marlucy Alves Paraíso (UFMG), Sílvio Gallo (Unicamp), Janete Magalhães e Carlos Eduardo Ferraço (UFES), e de seus orientados de pós-graduação.

Essas aproximações entre os conceitos de Gilles Deleuze (e também de Félix Guattari) permitem supor certas configurações de interesse do campo do Currículo em continuar pensando, teoricamente, com algumas categorias, tais como espaço e tempo. Mesmo que se extraíam do caos as linhas de uma incorporeidade *escola*, o devir que se coagule na experiência e na narrativa entre os corpos — sujeito e objeto (das quais a subjetividade é, certamente, uma resultante que per*dura*) —, com tal diagrama ainda existem os riscos de o modelo de verdade encontrar sua expressão plena na "adequação" do sujeito e do objeto, uma vez que não são arrancados do par espaço-tempo, e, sim, a ele subjuga-se a espécie de elasticidade da sensação a que Gilles Deleuze aposta que o diagrama pode fazer pelas/nas pinturas de Francis Bacon.

Parece-me, a cada linha escrita, que espaço e tempo poderiam abrir-se, na relação com a imagem, ao acontecimento do espasmo, um movimento sem sair do lugar; as imagens da escola, assim, poderiam ser pensadas como um corpo no qual agem forças invisíveis.

*Des*Território

O círculo. O buraco. A roda. O chapéu. A brincadeira. O aniversário. A reunião. A explicação. A execução do trabalho. O aprendizado. As carteiras. A mesa. O movimento. O círculo. Aberto. Fechado. O círculo. O semicírculo. A união. A panela. A horta. A comida. A reunião. Ouvir a canção. Assistir ao desenho. Deitar no chão. Tirar um cochilo. O círculo. A circularidade. Vai para casa. Brincar. Correr. Família. Comida. Dormir. Direto para a escola. A rotina. O dia a dia. Tudo de novo. O círculo. Volta ao começo.

O caos fica de fora! Ou será que não? Quando brinca, come, dança, canta, chora, mama, aprende, ouve, assiste, presta atenção, ouve o "não", cai no chão, anda descalço, corre no pedaço, pede um abraço e volta ao começo, será que esquece? Ou nunca soube? Será que as marcas do fora do círculo o invadem? Será que as de dentro saem? Será que tudo é a mesma coisa? Ou é tudo separado? (Vernin, 2011)

Trata-se, então, de esquecer a violência do representado (o sensacional, o clichê), agindo sobre ela, rasurando-a com a violência da sensação pelo diagrama? No sentido de *as imagens de escola liberarem-se da pessoalidade e da visibilidade e dos enunciados (retomados pela identidade), e serem movidas pela força do devir.*

O fragmento de texto anterior e uma das fotografias são registros da pesquisa de iniciação científica de uma estudante do curso de Pedagogia da Unicamp, um estilo que ela compôs para o currículo-instalação que, durante um ano, foi motivo de atravessamentos de fluxos em uma escola de educação infantil. A partir de um conjunto de imagens em vídeo e fotográficas que as professoras, os monitores e a coordenação e direção pedagógica nos passaram, deparamo-nos, violentamente, com o *arquivo*, um retorno incansável e comprometido, politicamente, com a ideia de registro e narrativa. Como rachá-las, sem as destruir ou deixá-las em fragmentos? Como trabalhar fora da lógica de *de*forma, *trans*formação, *meta*morfose?

Os três vídeos, que foram produzidos para apresentar às mães e aos pais o que era feito na escola, e o álbum de fotografias passaram de mãos em mãos, por muitas reuniões consecutivas no grupo que desenvolve a pesquisa 'A quem será que se destina? Imagens e palavras pós-estruturam a escola'. As imagens em que a figura geométrica do círculo predominava foram as escolhidas; ou, para vários do grupo, afetaram-nos. Tínhamos, portanto, os círculos grafados em luz e cores, impressos em papel fotográfico ou colocados em movimento com o auxílio de programas de computador. Restava-nos, *apenas*, retirar das imagens seu enquadramento espaço-temporal, fazer vazar a relação entre o real e o imaginário. Restava-nos desfazer da descrição orgânica a que tais imagens nos lançam quase "naturalmente", pois foram feitas para se atualizarem na consciência, em função das necessidades do atual presente ou das crises do real. Numa descrição orgânica no cinema, para Gilles Deleuze (2007), o real suposto é reconhecido por sua continuidade; há leis que determinam as sucessões, as simultaneidades, as permanências: é um regime de relações localizáveis, de encadeamentos atuais, conexões legais, causais e lógicas. Como é interessante que a proposição de narrar a escola pelas fotografias atrela-se a este regime de descrição com o qual Deleuze estudou o cinema.

TEMAS DE PEDAGOGIA

"O 'hum' ou o 'lá' deixam marcas num certo espaço, nos objetos que estão no espaço, nas paredes e até mesmo no ar e no tempo. 'O ritornelo fabrica o tempo'. É um bloco de espaço-tempo" (Godinho, 2007, p. 145). A criança do ritornelo, a dobra interior-exterior que as imagens podem ganhar em intensidade. Um outro modelo à criança que canta no escuro, tomada de medo, para se tranquilizar, da qual Deleuze e Guattari (1997) falam em uma longa passagem e, após, fazem referência para criar uma consistente concisão entre forças do caos, forças terrestres e forças cósmicas, se afrontando e concorrendo no ritornelo, o que leva Luiz Orlandi (2011, p. 154) a perguntar-nos "o que perderíamos se a transformássemos num modelo esquecido da criança que canta [nessa] passagem?"

Optamos pelos atravessamentos sensíveis em aproximar as imagens de escola ao ritornelo e ao abandono, e tratá-las, esteticamente, como uma dobra que cobre o que está em desuso. "Um dos componentes do ritornelo é o espaço (outro será o tempo — um tempo liberto da medida). Traça-se um círculo, forma-se um contorno que deixa de fora as forças do caos, permitindo que no seu interior residam as 'forças germinativas' de uma obra que há de se fazer" (Godinho, 2007, p. 145).

Dobramos a escola dentro dela mesma, forrando chão e parede de uma sala com imagens repetidas dos círculos que geometrizavam os sentidos de usá-la. Na sala forrada, as crianças pintaram, desenharam, rabiscaram, escreveram com papel, tinta, água e cera um corpo intensivo que foi durante uma semana, impregnando-se e misturando-se e rachando-se e arranhando-se e desfazendo-se e... Após uma semana, a dobra das imagens na escola teve sua superfície descascada e permitiu-se territorializar o oco da profundidade.

As imagens de escola esforçam-se para fixar no caos um ponto frágil como centro. O círculo é uma forma de tornar o caos território — da morada, do lugar e das linhas de expressão que se debatem no centro. A criança, diagramada em aprendiz das formas de ensinar, é com o que se sai do território, exigindo a desterritorialização. O abandono a que me refiro neste capítulo é o da sensação de se partir do caos até um agenciamento territorial e depois sair dele.

O abandono a que me refiro neste capítulo é o do corpo impresso na história, permitindo à superfície da imagem ecoar sonora e visualmente a batalha dos modos de educar fora da lógica das formas. Arrancar a imagem visual ao clichê nascente para arrancar a si próprio à ilustração e à narração nascentes, seguindo o grito de Deleuze.

A criança, diagramada em movimento, "canta e salta, ao mesmo tempo que faz soltar o ritornelo, conserva e encontra uma nova morada" (Godinho, 2007, p. 160), o que implica uma certa produção do tempo.

Abre e capta as forças.

Referências bibliográficas

AMORIM, A. C. R. Curriculum disfiguration. In: PINAR, William (Org.). *Curriculum studies in Brazil*. Intellectual histories, present circumstances. New York: Palgrave Macmillan, 2011. p. 55-69.

CONLEY, T. The strategist and the stratigrapher. In: RODOWICK, D. N. (Org.). *Afterimages of gilles deleuze film philosophy*. Minneapolis-London: University of Minnesota Press, 2010. p. 193-211.

DELEUZE, G. Dúvidas sobre o imaginário. In: _____. *Conversações 1972-1990*. Trad. de Peter Pál Pelbart. Rio de Janeiro: Editora 34, 2004. p. 80-7.

_____. *Foucault*. Trad. de Claudia Sant'Anna Martins. São Paulo: Brasiliense, 2005.

_____. *A Imagem-tempo*. Trad. de Eloísa de Araujo Ribeiro. São Paulo: Brasiliense, 2007.

_____; GUATTARI, F. *Mil platôs*: capitalismo e esquizofrenia. Trad. de Suely Rolnik. São Paulo: Editora 34, 1997. v. 4. (Coleção Trans.)

DEWEY, J. *Experiência e educação*. Trad. de Renata Gaspar. Petrópolis: Vozes, 2010. (Col. Textos Fundantes de Educação.)

DUSSEL, I.; CARUSO, M. *A invenção da sala de aula*. Uma genealogia das formas de ensinar. Trad. de Cristina Antunes. São Paulo: Moderna, 2003.

FADIGAS, N. *Inverter a educação*: de Gilles Deleuze à filosofia da educação. Porto: Ed. Porto, 2003

GODINHO, A. *Linhas de estilo*. Estética e ontologia em Gilles Deleuze. Lisboa: Relógio D'Água, 2007.

HERNÁNDEZ, F. *O cavalo perdido e outras histórias*. Trad. de Davi Arrigucci Jr. São Paulo: Cosac Naif, 2006.

ORLANDI, L. B. L. Deleuze — entre caos e pensamento. In: AMORIM, A. C. R.; GALLO, S.; OLIVEIRA JR., W. M. *Conexões Deleuze e imagem e pensamento e...* Petrópolis: DP Et Alii, 2011. p. 155-162.

SELLERS, W.; GOUGH, N. Sharing outsider thinking: thinking (differently) with Deleuze in educational philosophy and curriculum inquiry. *International journal of qualitative studies in education*, Issue 5, v. 23, p. 589-614, 2010. (Special Issue Thinking with Deleuze in Qualitative Research.)

SEMETSKY, I. *Deleuze, education and becoming*. Rotterdam: Sense Publishers, 2006.

VARELA, J.; ÁLVAREZ-URÍA, F. *La arqueología de la escuela*. Madri: La Piqueta, 1995.

VERNIN, L. O círculo. *Leitura*: teoria e prática. São Paulo: ALB/Global Editora, n. 57, 2011. (Aceito para publicação.)

VILELA, E. *Silêncios tangíveis*. Corpo, resistência e testemunho nos espaços contemporâneos do abandono. Porto: Edições Afrontamento, 2010.

WUNDER, A.; SPEGLICH, E.; ANDRADE, E. P.; AMORIM, A. C. R. Imagens que acontecem nos deslocamentos em/de pesquisas. In: PAGNI, Pedro (Org.). *Perspectivas contemporâneas da Filosofia da Educação*: coletânea de textos. SIMPÓSIO INTERNACIONAL EM EDUCAÇÃO E FILOSOFIA, 1. Marília: FFC/Unesp, 2006. 16 p.

Tema VII

Artefatos escolares nos processos pedagógicos

CAPÍTULO 13

Quadro-negro:
escrita, experiência, memória e história

Glacy Queirós de Roure

> A educação é o ponto em que decidimos se amamos o mundo o bastante para assumirmos a responsabilidade por ele e, com tal gesto, salvá-lo da ruína que seria inevitável não fosse a renovação e a vinda dos novos e dos jovens (Arendt, 2000, p. 247).

Este texto apresenta uma reflexão sobre os artefatos nos processos pedagógicos mas foca especialmente num deles, o quadro-negro. Sejam esses artefatos fabricados com pedaços de madeira ou industrializados, é ao redor deles que o professor coloca em questão seus saberes e (re)significa suas funções. É ao lado deles que poderá fazer (ou não) de sua prática pedagógica uma experiência. Tomando como referência elaborações de Arendt, Benjamin, Agamben e contribuições da psicanálise, são trazidas aqui reflexões sobre a memória, a linguagem e a experiência no processo ensino-aprendizagem considerando, também, a dimensão do desejo que constitui a experiência da educação. Será abordado, assim, um possível encontro entre professor e aluno, mediado por um artefato próprio a todos nós professores: o quadro-negro.

Qual é o valor que um artefato, aparentemente tão prosaico num tempo de tecnologias, como o quadro-negro ou a lousa, apresenta em nossa memória e história?

As observações de Hannah Arendt realizadas no seu trabalho "A crise na educação" (2000), em que reflete sobre a função do educador, são bastante oportunas para se considerar, inicialmente, o papel da educação nos processos de constituição do humano em face da complexidade da cultura contemporânea. Ela afirma: "Face à criança, é como se ele fosse um representante de todos os habitantes adultos, apontando os detalhes e dizendo à criança: isso é o nosso mundo." O interessante é que este educador deverá posicionar-se em face dos jovens como representante de um mundo pelo qual deve assumir a responsabilidade, mesmo desejando que este fosse diferente do que é. Ela continua: "Qualquer pessoa que se recuse a assumir responsabilidade coletiva pelo mundo não deveria ter crianças, e é preciso proibi-la de tomar parte em sua educação" (Arendt, 2000, p. 239).

Mas o tipo de comprometimento e responsabilidade assinalado por Arendt não pode ser concebido em sua complexidade, se não considerarmos a prática pedagógica em suas dimensões ética e política. Para a autora (Idem, ibidem, p. 226): "O mundo no qual são introduzidas as crianças [...] é um mundo velho, isto é, um mundo preexistente, construído pelos vivos e pelos mortos". O que implica por parte do educador é a transmissão de uma certa memória, vinculada a determinada história.

Ainda para Arendt, a crise da educação no mundo moderno guarda a mais estreita conexão com a crise da tradição, ou seja, "com a crise de nossa atitude face ao âmbito do passado" (p. 243), e por isso ela reafirma que a autoridade do educador está na transmissão do mundo:

> Na educação, essa responsabilidade sobre o mundo assume a forma de autoridade. [...] Embora certa qualificação seja indispensável para a autoridade, a qualificação, por maior que seja, nunca engendra por si só autoridade. A qualificação do professor consiste em conhecer o mundo e ser capaz de instruir os

outros acerca deste, porém sua autoridade se assenta na responsabilidade que ele assume por este mundo (Arendt, 2000, p. 239).

Nesse mesmo texto, ela denuncia uma espécie de recusa por parte do adulto em se comprometer com o mundo do qual faz parte: "[...] as exigências do mundo e seus reclamos de ordem [estão] sendo consciente e inconscientemente repudiados; toda e qualquer responsabilidade pelo mundo está sendo rejeitada, seja a responsabilidade de dar ordens, seja a de obedecê-las" (Idem, ibidem, p. 240). Em relação à autoridade na educação ela continua: "A autoridade foi recusada pelos adultos, e isso somente pode significar uma coisa: que os adultos se recusam a assumir a responsabilidade pelo mundo ao qual trouxeram as crianças" (Idem, ibidem, p. 240).

Algumas décadas antes, o filósofo alemão Walter Benjamin (1994b) já havia denunciado uma transformação no modo de ser do indivíduo burguês. Segundo esse autor, quando a transmissão da tradição se quebra, quando a linguagem cotidiana e a narrativa tradicional já não conseguem assimilar o choque produzido pelo capitalismo, a experiência já não é mais possível. É por isso mesmo que o declínio da experiência compartilhada e o fim da narrativa, tão ressaltados por Benjamin, são processos considerados inseparáveis. Somente a partir dessa articulação seria possível retomar o passado a partir do presente e assim estabelecer uma nova relação com a vida, a morte e a finitude.

Para Benjamin, uma experiência inscreve-se numa temporalidade comum a várias gerações e supõe uma tradição a ser compartilhada e retomada na continuidade de uma palavra a ser transmitida. É na atividade da narrativa que o sujeito pode retomar a experiência do tempo e, assim, lidar com o desconhecido respeitando a irredutibilidade do passado e a imprevisibilidade do presente. Para que uma vivência se transforme em experiência, é preciso que a palavra a atravesse e a submeta a significantes não ordenados por uma linearidade exclusiva, dinâmica, que submete a soberania do sujeito consciente aos jogos infinitos do lembrar, incluindo as dimensões do recalcado e do esquecido (Roure, 2010).

Dando continuidade ao programa benjaminiano, Giorgio Agambem (2005) assinala o fato de que em sua busca pela certeza a ciência moderna abole a separação entre experiência e ciência, e unifica experiência e conhecimento. Contudo, para este autor (2005, p. 26): "experiência é incompatível com a certeza, e uma experiência que se torna calculável e certa perde imediatamente sua autoridade". E se a experiência não deve ser pensada como sendo da ordem do conhecimento e da certeza, o que se tem é uma relação entre experiência e palavra. Isso porque "a experiência tem o seu necessário correlato não no conhecimento, mas na autoridade, ou seja, na palavra e no conto e hoje ninguém mais parece dispor de autoridade para garantir uma experiência" (Idem, ibidem, p. 23).

É nessa direção que o objetivo de uma experiência, tanto para Benjamin quanto para Agamben, não necessariamente deve se reportar a um conhecimento adquirido ou uma verdade a ser encontrada, mas à possibilidade de se haver com aquilo que não pode ser pensado e sequer simbolizado. É preciso passar da língua ao discurso, afirma Agamben (2005),[1] o que significa sair do campo dos significados possíveis para uma outra "coisa". É necessário ousar na produção de um novo sentido, só assim será possível fazer do acontecimento uma experiência.

As observações sobre a experiência trazidas por Benjamim e retomadas por Agamben apresentam como fundamento a dialética do esquecimento, lembrança e memória e tem na palavra a sua possibilidade, considerando a pobreza de experiência vivida pelo homem moderno. Estas observações permitem-nos refletir sobre a recusa dos

---

1. Na glosa *Infância e língua*, apresentada no artigo "Infância e história: ensaio sobre a destruição da experiência", Agamben (2005, p. 68) utiliza-se dos trabalhos de Benveniste para pensar o hiato entre a língua concebida como o mundo fechado dos signos (semiótico) e o discurso concebido como a atividade do locutor que coloca em ação a língua (semântica). "É o fato de que o homem tenha uma infância (ou seja, que para falar ele tenha de expropriar-se da infância para constituir-se como sujeito de linguagem) a romper o "mundo fechado" dos signos e a transformar a pura língua em discurso humano, o semiótico em semântico [...] o humano propriamente nada mais é que esta passagem da pura língua ao discurso."

adultos em transmitir o mundo denunciado por Arendt. Assim, uma vez sem tradição e sem memória, como poderá o educador transmitir o mundo? Como poderá ele fazer de sua prática uma experiência que inclua o outro, sua memória e história?

Estas considerações sobre memória, linguagem e experiência no processo de ensino e aprendizagem remetem ao tema em análise: o uso de um artefato utilizado pelo professor em sua prática pedagógica, o quadro-negro. Mas por que o quadro-negro, pode-se perguntar. Afinal, qual a importância de tal artefato tão "pobre" em tempos de tecnologia como o nosso? Se procurarmos seu sentido dicionarizado, o quadro-negro ou lousa é definido como superfície reusável muito utilizada nas escolas para sobre ela desenhar ou escrever-se a giz ou outros marcadores apagáveis. Instrumento utilizado em salas de aula para explicações do professor ou exercícios dos alunos. Mas será que tal definição abarca o valor que um quadro-negro apresenta em nossa memória e história?

Não há memória escolar em que este objeto não seja reclamado. Há sempre um fragmento de lembrança em que ali, frente ao quadro-negro, professor e aluno se encontram para algum tipo de relação. Há sempre a lembrança de um quadro, cuja superfície possibilitou que nos "inscrevêssemos" como sujeitos desejosos de saber. É sobre ele que os dois sujeitos — professor e aluno — podem (ou não) "escrever" e "reescrever" suas marcas numa certa temporalidade. Assim, refletir sobre o papel da educação e do educador, considerando esse artefato — o quadro-negro — como objeto representante de uma escritura, significa considerar uma experiência de encontro capaz de oferecer (ou não) o exercício de uma escrita e de uma leitura que permita ao sujeito lidar com uma certa trama a ser (de)cifrada. Essa trama diz da relação entre escrita, memória e história.[2]

---

2. Concebo a escrita, neste trabalho, como espaço de articulação entre experiência, memória, esquecimento, lembrança e história. No interior da Psicanálise, tal procedimento não tem sido incomum, em Freud esse tema se anuncia já desde os textos de 1900, sobre as formações do inconsciente (Freud [1900], 1996). No caminho de Freud e com a contribuição da Linguística, Lacan se utilizará

Posto isto, trata-se de problematizar essa experiência e esse arte-fato a partir do cinema e, nesse caso, far-se-á uma discussão em três tempos. Em um primeiro tempo, inicio a reflexão com o longa-metra-gem *Quadro-negro* (*Takhté Siah*, 2000), dirigido pela iraniana Samira Makhmalbaf. Em um segundo tempo, é abordado o curta-metragem *Tanza* (2005), dirigido pelo argeliano Mendi Charef, que compõe o longa *Crianças Invisíveis* (*All the invisible children*, 2000), financiado pela Unicef, e finalizo, em um terceiro tempo, com a animação *Vida Maria* (2006) do brasileiro Márcio Ramos.

Por que fazer uso do cinema para tal discussão? No documentário *Quarto 666* (2005), dirigido e produzido por Wim Wenders, Jean-Luc Godard faz seguinte afirmação: "(os filmes) eles são o invisível. O que não se pode ver é o inacreditável, e a tarefa do cinema é mostrar (no-mear, quem sabe) o que não se pode ver".

De fato, já há algum tempo tenho sustentado o pressuposto de que os filmes podem nos ajudar a olhar aquilo que não podemos ver. Nesse sentido, suponho que Godard está se referindo apenas a alguns filmes, aqueles cuja estética coloca em questão a imagem como pro-dutora de sentidos e sustenta a distância entre "ver" e "olhar".[3] Pro-duzindo furos no visível, alguns filmes são capazes de colocar em suspensão representações que compõem nosso imaginário social e cuja potência pode determinar, por exemplo, no campo da educação, a existência de uma prática pedagógica que se mantém aprisionada ao mundo das significações disponíveis em nosso tempo (Roure, 2011).

---

dos termos significante, escrita, escritura, inscrição e incluirá em suas elaborações o conceito de letra, o que o permitirá radicalizar a relação entre inconsciente e escrita (Costa, s.d.). Numa concepção mais filosófica, Benjamim alia experiência e narrativa e pensa uma historiografia como uma grafia da memória.

3. Para Freud, se ver é captar a realidade física por meio do sentido visual e deve ser localizado no órgão visual, o olhar deve ser concebido como a "expressão" dos olhos. Se ao primeiro podemos vincular um sujeito consciente e autorreflexivo, já em relação ao olhar trata-se do sujeito do incons-ciente e do desejo. Foi o conceito de pulsão escópica que permitiu à psicanálise ressignificar o olho como fonte de libido — e não mais como órgão de visão —, uma vez que o escopismo é constituin-te do próprio desejo (Roure, 2011).

TEMAS DE PEDAGOGIA

E conforme antecipamos anteriormente, passar da língua ao discurso, bordejar o impossível de ser simbolizado, produzindo uma outra "coisa", é o que uma experiência fílmica pode nos proporcionar.

Primeiro tempo: *Quadro-negro (Takhté Siah)*

No filme *Quadro-negro* (*Takhté Siah*, 2000), dirigido pela iraniana Samira Makhmalbaf, um grupo de professores, todos homens, atravessam as regiões montanhosas do Curdistão iraniano, fronteira com o Iraque. Eles carregam um grande quadro-negro às costas e viajam de cidade em cidade à procura de alunos. Samira centra sua narrativa na história de dois professores: Rebooir (Bahman Ghobadi) e Said (Said Mohamadi). O primeiro vai deparar-se com um grupo de adolescentes que se arriscam ao transportarem contrabando entre o Irã e o Iraque, e o segundo encontrará um grupo de homens velhos que querem regressar a sua terra natal (Iraque) para morrer em paz. Com eles Said encontrará a viúva curda Haleleh (Behnaz Jafari), com quem irá se casar.

No início do filme, os dois professores discutem sobre ser professor: enquanto Rebooir diz de seu desejo e compromisso em ensinar, Said conta sua história: a separação da mulher, o filho doente e seu propósito em educar um futuro médico que atenda à região. Tomando trajetos diferentes, os dois homens seguem em suas jornadas: o primeiro quer ensinar a ler e a escrever meninos-pastores e o segundo vai se dirigir à aldeia. Vamos nos deter apenas na primeira história.

Tendo o quadro-negro amarrado a suas costas, Rebooir enfrenta uma longa estrada coberta de areia e cascalho. E se ele não encontra os meninos-pastores que procurava, ele vai deparar-se com os "meninos-mulas", que também amarrados a suas cargas seguem como "mulas" as íngremes montanhas no Curdistão, em direção à fronteira com o Iraque. No decorrer do primeiro encontro, ainda que peçam ao professor para sair do caminho, ele insiste em acompanhá-los. Caminhando com eles, tenta convencê-los da importância de aprender a ler e escrever. Ele fala do mundo e da necessidade de conhecê-lo.

> Eu sou professor e vim aqui para ensiná-los a ler e escrever. Vim de muito longe. Estive procurando por vocês há muito tempo. Quero ensiná-los a ler e a escrever, a somar e a multiplicar. [...] Ouçam, minhas crianças, com educação vocês vão poder ler livros, ou ainda melhor, jornais, quando estiverem na estrada. Aprendam a ler e a escrever e vão saber o que está se passando no mundo. Poderão aprender a somar. Qual futuro vocês vão ter com isso? Podem estudar para encontrar um emprego.

O desejo de transmissão apresentado por Rebooir bem como a sua insistência com os garotos lembram-me as observações de Hannah Arendt: o mundo a ser transmitido deve ser tomado em sua complexidade com suas contradições e equívocos — "o mundo como ele é" — considerando os dramas existenciais da condição humana. Aliás, é o comprometimento em face deste mundo e dos dramas que se desenrolam que ela acentua no mestre. É com esse comprometimento que Rebooir parece se apresentar como professor.

Contudo, apesar da demanda de Rebooir, nenhum dos meninos mostra-se interessado e um deles afirma: "Estamos sempre na estrada. Fazer contas é bom para o chefe. Nós somos mulas, sempre andando. Como você acha que vamos ler? Para ler livros é preciso estar sentado. Nós nunca paramos num canto."

É importante destacar que o Curdistão é considerado uma das regiões mais pobres do mundo e se encontra em estado de guerra permanente. Possui cerca de 500.000 km², distribuídos em sua maior parte na Turquia e o restante no Iraque, Irã, Síria, Armênia e Azerbaijão. É o maior grupo étnico do mundo sem Estado próprio, são 26 milhões de pessoas, em sua maioria muçulmanos sunitas, hoje espalhados por essas seis nações, sem um núcleo oficial. Sem uma identidade nacional reconhecida, é possível reconhecer no testemunho do menino-mula a situação de seu povo: "Estamos sempre na estrada [...] Nós nunca paramos num canto."

Rebooir sabe das condições a que aqueles meninos já "envelhecidos" encontram-se submetidos, indo e vindo pela trilhas empoeiradas, eles ajudam no sustento de suas famílias. Ele sabe que será impossível a frequência em uma escola formal e por isso insiste em sua demanda até ser interpelado por um menino cujo nome é também Rebooir. Ele divide com o professor um pedaço de pão e diz do seu desejo de aprender a ler e a escrever. O interessante é que, neste momento, a demanda vem do próprio menino e não mais do professor Rebooir, uma vez que este, neste momento, dirigia-se a Hayyaz, o menino contador de histórias. Para o menino-mula Rebooir, tudo o que ele quer é escrever um nome, o seu próprio nome. O nome que também nomeia seu possível professor.

E quanto ao valor da escrita de um nome próprio, vale a pena nos deter um pouco. Em relação à escrita do próprio nome, temos nessa operação uma possível nomeação e é por isso mesmo que, nesse caso, escrever o nome próprio poderá ocupar para Rebooir o lugar de uma marca que dará a ele, enfim, um lugar. Além do mais, engajar-se no processo de reencontrar na escrita o seu nome, sua assinatura é, também, arriscar a assinar, arriscar a ter importância, possibilidade de uma subjetividade advir e, quem sabe, poder narrar e, portanto, testemunhar a história traumática e indizível de seu povo. Conforme afirma Nestrovski (2000, p. 191): "É a narrativa que permite, afinal, a experiência da experiência, se é que isso se pode dizer; a possibilidade de transformar o real em alguma coisa que não seja só o trauma e sua posterior higiene, ou esquecimento."

E se reconhecermos o quanto a história/memória traumática do Curdistão tem sido denegada e ignorada pela comunidade política internacional, não é difícil nos darmos conta da importância que a produção de uma (re)leitura e de uma (re)escritura de sua história e memória pode representar para esse povo. Somente uma narração que testemunhe o trauma vivido por esse povo poderá (re)afirmar os sentimentos de enraizamento e pertença que sustentam o desejo de reconhecimento como nação.

Estabelecido o acordo, professor e aluno percorrem as trilhas empoeiradas do Curdistão em direção à fronteira. E se o primeiro traz o imenso quadro-negro amarrado às suas costas, o segundo sustenta nas suas as caixas de contrabando. Assim, mesmo em condições adversas, longe de uma sala de aula idealizada, sem objetos e carteiras adequadas, sem artefatos de natureza virtual, o professor, interessado na transmissão de um saber — "Eu quero ensinar" — e comprometido com o mundo do qual faz parte, inventa um modo próprio de ensinar. Caminhando pela trilha com os meninos, ele segue escolhendo e pronunciando em voz alta as letras do alfabeto a serem ensinadas. Ao som de um R forte, o menino Rebooir segue repetindo em voz alta: "Rrrrrrrrrrrrrrrrrrrr, R de Rebooir."

Mas, se durante o trajeto, Rebooir repete os sons das letras, quando parados, é sobre o quadro-negro, sustentado pelo corpo do professor, que o aprendizado se dá. Será nos pequenos intervalos permitidos pelo guia que Rebooir ensinará ao menino o traçado das letras. Revezando-se entre a sua pronúncia e a sua escrita no quadro, o professor segue com um certo modo de fazer. Se o menino-mula não pode parar, o professor o acompanha do modo como ele pode. Ambos sabem que não há tempo a perder e, por isso mesmo, fazem do ensinar-aprender uma espécie de invenção. Experiência que se dará não sem correr riscos, isso porque se de um lado os meninos são obrigados a fugir dos contrabandistas adultos, de outro, a polícia da fronteira também está em guarda.

Em uma das últimas cenas, será sobre a superfície do quadro-negro, apresentada por Samira em primeiríssimo plano, sustentado pelo corpo do professor, que a mão do aluno Rebooir traçará as letras que compõem seu nome. Aproveitando-se do descanso do professor, que conversava com uma menina pastora, ele escreve e comunica ao mestre pela primeira e única vez: "Escrevi uma coisa. Escrevi meu nome. Escrevi Rebooir." Enunciação interrompida pelo estrondo de um tiro e pelo pequeno corpo de Rebooir que tomba alvejado.

Foi precisamente nesse lugar, sem condições necessariamente apropriadas para uma experiência pedagógica se dar, correndo riscos, que o professor Rebooir, acompanhado de seu quadro-negro, apresentou-se a esses meninos como testemunha da barbárie a que são submetidos e que não deixa de ter relação com a memória e a história de

TEMAS DE PEDAGOGIA

seu povo. Foi ali, repetindo as letras e ensinando seu traçado em um quadro preso ao seu próprio corpo, que Rebooir permitiu ao menino-mula produzir sua assinatura, ainda que esta tenha sido uma única vez.

E em relação à função de testemunha, vale a pena retomarmos a proposta de Gagnebin (2001) quanto à ampliação desse conceito. Para esta autora, ocupar a posição de testemunha não significa ter vivido ou visto com seus próprios olhos situações de crise; testemunha seria, também, aquele que não vai embora e que consegue ouvir a narração insuportável da história do outro — de um sofrimento indizível do passado — fazendo disso uma experiência (*Erfahrung*) e aceitando que sua palavra se comprometa em dar continuidade à transmissão simbólica que ali se deu, impedindo a repetição e auxiliando na invenção do presente.[4]

Para concluir este primeiro tempo penso que, se o professor Rebooir alinhou a experiência pedagógica à experiência do testemunho, não fez outra coisa senão colocar em ação o compromisso apontado por Arendt em relação ao papel do educador em transmitir o mundo, fazendo valer sua responsabilidade ética e política em face do tempo que vivemos.

Segundo tempo: *Tanza*

O segundo filme, *Tanza* (2005), do diretor e roteirista argeliano Mendi Charef, denuncia o cotidiano de cinco jovens adolescentes que caminham a esmo em algum lugar do continente africano, resistindo de modo solitário ao extermínio de sua etnia. Sem identificar o país,

---

4. Mas se a narração pode significar uma experiência que obstaculize a repetição, vale a pena destacar no filme as tentativas fracassadas do menino Hayyaz de poder (re)contar a seus amigos a história traumática do coelho caçado, torturado e morto pelos amigos e fazer dessa vivência uma experiência.

Charef narra uma história comum aos quatro cantos desse continente, onde guerras civis colocam armas nas mãos de grupos juvenis. Tanza (Adama Bila) é também o nome de um menino de doze anos que faz parte de um desses grupos, andando pela floresta com fuzil e metralhadora, ele mata seus "inimigos" e enfrenta a "morte" como qualquer guerrilheiro adulto.

Composto a partir de uma narrativa mínima, o diretor apresenta uma montagem marcada por descontinuidades, sem a preocupação de fornecer muitas informações ao espectador. Logo no início do filme, vemos o confronto desse grupo de meninos com a guarda policial, sendo que no decorrer do tiroteio um dos meninos morrerá. Esse acontecimento produzirá, em uma cena posterior o seguinte diálogo entre Damo, um garoto recém-chegado ao grupo, e Tanza:

> Damo: Você quase não fala. Quando entrou para o grupo?
> Tanza: Faz um ano e meio. Sou o mais antigo com o chefe.
> Damo: Eram só vocês dois no início?
> Tanza: Éramos onze quando eu cheguei.
> Damo: E os outros?
> Tanza: Aqueles que morrem a gente repõe com caras como você.

Sob os efeitos de um extermínio generalizado, em face da experiência traumática causada pela presença inexorável da morte que toca nos limites da linguagem e do humano Tanza, emudecido, segue repetindo o que aprendeu com os "adultos": que a vida — dele e do outro — é sempre dispensável.

O grupo segue e chega a uma aldeia em ruínas, e Tanza dirige-se a uma das casas que supomos ser a dele. Sob os tijolos de uma parede, ele (re)encontra artefatos que um dia parecem ter lhe pertencido: um estilingue de criança; uma pulseira e três lápis amarrados por uma liga. Cena que retomaremos posteriormente.

Também neste filme, as ruínas de sua possível aldeia fazem deste garoto testemunha do extermínio de seu povo sem que desse fato ele possa dar sua versão. E se este lugar servia-lhe como espaço de memória, uma vez destruído, produz como consequência inevitável um "estar sem rumo". Assim como o menino Rebooir, sem uma narrativa que o permita simbolizar a catástrofe que constitui a história de seu povo, e de modo consequente a sua própria história, Tanza segue em direção à morte.

Já na próxima cena, o grupo depara-se com um pequeno vilarejo, momento em que observamos, especialmente por parte do líder, um desejo de vingança para com a etnia inimiga. O plano é traçado por ele, que cronometra as bombas e escolhe os prédios a serem destruídos. Caberá a Tanza a missão de colocar uma bomba no prédio amarelo. Entretanto, será só no interior do prédio que ele se dará conta de estar em uma escola.

Ao entrar na sala de aula, sem pronunciar uma só palavra, o olhar de Tanza volta-se para alguns dos artefatos que compõem o ambiente escolar: os desenhos fixados no mural, o brinquedo, o globo terrestre, a fotografia da turma, sendo que para todos estes elementos ele aponta a bomba simulando o barulho de sua explosão. Dirigidos pelo olhar da câmera, nos aproximamos de Tanza e acompanhamos o endereçamento de seu olhar para um outro objeto: o quadro-negro. Este, colocado em primeiríssimo plano, apresenta-nos o seguinte enunciado: "Perguntas para amanhã: Quem escreveu *O livro da selva*? Quantas pessoas vivem na África? Qual a capital da França?"

É diante do quadro-negro que ele deixa a bomba sobre uma carteira, aproxima-se e pega um giz. Devagar ele lê as perguntas e responde a todas. "Quem escreveu *O livro da selva*? *R. Kipling*; Quantas pessoas vivem na África? *800 milhões*; Qual a capital da França? *Paris*".

Na cena seguinte, temos a imagem de Tanza sentado em uma carteira escolar, sob uma iluminação escura, vemos apenas o seu olhar fixo em direção ao quadro-negro. Tendo respondido a todas as perguntas, como quem cumpre uma missão, ele enfim retira os sapatos,[5]

---

5. No início do filme, Damo pergunta a Tanza por que ele nunca tira os sapatos, e como resposta ele obtém apenas um lacônico: "Por quê?"

coloca os pés no chão, deita a cabeça sobre o detonador da bomba, fecha os olhos e sorri.

Mas afinal de contas, que valor o quadro-negro apresenta nesta história? É importante lembrar que ele é o único artefato a partir do qual Tanza se detém. Ocupando o lugar de um Outro encarnado, capaz de supor saber,[6] é em sua superfície que observamos o enunciado "Perguntas para amanhã", cuja demanda de resposta parece produzir em Tanza um efeito (re)estruturante em relação aos significantes vida e morte. É por sentir-se convocado a responder com seu saber escolar às perguntas escritas no quadro que ele pôde, por um momento, desocupar a posição de guerrilheiro e retornar a posição de aluno. Há nesta convocação um valor que não se resume na resolução das perguntas, mas sim ao *ato* de responder. É da posição de sujeito desejante, que essa criança-escolar, marcada em sua memória/história pelo *desejo de saber*,[7] vai responder às questões e, finalmente, "sentar-se".

---

6. Na Psicanálise, o valor do outro (semelhante) é também uma maneira de inscrever a encarnação do grande Outro (lugar simbólico). No Seminário V, *As formações do Inconsciente* ([1957-1958] 1999), Lacan assinala o papel indispensável do Outro capaz de supor um saber no outro ainda que esse saber não seja, naquele momento, devidamente compreendido. Na aula de 11 de dezembro de 1957, Lacan destaca que o Outro tem que ser capaz de se surpreender com o dito do outro: "Não compreendo, estou desnorteado" (Lacan, 1999, p. 112). Mas se essa operação já nos possibilita antecipar na obra de Lacan um Outro faltante capaz de se surpreender em face do saber do outro, apenas no texto Subversão do sujeito e dialética do desejo (Lacan, [1960], 1998) o grande Outro (lugar do código) comparecerá como Outro barrado, marcado pela falta. Pensar no processo ensino-aprendizagem a partir de tais elaborações permite-nos considerar a importância de um educador que seja capaz de suportar a falta (oferecer algo de sua falta) e supor no aluno um saber. Somente ocupando uma certa posição desejante o professor poderá colocar-se no lugar de sustentação do desejo de saber de seu aluno no processo de aquisição do conhecimento. No entanto, é possível que o Outro funcione como alguém a quem nada falta e assuma a posição de saber absoluto, nesse caso, tomará a palavra confusa do aluno simplesmente como lapso, ou ignorância daquele que a pronunciou, podendo até desclassificar esse dito (Laznik, 2004).

7. Para Lemos (2007), o ato educativo alcança sua mais elevada e rara qualidade quando é capaz de despertar desejo. Mas quando esse ato pode engajar o aluno numa via desejante? "Isso pode acontecer quando o desejo do professor está dirigido a Outro lugar, *para fora da própria cena educativa*. [...] Com efeito, não é quando o professor tem o poder de reprovar (poder que, na verdade, apenas lhe foi transferido pela instituição) que ele realiza a função de interditar, mas sim quando seu desejo se dirige para Outro lugar. É assim quando, por exemplo, o desejo do professor é causado mais

Neste ponto, vale a pena revermos a cena em que Tanza retorna à sua aldeia. Como um arqueólogo, ele abre buracos na parede e recolhe artefatos que um dia compuseram sua história: um estilingue, uma pulseira de menina e um conjunto de lápis amarrados por uma liga. Cabe salientar que até ser capturado pelo "quadro-negro", o (re)encontro com esses queridos objetos da infância não teve a potência de produzir em Tanza um efeito capaz de evocar lembranças esquecidas que o remetessem à condição de sujeito desejante.

Em relação às perguntas respondidas, elas referem-se a três aspectos que parecem dizer da história individual e coletiva de Tanza. Na primeira, não podemos deixar de observar uma semelhança entre a história do menino Mogli, "abandonado" na floresta por seus pais, narrada por Kipling no *Livro da selva* (1894),e a história desse adolescente, cujo abandono, que não é dos pais, obriga-o a viver sem rumo e se virar como pode em alguma parte do continente africano. Na segunda pergunta, a resposta também parece incluir Tanza, na medida em que ele deve se somar aos 800 milhões de africanos que vivem neste continente. E quanto à última, se ela não se remete a aspectos de sua história individual e coletiva, ela aponta para um mundo (des)conhecido, mas que já faz parte de sua memória escolar. Funcionando como terceiro, França, cuja história sugere-nos uma espécie de "pacto civilizatório", parece apontar para Tanza um "mais além", capaz de retirá-lo da "selva", e remetê-lo a um mundo diferente daquele que ele pôde até então conhecer em sua "África".

Para finalizar este segundo tempo, se no filme anterior é o professor Rebooir quem ocupa o lugar de testemunha, neste filme essa posição é materializada pelo "quadro-negro", uma vez que são as

---

pela Matemática do que pela necessidade de reencontrar no aluno os sinais de confirmação de que sua mensagem foi recebida sem deformações. [...] Para alguns sujeitos são esses os casos, nunca esquecidos, de professores com quem talvez o importante não tenha sido o que aprenderam, mas o empuxo a um campo de saber insuspeitável para eles até então"(Lemos, 2007, p. 8). Afirmação que nos permite supor a importância de um investimento desejante do professor para com os conteúdos dos saberes que ensina, o que possibilitaria estabelecer uma relação especialmente comprometida com o estatuto epistemológico da disciplina que ministra.

perguntas escritas em sua superfície que parece possibilitar a Tanza um (re)encontro com sua história (individual e coletiva), e uma consequente ação sobre o presente. Mas se essa posição pode ser ocupada pelo quadro, é porque em algum momento de sua vida escolar houve um outro, alguém de carne e osso que, ao suportar o lugar de Outro faltante, pôde supor nele um saber e engajá-lo numa via desejante. É por isso mesmo que a resposta de Tanza à demanda proposta pelo enunciado "Perguntas para amanhã" parece ser determinada por uma memória escolar capaz de produzir um efeito (re)estruturante em relação à própria vida: ele larga da bomba, responde às perguntas, ocupa a carteira, retira os sapatos, sorri e espera (quem sabe?) por um outro amanhã.

Terceiro tempo: *Vida Maria*

Para finalizar, trazemos o terceiro filme, *Vida Maria* (2006), uma animação do brasileiro Márcio Ramos que nos fala da vida, do desejo de escrita e de *vidas não escritas*. E se nos outros filmes assinalamos a presença do quadro-negro, nesse momento nos voltamos para um outro artefato destinado ao exercício da escrita: o quadro-branco do aluno, isto é, o caderno escolar.

Em um lugar indeterminado do sertão cearense, nordeste do Brasil, a menina Maria José, de mais ou menos cinco anos de idade, insiste em escrever seu nome. Na cena inicial, temos em primeiro plano a imagem de uma página de caderno, marcado pelas inúmeras tentativas da escrita de um mesmo nome. À medida que o plano cresce, vemos na outra página uma pequena mãozinha que realiza devagar uma nova tentativa: "M-a-r-i-a J-o-s-é." Mas o traçado das letras é logo interrompido pelo brado da mãe: "Maria José, não está me ouvindo chamá, não? Invés de ficá perdendo tempo desenhando o nome vai lá pra fora e arranja o que fazê. Vá. Tem o quintal pra varrê, tem que levá água pro [...] Vai menina, vê se tu me ajuda Maria José."

Maria José corre para o quintal e ali começa a tirar água. Fusionando as imagens, o diretor promove no corpo de Maria a passagem do tempo: de criança a mocinha, de mocinha a jovem, de jovem a mulher e de mulher a mãe e, por que não dizer, várias vezes mãe. Maria José envelhece, seu corpo se transforma, seu olhar se altera, e no rosto marcado podemos observar a desesperança e a dor de um tempo que se foi.

O diretor retorna à cena inicial, agora é Maria José, a mãe, dirigindo-se à sua filha Maria de Lourdes, que se encontra debruçada sobre o caderno escrevendo o nome. Nesse ponto ela repete um texto já conhecido: "Lude, ô lude... não está me ouvindo chamá, não? Invés de ficá perdendo tempo desenhando o nome vai lá pra fora e arranja o que fazê. Vá. Tem o quintal pra varrê, tem que levá água pro [...] Vai menina, vê se tu me ajuda, Lude." Enunciado que apresenta um pequeno acréscimo em relação ao de sua mãe: "Fica aí fazendo nada. Desenhando o nome."

Em seguida, vemos o caderno na bancada da janela, e nossos olhos são direcionados até suas páginas tocadas pelo vento de trás para frente, sendo que em cada uma das páginas é possível observar o traçado de uma "quase" mesma assinatura que insiste em se repetir. E se os desenhos, as garatujas e os traçados funcionam como traços que diferenciam a escrita dos nomes, será o segundo nome que singularizará o que parece se apresentar como uma "cadeia nominal": Maria da Lourdes, Maria José, Maria Aparecida, Maria de Fátima, Maria das Dores, Maria da Conceição, Maria do Carmo...

Com efeito, a história escrita/grafada nas páginas do caderno revela-nos o traumático que compõe a história de todas essas Mariazinhas que, no interior do sertão cearense, insistiram na escrita de seus nomes. Todavia, se o caderno foi capaz de inscrever em suas páginas a transmissão de um desejo de escrita, registrou também o fracasso dessa transmissão. Não por coincidência, presenciamos na cena final o velório da mãe de Maria José, e cujo nome o caderno pôde apenas acolher: Maria Aparecida.

Conforme afirmamos anteriormente, se a memória e a história só existem graças à capacidade de (re)inscrever em uma narrativa os traços deixados pelo passado (Gagbebin, 2006), sem a presença de um ouvinte que possa suportar a posição daquele que narra, e assim dar crédito e valor à história narrada fica difícil suportar o peso de uma realidade traumática. É por isso que, fazer da vivência uma experiência a ser narrada, sempre implica mais de um, é preciso sempre um outro que suporte ouvir, ou seja, que suporte testemunhar a narração insuportável do outro e aceite que suas palavras revezem essa história.

No caso de Maria José, não tendo encontrado um outro que testemunhasse a escrita de seu nome e desse a esta o valor de assinatura, o traumático permanece inscrito no caderno como uma ferida. Sem conseguir fazer da escrita do nome no caderno uma experiência passível de ser narrada, e assim fazer do traumático que habita a vida uma outra coisa a ser dita, ela transforma essa escritura em "nada" e o nome próprio em "desenho": "Fica aí fazendo nada, desenhando o nome." Sem fazer dessa vivência uma experiência que lhe permita conjugar seu passado individual com o passado coletivo das Marias que lhe antecederam, ela "esquece" o passado e "denega" a história. Funcionamento que a impede de esboçar uma outra história (re)inventando o presente.[8]

Para concluir, retomo as observações de Arendt em relação ao papel do educador: "Face à criança, é como se ele fosse um representante de todos os habitantes adultos, apontando os detalhes e dizendo à criança: Isso é o nosso mundo." A esse compromisso, o educador junta a posição de testemunha[9] ressaltada por nós no decorrer desses

---

8. Se a narrativa de uma experiência traumática pode produzir (re)construções recíprocas do passado e do presente, pensemos nos efeitos que o esquecimento e a denegação podem produzir na escrita da história.

9. Para Felman (2000, p. 16): "[...] o fardo do testemunho [...] é radicalmente único, não intercambiável e um fardo solitário [...] testemunhar (*bear witness*) é aguentar (*bear*) a solidão de uma responsabilidade e aguentar (*bear*) a responsabilidade, precisamente, desta solidão. Ainda assim, a designação para testemunhar é, paradoxalmente, uma designação para transgredir os limites daquela posição isolada, para falar intercedendo pelos outros e para os outros [...] A testemunha, escreve Lévinas, 'testemunha sobre aquilo que foi falado por meio dele'. [...] Pelo fato de o testemunho ser dirigido a outros, a testemunha, de dentro da solidão de sua própria posição, é o veículo de uma ocorrência, de uma realidade, de uma posição ou de uma dimensão para além dele mesmo".

três tempos de análise apresentados. Ensinar torna-se, então, testemunhar, fazer algo acontecer (Felman, 2000) e não apenas transmitir conhecimentos passivos ou informações preconcebidas.

Vale lembrar que quando Hannah Arendt se refere ao mundo capitalista, identifica, também, um mundo pós-Holocausto, pós-Hiroshima e pós-Vietnã, acontecimentos que, segundo Felman (2000), apontam para o trauma da história contemporânea e que têm colocado em questão a natureza de nossa "condição humana". Dando continuidade a essa denuncia resta-nos, então, acrescentar a esses acontecimentos os extermínios e genocídios que cercam países como os da África, Curdistão, Bósnia, Líbano, isso sem falar no extermínio físico[10] e simbólico praticado no Brasil, como o narrado por Márcio Ramos em *Vida Maria*.

Posicionarmo-nos contra a repetição de tais acontecimentos, comprometermo-nos e responsabilizarmo-nos com a produção de uma memória e de uma história que não apague ou silencie sua dimensão traumática, significa insistirmos cada vez mais sobre a responsabilidade política e ética do educador e da educação. Não se trata, portanto, de transformar a escola em práticas predominantemente de acolhimento ou integração social, como denuncia Libâneo (2011), mas oferecer elementos na formação cultural e científica de nossos alunos, de modo que eles possam, uma vez comprometidos com o mundo do qual fazem parte, fazer dos conhecimentos teórico-científicos transmitidos narrativas singulares que os possibilitem em suas vidas testemunhar — (re)ler e (re)escrever — a história e a memória de seu povo.

É por isso que "conhecer e instruir acerca do mundo", conforme lembra Arendt, significa apresentar a História sem concebê-la numa

---

10. Segundo Waiselfisz (2011), nos últimos anos (2004/2008), no Brasil, há um aumento assustador do número de homicídios de jovens. Em Goiânia, segundo dados da Comissão de Direitos Humanos da Assembleia Legislativa do estado de Goiás, os casos de violência contra jovens nos últimos anos aumentaram consideravelmente (Mendes, 2011). Em fevereiro de 2011, vieram à tona várias denúncias de casos de execução de jovens devido à formação de um grupo de extermínio em atuação no estado há mais de dez anos envolvendo policiais militares. Para Mendes (2011), o número de jovens desaparecidos em Goiás, após abordagem policial nos últimos dez anos, é maior que o número de desaparecidos políticos goianos durante o regime militar.

perspectiva historicista, a Geografia sem transformá-la em uma mera descrição de paisagens, mas compreender a ambas como uma certa escritura do tempo e do espaço, aberta a infinitas (re)leituras e (re)escrituras. Significa, ainda, transmitir a Literatura considerando as mais variadas formas de narrar o "inenarrável", a Arte como fonte de estranhamento e criação, e a Matemática como modo de contabilizar nossa memória. São processos que nos possibilitam ocupar — professores e alunos — o lugar de testemunhas de nosso tempo, comprometidos com uma memória/história sem abrirmos mão de um agir ético sobre o presente.

Referências bibliográficas

AGAMBEN, Giorgio. *Infância e história*: destruição da experiência e origem da história. Belo Horizonte: Ed. UFMG, 2005.

ARENDT, Hannah. A crise da educação. In: _____. *Entre o passado e o futuro*. São Paulo: Perspectiva, 2000.

BENJAMIN, Walter. Experiência e pobreza. In: _____. Magia e técnica, arte e política. *Obras escolhidas*, I. São Paulo: Brasiliense, 1994a.

_____. O narrador. In: _____. Magia e técnica, arte e política. *Obras escolhidas*, I. São Paulo: Brasiliense, 1994b.

COSTA, Ana. *Relações entre letra e escrita em psicanálise*. Disponível em: <http://www.lacan-brasil.com/lectura.php?auxiliar=rubriques/clinique/letra_escrita.html>.

FELMAN, Shoshana. Educação e crise ou as vicissitudes do ensinar. In: NESTROVSKI, Arthur; SELIGMANN-SILVA, Márcio (Org.). *Catástrofe e representação*: ensaios. São Paulo: Escuta, 2000.

FREUD. Sigmund. *A interpretação dos sonhos*. Obras psicológicas de Sigmund Freud: edição standard brasileira. Tradução dirigida por Jayme Salomão. Rio de Janeiro: Imago, 1996. v. 4 e 5.

GAGNEBIN, Jeanne-Marie. Memória, história e testemunho. In: BRESCIANI, Stella; NAXARA, Márcia (Org.). *Memória e (res)sentimento*: indagações sobre uma questão sensível. Campinas: Unicamp, 2001.

GAGNEBIN, Jeanne-Marie. *Lembrar, escrever, esquecer*. São Paulo: Editora 34, 2006.

LACAN, J. *Seminário*: livro 5. As formações do inconsciente. Rio de Janeiro: Jorge Zahar editor, 1999.

_____. Subversão do sujeito e dialética do desejo. In: _____. *Escritos*. Rio de Janeiro: Jorge Zahar editor, 1998.

LAZNIK, Marie-Christine. O autismo e as formações do inconsciente. In: _____. *A voz da sereia*: o autismo e os impasses na constituição do sujeito. Salvador: Ágalma, 2004.

LEMOS, Maria Teresa Guimarães de. Desejo de educar. ETD — *Educação Temática Digital*, Campinas, v. 8, número especial, p. 80-9, 2007.

LIBÂNEO, José Carlos. O dualismo perverso da escola pública brasileira: escola do conhecimento para os ricos, escola do acolhimento social para os pobres. *Educ. Pesqui.*, São Paulo: Scielo, 2011.

MENDES, Gardene Leão de Castro. *O discurso da criminalização da juventude no jornal daqui*, 2011. Dissertação (Mestrado em Educação) — Pontifícia Universidade Católica de Goiás, Goiânia.

NESTROVSKI, Arthur. Vozes de crianças. In: _____; SELIGMANN-SILVA, Márcio (Org.). *Catástrofe e representação*: ensaios. São Paulo: Escuta, 2000.

ROURE, Glacy Q. de. *Infância, experiência, linguagem e brinquedo*. Disponível em: <http://www.anped.org.br/33encontro/app/webroot/files/file/Trabalhos%20em%20 PDF/GT07-6935--Int.pdf>. Acesso em: 20 set. 2010.

_____. *Tartarugas podem voar*: cinema, infância e educação, 2011. Disponível em: <http://www.anped.org.br/spp/webroot/34reuniao/imagem/trabalho/GT24/Gt24-1074%20int.pdf>.

WAISELFISZ, Júlio Jacomo. *Mapa da violência 2011*: os jovens do Brasil. São Paulo Instituto: Sangari, 2011.

Filmes citados

Quarto 666 (*Chambre 666*, França-EUA, 1982). Diretor: Wim Wenders.

Tanza (2005). *Crianças invisíveis* (*All the invisible children*, Itália, 2005). Diretores: Mehdi Charef, Kátia Lund, John Woo, Emir Kusturica, Spike Lee, Jordan Scott e Stefano Veneruso.

Quadro-negro (*Takhté Siah*, Irã, 2000). Diretora: Samira Makhmalbaf.

Vida Maria (Brasil, 2006). Diretor: Márcio Ramos.

CAPÍTULO 14

Artefatos tecnoculturais nos processos pedagógicos:
usos e implicações para os currículos

Conceição Soares

Edméa Santos

[...]
De uma América a outra / Eu consigo passar num segundo / Giro um simples compasso / E num círculo eu faço o mundo...

Um menino caminha / E caminhando chega no muro / E ali logo em frente / A esperar pela gente / O futuro está...

E o futuro é uma astronave / Que tentamos pilotar / Não tem tempo... nem piedade

Nem tem hora de chegar / Sem pedir licença / Muda a nossa vida / E depois convida / A rir ou chorar...[1] */ [...]*

    Caderno, livro, lápis, lápis de cor, caneta, borracha, apontador. Quadro-negro, giz, mimeógrafo, compasso, régua, alto-falante, apagador. Rádio, televisão, videocassete, DVD, retroprojetor. Máquina foto-

---

1. "Aquarela", canção composta por Toquinho, Vinícius de Moraes, G. Morra e M. Fabrizio.

gráfica, filmadora, *pen drive*, CD, celular, quadro digital, computador. As intermináveis "listas de material escolar", exigidas dos alunos no início de cada ano letivo, não param de crescer e incluir novos e, há até bem pouco tempo, impensados itens. Do mesmo modo, são incessantes as pressões de todos os lados (alunos, professores, gestores educacionais, pais, empresários, ativistas sociais, autoridades, especialistas e mídias) para que as escolas se "modernizem", se midiatizem, se informatizem, sob pena de se tornarem defasadas e desinteressantes em relação às mudanças no mercado de trabalho e à sedução provocada pela indústria do entretenimento, comprometendo, cada vez mais, a tão almejada e controvertida "qualidade do ensino". Por outro lado, artefatos técnicos e tecnológicos diversos (nem sempre considerados apropriados ao contexto escolar) entram nas escolas pelas mãos e/ou através das experiências de alunos e professores. Em meio aos processos pedagógicos cotidianos, uns e outros articulam *usos* (Certeau, 1994)[2] que fazem desses artefatos com *usos* que fazem daqueles considerados, por força do hábito, como eminentemente escolares.

Nessa contingência, cabe-nos indagar: afinal, o que são artefatos escolares? Embora essa não seja uma questão pertinente apenas aos nossos tempos, pois há muito se trabalha nas escolas com artefatos culturais diversos, produzidos com finalidades não necessariamente educativas (caixas de ovos, copos plásticos, cordas, rolos de papel higiênico, velas, purpurina, revistas, brinquedos etc.), ela ganha outros contornos nos dias de hoje. A intrusão desses novos artefatos nas escolas não depende mais apenas de uma decisão do sistema educacional ou do projeto pedagógico de uma unidade escolar específica.

A ambiência comunicacional — instituída pelo desenvolvimento das mídias e das tecnologias da informação, na esteira da globalização dos mercados, da transnacionalização do trabalho e do capital e da midiatização da cultura — invadiu, modificou e embaçou as fronteiras antes postas entre os múltiplos contextos cotidianos em que vivemos.

---

2. Certeau (1994) defende que em suas vidas cotidianas os praticantes da cultura inventam, em suas operações de usuários, outras lógicas e sentidos para o que lhes é oferecido ou imposto.

Produtos, meios, mensagens e lógicas operacionais originalmente associados ao universo comunicacional e informacional, fabricados para uso profissional ou doméstico, passaram a entrar nas escolas, muitas vezes, sem hora para chegar e sem pedir licença. E, nesse acaso, não adianta rir nem chorar. O que está em jogo não é celebrar nem recuar, pois é em meio a essa contingência que precisamos pensar os desafios e as possibilidades para a educação.

A integração ao mundo tecnológico, midiático e informacional impõe-se como uma exigência quase universal, embora se venha realizando de forma desigual, e até mesmo marginal, conforme as diferenças sociais, econômicas, políticas e culturais entre as regiões do país e do planeta, entre os grupos sociais e entre os indivíduos. Em consequência e apesar disso, essa integração vem se realizando também por meio das práticas cotidianas de professores e alunos, em consonância ou não com projetos singulares das escolas e com as políticas públicas para a educação. Dessa forma, consideramos que o acesso aos artefatos tecnológicos, especialmente os relacionados à indústria da comunicação e da informação é, ao mesmo tempo, uma exigência e um direito daqueles que praticam a educação. Mais do que refutar a intrusão desses artefatos nas escolas, cabe-nos indagar o que estamos fazendo e o que vamos fazer com eles.

Postas essas circunstâncias, entendemos que, para melhor compreender os processos pedagógicos que se desenrolam nos múltiplos contextos cotidianos *dentrofora*[3] das escolas, especialmente no que diz respeito aos *usos* de artefatos escolares e às possibilidades que esses *usos* criam para o conhecimento e para a realização dos currículos, precisamos ir além da ideia de produtos, equipamentos, serviços e técnicas inventados, fabricados e colocados no mercado especificamente para serem consumidos com finalidades educativas. Na nossa compreensão, artefato escolar é, portanto, tudo aquilo que, independente-

---

3. A grafia desses termos tem a ver com a necessidade que sentimos, nas pesquisas *nos/dos/com os cotidianos*, de mostrar os limites herdados do modo de criar conhecimento próprio da ciência moderna, com as dicotomias necessárias à produção do conhecimento científico.

mente do contexto de sua criação, propósito, função e manual de instruções, é *usado* por professores e alunos em suas práticas cotidianas de *aprenderensinar*, *dentrofora* das escolas, de modo a alargar as possibilidades para a realização dos Currículos compreendidos como redes de relações, significações, *saberesfazeres* e poderes.

Dessa forma, em conformidade com a tendência de pesquisa em educação que vem sendo conhecida como nos/dos/com os cotidianos, temos buscado compreender as relações entre os *usos* de artefatos culturais, incluindo-se aí os artefatos tecnológicos, nos processos pedagógicos e os Currículos realizados nas/com as escolas. Para nós, o cotidiano não é apenas o *locus* privilegiado de uma investigação, mas o *espaçotempo* em que se inventa uma forma de fazer ciência e educação que não se dá a partir da clivagem entre sujeito e objeto, mas que se produz em relação, *entre* e *com* sujeitos, objetos, intensidades, fragmentos, textos, imagens, sons, sensibilidades, memórias, prospecções, que se transformam mutuamente no decorrer dos processos.

Nesse movimento indissociável de fazer e pensar, ouvir e contar, viver e narrar, fabular e instituir, perceber e provocar, analisar e intervir, temos experimentado, na contemporaneidade, uma exigência de comunicação total com o reconhecimento de sua potência reduzido à transmissão (veloz, em fluxos, objetiva, a distância) de informações. Ao mesmo tempo, e paradoxalmente, temos experimentado *usos* dos artefatos comunicacionais que instituem outras lógicas e conhecimentos distintos daqueles impostos pelos *administradores globais da política e do mercado* (Yúdice, 2004) e postos como exigências em múltiplos e ambivalentes discursos que circulam nas escolas.

Neste capítulo, abordaremos dois contextos, aqui diferenciados embora estejam irreversivelmente imbricados, nos quais temos pesquisado os *usos* diversos de artefatos tecnoculturais nas práticas educativas: os *espaçostempos* cotidianos das práticas pedagógicas nos contextos das diversas disciplinas e outras atividades curriculares em escolas públicas de ensino fundamental, e os *espaçostempos* cotidianos na cibercultura: possibilidades e desafios para o Currículo e a formação *on-line*.

Usos de artefatos culturais nos processos pedagógicos cotidianos dentrofora das escolas

Como já sabemos, porque de alguma forma vivemos em sociedades cada vez mais midiatizadas[4] (Sodré, 2002), as tecnologias da comunicação vêm engendrando novas formas de sociabilidade (como audiências compartilhadas de televisão, salas virtuais de bate-papo, grupos de discussão por *e-mail*, ambientes virtuais de aprendizagem, *blogs* e redes de relacionamento — Twitter, Orkut e Facebook) e de subjetividade (como telespectador e internauta) que se articulam com as formas agora ditas tradicionais (escola, família, comunidade, aluno, pai, mãe, professor, diretor, funcionário e vizinho). Analisar os *usos* que alunos e professores fazem desses artefatos em suas operações cotidianas pode ser uma possibilidade para percebermos sentidos, significações, conhecimentos e invenções que com eles se produzem. Como afirma Certeau (1994, p. 97):

> produtores desconhecidos, poetas de seus negócios, inventores de trilhas nas selvas da racionalidade funcionalista, os consumidores produzem uma coisa que se assemelha às "linhas de erre" de que fala Deligny. Traçam "trajetórias indeterminadas", aparentemente desprovidas de sentido porque não são coerentes com o espaço construído, escrito e pré-fabricado onde se movimentam. São frases imprevisíveis num lugar ordenado pelas técnicas organizadoras de sistemas. Embora tenham como material os *vocabulários* das línguas recebidas (o vocabulário da TV, o do jornal, o do supermercado ou das disposições urbanísticas), embora fiquem enquadradas por *sintaxes* prescritas (modo-temporais dos horários, organizações paradigmáticas dos lugares etc.), essas "trilhas" continuam heterogêneas aos sistemas onde se infiltram e onde esboçam as astúcias de interesses e de desejos *diferentes*.

As escolas não são, portanto, unicamente *espaçostempos* de docilização, disciplinarização e governamentalidade, mas são também *espa-*

---

4. Sodré define como *midiatização* a intervenção das tecnologias da comunicação em nossas instituições e relações cotidianas. Trata-se, segundo ele, de uma forma diferente de relação, uma "tecnointeração" que se processa *por meio de* e *com* o telefone, o computador e os meios de comunicação, entre outros artefatos comunicacionais.

çostempos de liberdade, de criação e de resistência aos processos de formalização da vida, do conhecimento e da subjetividade.

Como já vimos, independentemente de suas necessidades ou vontades, as escolas vêm sendo pressionadas por todos os lados a trabalharem com parafernálias tecnológicas que até bem pouco tempo lhes eram estranhas. Para além das diretrizes curriculares, das expectativas sociais e do fato de as escolas estarem ou não equipadas com tais tecnologias, professores e alunos vão aprendendo, uns com os outros, a utilizar artefatos técnicos para produzir tecnologias de *ensinoaprendizagem* que quase sempre atendem e transbordam as demandas das disciplinas. Basta uma visita rápida ao *site* YouTube para nos darmos conta dessa situação. Se digitarmos "trabalho de..." (Matemática, Português, História, Biologia, inglês etc.), vamos nos deparar com uma diversidade de produções criadas por alunos, às vezes em conjunto com os professores, que independentemente das condições técnicas de produção, mobilizam e hibridizam linguagens e *saberesfazeres*: textos científicos, literatura, pintura, fotografia, gravações em vídeo, teatro, música, quadrinhos, entrevistas etc. Nesses e em outros casos, os praticantes das escolas vão *usando* novas artefatos sem abrir mão de formas a eles mais familiares de *aprenderensinar*, expressar e produzir conhecimentos e relações.

Nas escolas, de alguma maneira, estão presentes o vídeo, a televisão, o computador, a máquina de fotografar, a câmera de filmar, mas continuam valendo também os bilhetinhos, os cartazes, os livros, os desenhos, a fofoca, as provas, a caligrafia, o grafite, o alto-falante, o lápis e o caderno, o giz e o quadro-negro, as tintas e os pincéis, os recados na porta dos banheiros, os cochichos, a cola, a pichação, os murais. Encontramos também nas escolas a arquitetura e os rituais que ordenam e expressam como devem ser significados e ocupados os *temposespaços*, embora quase nunca sejam obedecidos: a arrumação das salas de aula, as atividades nas quadras e nos pátios, os calendários, os horários das aulas, os muros, os banheiros femininos e masculinos, as salas de professores, as filas na entrada e na saída, a formação para cantar o Hino Nacional, o manual do aluno, as festas, os campeonatos esportivos. Além disso, podemos observar, ainda, nas instituições escolares outras formas de comunicar e educar que não se materializam em objetos e espetáculos: as vozes, os corpos, os gritos, as gargalhadas, os sussurros, as lágrimas, os gestos, os sons, os tons, os silêncios, os olhares, as cores, os cheiros, os sabores.

E deslocando, recriando e combinando fragmentos e restos desses gestos, linguagens e signos, em meio às práticas cotidianas se engendram redes de conhecimentos e significações tecidas em meio a lógicas operacionais múltiplas, contraditórias, dinâmicas, mutantes, escorregadias, desviantes, complexas, paradoxais e singulares, com as marcas dos praticantes da escola.

A partir de nossas pesquisas, defendemos que as escolas constituem *espaçostempos* de mediação em que as práticas do dia a dia instituem outros modos de se relacionar, de conhecer e de se constituir, para além da pretensão de uma midiatização hegemônica (Soares, 2009). Mediação compreendida como *intermezzo*, que tem como tecido a conjunção "e... e... e...", do modo como defendem Deleuze e Guattari (1995, p. 37):

> Entre as coisas não designa uma correlação localizável que vai de uma para a outra e reciprocamente, mas uma direção perpendicular, um movimento transversal que as carrega uma e outra, riacho sem início nem fim, que rói suas duas margens e adquire velocidade no meio.

Com esse entendimento, nos propomos a pensar os Currículos escolares como redes de conhecimentos, significações e relações, tecidas por *sujeitos em comunicação* (França, 2006).

Para França (2006), as discussões contemporâneas promovem a inserção da comunicação no cerne dos processos de subjetivação. Os debates, no entanto, não se referem ao sujeito em comunicação, mas à comunicação na constituição dos sujeitos. Ela explica que os sujeitos em comunicação não são sujeitos no singular, mas no plural, em relações mediadas discursivamente. Os sujeitos em comunicação são *sujeitos produzidos nos e pelos laços discursivos que os unem* (p. 77) e se encontram em uma situação de copresença e mútua afetação. São sujeitos constituídos na relação e pela presença do outro, a partir da capacidade de construção de gestos significantes e de projeção dos movimentos e expectativas recíprocas (p. 78). A ação que constitui os sujeitos em comunicação, segundo França, é, portanto, a ação de afetar e ser afetado pelo outro através de materiais significantes.

Assim compreendendo, passamos a narrar, a título de exemplificação, algumas situações vivenciadas em pesquisas nos/dos/com os cotidianos de escolas públicas municipais de ensino fundamental e que dizem respeito aos *usos* que professores e alunos fazem de artefatos tecnoculturais em processos pedagógicos.

Em uma escola pública de ensino fundamental da rede municipal de Vitória, no Espírito Santo, pudemos acompanhar o *uso* de computadores na alfabetização de alunos com deficiência visual. A escola tinha três alunos com diferentes tipos de problemas de visão, e as alternativas encontradas pela professora que coordenava o laboratório pedagógico buscaram se adequar a essas singularidades. Para uma aluna totalmente cega, por exemplo, livros e textos foram escaneados, jogados no computador, convertidos por meio de um programa específico para o sistema Braille e depois impressos em uma impressora especial. A menina aos 13 anos estava na sétima série e já tinha lido mais de 100 livros. Além do computador, a aluna contava com a ajuda de muitos materiais educativos, feitos especialmente para ela, com tecidos de diversas texturas. Outra aluna da escola, com aproximadamente dez anos de idade, tinha visão bem limitada e enxergava muito pouco. Ela frequentava sala de aula comum, mas contou com a ajuda do computador no laboratório pedagógico para ser alfabetizada. Para isso, a professora inventou um teclado especial para o equipamento, com letras e números bem grandes digitados no computador e impressos em papel, recortados e colados em cada tecla, de modo que a menina pudesse enxergar. Na hora da escrita, o editor de textos também era configurado com uma fonte grande.

Figura 1 ■ Teclado de computador "adaptado" pela professora para aluna com problemas de visão.

Nessa mesma escola, pudemos observar outros *usos* de artefatos tecnoculturais em processos pedagógicos, como o *uso* de fotografias nas aulas de Matemática — quando os alunos saíram às ruas para entrevistar pessoas da comunidade e saber como e para que elas usavam a Matemática em suas atividades cotidianas, montando depois um painel (com cartolina, pincel atômico e as fotografias) do tipo "povo-fala" muito comum no jornalismo — e a produção de histórias em quadrinho, escritas e desenhadas com lápis de cor, nas aulas de Português. Mais do que consumidores de produtos acabados e postos no mercado pela indústria cultural, o que temos visto é a produção de significações e conhecimentos, com as marcas dos praticantes da escola, mobilizando para isso recursos, linguagens e *saberesfazeres* criados nos diversos contextos em que aprendem e vivem.

Figura 2 ■ Entrevista do tipo "fala-povo" para discutir os usos da Matemática.

Em outra escola pública de ensino fundamental, esta pertencente à rede de ensino do município do Rio de Janeiro, vivenciamos um projeto de produção de vídeos realizado em conjunto por alunos e professores da escola e por membros do Laboratório Educação e Imagem[5] da UERJ, do qual fazemos parte. O projeto, apoiado pela Faperj, possibilitou que a escola recebesse uma câmera de vídeo profissional, um computador *Macintosh* e um *video walkman*, além da contribuição de profissionais, tais como um músico especializado na realização de trilhas sonoras e um cartunista, além de bolsas para professores e

---

5. Coordenado pela professora Nilda Alves, o Laboratório Educação e Imagem é vinculado ao Programa de Pós-graduação em Educação (ProPEd) e à Faculdade de Educação da Universidade do Estado do Rio de Janeiro (UERJ). Disponível em: <http://www.lab-eduimagem.pro.br/>.

alunos da escola envolvidos. Foram produzidos três vídeos no período de um ano, em meio a um processo que mobilizou pesquisas e conhecimentos demandados por diversas disciplinas, como História, Artes e Português, entre outras. Além dos bolsitas, o projeto mobilizou toda a escola — outros alunos e professores, diretoras e pedagoga —, pais e pessoas da comunidade em práticas diversas, como elaboração de roteiros, confecção de figurinos e cenários, encenação, entrevistas, gravação, edição, exibição e avaliação coletiva. O que mais nos chamou atenção foi que todos aprenderam praticando, avaliando, fazendo e refazendo, compartilhando, improvisando com o que tinham à mão, buscando recursos na comunidade. Alunos e professores *aprenderam-ensinaram* uns com outros, desestabilizando configurações hegemônicas nas relações poder/saber.

Figura 3 ■ Estudantes de escolas públicas *aprendemensinam* produzindo audiovisuais.

Por fim, neste breve *espaçotempo* de que dispomos para aboradar os usos de artefatos tecnoculturais nas práticas pedagógicas em con textos do ensino fundamental em escolas públicas, gostaríamos de destacar *usos* das redes sociotécnicas por alunos e professores, no ensino que se supõe eminentemente presencial. Nessas duas escolas, e em muitas outras espalhadas em todas a regiões do país, alunos e professores vêm expandindo os *espaçostempos* curriculares por meio dos *usos* que fazem da internet, seja através de *e-mails* ou das redes de relacionamento como Facebook, Twitter e Orkut, principalmente. Ainda que na maior parte das vezes a iniciativa parta dos alunos, os professores não se têm esquivado de participar. Nessas tecnointerações, podemos obervar a criação de *blogs*, de comunicades escolares ou destinadas a um tema específico, grupos de discussão, trocas de informação e debates, combinação de meios e linguagens (vídeo, fotografia, trechos de livros etc.).

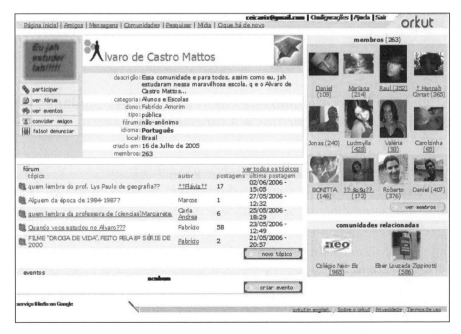

Figura 4 ▪ Os *espaçostempos* curriculares são expandidos com os diversos usos das redes digitais.

Nessas tecnointerações criam-se novos modos de relação entre uns e outros, entre uns e outros e as tecnologias, entre uns e outros e os conhecimentos demandados pelas disciplinas, e entre uns e outros e *saberesfazeres* cotidianos produzidos em outros contextos, vividos em diversos *espaçostempos* da experiência humana.

Esses e outros casos que pudemos observar em nossas pesquisas vão nos mostrando que não procedem as afirmações de que os professores não estão preparados ou que resistem às tecnologias. O que temos observado, ao contrário, é que, criativamente, eles vão inventando e combinando *usos* diversos desses artefatos, conforme as circunstâncias em que vivem e trabalham. Isso não quer dizer que não há necessidade de políticas públicas para o setor, tanto no sentido de ampliar o acesso às novas tecnologias como no sentido de promover formação inicial continuada para os professores. Defendemos, contudo, que a elaboração dessas políticas deve levar em conta o que acontece nos cotidianos das escolas, reconhecendo, valorizando e ouvindo os professores. Porém, esse é um assunto de que nos ocuparemos no próximo item abordado.

Espaçostempos cotidianos na cibercultura: possibilidades e desafios para os currículos e a formação *on-line*

Dos diversos artefatos culturais e escolares mencionados neste texto, destacamos as tecnologias digitais em rede. Estas podem ser encontradas no ciberespaço, híbrido entre internet e redes sociais, e em diversos equipamentos das cidades. Destacam-se das demais tecnologias, pois ampliam e potencializam a nossa capacidade de memória, armazenamento, processamento, e, sobretudo, de comunicação. A comunicação caracterizada pela liberação do polo da emissão, pela reconfiguração das mídias e pela conectividade generalizada (Lemos, 2006) torna a rede digital uma rede social, um espaço em que a cibercultura se desenvolve.

A cibercultura é a cultura contemporânea estruturada pelo uso das tecnologias digitais em rede nas esferas do ciberespaço e das cidades. Para Santaella (2004, p. 45), "o ciberespaço é todo e qualquer espaço informacional multidimensional que, dependente da interação do usuário, permite a este o acesso, a manipulação, a transformação e o intercâmbio de seus fluxos codificados de informação". Compreendemos tais esferas como *espaçostempos* cotidianos de *ensinoaprendizagem*, ou seja, redes educativas.

A noção de redes educativas dá conta dos *espaçostempos* plurais e diversos, onde os praticantes *ensinamaprendem* instituindo itinerâncias cotidianas no e com o mundo. Num primeiro momento dos estudos sobre cibercultura, o ciberespaço e seus usos eram a centralidade das discussões. Com o avanço tecnológico, mais especificamente por conta da mobilidade dos dispositivos e da internet, das mídias locativas, das tecnologias via satélite, que conectam o ciberespaço com as cidades e estas com o ciberespaço, não podemos mais entender a cibercultura apenas como a cultura da internet. Vejamos um exemplo extraído de nossa experiência cotidiana:

No dia 2 de abril de 2011, uma das autoras deste texto, Edméa Santos, fez um *post* em seu perfil (http://www.facebook.com/edmea. santos) na rede social da internet Facebook sobre a primeira experiência de sua filha, Nina Sofia, de 4 anos de idade, com um espetáculo profissional de balé. Mãe e filha assistiram em tempo real (*on-line*) ao espetáculo *Coppelia*, do Ballet de l'Opéra National de Paris, diretamente de uma sala de cinema na cidade do Rio de Janeiro — Brasil. O conteúdo do *post* contou com um comentário pessoal, com *links* para o *site* Youtube — (www.youtube.com) para acesso ao vídeo "Ballet L'Opera Nacional de Paris" — e para o *site* de venda dos ingressos para o cinema local (que faz a transmissão direta do balé de Paris para o Rio de Janeiro). Vários internautas comentaram o *post*, compartilhando suas experiências pessoais com o evento, curtindo a novidade, compartilhando outros locais da cidade que também promovem eventos similares, *links* do balé *Coppelia* dançado por outras companhias de dança em outros locais do mundo, entre outros relatos e comentários.

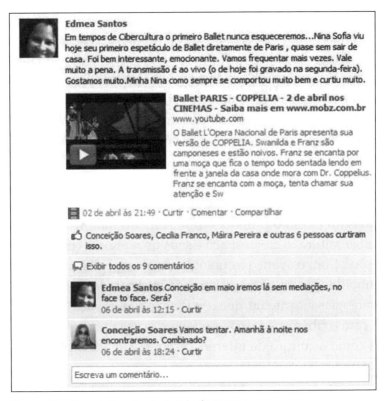

Figura 5 ■ *Post* do Facebook de Edméa Santos.

O exemplo anterior ilustra a convergência do ciberespaço com os espaços urbanos das cidades. Além da conexão entre as duas cidades via tecnologias em rede, temos as cidades e seus equipamentos diretamente afetados. Uma vez que o evento foi compartilhado numa rede social na internet, outras conexões foram estabelecidas, uma vez que a comunicação foi se instituindo de forma hipertextual e interativa. A autora do *post* não só divulgou uma experiência ou informação, como também dialogou com outras contribuições e informações culturais, e por que não falar em contribuições educativas e formativas.

Por outro lado, a internet também evoluiu nos últimos anos. A *web* 2.0 é um desdobramento sociotécnico já previsto pelos teóricos e

TEMAS DE PEDAGOGIA

autores na cibercultura (Lévy, Lemos, Santaella). Na sua primeira fase (*web* 1.0), a internet não dispunha de muitas soluções amigáveis para a produção e circulação de informações e conhecimentos via rede. Para publicar e compartilhar informações e conhecimentos, era necessário conhecer linguagens específicas de programação para internet, como a linguagem html. Com a *web* 2.0, passamos a ter conteúdos criados, publicados e editados pelos próprios praticantes da rede. Com a emergência dos *softwares* sociais e das soluções *webtop*, não dependemos mais do *desktop* para armazenar as informações no computador. Estas podem ser armazenadas e acessadas nas *nuvens* do ciberespaço, o que constitui o diferencial sociotécnico da *web* 2.0 em relação à internet na sua primeira fase.

Os *softwares* sociais são interfaces ou conjuntos de interfaces integradas que medeiam a comunicação síncrona e assíncrona entre praticantes geograficamente dispersos. Com isso, os praticantes se encontram não só para compartilhar suas autorias, como também — e sobretudo —, para criar vínculos sociais e afetivos pelas mais diferentes razões objetivas e subjetivas. A expressão "rede social" também não é nova. Segundo Lemos (2008), foi criada pelo antropólogo John Narnes, da Universidade de Manchester, em 1954. No contexto da *web* 2.0, é muito utilizada para designar a interconexão de sujeitos e objetos técnicos na rede. O conceito de rede social na internet parte da ideia de conectar praticantes com interesses comuns que interagem colaborativamente a partir da mediação sociotécnica e suas conexões (Santos, 2010).

Mais que "fazer a leitura crítica dos meios", prática curricular já defendida e bastante difundida nos estudos e interfaces dos campos da educação e da comunicação, e engendrar usos deslocados dos contextos midiáticos em si, os Currículos em tempos de cibercultura contam hoje com novas potencialidades comunicacionais e educativas que nos permitem a convergência com mídias e meios diversos de comunicação. Ao assistirmos a um programa de TV, podemos não só criticar seu conteúdo, fazendo quiçá uma leitura crítica, como também deslocar essa discussão para outros *espaçostempos dentrofora* das escolas.

Por outro lado, não podemos fisicamente discutir com outros praticantes as nossas leituras no contexto midiático da televisão, enquanto suporte ou mídia física. A internet e suas interfaces nos permitem, como meio, alterar fisicamente seus conteúdos, cocriando outras discussões em outros *espaçostempos* dentro ou fora da internet, ou seja, no ciberespaço e nas cidades. Vejamos um exemplo concreto:

No dia 20 de abril de 2011, a professora Stela Guedes postou em seu Facebook um *link* do YouTube de uma entrevista realizada por um programa de TV por assinatura da Globo News. Tal *link* já era uma versão problematizada por um internauta. Ao contrário do que muitos acreditam, o YouTube não é apenas um repositório de vídeos, mas é também um *site* de rede social. Além de compartilhar imagens, o espaço é uma interface de comunicação *on-line*. Os internautas podem comentar as imagens, apresentando inclusive outras produções. Ao acessar o vídeo, com a entrevista, pelo perfil da professora Stela, fizemos em seguida um comentário e compartilhamos em nosso perfil, convidando praticantes para o diálogo sobre sua forma e conteúdo diretamente no Facebook. Aqui temos um exemplo de convergência de mídias e de intervenção física no meio e na mensagem. Tivemos até o dia 2 de maio de 2011 sete praticantes que curtiram o conteúdo e 34 comentários diretos de praticantes que não só fizeram leituras críticas do meio, como também postaram seus comentários sobre forma e conteúdo da mensagem.

Estas características podem ser aproveitadas por educadores para a concretização de Currículos *on-line*, contextualizados com os cenários histórico-culturais e multirreferenciais dos praticantes em suas diversas redes educativas, *dentrofora* das escolas e dos espaços formais de aprendizagem.

Neste contexto sócio-histórico e cultural, destacamos a emergência dos ambientes virtuais de aprendizagem para a instituição de Currículos *on-line*. Podemos lançar mão dos ambientes virtuais de aprendizagem para instituir outros Currículos ou potencializar os Currículos de formação inicial e continuada de professores. Um ambiente virtual de aprendizagem é um conjunto de interfaces digitais,

Figura 6 ■ *Post* do Facebook de Edméa Santos.

que hospeda conteúdos e permite a comunicação, propiciando a expressão e a autoria dos participantes (docentes e estudantes) que habitam tais interfaces.

"Interface" é um termo que, na informática e na cibercultura, ganha o sentido de dispositivo para encontro de duas ou mais faces em atitude comunicacional, dialógica ou polifônica. A interface está para a cibercultura como espaço *on-line* de encontro e de comunicação entre duas ou mais faces. Forma-se assim um híbrido entre objetos técnicos e seres humanos em processos de comunicação e de construção de conhecimentos.

Cada vez que um novo participante habita, com sua inteligência e autoria criadora, uma das interfaces de um ambiente virtual de aprendizagem, ele se auto-organiza modificando não só o ambiente fisicamente, como também, em potência, sua aprendizagem e a aprendizagem dos outros praticantes da comunidade. Assim, instituímos o que chamamos de currículos *on-line*. Os Currículos *on-line* não se limitam exclusivamente ao contexto da internet, podem partir desta e afetar outros *espaçostempos* da escola e das cidades, como podem partir destas para habitar a internet e os ambientes virtuais de aprendizagem.

Os Currículos *on-line* instituem situações formativas mediadas por encontros presenciais ou a distância, caso os sujeitos do processo não possam ou não queiram se encontrar face a face; ou ainda situações híbridas, nas quais os encontros presenciais podem ser combinados com encontros mediados por interfaces digitais (Santos, 2010). A partir do ano de 2010, estamos vivenciando no contexto do ProPEd da UERJ, na linha de pesquisa "Cotidianos, redes educativas e processos culturais", experiências formativas de Currículos *on-line* com estudantes, professores e pesquisadores em formação. Tais vivências têm permitido não só a formação de novos pesquisadores como também a nossa própria formação.

Nossos objetivos são: compreender as dinâmicas e os processos das modalidades educacionais da educação a distância (EAD), educação aberta, educação *on-line* e educação móvel; discutir a legislação da EAD no Brasil; compreender os potenciais das tecnologias digitais e dos ambientes *on-line* de aprendizagem; arquitetar e planejar conteúdos e situações de aprendizagem em ambientes *on-line*; desenvolver estratégias e dispositivos para avaliar a aprendizagem *on-line*; refletir sobre o papel do docente e da equipe interdisciplinar nos processos de gestão, ensino e aprendizagem *on-line*; explorar diversas possibilidades educativas e comunicacionais da educação *on-line* em espaços multirreferenciais de aprendizagem; e vivenciar a formação e a aprendizagem *on-line*.

Para tanto, ministramos no ProPEd da UERJ as disciplinas eletivas: "Educação *on-line*" e "Redes sociotécnicas e currículos *on-line*" (www. docenciaon-line.pro.br).

Nestas experiências com currículos *on-line* utilizamos interfaces digitais, ambientes virtuais e redes sociais da internet. Estas permitem: 1) extensão e novas arquiteturas da sala de aula para além da localização física da escola ou da universidade; 2) acesso a diversos objetos

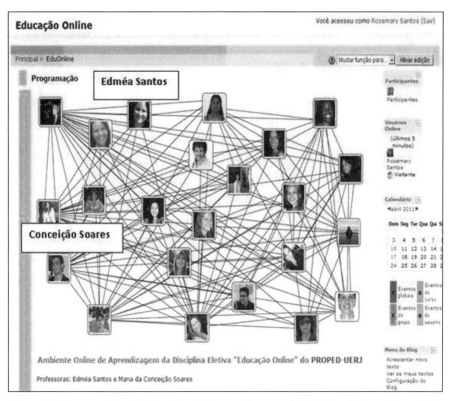

Figura 7 ■ Imagem do ambiente virtual de aprendizagem da disciplina "Educação on-line".

de aprendizagem, interfaces e informações em rede; 3) comunicação interativa entre seres humanos e objetos técnicos; 4) formação de comunidades de prática e de aprendizagem para além das fronteiras institucionais; e 5) vivenciar novas relações com a pesquisa em suas diversas fases (Santos, 2010).

Nossas práticas de currículos *on-line* são inspiradas na noção de educação *on-line* aberta. O conceito de educação *on-line* aberta que trazemos aqui parte de um duplo sentido que o "conteúdo aberto" traz. O primeiro refere-se à disponibilização imediata de todo o desenho didático arquitetado pelas docentes do ProPEd. Neste primeiro momento, os estudantes conhecem toda proposta do curso, tendo liberdade de atuarem habitando livremente as situações de aprendizagem propostas. Além de atuarem no que foi previamente arquitetado pela equipe de produção, podem também cocriar o desenho didático do curso, propondo novas discussões e situações de aprendizagem. O segundo sentido de conteúdo aberto trata da possibilidade de continuar acessando e participando do curso após o seu término. Aqui o curso já ganha novo sentido, o de um espaço aberto de aprendizagem que continua em potência, vivo, se auto-organizando a partir dos interesses dos praticantes envolvidos.

Os demais internautas, não matriculados oficialmente no curso, podem acessá-lo a qualquer momento, podendo lançar mão de seu desenho didático, acompanhando, caso desejem, as discussões travadas pelos participantes do projeto.Nesse sentido precisamos arquitetar Currículos *on-line* que não se preocupem apenas com a inclusão de materiais de estudos ligados aos conteúdos a serem ministrados pelos docentes, mas também e, sobretudo, com a forma como esse material de estudos é disponibilizado no contexto de um ambiente virtual de aprendizagem.

Um ambiente virtual de aprendizagem é um conjunto de interfaces digitais, que hospeda conteúdos e permite a comunicação, propiciando a expressão e autoria dos participantes que habitam tais interfaces. Forma-se um híbrido entre objetos técnicos e seres humanos em processo de construção do conhecimento. Cada vez que um novo participante habita, com sua autoria criadora, uma das interfaces de um ambiente virtual de aprendizagem, o mesmo se auto-organiza modificando não só o ambiente fisicamente, como também, em potência, a aprendizagem de todos os praticantes da comunidade.

Não é o ambiente virtual de aprendizagem que define os Currículos *on-line*. Ele condiciona, mas não determina. Tudo dependerá do movimento comunicacional e pedagógico dos praticantes envolvidos. Além de acreditarmos que só aprendemos porque os outros colaboram com suas experiências, suas inteligências e suas autorias, sabemos que temos interfaces que favorecem a nossa comunicação de forma livre e plural. Nesse contexto, precisamos repensar o trabalho docente, que cada vez mais nos convida à pesquisa e à vivência de situações comunicacionais mais complexas e interativas.

Currículos: redes de conhecimentos e significações que se expandem com os usos que professores e alunos fazem dos artefatos tecnoculturais

Não podemos centrar a formação de professores na cibercultura apenas interagindo com os *espaçostempos* da escola e da universidade. Estes historicamente, principalmente na modernidade, foram os legítimos espaços de formação e da instituição de Currículos. Contudo, na contemporaneidade, mostram-se incapazes de, sozinhos, lidar com os desafios formativos do nosso tempo. Nesse sentido, temos de promover a circulação, a vivência e o habitar em outros espaços cotidianos

As pesquisas nos/dos/com os cotidianos partem do princípio de que os *saberesfazeres* precisam ser articulados e vivenciados na pluralidade de suas criações e instituições. O conhecimento científico não é o centro do processo. É mais um importante conhecimento. Este, na cena formativa, deve articular-se com os *saberesfazeres* dos cotidianos, em suas diversas dimensões, como as Artes, a Filosofia etc. Na grande maioria dos projetos de formação de professores, temos a centralização do conhecimento científico em detrimento dos *saberesfazeres* criados em outros contextos da vida cotidiana. Quando tratamos do objeto "tecnologias e educação", o problema se agrava. A grande parte dos atos de Currículo (Macedo, 2000) é centralizada no uso instrumental e científico e quase nunca observamos a vida social instituída por estas tecnologias. Além de estudar as tecnologias em si, precisamos adentrar na vida social estruturada por elas para entendermos como os praticantes dos cotidianos produzem seus *saberesfazeres*, incluindo-se aí a própria cultura sociotécnica.

Referências bibliográficas

ARDOINO, J. *Para uma pedagogia socialista*. Brasília: Editora Plano, 2003.

CERTEAU, Michel de. *A invenção do cotidiano*: 1: artes de fazer. Petrópolis: Vozes, 1994.

DELEUZE, Gilles; GUATTARI, Félix. *Mil platôs*: capitalismo e esquizofrenia. Rio de Janeiro: Editora 34, 1995. v. 1.

FRANÇA, Vera. Sujeito da comunicação, sujeitos em comunicação. In: GUIMARÃES, César; FRANÇA, Vera (Org.). Na mídia, na rua: *narrativas do cotidiano*. Belo Horizonte: Autêntica, 2006.

LEMOS, A. *Cibercultura, tecnologia e vida social na cultura contemporânea*. Porto Alegre: Sulina. 2002.

_____. Cibercultura e mobilidade: a era da conexão. *Razón y Palabra*, n. 41, out./nov. 2008. Disponível em: <http://www.cem.itesm.mx/dacs/publicaciones/logos/anteriores/n41/alemos.html>. Acesso em: jan. 2009.

_____. Mídias locativas e territórios informacionais. Disponível em: <http://www.facom.ufba.br/ciberpesquisa/andrelemos/midia_locativa.pdf>. Acesso em: dez. 2008.

LEMOS, R. *Web 2.0*: compreensão e resolução de problemas. Rio de Janeiro: FGV On-line, 2006.

LÉVY, P. *As tecnologias da inteligência*: o futuro do pensamento na era da informática. São Paulo: Editora 34, 1996.

_____. *Cibercultura*. São Paulo: Editora 34, 1999.

MACEDO, R. S. *A etnopesquisa crítica e multirreferencial nas ciências humanas e na educação*. Salvador: Ed. UFBA, 2000.

SANTOS, Edméa. O. Os docentes e seus laptops 2g: desafios da cibercultura na era da mobilidade. In: CONFERÊNCIA INTERNACIONAL DE TIC NA EDUCAÇÃO, 6., Aprendizagem (in)formal na Web Social. *Atas...*, Braga, Portugal: Universidade do Minho, 2009.

_____. Educação *on-line* como um fenômeno da cibercultura. In: SILVA, M. et al. *Educação on-line*: cenários, formação e questões didático-metodológicas. Rio de Janeiro: Editora Wak, 2010.

SOARES, M. Conceição S. *A comunicação praticada com o cotidiano da escola*: currículos, conhecimentos e sentidos. Vitória: Espaço Livros, 2009.

SODRÉ, Muniz. *Antropológica do espelho*: uma teoria da comunicação linear e em rede. Petrópolis: Vozes, 2002.

YÚDICE, George. *A conveniência da cultura*: usos da cultura na era global. Belo Horizonte: Ed. UFMG, 2004.

Tema VIII

As relações "dentro-fora" das escolas:

contextos, diversidades, diferenças

CAPÍTULO 15

As relações "dentro-fora" na escola ou as interfaces entre práticas socioculturais e ensino

José Carlos Libâneo

A interconexão entre fatores externos e internos ou entre o que acontece fora e dentro da escola no que se refere ao processo ensino-aprendizagem tem estado bastante presente na investigação educacional. A escola é vista como uma instituição social e, como tal, se constitui na dinâmica das relações sociais, sendo impossível compreendê-la desarticulada de seus determinantes sociais, políticos, econômicos, culturais, bem como do papel que exerce na formação e inserção social dos sujeitos que a frequentam. Em alguns estudos sobre a escola, o processo ensino-aprendizagem e o trabalho dos professores têm sido vistos nessa dupla abordagem, ou seja, a explicação dos problemas na perspectiva externa e interna, já que efetivamente o desempenho escolar positivo ou negativo dos alunos é afetado tanto pelo contexto social global da sociedade e o entorno social mais próximo, quanto pela atuação dos fatores intraescolares.

Neste texto, para além de declarações genéricas como "levar em consideração a realidade social que cerca o aluno", é proposta uma discussão sobre como lidar pedagogicamente com a interconexão entre o "dentro" e o "fora". Em outras palavras, como considerar os influxos políticos, econômicos, culturais, institucionais e, junto com isso, criar as condições de efetivação de uma escola que assegure a qualidade cognitiva das experiências de aprendizagem e um contexto institucional e organizacional propiciador de condições para a eficácia do processo de ensino-aprendizagem em favor desempenho escolar de todos os alunos.

O dentro e o fora: algumas perspectivas de análise

Podemos dizer que o "fora" refere-se ao que se costuma chamar "contexto" em que está situada a escola, identificado geralmente por elementos ideológicos, sociais, políticos, econômicos, culturais, geográficos etc. que repercutem, de alguma forma, na vida das escolas e das salas de aula, afetando os objetivos, o Currículo, as metodologias e procedimentos de ensino, as formas de organização e gestão. Mais especificamente, esses elementos podem ser identificados tanto como o contexto econômico, social e político (incluindo as políticas e diretrizes do sistema escolar) como as "práticas socioculturais e institucionais" em que se incluem influências bastante diversificadas, como a cultura científica, a cultura social, o ambiente familiar, as culturas juvenis, a cultura das mídias, o modo de vida das comunidades e grupos particulares de várias faixas de idade, além de práticas propriamente institucionais como as que ocorrem no seio da família, nas creches, nas escolas.

O "dentro" refere-se àquilo que identifica o cotidiano de uma escola, às vezes chamado de "fatores intraescolares", que inclui: o edifício escolar e tudo o que o compõe, equipamentos, recursos materiais e didáticos; a organização escolar e formas de gestão, as relações sociais internas, o clima ou cultura organizacional, as normas e regras de funcionamento; os professores e sua formação, experiência, envolvimento, motivação etc.; o Currículo, as metodologias de ensino, as

TEMAS DE PEDAGOGIA

formas de avaliação; a sala de aula e sua estrutura e organização; os alunos e suas características individuais e socioculturais.

Para Pérez-Gómez (1999, p. 11), a escola é um lugar de construção e reconstrução da cultura, uma instância de mediação cultural entre os significados, sentimentos e condutas da comunidade social e o desenvolvimento humano das novas gerações. Nesse sentido, as escolas são lugares de intercruzamento de culturas. Ele escreve:

> As diferentes culturas que se entrecruzam no espaço escolar impregnam o sentido dos intercâmbios e o valor das transações simbólicas em meio das quais se desenvolve a construção de significados de cada indivíduo.

Segundo esse autor, o que dá sentido e consequência ao que os alunos aprendem na escola é esse vivo, fluido e complexo cruzamento de culturas: a cultura científica e artística, a cultura acadêmica refletida no Currículo escolar, a cultura social constituída pelos valores hegemônicos do cenário social, a cultura institucional presente nas normas, rotinas e ritos próprios da escola como instituição social específica, a cultura experiencial adquirida por cada aluno nos intercâmbios espontâneos experienciados no seu entorno. Essas culturas interagem num espaço escolar e constituem os fatores plurais que condicionam a vida cotidiana da escola e os processos de ensino e aprendizagem, que se projetam em formas de Currículo explícito e oculto.

> Os ritos, os costumes, as formas de organizar o espaço e o tempo, os consensos não discutidos, as ideias onipresentes, as expectativas não questionadas, os interesses inconfessados, os códigos aprendidos e reproduzidos de forma mecânica, os guias curriculares subentendidos... são todos elementos fundamentais de cada uma das culturas e das redes específicas que se articulam no cruzamento das mesmas, cujo influxo real no intercâmbio e construção de significados é mais poderoso quanto mais imperceptível (Idem, ibidem, p. 18).

Entendida, assim, como uma instituição situada num contexto espaço-temporal, atravessada por múltiplos condicionantes externos, a escola é um espaço de realização tanto dos objetivos da sociedade e do sistema escolar quanto dos objetivos de aprendizagem. No entanto, há cada vez mais dissensos entre dirigentes do sistema de ensino, políticos, pesquisadores, educadores, a respeito de quais devam ser esses objetivos e modos de funcionamento. Se há acordo geral sobre a ligação entre fatores internos e externos na escola, o mesmo não acontece sobre o "como" o externo atua no interno e vice-versa e as consequências pedagógico-didáticas que se extrai daí. É possível destacar, presentemente, ainda que de modo arbitrário, quatro concepções de escola muito distintas. A primeira, de cunho conservador, mantém a visão da Pedagogia tradicional (incluindo agora sua versão "moderna", o sistema de ensino apostilado), que a escola tem que, simplesmente, responder às demandas da sociedade (preparar para a profissão, para o vestibular, para o mercado de trabalho), assumindo seu papel de transmissão do conteúdo a uma turma de alunos homogênea, importando pouco as características individuais e socioculturais deles. A segunda, decorrente das políticas educacionais formuladas por organismos internacionais para países pobres (como Banco Mundial e OCDE), também de cunho conservador, é a escola de integração social, baseada num conteúdo mínimo para a sobrevivência social e numa organização escolar assentada no convívio social, para conter conflitos sociais gerados pelo multiculturalismo (raça, etnia, religião etc.) (Libâneo, 2011). A terceira é a escola de integração social de cunho sociocrítico, que ao lado da acentuação de uma visão culturalista, busca estruturas de funcionamento curricular e organizacional com base no convívio social, mas no sentido de respeito a diferentes identidades culturais, de construção social do conhecimento, como forma de intervir criticamente na vida política e social. Por esta visão, entendendo que o conhecimento é sempre uma construção "social", não haveria separação rígida entre conhecimento "escolar" e conhecimento "cotidiano", já que ambos são objetos culturais, social e culturalmente construídos. A quarta concepção é a escola entendida como formação cultural e científica, que define o papel da escola como lugar de apropriação pelos alunos da experiência socialmente desenvolvida mas que, ao mesmo tempo, considera a experiência sociocultural concreta dos alunos, interligando o mundo do conhecimento sistematizado e as formas de conhecimento local.

TEMAS DE PEDAGOGIA

Estas duas últimas posições, situadas na perspectiva sociocrítica, realçam, cada uma a seu modo, a importância dos elementos culturais no Currículo, no ensino e na organização escolar. Ou seja, inserem na dinâmica da escola a problemática cultural expressa nas diferenças de classe social, de linguagem, físicas, étnicas, sexuais, as relações desiguais de poder, o conhecimento cotidiano dos alunos, as redes de saberes, as diversas práticas institucionais em que os alunos crescem e se desenvolvem. No entanto, a abordagem pedagógico-didática dessa problemática é muito diferente. A concepção baseada na escola como lugar de integração e convivência social valoriza a formação por meio de experiências socioculturais vividas em situações educativas (respeito à diversidade, práticas de compartilhamento de diferentes valores e de solidariedade, atividades sobre problemas da vida cotidiana etc.). No limite, o centro do Currículo são os conhecimentos locais, a vida cotidiana dos alunos, os saberes e experiências da comunidade etc.[1] Vê-se que o foco dessa proposta está mais na prática social que acontece em contextos mais imediatos, ou seja, em culturas particulares mais localizadas, e menos na cultura acumulada, nos saberes sistematizados ou na prática propriamente pedagógica, que identifica a segunda posição. A outra concepção, que atribui prevalência à formação cultural e científica, se caracteriza pela valorização da apropriação pelos alunos dos saberes sistematizados como base para o desenvolvimento das capacidades cognitivas e a formação da personalidade, por meio da atividade de aprendizagem socialmente mediada. Nesta proposta, assume-se, ao mesmo tempo, que a escola ensina a alunos concretos, então, é necessário vincular os conteúdos e os processos de formação da personalidade às suas experiências socioculturais.[2]

---

1. Este posicionamento sobre funções da escola é bastante próximo às concepções de John Dewey, para quem a escola é um prolongamento simplificado e organizado das atividades cotidianas, sociais. Também é certo que Paulo Freire deu uma expressiva contribuição a esta posição. Hoje, temos várias formulações originadas no pensamento pós-moderno, como os estudos culturais de inspiração pós-estruturalista, a teoria curricular crítica, a concepção do conhecimento em rede, entre outras (Libâneo, 2010).

2. As posições de Vigotski e seguidores atribuem peso considerável aos conteúdos no processo de escolarização. Mas aqui, a valorização dos conteúdos (que também é uma característica forte da

Neste texto, o tema da relação entre as práticas socioculturais e o processo de ensino-aprendizagem é desenvolvido na perspectiva da quarta concepção, ou seja, de uma Pedagogia centrada nos conteúdos, na formação de conceitos e no domínio de processos de pensamento, na perspectiva da teoria histórico-cultural.

A teoria histórico-cultural e o papel das práticas socioculturais e institucionais

A consideração da experiência social concreta dos alunos nas atividades de ensino está no coração da teoria sociocultural, na tradição iniciada por Vigotski. Segundo Davydov, essa teoria introduz a noção de atividade coletiva em sua manifestação universal, genérica, base para a noção de sujeito coletivo e consciência coletiva. Nesse sentido, deve-se levar em conta, na formação do sujeito individual, sua inclusão em vários sistemas de atividade coletiva prática e cognitiva. Escreve esse autor (1995, p. 15):

> O fundamental e genuíno sujeito de toda atividade (especialmente a prática objetiva) é o sujeito coletivo. Somente quando imerso em uma variedade de formas coletivas de atividade pode o indivíduo adquirir a qualidade de portador de regulação consciente de sua própria atividade.

Assim, a formação da consciência individual pela educação deve seguir o caminho proposto por Vigotski: "primeiro, atividade coletiva, em seguida cultura, ideal, signos ou símbolos e, finalmente, consciência individual" (Idem, ibidem, p. 16). Davydov cita, ainda, Vigotski:

Pedagogia tradicional) não leva a um Currículo monocultural. Na teoria histórico-cultural há, de fato, a ideia de que os seres humanos se tornam humanos pela interiorização da cultura social, enquanto expressão da atividade humana. Mas Vigotski põe em evidência o papel do aluno nessa interiorização e, além disso, na aprendizagem compartilhada, na interlocução com parceiros — o outro como parceiro imprescindível para a aprendizagem, razão pela qual é ressaltado no processo de apropriação dos conteúdos o papel das práticas socioculturais na aprendizagem.

"falar sobre um processo como 'externo' significa falar que ele é 'social'. Toda função psicológica superior é externa porque é social, antes de tornar-se uma funçao psicológica interna, individual; foi anteriormente uma relação social entre duas pessoas". Nessa formulação de Vigotski está a base psicológica e teórica para se compreender as formas de colaboração entre adultos e crianças e entre crianças no processo de ensino e de formação, sendo também a fonte teórica do conceito de "zona de desenvolvimento proximal". Deduz-se, também, o papel do contexto social na educação e na formação no desenvolvimento psicológico da criança. Escreve Davydov (1995, p. 17):

> Vale a pena observar que Vigotski não reconhece a presença de realidades separadas contendo somente o professor e a criança. Ele acentuou e estudou a dinâmica do ambiente social que conecta o professor e a criança (isto é, outros adultos e crianças com os quais uma determinada criança realmente vive e interage). O trabalho do professor é particularmente complexo porque, em primeiro lugar, deve estar bem orientado para as regularidades da atividade pessoal da criança, isto é, conhecer a psicologia da criança; em segundo lugar, deve conhecer a dinâmica social particular do contexto social da criança; e, em terceiro lugar, deve conhecer as possibilidades de sua própria atividade pedagógica para usá-las sensatamente e, assim, elevar a um novo nível a atividade, a consciência e a personalidade de suas responsabilidades. É por isso que o trabalho de um bom professor carrega sempre uma característica profundamente criativa.

Hedegaard, Chaiklin e Jensen (1999, p. 23) destacam, também com base na teoria histórico-cultural, o papel dominante de práticas desenvolvidas em instituições sociais (mormente o lar, a creche, a escola) no desenvolvimento humano, onde crianças e jovens se apropriam da atividade de aprendizagem. Esses autores compreendem a atividade humana como formada pelas práticas sociais que vão se constituindo nas interações, nas mediações culturais, em relação a objetivos e metas concretas. Eles escrevem:

> O conceito de prática social, interpretado como atividade localizada em diferentes instituições, gera uma possibilidade de focalizar por ênfase na dinâmica entre tradições da atividade coletiva e a realização da atividade coletiva em instituições

por meio das ações dos sujeitos. Isto cria um modo de transcender categorias de cultura, gênero e etnicidade como qualidades fixas ou naturais, e para compreender as pessoas como participando em várias atividades diferentes em instituições diferentes. Estando envolvidas em atividades em diferentes instituições sociais criam possibilidades para as pessoas se apropriarem de diferentes capacidades.

Esta posição leva a considerar a atuação da escola — uma dessas instituições sociais — em situações pedagógicas em que convivem alunos provenientes de diferentes tradições de práticas sociais gerando conflitos entre essas práticas e as práticas sociais da escola, afetando a aprendizagem escolar das crianças. Valoriza-se, aqui, a organização do espaço escolar como ambiente educativo, no sentido de que formas de práticas determinam formas de pensamento e ação.

O "dentro-fora" e a Didática

Dentro da mesma orientação teórica assinalada (cf. capítulo 1 deste livro), a Didática tem como função assegurar os meios e os modos de aprendizagem dos alunos, ou seja, atuar na ativação de processos que promovam mudanças qualitativas mais ou menos estáveis na personalidade, efetivados pela internalização de significados sociais, especialmente saberes científicos, procedimentais e valorativos, por mediações culturais e interações sociais entre o aprendiz e outros parceiros, que promovem o desenvolvimento cognitivo, afetivo e moral dos indivíduos. Nessa concepção está contida a justificativa mais importante para a articulação entre o dentro e o fora, pois, entre o trabalho do professor e a atividade de aprendizagem dos alunos intervêm os fatores do contexto que atuam nas condições pedagógico-didáticas do trabalho do professor. Essa mesma ideia era defendida por mim em outro texto escrito em 1985:

> O trabalho docente consiste numa atividade mediadora entre o individual e o social, entre o aluno e a cultura social e historicamente acumulada, vale dizer,

entre o aluno e as matérias de estudo. Mas, trata-se de um aluno enquanto ser concreto e histórico, síntese de múltiplas determinações, produto de condições sociais e culturais. [...] Os múltiplos condicionantes subjetivos e socioculturais que medeiam o ato pedagógico colocam três aspectos que têm efeitos significativos sobre o processo didático: a) os meios didáticos de estímulo ao aluno para essas mediações; b) a diferenciação do trabalho docente face às diferenças culturais; c) a flexibilidade metodológica do professor para tomar decisões face a situações pedagógicas concretas e específicas da sala de aula. Esses três aspectos pressupõem a ligação entre o saber transmitido e a experiência social concreta de vida dos alunos. Em outras palavras, a questão-chave de uma pedagogia crítico-social dos conteúdos consiste em saber como se dará a aquisição e assimilação ativa de um saber socialmente significativo, por alunos provenientes de distintos meios socioculturais, com valores, expectativas e experiências decorrentes de suas condições de vida e que não apresentam as precondições requeridas pelo processo de aquisição/assimilação (Libâneo, 1985, p. 143).

Esta posição segue a visão da teoria histórico-cultural, quando mostra que o desenvolvimento das funções mentais superiores implica a internalização de ferramentas culturais/formas culturais de comportamento, já desenvolvidas na sociedade, por meio da linguagem. O processo de ensino e aprendizagem, à medida que medeia as condições de internalização dessas ferramentas culturais existentes na cultura e nas práticas sociais, está intimamente vinculado às praticas socioculturais e institucionais vividas pelos alunos em seu cotidiano, nas comunidades, nos grupos de convivência. Pela aprendizagem, práticas sociais se convertem em funções mentais no indivíduo, produzindo mudanças qualitativas no seu modo de ser e de agir, ou seja, atuando no desenvolvimento humano. Essa formação de ações mentais ou novos usos de uma ação mental requer, por parte dos alunos, uma atividade de aprendizagem própria monitorada pelo docente, cujo papel pelo professor implica uma intervenção intencional na formação de processos mentais do aluno. Não se trata, apenas, de uma ação docente de transmitir conteúdo, mas da organização de situações pedagógicas em que o ensino de conteúdos e formação de ações mentais estejam conectados com os fatores socioculturais.

Sendo assim, qual deve ser a relação entre o ensino e contextos socioculturais e institucionais, uma vez que estes contextos, na tradição da teoria histórico-cultural, figuram entre os princípios gerais de aprendizagem? Em outras palavras, a considerar o entendimento de que a aprendizagem deve ser entendida como formação dos processos mentais por meio dos conteúdos, a questão é saber como o contexto sociocultural e institucional da aprendizagem entra no trabalho dos conteúdos e na formação de ações mentais.

Para Hedegaard (2004, 2005), seguindo Vigotski, a interação entre indivíduos em práticas socioculturais e institucionais desempenha papel fundamental na formação de instrumentos psicológicos, já que o ser humano interioriza formas culturalmente estabelecidas de funcionamento psicológico. Ou seja, as práticas socioculturais e institucionais que crianças e jovens compartilham no ambiente social e cultural, na família, na comunidade e nas várias instâncias da vida cotidiana são, também, determinantes na formação de competências, na apropriação do conhecimento e na identidade pessoal, sendo que elas aparecem na escola tanto como contexto da aprendizagem quanto como conteúdo (Hedegaard, 2004, p. 25). Isto quer dizer que o desenvolvimento do pensamento de um aluno, que ocorre no processo de apropriação dos conteúdos científicos, precisa estar articulado com as formas de conhecimento cotidiano das quais ele participa, nesses contextos sociais, culturais e institucionais. Escreve Hedegaard (2004, p. 26):

> Ao considerar as práticas como importantes para a compreensão do uso de ferramentas, isto implica que a aprendizagem seja conceitualizada dentro de um contexto em que as tradições e as práticas devem ser vistas como parte das condições de aprendizagem. Diferenças nas práticas em diferentes instituições dão à criança diferentes competências e a competência da criança é avaliada de forma diferente em diferentes instituições, porque tais práticas fazem diferentes exigências para a criança.

Há, pois, uma relação entre o desempenho escolar e as práticas das quais os alunos participam. Desse modo, ações de aprendizagem

TEMAS DE PEDAGOGIA

ou problemas de aprendizagem surgem e se desenvolvem na interação entre a criança e as tradições culturais realizadas na prática situada em uma dada instituição, com determinadas crianças. Considerando, por exemplo, as práticas escolares, as crianças tanto se apropriam de experiências sócio-históricas acumuladas como contribuem para elas, tanto emocional como cognitivamente (Idem, ibidem, p. 29). Isto quer dizer, em outras palavras, que práticas institucionais (na família, no trabalho, na escola, por exemplo) levam a aprendizagens, formam comportamentos, pois infundem em seus integrantes, de algum modo, o seu modo peculiar de funcionamento, sua dinâmica de relações.

Há que considerar, no entanto, que atividades com artefatos e procedimentos mediados por práticas sociais são muito diferentes conforme se deem na escola, em casa, na creche, no ensino superior, na educação profissional etc. Em razão disso, é preciso diferenciar distintas modalidades de aprendizagem nestas diferentes instituições, pois em cada uma vigora um tipo de conhecimento e de métodos de aprendizagem. Gimeno Sacristán (2000, p. 100) reforça essa ideia de Hedegaard:

> Nas sociedades complexas, as clássicas funções da escolarização encontram-se distribuídas entre diferentes espaços vitais, a cargo de mecanismos de influência diversificados, e acontecem no interior de várias instituições. [...] As escolas se centrarão mais em algumas responsabilidades do que a outras, conforme circunstâncias e necessidades de cada sociedade. Esses campos de ação mais próprios deveriam ser aqueles que menos oportunidades tenham de ser desenvolvidos por outros agentes socializadores de forma controlada e reflexiva. O cultivo da leitura e escrita, por exemplo, ou o proporcionar uma visão científica do mundo, é papel das escolas fazê-los sendo pouco provável que outros agentes o façam nas condições e meios com os quais podem fazê-los.

Ou seja, importa, sim, no processo de ensino e aprendizagem reconhecer as condições sociais e culturais de origem dos alunos, as diferenças, a interculturalidade, as práticas com as tecnologias da informação e comunicação, as práticas cotidianas, mas elas são buscadas ou trazidas para as situações didáticas em sua articulação com os conteúdos e a formação de ações mentais por meio da formação de conceitos. Com efeito, crianças e jovens estão na escola para adquirir competências para a vida adulta, como ler e escrever, contar etc., de modo que o papel da escola é integrar os conceitos científicos com os conceitos cotidianos trazidos de casa e do meio social, elevando os conceitos cotidianos a um patamar mais elevado de desenvolvimento cognitivo. Hedegaard designa essas relações de "duplo movimento" do ensino:

> Na abordagem do duplo movimento, enfatizamos as relações entre conceitos cotidianos já adquiridos pelas crianças, conceitos da matéria e conhecimento local. O principal ponto do duplo movimento no ensino é criar tarefas de aprendizagem que podem integrar o conhecimento local com relações conceituais nucleares de uma matéria, de modo que o aluno possa adquirir o conhecimento teórico a ser utilizado em suas práticas locais. [...] Na abordagem do duplo movimento, o plano de ensino do professor deve avançar de características abstratas e leis gerais de um conteúdo para a realidade concreta, em toda a sua complexidade. Inversamente, a aprendizagem dos alunos deve ampliar-se de seu conhecimento pessoal cotidiano para as leis gerais e conceitos abstratos de um conteúdo (Hedegaard e Chaiklin, 2005, p. 69-70).

Ligando o pensamento dessa autora com as proposições de Davydov sobre o ensino para o desenvolvimento, acredita-se que a atividade de ensino, cuja referência é o conhecimento teórico-científico (no sentido de procedimentos de pensamento), ajuda o aluno a organizar suas experiências e conceitos em torno de um conceito nuclear e, desse modo, vão adquirindo "ferramentas mentais" para analisar e compreender a complexidade do mundo ao seu redor, tornando funcionais na vida cotidiana das pessoas os conceitos formais abstratos. São o conhecimento teórico-científico e os procedimentos mentais que abrem para essa possibilidade.

Trata-se, assim, de uma Didática crítica atravessada pela perspectiva intercultural em que se articulam, num mesmo processo, a formação cultural e científica e as práticas interculturais, o que requer dos professores não apenas uma atitude humanista aberta à diferença mas, principalmente, a incorporação dessa relação no cerne tanto das práticas de organização e gestão da escola e da sala de aula como na própria metodologia de ensino. Para a Didática, a questão crucial é saber como fazer para ligar, nas interações pedagógico-didáticas, o conhecimento teórico-científico aos contextos particulares dos alunos, ou seja: a) como organizar o conteúdo de modo a, por meio deles, desenvolver capacidades intelectuais; b) como usar o conhecimento teórico-científico para analisar contextos concretos; c) como relacionar o conhecimento teórico-científico aos contextos locais em que ocorrem as interações pedagógico-didáticas; d) como captar as práticas das quais alunos participam na família, na comunidade, nas mídias e em outras instâncias da vida cotidiana, isto é, conhecimentos cotidianos, e confrontá-los com o conhecimento teórico-científico.

Ao se reunirem para fazer o planejamento pedagógico-curricular e nas reuniões de trabalho ao longo do ano letivo, os professores precisam estar atentos às seguintes questões:

- Que necessidades sociais e demandas do contexto sociocultural e institucional precisam ser atendidas? Como conhecer a cultura e as condições de vida das famílias (suas crenças, seus comportamentos, suas expectativas em relação à formação e ensino de seus filhos)?

- Que mudanças qualitativas no desenvolvimento e na aprendizagem são esperadas dos alunos, considerando uma escola voltada para o desenvolvimento das capacidades intelectuais e formação da personalidade? Como compatibilizar os conteúdos com as características socioculturais, condições atuais de aprendizagem, expectativas e motivos dos alunos?

- Que meios organizacionais, didáticos e técnicos precisam ser criados na escola e na sala de aula para favorecer a aprendizagem desses alunos?

- Que tipo de organização escolar é mais adequado para conseguir os objetivos políticos e pedagógicos e as mudanças desejadas, tendo em vista os melhores meios e condições para assegurar a aprendizagem de todos os alunos?

- Em síntese, como avançar de características abstratas e leis gerais proporcionadas pelo estudo das matérias para a realidade concreta, em toda a sua complexidade e, inversamente, como fazer os alunos passarem de seu conhecimento pessoal cotidiano para as leis gerais e conceitos abstratos de um conteúdo?

Considerações finais

As considerações desenvolvidas neste texto pretenderam demonstrar que o "dentro" e o "fora", o extraescolar e o intraescolar são espaços sociais que se interpenetram. O "dentro" é a estrutura e a dinâmica interna da escola que assegura os meios necessários à busca ativa pelos alunos de conhecimentos, habilidades, hábitos, atitudes, valores, entre eles, o Currículo, a relação pedagógica, o ensino, a organização escolar. Para isso, é preciso que essa estrutura funcione para todos (e para as subjetividades de cada um desses "todos"), com um nível de excelência do trabalho docente (um professor que domina o conteúdo e o conhecimento pedagógico do conteúdo,que conhece as características dos alunos e as características do contexto sociocultural etc.). O "fora" refere-se ao contexto sociocultural e institucional em que a escola está inserida, em três sentidos: a) é a razão de ser da função social da escola: a escola forma alunos-sujeitos para a vida social, tanto a vida presente em sua comunidade local como a vida futura na sociedade (enquanto cidadãos, profissionais, usuários da cultura etc.); b) são os elementos desse contexto que atuam na dinâmica do cotidiano escolar, como a cultura social, a cultura institucional, a cultura midiática, as políticas oficiais, as normas e diretrizes, mas especialmente as práticas socioculturais e institucionais em que alunos estão envolvidos, tais como a família, a escola, a rua, o trabalho, os grupos de convivência, as mídias, as múltiplas redes de conhecimento e artefatos culturais e tecnológicos, em distintos lugares com diferentes grupos sociais, enquanto atuando nos motivos para aprendizagem e na personalidade dos alunos.

Conforme a concepção de escola adotada aqui, o ensino das matérias visa contribuir para a formação das capacidades mentais dos alunos por meio dos conteúdos, para o desenvolvimento de seus motivos e competências relevantes para a vida social atual e futura. Em correspondência com a ideia de que práticas socioculturais e institucionais incidem no conteúdo e nas condições de aprendizagem dos alunos, acredita-se que o conhecimento teórico (no sentido de domínio de conceitos expressos em ações mentais e modos de ação, tal como conceitualizado no capítulo 1 deste livro) pode combinar os conceitos da vida cotidiana com o conhecimento abstrato de diferentes matérias e, assim, ajudar as crianças a superar a lacuna entre conhecimento e pensamento dentro e fora da escola.

Portanto, a partir desse elemento nuclear da escola — a apropriação do conhecimento teórico-científico como internalização dos processos mentais de conhecimento —, trata-se de, em primeiro lugar, definir os conteúdos a serem ensinados (que conceitos teóricos os alunos precisam dominar). Em segundo lugar, como serão ensinados (para o que se requer do professor o conhecimento pedagógico do conteúdo). Em terceiro lugar, como selecionar e analisar conteúdos em conexão com os motivos dos alunos, de modo a ligar o conteúdo às práticas socioculturais dos estudantes e às suas condições sociais, econômicas, culturais, religiosas. Por fim, em quarto lugar, como esses conceitos devem ser trabalhados para analisar as condições de vida dos alunos e possibilidades posteriores em relação à vida presente e futura.

As apostas em favor da escola para todos devem ter como referência um entendimento muito explícito de que o trabalho pedagógico pressupõe intencionalidades políticas, éticas, didáticas, em relação às qualidades humanas, sociais, cognitivas, a serem formadas pelos alunos. Em face aos clássicos temas da Didática, como a relação conteúdo e forma, a ênfase ora nos aspectos materiais ora nos aspectos formais do ensino, entre a formação cultural e científica e a experiência sociocultural dos alunos, é absolutamente imprescindível considerar o impacto das questões culturais, tais como a interculturalidade, a coexistência das diferenças, o compartilhamento de identidades culturais, nos processos de ensino e aprendizagem. No entanto, a valorização desses aspectos não pode obliterar a ênfase na universalidade da cultura escolar, no sentido de que, antes de tudo, cabe à escola transmitir a todos aqueles conhecimentos de base indispensáveis a uma vida digna, que é onde se reconhece o caráter de justiça social proporcionado pela escola. É correta a afirmação de Boaventura Santos de que a desigualdade material está profundamente entrelaçada com a desigualdade não material. Sendo assim, a justiça social que cabe à escola é a de propiciar a aprendizagem escolar como um fator de ampliação das capacidades dos alunos de promover mudanças, em si próprios e nas condições objetivas em que vivem, por meio de seu desenvolvimento cognitivo, afetivo, cultural e ético. Para isso, é preciso, sim, que os processos de ensino e aprendizagem considerem as características individuais e socioculturais dos alunos, as diferenças socioculturais, as identidades pessoais e culturais (sem esconder os conflitos), tudo num clima de acolhimento e respeito. Mas esses aspectos ganham sentido, na escola, como condições prévias para o desenvolvimento de um programa curricular centrado na formação cultural e científica (formação geral básica), que assegurará um patamar básico necessário para a inclusão social e cultural, requisito indispensável para assegurar a democracia e a igualdade de direitos para todos os membros da sociedade.

Referências bibliográficas

DAVYDOV, Vasily V. The influence of L. S. Vigotski on education theory, research, and practice. *Educational researcher*, v. 24, n. 3, p. 12-21, 1995.

GIMENO SACRISTÁN, José. *La educación obligatoria*: su sentido educativo y social. Madrid: Morata, 2000.

HEDEGAARD, Mariane; CHAIKLIN, Seth. *Radical-local teaching and learning.* Aarhus: Aarhus University Press, 2005.

_____. A cultural-historical approach to learning in classrooms. In: *Outlines,* n. 1, 2004. Disponível em: <https://ojs.statsbiblioteket.dk/index.php/outlines/article/viewArticle/2148>.

_____; JENSEN, Uffe J. Activity theory and social practice: na introduction. In: _____. (Org.). *Activity theory and social practice.* Aarhus: Aarhus University Press, 1999.

LIBÂNEO, José C. As teorias pedagógicas modernas revisitadas pelo debate contemporâneo na educação. In: _____; SANTOS, Akiko (Org.). *Educação na era do conhecimento em rede e transdisciplinaridade.* Campinas: Alínea, 2010.

_____. *O dualismo perverso da escola pública brasileira*: escola do conhecimento x escola do acolhimento social. Goiânia, 2011. Disponível em: <http://professor.ucg.br/SiteDocente/home>. (Texto em fase de publicação.)

_____. Didática e prática histórico-social: uma introdução aos fundamentos do trabalho docente. In: _____. *Democratização da escola pública*: a pedagogia crítico-social dos conteúdos. São Paulo: Loyola, 2006. (1. ed.)

PÉREZ-GOMEZ, Angel. *La cultura escolar en la sociedad neoliberal.* Madrid: Morata, 1999.

CAPÍTULO 16

Artefatos nas redes educativas dos cotidianos de terreiros de candomblé nas relações possíveis com as escolas:
discutindo as noções de tradição, cultura e identidade

Stela Guedes Caputo

Entendo os terreiros de candomblé como espaços de circulação de conhecimentos, de saberes, de aprendizagens. Para Freire (1978) só existe saber na invenção, na reinvenção, na busca permanente que se faz no mundo, com o mundo e com os outros. O terreiro também é "o mundo". O mundo de muitos meninos e meninas.[1] No cotidiano dessas casas se aprende e se ensina com as ervas, as comidas e com muitos artefatos (fio de contas, panos, assentamentos,[2] oferendas votivas,

---

1. Tenho, ao longo de 20 anos, realizado pesquisas sobre a educação de crianças e jovens em terreiros de candomblé. Para saber mais sobre esta religião e pesquisa específica ver em: Caputo, S. G. Ogan, adósu, òjè, ègbónimi e ekedi — o candomblé também está na escola. Mas como? In: Moreira, Antônio Flávio; Candau, Vera Maria (Org.). *Multiculturalismo, diferenças culturais e práticas pedagógicas*. Petrópolis: Vozes, 2008; e em: Aprendendo na dança dos mortos: notas sobre uma pesquisa a respeito do cotidiano de crianças num terreiro de culto a Ègún. In: Andrade, M. (Org.). *A diferença que desafia a escola*. Rio de Janeiro: Quartet, 2009.

2. Conjunto de objetos destinado à adoração do Orixá.

TEMAS DE PEDAGOGIA

roupas, objetos musicais, imagens, quadros etc.). Tudo aprende e tudo ensina. Entendo esses cotidianos como Alves (2008) entende cotidianos, ou seja, como local de produção e (re)criação de conhecimentos e significações.Para além disso, assumo, também, com as pesquisas com os cotidianos, que nos formamos em múltiplas *redes educativas*, com processos pedagógicos específicos, e nas quais nos modificamos e a que ajudamos a mudar, permanentemente. As trocas entre essas redes têm sentido cultural diverso e complexo, mas são inúmeras, criando para os *espaçostempos*[3] escolares, a compreensão de possibilidades para o *dentrofora* dos mesmos, e que foram até há pouco quase nada percebidas e compreendidas.

Trago neste capítulo, a partir de um aparente "fora", a possibilidade de discutirmos a presença de certos artefatos do candomblé nas escolas e sua invisibilidade nesses *espaçostempos*. Com esse texto, busco inverter este movimento, dando visibilidade aos mesmos e dizendo que vão às escolas sempre: debaixo das roupas de suas crianças; na alegação de uma doença quando precisam se preparar para alguma cerimônia; na "alma" desses nossos estudantes, cuja família, de forma ancestral, se liga a esses ritos e seus artefatos.

De acordo com Sodré (1988), um terreiro é uma associação litúrgica organizada (Egbé). Através dessas organizações, transferiu-se para o Brasil grande parte do patrimônio cultural negro-africano. Este autor utiliza a palavra patrimônio no sentido de lugar próprio. "Ela tem em sua etimologia o significado de herança: é um bem ou conjunto de bens que se recebe do pai (*pater, patri*). Mas é também uma metáfora para o legado de uma memória coletiva, de algo culturalmente comum a um grupo" (Sodré, 1988, p. 50). Sodré explica ainda que os terreiros podem dizer-se de Candomblé, Xangô, Pajelança, Jurema, Catimbó, Tambor de Mina, Umbanda ou qualquer outra denominação assumida pelos cultos negros no espaço físico brasileiro. Em qualquer um deles, diz Sodré, entretanto, permanece ainda hoje como referência um conjunto

---

3. Esses termos aparecem assim escritos nas pesquisas com os cotidianos na tentativa de mostrar os limites de nossas heranças da modernidade, na qual as dicotomias foram essenciais.

organizado de representações e de rituais nagô, mantido em sua maior parte pela tradição Ketu, justamente a tradição reivindicada pelos terreiros abordados aqui: o Ile Omo Oya Legi e o Ileomiojuaro, sendo que o primeiro mais detidamente.

A proposta deste capítulo é refletir sobre as noções de tradição, cultura e identidade a partir de alguns artefatos utilizados nos cotidianos de terreiros de candomblé. É vislumbrar esses artefatos nas redes de aprendizagens, mas também pensar que essas redes, se bem-vindas nas escolas, contribuem para o ensino da história e cultura africana, contribuem para pensar a diversidade na escola como um todo e contribuem para uma educação antirracista. A maioria dos artefatos será apresentada em imagens feitas nesses terreiros.

Negra da Bahia ou crioula com roupa de festa, destacando-se sobre a camisa de crioula ou camizu em bordados de richelieu e pano da costa diferentes joias de ouro. São correntões do tipo cachoeirano ou miçangão, de bolas, braceletes e anéis, exibindo poder social e econômico de um tipo consagrado e conhecido como partido alto, geralmente mulheres de alguns candomblés tradicionais no início do século XX (Reprodução fotográfica: Francisco da Costa/Acervo: Dimitri Ganzelevitch. In: Lody, 2001, p. 91).

Primeiro gostaria de falar das contas, artefato fundamental no culto e que veremos em todas as imagens selecionadas para este trabalho. Conta, segundo Lody (2001, p. 3), é uma designação geral

TEMAS DE PEDAGOGIA

para tudo que é processado por enfiamento com a finalidade de ser um fio de contas e fio é a designação geral para os colares litúrgicos. O fio de conta é um sinal, um emblema pessoal e particular que identifica aquele que o está usando. Nos terreiros, pelo tipo e pela cor sabemos para que Orixá uma pessoa se vestiu. Pode ser para o Orixá de sua cabeça (Orí) ou para outro Orixá. De acordo com Lody, os fios de conta enquanto objetos idealmente concluídos, independentemente dos tipos, poderão passar por modificações formais, geralmente acréscimos que ocorrem no processo iniciático que é, por sua vez, permanente. Um conjunto muito variado de novos elementos, seja contas específicas, fitas, símbolos dos Orixás, pode ser incorporado ao fio para, diz Lody, a nova sinalização do indivíduo em suas relações sociais e religiosas. Além disso, os fios poderão ser distribuídos para indivíduos de um mesmo terreiro ou de uma mesma família de santo.

> Assim, algumas contas serão reaproveitadas para brincos, pulseiras, ou então serão reincluídas em outros fios de contas. Há um circuito simbólico do princípio de unidade que é mantido com objetos convencionalmente sacralizados e que tenham laços e relações intermembros do terreiro. Certamente, nesse caso a conta é uma relíquia de um indivíduo, do seu santo, da sua Nação, ou do terreiro — vínculos estabelecidos pelos materiais e principalmente pelo código cromático manifestado intencionalmente nos próprios fios de contas. Além das marcas intencionais e cíclicas que fazem a dinâmica visual e simbólica dos fios de contas, outras serão efêmeras, contudo incluídas nos mesmos princípios de ampliação do ideal sagrado pelos materiais (Lody, 2001, p. 64).

Contas não são enfiadas de qualquer jeito. Há que se ter cuidados especiais para fazê-las, seja para uso próprio ou para outro membro do terreiro. De acordo com Lody, é fundamental dominar o código cromático e simbólico da Nação, dos tipos de fios de contas e funções religiosas e hierárquicas, constituindo etapa do aprendizado iniciático que ocorre na reclusão do Hunko.[4]

---

4. Quarto onde a pessoa que se inicia ficará recolhido(a).

As contas de candomblé se tornam sagradas ao serem lavadas e preparadas em diferentes tipos de rituais. Mas esse sagrado, diz Lody, deve ser frequentemente renovado tomando-se por referência o sagrado original, o sagrado-matriz, relacionado-o aos fios de contas, assentamentos, ferramentas de santo, entre outros símbolos do corpo, do santuário, da natureza, espaços no terreiro, todos comuns nos planos dos homens e dos deuses. É isso que, segundo Lody, ajuda a despertar o Axé individual, a energia, a força do iniciado.

Muitos terreiros adquirem os fios de contas prontos em lojas ou mercados específicos. Já outros mantêm a tradição da confecção própria desses artefatos, fazendo, inclusive desse momento, um grande espaço de aprendizado dos elementos do culto do qual participam adultos e crianças.

Vestida e pintada para Xangô

Em terreiros de candomblé, o próprio corpo é vivido como artefato de cultura. Mais: o corpo é cultura no culto, já que através dele os adeptos de candomblé revelam modos de sentir, viver, vestir e pintar o corpo. Nas imagens a seguir, por exemplo, Paula Esteves tem dois anos e está sendo iniciada, ou seja, está "sendo feita no santo". O que chama atenção nas imagens? Nessa primeira foto, depois do recolhimento,[5] a primeira saída da (ou do) Iaô (filha ou filho de santo) ao público. Ela está de branco e seu rosto pintado com pontos brancos. Integrantes do culto explicam que são as cores para Oxalá,[6] na esperança de que representem a retidão, a honestidade e a moral do iniciado(a). Paula também está deitada em sua Ení (esteira) — artefato fundamental nesta religião.

---

5. De acordo com o terreiro, o novo iniciado ou iniciada se recolhe, "deita", em um quarto (hunkó) por um determinado número de dias.

6. Oxalá também representa o princípio criador e formalizador das ideias, daí ser denominado de Eledá, o criador, em razão de Olodumaréo ter indicado para a criação da Terra, com todos os seus atributos, e também para a criação do homem físico (Beniste, 2006, p. 193).

Paula, aos dois anos, em sua primeira saída no processo de feitura no santo.

Na imagem seguinte vemos Paula em sua terceira saída. Ela tem o rosto pintado com três cores, no candomblé, as três forças primordiais (vermelho, branco e azul) que reúnem o poder da natureza, transferido para o iniciado(a) quando este tem o corpo pintado. A menina também está vestida de vermelho e branco, são as cores de Xangô, seu Orixá. Pintar o corpo da Iaô é um gesto extremamente sagrado e só deve ser feito por pessoa preparada adequadamente para a função, chamada de Iyá Efun.

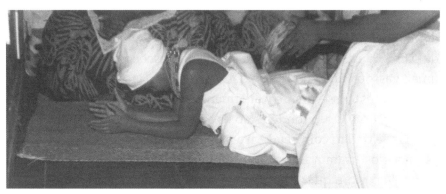

Paulinha, aos 8 anos, já em seu ritual de confirmação.

Ligação com a terra e proteção do corpo

Fiz essa imagem no dia da confirmação de santo de Paulinha. Em geral, essas obrigações são realizadas em intervalos de sete anos. São os intervalos que vão marcando o longo percurso da preparação de um filho ou filha de santo. Todos e todas que se farão filhos e filhas de santo passam por esse processo, sejam os que irão incorporar ou não. Com Xangô, no Ile Omo Oyá Legi, esse intervalo é de seis anos. Assim, aos oito anos, no dia 28 de setembro de 1996, Paulinha confirmou-se no santo.

Sugiro observarmos de perto a foto, pois são muitos e significativos seus elementos. Da mesma forma que no dia de sua iniciação, Paula está deitada na Ení, como disse, a esteira, um artefato muito importante para os candomblecistas. O contato do adepto ou adepta com sua esteira representa justamente seu contato com a terra, o elemento que lhe deu a vida. Os integrantes do culto explicam que fazer o santo significa renascer e o novo iniciado precisa fazê-lo de forma humilde, distante dos confortos e vaidades. Na iniciação, a pessoa que se prepara dorme e come na esteira, que são feitas de palha, elementos do Orixá da doença e da cura, Obaluaê. Este artefato acompanhará o adepto nas demais obrigações e nas muitas atividades no terreiro. Podemos ver também que no braço esquerdo de Paulinha está amarrado uma espécie de bracelete feito com fios de palha da costa trançados cujo nome é contraegún. Colocado nos dois braços, sua função é proteger o corpo da Iaô principalmente dos Eguns (os espíritos dos mortos). O pano branco na cabeça é chamado Ojá Orí, exatamente Ojá de cabeça e protege a cabeça. Ainda é possível visualizarmos um fio de palha da costa trançado que pende do pescoço de Paulinha e com uma "vassourinha" no centro da nuca (são duas "vassourinhas" nos fechamentos). Esse colar é fundamental, se chama Mokán e representa a ligação do Órun (onde estão os ancestrais e os Orixá) com o Aiye (a Terra) e da Iaô com seu Orixá e com sua ancestralidade. Em geral, os iniciados usam a Entrekan (umbigueira) que também é feita com palha da costa e que, colocada em torno da cintura, protege a parte central do corpo. No caso do terreiro pesquisado, este artefato é feito após a saída, já quando o iniciado "volta à vida normal" e com os próprios contraegúns do filho ou filha de santo. Na imagem não vemos o Xaorô, uma tornozeleira para proteger os membros inferiores. Neste terreiro, os filhos de santo com Orixá masculinos (Oborós), como Xangô, usam Xaorô, uma tornozeleira feita com palha da costa trançada e com guizos de latão prateado ou dourado e este é o caso de Paulinha. Já os que portam Orixás femininos (Aiabás) usam Idé, uma tornozeleira de metal. Paula usa, ainda, um Dilogun (colar de doze pernas ou doze voltas) de Xangô, além de contas de vários outros Orixás.

Nessa imagem, vemos a mesma Paula Esteves, mas com 10 anos. Mais uma vez olhemos seus artefatos. Ela porta um Ojá Orí (na imagem anterior era um branco, mas nessa é um colorido). Usa uma conta de Xangô, seu Orixá que, como vimos, é masculino. Veste um camisu, que é essa blusa branca com bordados *Richelieu*.[7] Por sobre o camisu há uma bata branca e, sobre a bata, o pano da costa. Finalmente, sobre o pano da costa está o Ojá de seio, uma larga tira que pode ser branca ou colorida, como neste caso. A própria Paula me explica que a função do pano da costa é proteger o corpo feminino, além de identificar a mulher iniciada. Logo após a feitura no santo, o pano da costa cobre os corpos desde o ombro com o objetivo de livrar o recém-iniciado do contato com o mundo externo. Na foto, Paula já tem oito anos de iniciada, o uso mais comum do artefato é esse, um pouco acima dos seios e sob os braços.

Paulinha, aos 10 anos

---

7. Falarei mais detidamente sobre esses detalhes mais adiante.

Recriando a tradição na cozinha

Ojás brancos ou coloridos, panos da costa, camisus, batas, várias saias engomadas também brancas e coloridas, colares, abadás. Ao longo deste trabalho, temos visto e continuaremos vendo essas imagens que revelam a beleza das roupas e objetos de homens e mulheres do candomblé, e já nos referimos a alguns desses artefatos religiosos. Seria impossível descrever todos e sua complexa simbologia[8] e não tenho esse objetivo. Gostaria de apresentar mais detalhadamente apenas alguns elementos a partir dessa foto que mostra o cuidado e a importância da roupa no cotidiano dos terreiros, além do trabalho que dá para ficar "pronta" para uma atividade ritual. As roupas precisam estar limpas, engomadas e passadas. As de tecido branco devem estar claríssimas. Artefatos de metal, como pulseiras e brincos, polidos e brilhantes.

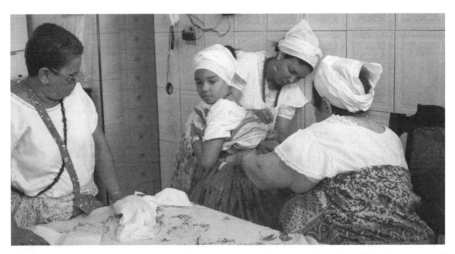

Luana, aos 9 anos. A imagem foi feita no dia 26 de setembro de 2009 e Luana está sendo vestida pela mãe (Flávia Navarro) e pela avó (Mãe Palmira). Jussara, filha de santo desse terreiro e mãe de Paulinha, observa e também ajuda. Acho interessante, nessa imagem, a mistura de séculos de tradição em uma cozinha com elementos contemporâneos como telefone e interfone na parede azulejada.

---

8. Para saber mais indico o *Dicionário de artes sacra e técnicas afro-brasileiras*, de Raul Lody. Rio de Janeiro: Pallas, 2003.

Já vimos, quando observamos anteriormente uma vestimenta de Paulinha, aos 10 anos, que o camisu é uma camisa branca de uso exclusivamente feminino, feita com algodão branco e bordados em *Richelieu*[9] nos decotes e/ou nas mangas. Na imagem a que nesse momento estou me referindo, todas as mulheres vestem um camisu. Na verdade, o traje que vemos reproduz a chamada roupa de crioula[10] composta por, além do camisu, batas, turbantes, chinelas, outros adornos e do pano da costa.[11] Sabe-se que quando se diz "da costa" a referência é a costa africana de onde vieram diversos produtos para o Brasil, especialmente para a Bahia. Mas aqui, diz Lody (2003), esses produtos foram se adaptando a novos usos e práticas e, pela mão dos

---

9. "Antes do aparecimento da renda, por volta do século XV, na Europa, ocorre uma etapa intermediária com o bordado. Esse momento traz as heranças das Cruzadas, quando se importou do Oriente o luxo dos ricos tecidos que influíram sobre roupas brancas usuais entre a nobreza e o clero. Os primeiros ensaios foram os bordados de fundo claro, e em seguida, os tecidos abertos, em que alguns fios são retirados resultando um fundo mais leve, o "quintin". Esse fundo vai ficando progressivamente mais aberto, chegando até o bordado de pontos cortados, que consiste na retirada de tecido entre os motivos, conferindo-lhe assim maior relevo. A sinuosidade de folhas, flores, arabescos inspirados nas letras cúticas orientalizados estavam no Renascimento, período de franco uso do bordado de fundo retirado. Tais características estão ainda presentes. Vê-se muita sinuosidade e forte fixação de um iberismo orientalizado na técnica do richelieu. Esse nome se deve provavelmente a seu uso frequente nos paramentos de Armand-Jean du Plessis, cardeal e duque de Richelieu. Em sua iconografia destacam-se as rendas bordadas elaboradíssimas como no famoso quadro Richelieu, de Philippe Champaigne (Musée Carde, Chantily, França). Tipo de peça usado no Renascimento, marcava a nobreza e o clero, que usavam golas, punhos, barrados, geralmente em tecido branco e ricamente trabalhado evocando poder e suntuosidade. Nos terreiros de candomblé, o richelieu é marca de dedicação e orgulho ao se ostentarem roupas, ou mesmo nos santuários, nos panos que montam os assentamentos. No mundo do axé, agradar e fazer o máximo para seu Orixá é comportamento ético comum aos diferentes modelos étnicos-culturais, nações ou mesmo estilos peronalizados de pais e mães de santo." In: Lody, Raul. *O que que a bahiana tem: pano da costa e roupa de baiana*. Rio de Janeiro: Funarte/CNFCP, 2003. p. 32-4 (Catálogo da exposição realizada na Sala do Artista Popular no período de 27 de março a 27 de abril de 2003).

10. Crioulo e crioula eram a designação dada ao escravo ou escrava nascido no Brasil.

11. Como lembra Lody (2003, p. 259), Debret, Rugendas, Carlos Julião, entre outros documentalistas, etnógrafos de época, resgataram das ruas, praças, mercados, festas populares e manifestações religiosas uma ampla e preciosa iconografia de costumes que referencia os estudos etno-históricos sobre o Brasil africano dos séculos XVIII e XIX. Não se isola dessa visualidade colonial uma forte herança dos séculos que formam o Renascimento e a Idade Média na Europa, especialmente em Portugal.

escravos e escravas, se impregnaram por forte simbologia. Sem perder a identidade original, fizeram-se afro-brasileiros.

Para nosso estudo é de singular importância a afirmação deste pesquisador de que as matrizes africanas desses patrimônios se evidenciam, sobretudo, quando se referem ao âmbito do sagrado (o candomblé, por exemplo), pois é aí que, talvez, esses indivíduos mais conseguem atenuar internamente a desagregação cultural que lhes foi imposta.

> É nesse âmbito que se destaca o pano da costa, objeto-emblema feminino de indumentárias rituais religiosas. Por processos sociais e caminhos estéticos, o pano da costa é definitivamente integrado à tão celebrada roupa de baiana, verdadeira montagem afro-islâmica, de brasileiríssima criação (Lody, 2003, p. 14).

Lody (2001, p. 41) destaca que a ocupação e fixação no Brasil na época colonial foi assentada na extração da terra, tendo como pano de fundo a política dominadora da Inglaterra, intervindo diretamente no controle e organização dos ofícios:

> Ofício de ferreiro, tecelão, padeiro, armeiro entre demais misteres e saberes do fazer e do significar. As atividades da fiação e tecelagem foram as mais controladas; no Brasil eram feitos exclusivamente os panos de algodão cru destinados à tapagem das vergonhas dos negros (escravos) e de índios. Todos os outros panos, para europeus e restantes da população, vinham da Inglaterra.

Também de acordo com Lody (2003), vemos que nas fazendas e engenhos confeccionavam-se uma ou duas peças que o escravo recebia para usar por tempo indeterminado, apenas um "pano de vestir". O corpo escravo considerado mero suporte utilitário, diz este autor, deveria estar coberto, embora marcas étnicas, sinais de sociedade, escarificações no rosto e em outras partes, além de dentes limados, indicassem distinções, situassem grupos, procedências e determinassem identidades.

> Assim o uso dos panos já começava a formar um elenco de morfologias adaptadas, que buscavam, talvez, algumas aproximações com desenhos africanos. Os operários negros conservavam o hábito de vestes brancas, de grosso tecido

de algodão, calça e camisa justa e curta, que lembravam camisas nagôs (Lody, 2003, p. 26).

É nessa raiz econômica do traje que Lody (2003, p. 28) vê a chamada "roupa surra" como uma das primeiras composições do que se poderia formalmente entender como "baiana". Um tipo de roupa lisa, discreta, sem adornos, composto de saia e camisa.

> Fixada nos terreiros de candomblé, a chamada "roupa de ração", um traje interno, de lidas cotidianas, é formado por saia sem anáguas, com ou sem camisa, podendo ser portada na altura do busto, deixando ombros livres. Esse nome vem da "roupa que come" — que recebe obrigações durante diferentes rituais religiosos.

Quanto às saias armadas, volumosas, arredondadas, são, afirma Lody, acréscimos das indumentárias europeias, saias à francesa. Batas largas, frescas e cômodas seriam presenças muçulmanas, assim como chinelos de pontas de couro branco e couro lavrado, o chamado changrim. Acrescida de inúmeros detalhes e cada um com significados preciosos, a roupa da baiana é a base para a roupa dos Orixás. Há uma curiosa transposição lembrada por este autor quando assegura que alguns balangandãs visíveis nas pencas, originários de funções específicas de atividades econômicas (os ganhos) — tais como bolas de louças, figas, saquinhos de couro, dentes de animais, medalhinhas e outros —, eram encontrados nas roupas das baianas, mas hoje se fixaram nos fios de conta e nas pulseiras, mantendo simbolicamente marcas sociais e religiosas.

Arkhé, tradição, tradicionalismo

Não resta dúvida de que todos esses artefatos e vestimentas buscam empenhada e detalhadamente a vivência, a experiência da tradição. Nos dias atuais pode parecer conservador falarmos tanto em tradição e a reivindicarmos, mas o objetivo deste trabalho é justamente fazer essa discussão propiciada pelos usos dos artefatos em terreiros. Então, qual é a noção de tradição que abraçamos? Sodré (1988) diz que *Arkhé*, em grego, é princípio. Contudo, esse princípio não significa início dos tempos, começo histórico, mas

> eterno impulso inaugural da força de continuidade do grupo. A *Arkhé* está no passado e no futuro, é tanto origem como destino, e por isso Heráclito de Éfeso sustenta num fragmento que "*Arkhé* é *Eskaton*". Pode-se acrecentar: Arkhé é esperança, não como utopia, mas como terreno onde se planta o axé da mudança (Sodré, 1988, p. 153-54).

Este pesquisador explica que *Arkhé* também traduz-se por tradição, por transmissão da matriz simbólica do grupo. O verbo *tradere* (de onde se deriva *traditio*) significa, diz ele, transmitir ou entregar.

> Mas a tradição não implica necessariamente a ideia de um passado imobilizado, a passagem de conteúdos inalterados de uma geração para outra. Esta é a tradição negativa (existe, assim como nada negativo) e não positiva, que se dá quando a ação humana é plena, isto é, quando se abre para o estranho, o mistério, para todas as temporalidades e lugares possíveis, não obstruindo as transformações ou passagens. Na verdade, toda mudança transformadora, toda revolução ocorre no interior de uma tradição, seja para recusar o negativo, seja para retomar o livre fluxo das forças necessárias à continuidade do grupo (Sodré, 1988, p. 154).

Outro pesquisador faz interessante abordagem do termo. Coutinho (2002) distingue tradição de duas maneiras, uma dialética, outra metafísica. Para ele, tais concepções possuem implicações políticas, já que correspondem a diferentes práticas de reelaboração do passado e de interpretação da história. Enquanto prática conservadora, a reiteração da tradição morta e fixa — prolongação de um passado no presente — aparece como restauração das relações sociais existentes. Por outro lado, na prática e nos discursos libertários, a tradição — tida como ação criadora do sujeito sobre as formas do passado — é um operador político capaz de refazer a história como patrimônio das camadas populares. Utilizando a distinção realizada pelo peruano José Carlos Mariátegui

(1927), esta, diz Coutinho, a ação criadora, será designada como "tradição", e aquela, que reflete o conservadorismo dominante, como "tradicionalismo". De acordo esse autor, o que predomina no pensamento hegemônico é a concepção metafísica da tradição que, "tendo como objetivo conservar as relações sociais vigentes, pensa a cultura como objeto, peça de coleção ou mercadoria, desconsiderando o processo pelo qual o homem, por meio de sua práxis criadora, transforma ativamente a realidade cultural" (apud Coutinho, 2002, p. 16).

Essa noção de tradição é fundamental tanto para o que vimos até aqui, como para o que seguiremos discutindo. Inclusive, para revelar a maneira como percebemos as pessoas de diferentes gerações e raças que, nos diferentes terreiros e em seus diferentes espaços, como a cozinha, por exemplo, dedicam-se a arrumar o camisu, a bata, o turbante, o pano da costa e tantos outros artefatos.

Conceição de Xangô, em março de 2011, em frente ao dendezeiro do Axé Opô Afonjá, em Coelho da Rocha, com trajes semelhantes aos usados nos candomblés desde o início do século XX. Dona Conceição é mãe de Tauana que conheceremos mais adiante.

Cultura como modo de vida

Podemos discutir agora o outro objetivo traçado para este trabalho, ou seja, partilhar a noção de cultura que vem orientando a maneira como percebo os terreiros de candomblé. Não é possível, nos limites desse texto,[12] fazer uma longa discussão, justamente porque *Culture*, para Raymond Williams (2007, p. 117), é uma das duas ou três palavras mais complicadas da língua inglesa. Isso ocorre, explica o autor, em parte por causa de seu intricado desenvolvimento histórico em diversas línguas europeias, mas principalmente porque passou a ser usada para referir-se a conceitos importantes em diversas disciplinas intelectuais distintas e em diversos sistemas de pensamento também distintos e incompatíveis. No seu livro *Palavras-chave: um vocabulário de cultura e sociedade*, publicado em 2007, Williams recupera a trajetória histórica e ativa do termo, reconhecendo que em uma disciplina é preciso esclarecer o uso conceitual, mas em geral, diz ele, o que é significativo é o leque e a sobreposição de sentidos.

> O complexo de significados indica uma argumentação complexa sobre as relações entre desenvolvimento humano geral e um modo específico de vida, e entre ambos e as obras práticas da arte e da inteligência. É particularmente interessante que, na arqueologia, e na antropologia cultural, a referência a cultura ou a uma cultura aponte primordialmente a produção material, enquanto na história e nos estudos culturais a referência indique fundamentalmente os sistemas de significação ou simbólicos. Isso confunde amiúde, mas, ainda mais frequentemente, esconde a relação central das relações entre produção "material" e "simbólica" (Williams, 2007, p. 122).

Para nossa discussão, duas coisas me parecem fundamentais nas reflexões de Williams sobre este conceito. A primeira delas é que, diferentemente de inúmeros outros autores, sua preocupação

---

12. Para isso ver: Williams, Raymond. *Palavras-chave*: um vocabulário de cultura e sociedade. São Paulo: Boitempo, 2007; Williams, Raymond. *Cultura*. Rio de Janeiro: Paz e Terra, 1992. p. 13; Eagleton, Terry. *A ideia de cultura*. São Paulo: Ed. Unesp, 2005.

radical é afirmar a historicidade do termo evidenciando seu caráter idealista quando tratado como espaço destituído dos conflitos e, portanto, como uma palavra neutra, asséptica, etérea. A segunda, explícita na citação acima, é sua negação das análises que esquartejam cultural e social. Para ele, cultura não é uma esfera autônoma da vida humana, mas todo modo de vida, cuja produção material e histórica de significados e valores se estende à sociedade e suas lutas. É por isso que, para Williams, cultura é ordinária, no sentido de comum e cotidiana.[13]

Terreiros como ecomuseus

Há ainda mais nessas redes de conhecimentos que são os terreiros. De acordo com Lody (2005, p. 159), os diferentes espaços arquitetônicos, áreas verdes, árvores e demais monumentos religiosos revelam os terreiros também como ecomuseus:

> O terreiro em si é um patrimônio ocasionalmente denominado ecomuseu. Ele congrega acervos e os dispõe em sentidos próprios, que se intercomunicam e expressam conteúdos sobre a comunidade, sua história, a cidade e os momentos de mando temporal e religioso vindo das hierarquias de mulheres e homens que intermedeiam o patrimônio material, o patrimônio simbólico, não material, e o patrimônio virtual do poder religioso e suas convivências com a sociedade complexa.

Para Lody, os processos seletivos de objetos ocorrem também como fontes de autorreferência em que são privilegiados documentos de antiguidade, pois o conceito valorativo de antigo combina-se com o de memória, memória ancestre muito significativa para compreensões de identidade coletiva e identidade étnica.

---

13. *Marxismo e literatura*. Rio de Janeiro: Zahar, 1979.

Um assentamento, por exemplo, é um conjunto de objetos destinado à adoração do Orixá, constituído por artefatos determinantes do Axé (força) do Orixá. No assentamento de Ogum, no Ile Omo Oya Legi (esse que vemos na imagem), há muitos elementos de ferro, pois Ogum, na mitologia Yorubá, é o Orixá ferreiro e seu assentamento deve lembrar o seu trabalho.

Assentamento

"Sou Ekedi, negra, tenho cabelo crespo e sou percussionista": a questão da identidade

Na imagem a seguir vemos Tauana dos Santos aos dois anos. A menina, que já fora prometida por sua mãe a Oxum (Orixá das águas doces), desde o ventre, se confirmou Ekedi[14] aos 12 anos. Durante toda infância e adolescência, Tauana, como muitas crianças e adolescentes de terreiros, sentia orgulho de sua religião nos espaços do culto, mas, fora dele, para diminuir a discriminação, escondia os artefatos que a identificavam como contas, pulseiras, braceletes, e chegava a dizer que era católica.

Entrevistei Tauana várias vezes enquanto a via crescer. Em 2005, aos 15 anos, ela demonstrava imenso orgulho da religião. "Eu amo o

---

14. Ekedis são cargos muito importantes nos terreiros. Não incorporam Orixás, mas são responsáveis por estes quando estão no Aiyé (a terra).

candomblé. Amo a hierarquia, as festas, os rituais, os Orixás", afirmava. Contudo, sua firmeza diminuía ao falar sobre preconceito e a vergonha tomava o lugar do orgulho. "É muita zoação. Não dá para aguentar." Ao falarmos da escola, sua voz enfraquecia, quase sumia: "Na escola é muito pior." Na maioria das respostas, Tauana garantia que só assumiria sua religiosidade quando o Brasil fosse um país sem preconceitos.

Contudo, em março de 2011, já com 21 anos, Tauana me deu o seguinte depoimento:

> É claro que importava o que a professora pensava. Importava o que todos pensavam. Quanto mais ela dizia que minha religião era ruim, mais eu tinha vergonha da religião que eu amava e amo. E não era só isso. Eu tinha vergonha do meu cabelo, me sentia mal por ser negra. O preconceito machuca em tudo. O racismo engloba tudo. Hoje as coisas mudaram e digo com firmeza e o máximo de orgulho: Sou Ekedi, negra, tenho cabelo crespo e sou percussionista! Quando

me assumo do candomblé, assumo minha cor, meu cabelo, meus colares, minhas roupas minha raça e minha identidade. Meu problema hoje é tirar a química que eu usava no meu cabelo na adolescência quando eu queria que ele fosse liso. Hoje assumo meu cabelo crespo, a música que gosto, os grupos que gosto, a dança que gosto, a religião que tenho.

Gostaria de destacar a referência conjunta que Tauana faz sobre religião/raça[15]/cabelo/música. Gomes (2008) afirma que a forma como a cor da pele e o cabelo é vista no imaginário social brasileiro pode ser tomada como expressão do tipo de relação racial aqui desenvolvido. Nesse sentido, assegura, o entendimento do significado e dos sentidos do cabelo crespo pode nos ajudar a compreender e a desvelar as nuances do nosso sistema de classificação racial.

O cabelo crespo na sociedade brasileira é uma linguagem e, como tal, comunica e informa sobre as relações raciais. Dessa forma, ele também pode ser pensado como um signo, uma vez que representa algo mais, algo distinto de si mesmo. Assim como o mito da democracia racial é discursado como forma de encobrir os conflitos raciais, o estilo do cabelo, o tipo de penteado, de manipulação, e o sentido a eles atribuído pelo sujeito que os adota podem ser usados para camuflar o pertencimento étnico/racial, na tentativa de encobrir dilemas referentes ao processo de construção da identidade negra. Mas tal comportamento pode também representar um processo de reconhecimento das raízes

---

15. É importante dizer que para Guimarães (2002, p. 50-51), "raça" é: "não apenas uma categoria política necessária para organizar a resistência ao racismo no Brasil, mas é também categoria analítica indispensável: a única que revela que as discriminações e desigualdades que a noção brasileira de "cor" enseja são efetivamente raciais e não apenas de "classe". Não há raças biológicas, ou seja, na espécie humana nada que possa ser classificado a partir de critérios científicos e corresponda ao que comumente chamamos de "raça" tem existência real. O que chamamos de raça tem existência nominal, efetiva e eficaz apenas no mundo social e, portanto, somente no mundo social pode ter realidade plena. O problema que se coloca é, pois, o seguinte: quando no mundo social, podemos, também, dispensar o conceito de raça? A resposta teórica parece ser bastante clara: primeiro, quando já não houver identidades raciais, ou seja, quando já não existirem grupos sociais que se identifiquem a partir de marcadores direta ou indiretamente derivados da ideia de raça; segundo, quando as desigualdades, as discriminações e as hierarquias sociais efetivamente não corresponderem a esses marcadores; terceiro, quando tais identidades e discriminações forem prescindíveis em termos tecnológicos, sociais e políticos, para a afirmação social dos grupos oprimidos.

africanas assim como de reação, resistência e denúncia contra o racismo. E ainda pode expressar um estilo de vida (Gomes, 2008, p. 26).

Contudo, é importante lembrar que Gomes alerta também que se a estética é a relação do sujeito com o mundo sensível, a discussão sobre a expressão estética não pode incorporar uma visão de mundo cristalizada. De acordo com esta autora, caso seja essa a visão que orienta a crítica sobre o uso do alisamento, ela poderá acabar reforçando e reproduzindo a opressão racial contra a qual deseja lutar. Uma coisa, diz ela, é problematizar esse comportamento no contexto da sociedade racista em que vivemos e outra é descontextualizá-lo, não se abrindo ao diálogo para tentar compreendê-lo e interpretá-lo. E, afirma, o que é mais grave, produzir um discurso e um julgamento que atribuem aos sujeitos que alisam o cabelo o lugar do embranquecimento e da negação da raça (Gomes, 2008, p. 180).

Durante toda a adolescência Tauana tentou se inserir em uma sociedade hegemonicamente católica e branca. Para isso, como relatou diversas vezes, camuflava sua fé e, ao mesmo tempo, tentava alisar o cabelo. Foram movimentos dolorosos realizados para diminuir a discriminação. No dizer de Gomes (2008, p. 329), seriam estratégias de sobrevivência e resistência.

Desde a escravidão, a mulher e o homem negro convivem com o desafio de desconstruir o olhar negativo sobre seu corpo e seu cabelo. Um olhar que impregnou as várias técnicas corporais desenvolvidas pelos descendentes de africanos. A manipulação do cabelo é uma delas. Esta, considerada de importância fundamental para os nossos ancestrais africanos, assume, com base no contexto da escravidão e do racismo, outros contornos, significados e sentidos.

Tauana, aos 15 anos

De acordo com Gomes, um dos aspectos percebidos por ela em sua pesquisa, é que algumas pessoas negras que constroem sua identidade em ambientes de maior aceitação do negro (aqui penso em Tauana em seu terreiro) entram em conflito com o seu cabelo e o seu corpo quando fazem a passagem para espaços sociais historicamente ocupados pelos brancos, como a escola, determinados setores profissionais e artísticos (aqui penso em Tauana na escola).

Perguntei a Tauana o que a fez mudar no sentido de não mais esconder que é do candomblé e também a não mais sentir vergonha de sua cor e cabelo. E ela responde convicta:

> Os terreiros, os movimentos negros e os vários grupos negros de música e de dança. Mudei também porque, além do terreiro, que já reforçava nossa identidade, comecei a participar de grupos que lutam contra o racismo. Entendi que não posso esperar o Brasil mudar. Ele não vai mudar sem a nossa luta.

Perguntei se a escola, de alguma forma, contribuiu positivamente para essa mudança. Tauana disse não. "Se dependesse das escolas por onde passei eu continuaria morrendo de vergonha de ser do candomblé e de ser negra", afirma.

Tauana, aos 20 anos. Foto copiada de seu Orkut

Tauana fala em identidade,[16] mais um conceito complexo que propus discutir neste trabalho. De novo Gomes (2003) reconhece que alguns antropólogos tratam com desconfiança a adjetivação de uma cultura como "negra", mas, de acordo com a pesquisadora, o que importa é destacar que a produção cultural oriunda dos africanos escravizados no Brasil e ainda presente nos seus descendentes tem uma efetividade na construção identitária dos sujeitos socialmente classificados como negros. Trata-se, para esta autora, de compreender que há uma lógica gerada a partir de uma africanidade recriada no Brasil que, diz ela, impregna a vida de negros e brancos. Esse processo, de acordo com a pesquisadora, não tem nada de natural, já que, reconhece, qualquer adjetivação da cultura, seja cigana, judaica, indígena ou negra, é uma construção social, política, ideológica e cultural que, numa sociedade que tende a discriminar e tratar desigualmente as diferenças, passa a ter uma validade política e identitária (Gomes, 2003, p. 78).

Para Gomes, a cultura negra possibilita aos negros a construção de um "nós", de uma história e de uma identidade. Diz respeito, afirma, à consciência cultural, à estética, à corporeidade, à musicalidade, à religiosidade, à vivência da negritude, marcadas por um processo de africanidade e recriação cultural. "Esse 'nós' possibilita o posicionamento do negro diante do outro e destaca aspectos relevantes da sua história e de sua ancestralidade" (Gomes, 2003, p. 78).

Tauana, aos 21 anos

---

16. A discussão sobre identidade é complexa, polêmica e, aqui, ainda temporária e em processo. Sugiro também a leitura do texto: O espelho da raça: o pós-modernismo e a louvação da diferença, de Kenan Malik. In: Wood, Ellen Meiksins; Foster B. John. *Em defesa da história*: marxismo e pós-modernismo. Rio de Janeiro: Jorge Zahar, 1999.

Apontamentos finais em diálogo: educação intercultural e redes educativas cotidianas

De acordo com Candau e Russo (2011), ao longo dos anos 1980 e 1990, onze países latino-americanos reconheceram em suas Constituições o caráter multiétnico, pluricultural e multilíngue de suas sociedades.[17] Como consequência, afirmam, políticas públicas na área educativa precisaram contemplar as diferenças culturais.

As mesmas autoras destacam, no entanto, o caráter ambíguo de tais políticas. Por um lado, sinalizam, as diferentes reformas na área de educação incorporaram a perspectiva intercultural seja como um dos eixos articuladores dos Currículos escolares seja introduzindo questões relativas às diferenças como temas transversais. Por outro, essa incorporação se dá no contexto de governos que estão comprometidos com a implementação de políticas de caráter neoliberal, que assumem a lógica da globalização hegemônica e a agenda dos principais organismos internacionais.

> A incorporação do discurso da interculturalidade neste contexto se dá com uma abordagem orientada a inibir conflitos explícitos ou latentes, e não provocar mudanças de caráter estrutural. São incorporados alguns aspectos da diversidade cultural, orientados a promover a tolerância, o respeito mútuo e maiores espaços de expressão dos diferentes grupos socioculturais, mas sempre limitada. Conforme denominado pelo pesquisador peruano Fidel Tubino (2005) um interculturalismo funcional (Candau e Russo, 2011, p. 71).

Ainda pensando com Candau e Russo, de acordo com estas pesquisadoras, a partir de entrevistas realizadas com especialistas latino-americanos de diferentes países, uma educação intercultural em

---

17. Argentina, Bolívia, Brasil, Colômbia, Equador, Gatemala, México, Nicarágua, Paraguai, Peru e Venezuela. Outros quatro países aderiram de modo mais restrito a este movimento: Chile, Honduras, El Salvador, Panamá, não reconhecem oficialmente a diversidade cultural existente em seus territórios, mas começam a desenvolver políticas educativas específicas voltadas para as populações indígenas. Ver Candau e Russo (2011).

TEMAS DE PEDAGOGIA

seus respectivos países não é incorporada de modo consistente nos processos educativos oferecidos a toda população. Para as autoras (2011, p. 71), a interculturalidade é um dos componentes centrais dos processos de transformação das sociedades latino-americanas, assumindo um caráter ético e político orientado à construção de democracias em que a redistribuição e o reconhecimento cultural sejam assumidos como imprescindíveis para a realização da justiça social.

> A interculturalidade é então concebida como estratégia ética, política e epistêmica. Nesta perspectiva os processos educativos são fundamentais. Através deles questiona-se a colonialidade presente na sociedade e na educação, desvelam-se o racismo e a racialização das relações, promovem-se o reconhecimento de diversos saberes e o diálogo entre diferentes conhecimentos, combatem-se as diferentes formas de des-humanização, estimula-se a construção de identidades culturais [...] favorecendo processos coletivos na perspectiva de projetos de vida e de sociedades "outras" (Candau e Russo, 2011, p. 73).

A diversidade (de gênero, orientação sexual, raciais, culturais) é mesmo múltipla e, aqui, tratei daquelas as quais me dedico em pesquisa.

Continuo convicta da importância dos cotidianos dos terreiros de candomblé como espaços de criação e circulação de conhecimentos. Nessas redes cotidianas de saberes se aprende e se ensina. Alves (2008) acredita que as redes educativas também são múltiplas e que "a incorporação dessas redes do que se aprende fora da escola e que é trazido para escola como experiências vividas é que movimenta o ensino, renova o ensino".[18] Penso que justamente essas redes educativas experienciadas nos terreiros são capazes de, entre outras importâncias, questionar a colonialidade presente na sociedade e na educação, de contribuir para desvelar o racismo e a racialização das relações, de promover o reconhecimento de diversos saberes e o diálogo entre diferentes conhecimentos, de combater as diferentes formas de desumanização, e de estimular a construção de identidades culturais, conforme necessidades ressaltadas por Candau e Russo.

---

18. Entrevista realizada em 30 out. 2008, TV Brasil — Programa Salto para o Futuro.

Nos terreiros de candomblé me foi possível pensar as noções de tradição, cultura e identidade, conceitos importantes nas redes fora da escola, mas redes que certamente cruzarão seus portões e irão impregnar seu cotidiano e seus modos de ensinar e aprender. A pergunta é: como?

A perspectiva intercultural no âmbito educativo, afirmam Candau e Russo (2011, p. 45), não pode ser reduzida a uma mera incorporação de alguns temas no Currículo e no calendário escolar.

> Trata-se, de modo especial na perspectiva crítica, que consideramos ser a que melhor responde à problemática atual do continente latino-americano, de uma abordagem que abarca diferentes âmbitos — ético, epistemológico e político — orientada à construção de democracias em que justiça social e cultural sejam trabalhadas de modo articulado.

Para Ferraço (2007), é importante pensar cada sujeito inserido em diferentes contextos de vida e não há como desconsiderar que suas possibilidades de conhecimento estão relacionadas a esses contextos. Reforça também que a história de vida de cada aluno ou aluna não é uma história somente pessoal, descolada dos contextos sociais, econômicos, políticos e culturais. "Há diferentes possibilidades de conhecimento para os alunos que precisam ser consideradas e ampliadas" (Ferraço, 2007, p. 19).

Acho que a abordagem sobre os artefatos culturais que partilhamos neste capítulo, não deixa dúvidas sobre isso. Acredito na fertilidade dessa discussão por tudo o que foi exposto aqui, mas também porque ela possibilita uma reflexão sobre a Lei n. 10.639, que tornou obrigatório o ensino da História e Cultura Africana nas escolas de Ensino Fundamental e Médio. A experiência de crianças e adolescentes de terreiros de candomblé enriquece essa disciplina (mas não só ela) que pode ser pensada levando em consideração os artefatos, a língua, os mitos, enfim, a tradição, a identidade, os modos de vida, a cultura que pulsa nos cotidianos dos terreiros vivenciados por tantos alunos e alunas e que estão na rica diversidade da escola. Essa rede de conhecimentos pode impregnar a escola e transbordar Currículos. Essa diversidade nos desafia e nos obriga a pensar em uma educação que a respeite, proteja e incentive.

Referências bibliográficas

ALVES, Nilda; GARCIA, Regina Leite. *O sentido da escola*. Petrópolis: DP Et Alii, 2008.

BENISTE, José. *As águas de Oxalá*: Àwon omi Òsàlá. 4. ed. Rio de Janeiro: Bertrand Brasil, 2006.

CANDAU, Vera Maria; RUSSO, Kelly. Interculturalidade e educação na América Latina: uma construção plural, original e complexa. In: _____ (Org.). *Diferenças culturais e educação*: construindo caminhos. Rio de Janeiro: 7 Letras, 2011.

CAPUTO, Stela Guedes. Ogan, adósu, òjè, ègbónimi e ekedi — o candomblé também está na escola. Mas como? In: _____; MOREIRA, Antônio Flávio (Org.). *Multiculturalismo, diferenças culturais e práticas pedagógicas*. Petrópolis: Vozes, 2008.

_____. Aprendendo na dança dos mortos: notas sobre uma pesquisa a respeito do cotidiano de crianças num terreiro de culto a Ègún. In: ANDRADE, Marcelo (Org.). *A diferença que desafia a escola*. Rio de Janeiro: Quartet, 2009.

COUTINHO, Eduardo Granja. *Velhas histórias, memórias futuras*. Rio de Janeiro: Ed. Uerj, 2002.

FERRAÇO, Carlos Eduardo. Pesquisa com o cotidiano. *Educação & Sociedade*, Campinas, v. 28, n. 98, p. 73-95, jan./abr. 2007.

FREIRE, Paulo. *Pedagogia do Oprimido*. Rio de Janeiro: Paz e Terra, 1978.

GOMES, Nilma Lino. Cultura negra e educação. *Revista Brasileira de Educação*, n. 23, 2003.

_____. *Sem perder a raiz*: corpo e cabelo como símbolos da identidade negra. Belo Horizonte: Autêntica, 2008.

GUIMARÃES, Sérgio. *Classes, raças e democracia*. São Paulo: Fundação de Apoio à Universidade de São Paulo/Editora 34, 2002.

LODY, Raul. *Joias de Axé*. Rio de Janeiro: Bertrand Brasil, 2001.

MARIÁTEGUI, José Carlos. *Heterodoxia de la tradición*. Lima: Mundial, 1927.

SODRÉ, Muniz. *O terreiro e a cidade*: a forma social negro-brasileira. Rio de Janeiro: Vozes, 1988.

WILLIAMS, Raymond. *Cultura*. Rio de Janeiro: Paz e Terra, 1992.

_____. *Palavras-chave*: um vocabulário de cultura e sociedade. São Paulo: Boitempo, 2007.

WOOD, Ellen Meiksins; FOSTER, B. John. *Em defesa da história*: marxismo e pós-modernismo. Rio de Janeiro: Jorge Zahar, 1999.

Tema IX

As relações entre professor e aluno na sala de aula:

sobre a disciplina escolar

CAPÍTULO 17

As relações entre professores e alunos em sala de aula:
algo mudou, muito permaneceu...

Marilene Proença Rebello de Souza

Lygia de Sousa Viégas

Analisar relações entre professores e alunos é um dos clássicos temas da Psicologia na sua interface com a Educação. Desde que a Psicologia foi introduzida como uma das áreas de conhecimento para compreender o processo pedagógico, relações estabelecidas em sala de aula passaram a povoar o universo da pesquisa educacional brasileira. Pode-se afirmar que diversas concepções teóricas em Psicologia da Educação — seja de cunho behaviorista, interacionista, cognitivista, psicanalítico, fenomenológico ou histórico-cultural — investigaram e investigam, cada uma a sua maneira, a relação entre professores e alunos. A centralidade desse tema denota que essa relação produz efeitos importantes no processo de escolarização.

De fato, quem quer que tenha frequentado uma sala de aula traz lembranças pessoais de cenas e frases envolvendo a relação que professores estabelecem com alunos. Cenas e frases que remetem a contornos variados, e até mesmo contraditórios, protagonizados pelos mesmos agentes em contextos diversos e produzindo também diferentes efeitos. Qual de nós não presenciou ou ouviu frases como essas:[1]

> Gente! Vocês que já sabem, não falem! Espera um pouquinho. Deixa os colegas tentarem falar também.
> Não tenha vergonha! Se estiver errado, a gente corrige!
> Quem é que tem dúvida? Aproveita para perguntar.
> Você fez isso sozinho?
> Oh letrinha feia, que eu não consigo entender.
> Meu bem, olha a besteira que você fez.
> Só quem acertou levanta a mão!

Se a relação professor-aluno tornou-se um tema central nos estudos sobre a vida diária escolar, faz-se mister considerar que, durante décadas, as explicações para as dificuldades estabelecidas na relação professor-aluno centraram-se, principalmente, no aluno (Patto, 1990). Buscou-se reiteradamente nele e somente nele as causas do não aprender, das dificuldades de comportamento e de não adaptação à escola. No âmbito da Psicologia, tais explicações inauguraram a Psicologia do Escolar e constituíram um conjunto de teorias que se fizeram fortemente presentes no ideário pedagógico brasileiro.

Somente a partir dos anos 1980, tiveram início as primeiras críticas, no que tange à Psicologia e à Psicologia Escolar. Com a introdução das contribuições dos referenciais antropológicos no âmbito das investigações sobre a escola e a sala de aula, perspectivas etnográficas tornaram-se importante instrumento de compreensão da esfera das relações sociais estabelecidas no interior da escola. Tal perspectiva, de fato, mostrou-se instrumento privilegiado de aproximação da realidade escolar, por envolver, substancialmente, a convivência alargada com professores, estudantes e gestores escolares, por meio do qual se fortalecem vínculos de confiança que possibilitam ampliar sentidos e

---

1. Excertos extraídos da Tese de Doutorado realizada por Lygia de Sousa Viégas, sob a orientação de Marilene Proença Rebello de Souza (2007).

significados atribuídos ao processo de escolarização por aqueles que o constituem e estruturam no interior da escola.

Mas, por que estudamos a relação professor-aluno? Qual a finalidade que se põe para compreender o que se passa nesse espaço tão particular, que é a sala de aula, entre um adulto e um grupo de crianças, adolescentes ou outros adultos? O que esse espaço de convivência pode revelar sobre a escola e sobre as políticas nela implementadas? O que esse espaço tão privado expressa a respeito do público, sobre a sociedade em que nos inserimos e que também ajudamos a construir?

A busca por responder a essas perguntas inaugurou uma nova era de possibilidades de pensarmos as limitações e as intenções da escola no cumprimento de suas finalidades, as contradições presentes nas políticas governamentais, os limites do conhecimento psicológico para compreender a complexidade da escolarização. Assim, no âmbito da Psicologia na sua relação com a Educação, deslocamos o olhar da criança e seus comportamentos para o processo de escolarização no qual o aprender e o comportar-se se constituem (Souza, 2010). Essa possibilidade centrada no processo de produção das dificuldades e das ações pedagógicas permite analisar os bastidores das políticas educacionais, das ações pedagógicas de aprendizagem e de disciplinamento.

Nesse ponto, é oportuno considerar que a diversidade de abordagens tem caminhado na direção de, cada vez mais, ampliar o olhar sobre esta relação, deslocando o eixo de análise de dimensões que se centram em relações face a face para discutir o jogo de forças, os processos institucionais, pedagógicos, políticos e culturais que produzem tais relações.

Ezpeleta (1991) em seu texto: *La escuela y los maestros: entre el supuesto y la deducción*, ao analisar as escolas públicas mexicanas, destaca que, durante décadas, o olhar pedagógico centrou-se, basicamente, em considerar os estudos sobre a escola em duas perspectivas hegemônicas: a de uma escola idealizada cujo modelo, previsto por seus idealizadores, deveria ser implementado e seguido a qualquer custo; ou de uma escola que por reproduzir a ideologia de classes reiterava valores e práticas de ensino que contribuíram para manter as desigualdades sociais. Analisa que as duas perspectivas deixam de considerar a escola na sua "positividade", naquilo que a escola é, com suas contradições, seus mecanismos de controle e de questionamento desse controle, das tensões e articulações presentes nos inúmeros processos de negociação que ocorrem no dia a dia escolar. Considera a autora:

> É uma trama em permanente construção que articula histórias locais — pessoais e coletivas —, diante das quais a vontade estatal abstrata pode ser assumida ou ignorada, mascarada ou recriada, em particular abrindo espaços variáveis a uma maior ou menor possibilidade hegemônica. Uma trama, finalmente, que é preciso conhecer, porque constitui, simultaneamente, o ponto de partida e o conteúdo real de novas alternativas tanto pedagógicas quanto políticas. (Ezpeleta, 1991, p. 3)

Portanto, se pensarmos a escola nesse contexto, precisaremos, necessariamente, compreender as inúmeras possibilidades de ação que constituem o exercício da docência. Precisaremos levar em conta a prática pedagógica, a veiculação dos conhecimentos, dos valores, a concretização das políticas educacionais, as relações afetivas, a transmissão do conhecimento, os saberes docentes, as ações dos gestores, dentre tantos aspectos. É nessa trama em permanente construção, como afirmam as autoras, que se constituem as relações entre professores e alunos.

Ao analisarmos tais relações sob esta perspectiva, ampliamos as possibilidades de explicação dos aspectos que se fazem presentes na ação educativa. Implicamos todos os segmentos da escola na produção dessa relação professor-aluno; implicamos as políticas educacionais na produção das relações pedagógicas; implicamos as formas de gestão na constituição das relações escolares. A particularidade da relação estabelecida não apresentará mais o caráter genérico que a ela se atribuiu durante décadas, visando encaixá-la em um conjunto de atitudes e de valores a serem transmitidos no processo de escolarização. A partir dessa discussão, que se inicia nos anos 1980, a diversidade das ações no âmbito da docência passa a ser definida por inúmeras possibilidades de tessitura das diferentes tramas presentes nas mais diversas formas de relação que se estabelece no dia a dia da escola.

Nesta perspectiva, não se trata mais de considerar se as ações pedagógicas são adequadas ou inadequadas, se produzirão ou não o efeito desejado para o aprendiz, mas parte-se da constatação de que tais ações revelam ou expressam inúmeras práticas sociais, saberes docentes, preconceitos, intenções e expectativas das mais diversas ordens que podem ser apropriados pelos mais variados segmentos da escola e em diferentes circunstâncias.

De fato, inúmeras pesquisas etnográficas foram realizadas a fim de compreender a relação professor-alunos. Nelas, é comum haver registros semelhantes ao encontrado na pesquisa de Viégas sobre a política de Progressão Continuada no estado de São Paulo,[2] a qual ressalta duas dimensões fundamentais da relação professor-aluno: a dimensão do conhecimento e a do disciplinamento (Viégas, 2007). Nessa pesquisa, por sua vez, é comum haver registros semelhantes aos encontrados em muitas pesquisas anteriores à implantação dessa política educacional, denotando o quanto a relação professor-alunos, embora tenha mudado, em muito permaneceu do mesmo jeito que estava.

O conhecimento e o disciplinamento na relação professor-aluno na escola: permanências e inovações

Embora, nos dias de hoje, muito se fale em termos de superar a concepção punitiva e excludente marcante na escola brasileira, em busca de um contorno democrático, participativo, que respeite valores

---

2. A Progressão Continuada é uma política pública educacional implantada em todas as escolas da rede estadual paulista, reorganizando o ensino fundamental em dois ciclos de quatro anos cada, que não permitem reprovações e deveriam ser alicerçados em processos de reforço paralelo (São Paulo, 2000).

sociais e humanos e busque consolidar o Estado de Direito — uma escola que cultue valores de cidadania, como muito bem nos apresenta Ezpeleta (1991) —, a escola é uma expressão de diversas formas de compreender o processo educativo que se fazem presentes em sua história. A historicidade da escola se revela nas práticas pedagógicas, nos valores que são veiculados no seu movimento cotidiano. E nessa dimensão cotidiana se articulam saberes que se constituem nas mais diversas instâncias sociais (Mercado, 2002). Como analisam Rockwell e Mercado (1986, p. 71), a prática docente contém as marcas de todo tipo de tradições pedagógicas que têm origem nos diferentes momentos históricos.

De fato, a escola, desde suas origens jesuíticas, assume papel histórico de disciplinamento dos estudantes. Em *Vigiar e punir*, Foucault (2002) magistralmente descreve práticas pedagógicas disciplinares transformadoras de mentes e de corpos, em corpos dóceis, formas de punição e castigo, o disciplinamento dos movimentos e das ações implementadas inclusive no Currículo pela via da Educação Física. No que concerne ao disciplinamento, é possível identificar algumas das contradições presentes entre ideais de uma escola democrática em um Estado de Direito e as práticas coercitivas e punitivas instituídas em outros momentos da história educacional brasileira.

Interessante notar que a relação entre escola, conhecimento e disciplinamento comparece na discussão política brasileira desde Sampaio Dória (1918), precursor do debate da promoção automática no Brasil, por exemplo, quando ele diz: se parcela de alunos pouco ou nada aprender nos dois anos escolares a que tem direito em sua proposta, considera que "sempre alguma cousa hão de ter aprendido, *quando menos um pouco de exercício físico e disciplina moral*" (Sampaio Dória, 1918, p. 63, grifos nossos). Cabe, ainda, lembrar sua preocupação com a educação do povo brasileiro, para evitar que ocorresse aqui a mesma revolução que havia eclodido na *Rússia dos camponeses* (descrita por ele como *calamidade pública*). Ou seja, havia o propósito não apenas de alfabetizar o povo, mas também de educá-lo para a obediência civil, sobretudo em se tratando de uma sociedade supostamente

TEMAS DE PEDAGOGIA

democrática, tendo em vista que, em uma autocracia, a *imbecilidade e o fanatismo das turbas* poderiam ser tratados "a pata de cavallo e guasca de cossaco" (Idem, ibidem, p. 58).

Do disciplinamento do corpo passa-se ao disciplinamento das mentes... E o controle das ideologias consideradas "nocivas" à sociedade brasileira, tão bem exercido pelo Movimento de Higiene Mental, marcante na educação brasileira a partir das décadas de 1920 e 1930. Segundo Patto (1999, p. 319),

> em se tratando do Brasil, tudo indica que a campanha higienista foi, em grande medida, parte de um projeto político de "salvação da nacionalidade" e de "regeneração da raça", verdadeira obsessão que tomou conta de nossos intelectuais e especialistas em decorrência das perspectivas sombrias trazidas a um país mestiço pelas teorias raciais geradas na Europa e assimiladas a partir do Segundo Império. [...] Sob a égide dessas ideias, a República começa mergulhada em xenofobia, antiliberalismo, racismo e moralismo.

A mesma compreensão do papel dogmático da escola permanece no discurso oficial recente no estado de São Paulo, contradizendo sua própria promessa de superar relações professor-alunos pautadas em autoritarismo e verticalidade. De fato, é possível extrair de tal discurso elementos que sustentem o esvaziamento dos conteúdos escolares e seu preenchimento pelo disciplinamento dos alunos. É o que se nota, por exemplo, nas afirmações assinadas pelo então Secretário de Educação de São Paulo, Gabriel Chalita (2002), segundo as quais é melhor, *do ponto de vista da cidadania,* que o aluno fique dentro da escola, *mesmo sem aprender,* do que fora dela.

Quando, no discurso oficial, se secundariza a importância da apropriação do conhecimento sistematizado historicamente enquanto função primordial da escola, amplia-se o espaço estabelecido para a socialização, muitas vezes entendida como disciplinamento, provavelmente a disciplina moral, então apregoada por Sampaio Dória.

Hoje, é raro vermos professores punindo alunos com castigos físicos, mas a estrutura de autoritarismo na relação professor-aluno permanece praticamente intocada na escola, quando alunos passam o turno escolar quase inteiro obedecendo a ordens abstratas, mas inquestionáveis, muitas vezes feitas aos gritos e gesticulações, além de terem seus movimentos e palavras impedidos, ou seja, devem ficar o tempo todo sentados, de frente e sempre em silêncio. Na pesquisa de Viégas (2007), foi gritante a presença de reprimendas das professoras em relação aos alunos.

Se as broncas eram invariáveis, variavam o alvo (um aluno específico, um grupo de alunos, a classe toda), o tom (desesperançoso, incentivador, impaciente, irritado), bem como o motivo e a frequência. Ao reunir os variados motivos que produziam censura das professoras aos alunos, foi possível notar que a margem de movimento em sala de aula era bastante reduzida. As crianças não podiam: conversar, brincar, brigar, circular pela sala, não fazer a lição proposta, fazer outra lição que não a exigida, vestir ou tirar o agasalho, estar doente, faltar na escola, perguntar "fora de hora", ajudar o colega, errar a questão, demonstrar dúvidas e mesmo solicitar a participação na atividade ou dar a resposta de uma pergunta feita a outro. Quanto à frequência, chamou a atenção o número excessivo de reprimendas, que, contabilizadas, alcançaram a marca de 684 broncas, em 46 horas de pesquisa de campo, gerando uma média de uma bronca a cada 4 minutos de observação (Viégas, 2007).

Por vezes, também foi possível presenciar a dura experiência de alunos humilhando alunos, sobretudo aqueles mais pobres ou com a escolarização mais afetada pela má qualidade do ensino, reproduzindo um ciclo de humilhações e de agressividade. Desde seu livro inaugural *Psicologia e ideologia: uma crítica á psicologia escolar* (1984), Maria Helena Souza Patto chama a atenção para a participação ativa da escola no "processo de cassação da palavra do oprimido", por meio de programas educacionais que impingem aos alunos um jeito de falar, pensar e agir que bloqueia sua expressão autêntica. No caso de alunos pobres, essa psicóloga afirma que restam a eles duas possibilidades: "desistir (calar em classe ou abandonar a escola, após algumas reprovações) ou esforçar-se para corresponder e assimilar os padrões impostos" (Patto, 1984, p. 138). É assim que muitos alunos acabam voltando-se contra outros pertencentes à sua classe de origem.

Em uma política de Ciclos, em que o conhecimento não se constitui mais como centro da escolarização e em uma proposta pedagógica em que o professor é um facilitador do processo de aprendizagem e em que conteúdos são substituídos pela aquisição de competências e habilidades, exacerbam-se práticas disciplinadoras, formas de controle dos alunos pelas vias do comportamento, considerando-se que os então mecanismos de controle baseados em notas, provas e avaliações passam a ter uma dimensão de menor pressão sobre os estudantes no interior do processo pedagógico.

Por sua vez, práticas disciplinadoras remetem à constituição de atitudes de submissão ou de rebeldia, questionadas amplamente por todos os setores democráticos da sociedade e pelas áreas de conhecimento que estudam o ser humano e que se baseiam em concepções de homem e de mundo centradas em perspectivas transformadoras e libertárias. Do ponto de vista da Psicologia, uma das dimensões que se faz presente no processo de disciplinamento é o sentimento de humilhação, estudado por José Moura Gonçalves Filho (1998; 2003; 2007).

O autor parte da concepção de que a humilhação social é um *problema político em psicologia. Considera que* toda humilhação é humilhação social, e corresponde à "ação pela qual alguém põe um outro como inferior, abordando-o soberbamente" (Gonçalves Filho, 2007, p. 188). Esse gesto, representado pelo impedimento da palavra e da ação do outro, "não é natural ou acidental, mas aplicado ou sustentado por outros humanos" (Idem, ibidem, p. 194).

No entanto, não se trata de uma violência isolada que produz como efeito uma dor ou sofrimento individuais. Nas palavras de Gonçalves Filho, (2007, p. 214), "devemos lamentar e até repelir as diversas vezes em que angústias ligadas à experiência pública e ancestral de humilhação são, afinal, reduzidas a inclinações dos indivíduos ou idiossincrasias: isto significa desmoralizar pela segunda vez os já longamente desmoralizados". Nesse sentido, são, tanto a violência como o sofrimento por ela causado, de origem social, sobretudo se considerarmos que é o mesmo gesto empreendido e a mesma dor sentida, sobretudo pelos pobres, ao longo da história. Contudo, mesmo sendo *políticos, sociais,* os gestos de rebaixamento público "machucam muito, corrosivamente", produzem angústia no *indivíduo.*

O autor (2007, p. 198-206, grifos do autor) destaca, assim, cinco sentimentos causados pela humilhação: *"o sentimento dos ambientes citadianos como expulsivos"*; *"o sentimento de amargurada fruição dos bens públicos"*; *"o sentimento de invisibilidade"*; *"o sentimento de não possuir direitos"* e *"o sentimento de vigilância (o sentimento de ordens, comandos ou reprimendas sempre iminentes)"* (p. 198-206, itálicos do autor).

Gonçalves Filho (2007, p. 207) chama a atenção para um aspecto específico da relação de humilhação: frequentemente, o sentido das mensagens de rebaixamento escapa àqueles que a empreendem, ou seja, "as mensagens enigmáticas, que angustiam e confundem o destinatário, são frequentemente enigmáticas para seus próprios mensageiros". Segundo sua análise, no entanto, é possível destacar a força do preconceito,[3] o qual está calcado nas relações de dominação: "no preconceito estou voltado para o outro como para um estranho, mas não só: encontro-me na contingência de dirigir-me a ele (ou poder a qualquer instante fazê-lo) como alguém abaixo e a meu serviço" (Idem, ibidem, p. 212).

Assim, destaca uma marca das relações humanas na sociedade capitalista: elas se reduzem a relações mercantis, quando nos dividimos entre superiores e inferiores, que nada mais têm a trocar entre si do que palavras apressadas, geralmente *frases funcionais*: "uma ordem é sempre breve. E quer pronta resposta: 'sim, senhor!'". Uma relação assim econômica (da dupla aferição da palavra), demanda grande dispêndio de energia: por parte de quem manda, *a energia mecânica para o desprezo* ("mistura de indiferença e arrogância"); da parte de quem obedece, *a energia do amortecimento,* "necessária para não sentir, para não sofrer e que, no entanto, traz amargura" (Idem, ibidem, p. 216-7).

Um aspecto fundamental apontado por Gonçalves Filho (2007, p. 213-5) é que não se pode supor a existência de alguém totalmente

---

3. Para interessante discussão teórica acerca do preconceito, recomendamos o estudo da teoria de Agnes Heller (2000).

"dominado". Isso porque "pessoas politicamente feridas reagem sempre", variando, apenas, a *lucidez* e *eficácia* de seus protestos, que vão da total *negação dos golpes de rebaixamento* à organização política coletiva, passando por formas de resignação e ressentimento, bem como de ação impulsiva.

Interpretação semelhante é feita por Patto (2005, p. 100), que afirma que a consciência do oprimido não é totalmente lúcida, nem totalmente alienada. Trata-se, ao contrário, de uma consciência ambígua, contraditória: "não se pode decretar, categoricamente, a morte do sujeito. Impedido, o desejo pulsa, manifesta-se pelas frestas, fala como pode". Esse é, para ela, importante aspecto para a atuação de psicólogos numa perspectiva crítica.

O autor ressalta que há relações que pressupõem na sua essência uma discrepância entre os envolvidos, mencionando a relação entre professores e alunos como exemplo. Isso porque há de se esperar que o professor seja uma autoridade diante do aluno. No entanto, faz questão de diferenciá-la da desigualdade, discriminando, portanto, relações de autoridade daquelas sustentadas no autoritarismo.

Hannah Arendt (1988/2000) traz contribuições interessantes para pensar a diferença entre autoridade e autoritarismo. Para essa filósofa, autoridade é o oposto de violência e coerção, chegando mesmo a afirmar que "onde a força é usada, a autoridade em si mesmo fracassou".

Podemos resumir o contexto em que Arendt escreve como uma realidade pós-ditaduras em nível mundial, em que são defendidos e implantados novos caminhos para o processo educativo — não apenas escolar, mas também familiar —, que não tivessem o ranço do autoritarismo até então em vigor. Essa passagem trouxe consigo uma crise em relação ao papel da autoridade. É mais ou menos como se toda autoridade fosse considerada autoritária, de forma que se sugeria deixar o lugar de autoridade vazio, para não correr o risco de se cair em autoritarismos.

Em um texto intitulado: A crise na educação (op. cit.), Hannah Arendt critica essa forma de compreender a educação, que supõe que os adultos nada devem ensinar às crianças ou aos jovens. A autora busca restituir aos adultos o lugar de autoridade na relação educativa com as crianças e jovens.

Enfim, o que acabamos percebendo, nesse processo, é a defesa, por parte de muitos educadores, sejam eles pais ou professores, do retorno a atitudes de coerção como se fossem a única garantia de sucesso no estabelecimento de relações de autoridade com seus educandos. Na contramão dessa visão, apostamos na possibilidade de se resgatar o lugar de autoridade sem que seja necessário recorrer a argumentos e práticas autoritárias. Ou seja, defendemos que é preciso formar nossas crianças e jovens, apresentar valores, sonhar juntos com um mundo melhor, ensiná-los a agir em prol desse mundo. É preciso que não temamos ocupar o lugar de referência, de alguém que servirá de exemplo, de inspiração, que ficará na memória como significativo. Voltando à Gonçalves Filho (2007, p. 211), "melhor seria que as caracterizássemos como formas de dependência passageira, dependência para a independência". Segue dizendo:

> Pais e professores, quando despóticos, não apenas embaraçam ou impedem o caminho do cidadão, como também concorrem para tornar entrópica a relação pedagógica ela mesma, deixando filhos e aprendizes infantilizados e incompetentes. Educar para a cidadania é condição mesma para que educação seja educação, incremento e não violação de aptidões e saberes.

Tal tarefa é possível apenas na medida em que, para além de dizermos às crianças e aos jovens o que eles não podem ou não devem fazer, apresentemos caminhos, possibilidades, e, sobretudo, escutemos mais o que eles têm a dizer, o que pensam, o que temem, o que desejam.

Nesse ponto, vale discutir, ainda que brevemente, um tema que se repete quase como consenso em tantos discursos e práticas educativas, mas marcado por grande delicadeza: é a defesa de que o que as crianças e jovens de hoje precisam é de mais limites, pois eles podem fazer o que querem, ninguém mais os controla. A intenção, ao criticar essa afirmação, não é defender uma educação que não proponha limites às crianças. No entanto, com base nas pesquisas realizadas no cotidiano escolar, é possível desconfiar da ideia de que o problema das criancas e jovens seja a falta de limites. Isso porque o que a vida diária escolar apresenta de concreto é justamente o oposto: adultos tolhendo crianças, não as deixando ter curiosidade sobre o mundo e as coisas, nem falar o que pensam ou explicitar seus questionamentos, terem dúvidas, errar, ensaiar, temer, romper. Tais gestos produzem efeitos muito negativos nas crianças, que se envergonham, se enraivecem e podem, futuramente, fazer com que elas deixem de acreditar nesse adulto como educador, como autoridade. Ou, ainda, fazer com que essas crianças se tornem também autoritárias, agressivas, truculentas.

O que temos visto, sobretudo nos grandes centros urbanos, são crianças limitadas pelo espaço físico, pois cada vez mais temos medo da rua e de exercermos nossa liberdade no espaço público. São crianças que vão de casa para a escola e da escola para casa, algumas com outras atividades programadas, e, portanto, limitadas em relação às possibilidades de uso do tempo e do espaço de modo livre e inventivo. São crianças que, na escola, podem fazer cada vez menos movimento pessoal, pois as atividades demandam que fiquem sentadas nas carteiras, fazendo o que foi determinado pelo programa escolar, e geralmente de maneira individual.

Corrobora com essa compreensão o número astronomicamente crescente de crianças que estão sendo medicadas com psicotrópicos, tendo como motivação o fato de que elas não aprendem ou não se comportam como deveriam. Só para situar de maneira cortante, desde que ingressamos nos anos 2000, houve um aumento assombroso — não tem outra palavra para isso — da venda de Ritalina®, medicamento que supostamente "trata" a suposta hiperatividade. Dados da Anvisa revelam que em um ano — entre 2003 e 2004 —, o número de caixas de Ritalina vendidas no Brasil cresceu 51%. Em termos mundiais, temos que, em 2007, 6 milhões de pessoas foram medicadas com Ritalina, sendo que 4.750.000 são crianças, nas quais, 3.800.000 são meninos. No caso brasileiro, em 2000, foram vendidas 71 mil caixas, número que aumentou para 739 mil caixas em apenas quatro anos! Isso representa um aumento de 940%. A venda de Metilfenidato ultrapassou o número de 2 milhões de caixas em 2008, o que representa um aumento de consumo da ordem de 1.616% desde 2000 e um volume de cerca de 88 milhões de reais movimentados por esse negócio altamente lucrativo (cf. Moysés e Collares, 2010). E o que seria isso senão a necessidade dos adultos de impor limites às crianças?

Assim, finalizamos este capítulo convocando educadores a pensar mais claramente sobre o papel da autoridade na relação com os educandos: que, de um lado, não assuma uma feição autoritária, e de outro, aceite mostrar o mundo como alguém que tem responsabilidade por ele. Ou, como afirma a própria Hannah Arendt (1988-2000, p. 247) "A educação é o ponto em que decidimos se amamos o mundo o bastante para assumirmos a responsabilidade por ele", e ao mesmo tempo "é, também, onde decidimos se amamos nossas crianças o bastante para não expulsá-las de nosso mundo e abandoná-las a seus próprios recursos".

Trata-se de uma condição, nesse sentido, cujos contornos são muito mais éticos do que técnicos, o que implica ultrapassar o olhar tecnicista para a atuação docente, presente em muitos "receituários" que dominam muitas políticas educacionais, que desconsideram o essencial: as relações estabelecidas entre professores e alunos assumem papel determinante no processo de escolarização devendo, pois, ser mais bem cuidadas.

Referências bibliográficas

ARENDT, H. A crise na educação. In: *Entre o passado e o futuro*. São Paulo: Perspectiva, 1988-2000.

CHALITA, G. Entrevista sobre Progressão Continuada. *Fórum de debates*: progressão continuada: compromisso com a aprendizagem. São Paulo, 2002. Disponível em: <http://wwwcrmariocovas.sp.gov.br>. Acesso em: 15 mar. 2003.

EZPELETA, J. La escuela y los maestros: entre el supuesto y la deducción. *Propuesta Educativa*, 5, Argentina: Flacso, p. 47-57, 1991. Também publicado em *Boletín del Proyecto Principal de Educación para América Latina y el Caribe*. Chile: OREALC UNESCO,

TEMAS DE PEDAGOGIA

p. 10-1, 1986 (e em sua correlativa edição em inglês), p. 55-70. E em *Cuadernos de Investigación Educativa*, México: DIE-Cinvestav, v. 20, p. 34-64, 1986.

EZPELETA, J.; ROCKWELL, E. *Currículo sem fronteiras*, v. 7, n. 2, p. 131-47, jul./dez. 2007. Disponível em: <http://www.curriculosemfronteiras.org/vol7iss2articles/rockwell-ezpeleta.pdf>. Acesso em: 6 jun. 2011.

FOUCAULT, M. *Vigiar e punir*. Rio de Janeiro: Vozes, 2002.

GONÇALVES FILHO, J. M. Humilhação social — um problema político em psicologia. *Revista Psicologia USP*, São Paulo, v. 9, n. 2, p. 11-67, 1998.

_____. Problemas de método em psicologia social: algumas notas sobre a humilhação política e o pesquisador participante. In: BOCK, A. M. (Org.). *Psicologia e compromisso social*. São Paulo: Cortez, 2003. p. 193-239.

_____. Humilhação social: humilhação política. In: SOUZA, B. P. (Org.). *Orientação à queixa escolar*. São Paulo: Casa do Psicólogo, 2007. p. 187-221.

HELLER, A. *O cotidiano e a história*. São Paulo: Paz e Terra, 2000.

MERCADO, R. M. *Los saberes docentes como construcción social*. La enseñanza centrada en los niños. México: FCE, 2002.

MOYSÉS, M. A. A.; COLLARES, C. A. L. Dislexia e TDAH: uma análise a partir da ciência médica. In: CONSELHO REGIONAL DE PSICOLOGIA DE SÃO PAULO; GRUPO INTERINSTITUCIONAL QUEIXA ESCOLAR (Org.). *Medicalização de crianças e adolescentes*: conflitos silenciados pela redução de questões sociais a doenças de indivíduos. São Paulo: Casa do Psicólogo, 2010. p. 71-110.

PATTO, M. H. S. *Psicologia e ideologia*: uma crítica à psicologia escolar. São Paulo: T. A. Queiroz, 1984.

_____. *A produção do fracasso escolar*: histórias de submissão e rebeldia. São Paulo: T. A. Queiroz, 1990.

_____. Ciência e política na primeira república: origens da psicologia da psicologia escolar. In: JACÓ-VILELA, A. M.; JABUR, F.; RODRIGUES, H. B. C. (Org.). *Clio-Psyché*: histórias da psicologia no Brasil. Rio de Janeiro: UERJ/Nape, 1999, p. 317-349.

_____. Mordaças sonoras: a psicologia e o silenciamento da expressão. In: _____. *Exercícios de indignação*: escritos de educação e psicologia. São Paulo: Casa do Psicólogo, 2005.

ROCKWELL E. *La experiencia etnográfica*. Buenos Aires: Paidós, 2009.

ROCKWELL, E.; MERCADO, R. La práctica docente y la formación de maestros. In: _____. *La escuela, lugar del trabajo docente*. México: Centro de Investigación y de Estudios Avanzados del IPN, 1986. p. 63-75.

SAMPAIO DÓRIA, A. Contra o analphabetismo. *Anuário do ensino do estado de São Paulo*. São Paulo: Diretoria da Instrução Pública, 1918, p. 58-81.

SÃO PAULO. Secretaria do Estado da Educação. Progressão continuada. In: *A construção da proposta pedagógica da escola*: planejamento 2000. São Paulo: SEE/Cenp, 2000.

SOUZA, M. P. R. *A atuação do psicólogo na rede pública de educação*: concepções, práticas e desafios. Tese (Livre-docência) — Instituto de Psicologia, Universidade de São Paulo, São Paulo, 2010.

VIÉGAS, L. S. *Progressão continuada em uma perspectiva crítica em psicologia escolar*: história, discurso oficial e vida diária escolar. Tese (Doutorado) — Instituto de Psicologia. Universidade de São Paulo, São Paulo, 2007.

CAPÍTULO 18

Conversas sobre *aprenderensinar* a ler e a escrever:

(nos) alfabetizando *com* as crianças e sem cartilhas...

Carmen Lúcia Vidal Pérez

Carmen Sanches Sampaio

> A conversa e a escuta sinceras e solidárias entre educandos(as) e educadores(as) possibilitam a construção de um conhecimento solidário, que abre caminho à emergência de saberes de experiência feitos e enseja afetiva e efetivamente o desenvolvimento de cada pessoa como protagonista do processo educacional compartilhado. (Reinaldo Fleuri, 2010)

Ao recebermos o convite para participar de um livro cuja temática é o diálogo entre campos de conhecimento da Didática e do Currículo, optamos por apresentar nossas experiências a partir de um círculo de diálogos que bakhtininamente configuram a elaboração conjunta do conhecimento. Nesse sentido, é importante destacar que este é um texto *escritofalado*.[1]

---

1. Um texto *faladoescrito* construído a partir de conversas experienciadas com professoras alfabetizadoras com as quais *aprendemosensinamospesquisamos* sobre alfabetização, há alguns anos, no

Ao longo de nossa trajetória acadêmica assumimos uma postura político-epistemológica que defende que a produção científica pode contribuir com o processo reflexivo, na medida em que se configura como um instrumento mediador na ação pedagógica auxiliando a(o) professor(a) a ampliar sua compreensão sobre a própria prática e a elaborar novos procedimentos, segundo demandas do cotidiano escolar.

As teorias dialogam com as possibilidades múltiplas de percepção e compreensão da realidade, de coleta de informações, de seleção dos aspectos relevantes à reflexão sobre nossos conhecimentos, sobre como se transformam em ações e sobre como saberes implícitos em nossos fazeres cotidianos são fundamentais para a construção da própria prática, que, por sua vez, é importante na busca e apreensão da teoria.

No que tange à formação da(o) professor(a), em especial a formação *continuadapermanente*, ressaltamos a importância e apontamos a necessidade da reflexão na/sobre e para a ação. Entendemos que é no diálogo com a situação mais imediatae, a partir da prática cotidiana, que vai sendo tecida uma competência coletiva indispensável para a (trans)formação da(o) professor(a) como pesquisador(a) de seu próprio *saberfazer*.

As ações de formação *continuadapermanente* que vimos devolvendo há mais de vinte anos apostam na *conversa* como metodologia de pesquisa e formação. Apostamos na ação compartilhada (com o outro) como processo marcado pela solidariedade e entendemos que este processo pode contribuir para uma inversão do movimento de distanciamento do outro e de silenciamento de diferentes vozes. Buscamos uma apropriação e construção coletiva das experiências compartilha-

---

cotidiano de duas escolas públicas do Rio de Janeiro. Carmen Sanches (UniRio) e Ana Paula Venâncio (Iserj) socializam reflexões sobre ações investigativas que vêm realizando em turmas dos anos iniciais do Ensino Fundamental do Instituto Superior de Educação do Rio de Janeiro (Iserj), há mais de uma década. Carmen Pérez (UFF) e Luciana Alves (SME/Duque de Caxias) nos apresentam a pesquisa realizada no período de 2007 a 2010 quando acompanharam uma turma do 3º ano do Ciclo de Alfabetização até o 5º ano do Ensino Fundamental da Escola Municipal Ana Nery (SME/Duque de Caxias-RJ). Narrativas de Ana Paula e Luciana Alves, coautoras deste texto, são constitutivas das reflexões aqui apresentadas.

das — nas diferentes redes de formação — que vimos tecendo ao longo de nossa trajetória profissional e acadêmica como dispositivo de fortalecimento de diálogos capazes de engendrar outras (e novas) experiências e significações para a prática docente e para os movimentos cotidianos de *aprendereensinar*.

A conversa como metodologia engendra uma forma singular de praticar a formação do(a) professor(a): a partir das *redes de conversações* vamos, junto com as professoras alfabetizadoras tramando *saberesfazeres* ao mesmo tempo em que vivemos coletivamente o desafio de abrir mão do controle dos significados, pelo exercício do diálogo e da escuta sensível — uma escuta que acolhe a experiência e suas transformações como constitutivo da própria experiência.

A formação docente vai sendo tecida numa *rede de conversações* em que os significados são construídos, desconstruídos, reconstruídos no movimento da conversa e na atitude da escuta, ou como nos apontam Maturana e Varela (1987), num processo de *enação* que provoca deslocamentos de *saberespráticas* e favorece a emergência de novas experiências de (con)vivência.

As conversas, para além de uma metodologia de *investigaçãoformação*, se constituem em dispositivos de produção de uma cultura outra na formação de professoras e professores. Maturana (2002) afirma que todo o fazer humano se realiza no movimento da conversação. É o fluir consensual entre o emocionar e o linguagear[2] que dá materialidade às *redes de conversações*.

> Dizer que todo *quefazer* humano se dá no conversar é dizer que todo *quefazer* humano, seja qual for o domínio de experiência no qual tenha lugar — desde o domínio que constitui o espaço físico até o que constitui o espaço místico — se dá como um fluir de coordenações condutuais consensuais, em um en-

---

2. Que requer, segundo Maturana, aprender uma determinada dinâmica de recursão, incluindo relações e consensualidades que indicam diferentes ações ou maneiras de funcionar na linguagem. Tal apreensão não se dá de modo instintivo requerindo aprendizagens específicas no fluxo do linguagear — *em cada criança durante sua co-ontogenia com os adultos com os quais ele ou ela cresce* (Maturana e Verden-Zöller, 2004, p. 131).

trelaçamento consensual com um fluir emocional que também pode ser consensual. Por isso, os distintos *quefazeres* humanos se distinguem tanto pelo domínio de experiência em que têm lugar as ações que os constituem como pelo fluir emocional que envolve e, de fato, se dão na convivência como distintas redes de conversações (Maturana, 2002, p. 95).

Ana Paula, ao socializar e conversar com outros(a)s professores(as) e estudantes de cursos de formação docente, sobre a própria prática alfabetizadora, nos encontros do Fale,[3] confirma teoricamente o defendido por Maturana (2002). Ela nos disse:

> A aprendizagem que a professora vem construindo e produzindo junto com os alunos só é possível se houver uma escuta... E eu fico pensando que há um acontecimento, os acontecimentos cotidianos da nossa sala de aula, eles também só ganharão visibilidade se nós deixarmos que esses acontecimentos também nos afetem. E para que isso nos afete é preciso escutar os alunos. Muitas vezes esse tempo muito marcante, muito linear, muito pautado em cima dessa coisa do conteúdo, de ter que fazer isso, de ter que... não permite que o professor e a professora se debrucem, se permitam a essa escuta... Escutar os alunos todas nós escutamos! Mas, que escuta é essa? Será que eu escuto as perguntas que os meus alunos fazem? Será que eu levo em conta aquela pergunta e nela vou também refletir e propor uma reflexão? Mas eu fico pensando... é esse mesmo compartilhar que a gente faz na sala de aula com os nossos alunos. Essa questão

---

3. Projeto de pesquisa coordenado por Carmen Sanches que reúne, aos sábados pela manhã, na UniRio, desde 2007, quando contou com financiamento da Faperj, professores, professoras alfabetizadoras e estudantes de cursos de formação de professores. Nos encontros do Fale a mesa é sempre formada por uma professora ou professor alfabetizador e um docente vinculado à universidade. A professora alfabetizadora (ou professor) conta sobre sua prática cotidiana realizada com as crianças, narra o que faz com os alunos e alunas com os quais trabalha, socializa seus *saberesfazeres*. O docente vinculado à universidade fala, também, de suas experiências e pesquisas sobre o tema em pauta. Escola básica e universidade dialogam, ensinam e aprendem uma com a outra abrindo espaços para que o grupo interfira apontando questões que possam ser aprofundadas e pensadas a partir de outros pontos de vista. Temos realizado seis ou sete encontros por ano, com uma frequência média em torno de 150/170 participantes, convidados a partir de uma rede de *e-mails*, sem inscrição prévia. Carmen Pérez e Luciana Alves fazem parte da rede Fale. Desde o ano de 2009 o Fale acontece, também, na Faculdade de Formação de Professores da UERJ/São Gonçalo, sob a coordenação da professora doutora Jacqueline de Fátima dos Santos.

TEMAS DE PEDAGOGIA

de eles falarem, de eles combinarem, da gente ouvir, de estar ali mediando, essa coisa da solidariedade, enfim... Isso muitas vezes falta entre nós professores dentro da escola (Ana Paula, XVII Fale/UniRio, 9 maio 2009).

Ao pautarmos nossas ações de *investigaçãoformação* no fortalecimento de *redes de conversação* no cotidiano da escola, estamos apostando na configuração de uma cultura escolar que incorpore o diálogo em sua dimensão formativa (de professores[as] e crianças), no movimento de conhecer e configurar o mundo. Do nosso ponto de vista, a ressignificação da cultura escolar está intimamente vinculada à criação de *redes de conversações* que potencializam outros modos de organização da vida na escola.

Maturana e Varela (1987) nos apresentam o conceito de *autopoiésis* que se refere à capacidade dos seres vivos (humanos e não humanos) se autoproduzirem em interação com o meio, modificando-se continuamente de forma congruente ao mesmo tempo que provocam mudanças no outro de forma recorrente; tal autonomia se engendra e é engendrada num diálogo cooperativo no interior das *redes de conversações* que vamos tecendo em nossas interações com o mundo.

O presente capítulo é tramado com os fios das *redes de conversações* que vimos tecendo, com professoras e crianças, no cotidiano da escola. Ao apostarmos na *conversa como metodologia* de *investigaçãoformação*, enfrentamos o desafio de dar consequência no cotidiano escolar às práticas educativas que tomam o conhecimento como um ato de criação — uma *poiésis*.

Alfabetização sem cartilha? Por onde começar?

É comum ouvirmos de professoras e professores a afirmação de que não sabem como *"iniciar a alfabetização"* sem a apresentação de letras, sílabas ou palavras-chave. Como fazer? Como ensinar a ler e a escrever sem a apresentação das vogais? Sem as "famílias silábicas"?

Sem formar "novas" palavras a partir das sílabas já fixadas? Como trabalhar com textos, desde o "início", se as crianças não leem e, não escrevem?

Em vários encontros do Fale/UniRio nos debruçamos sobre essas questões. A narrativa de Ana Paula, em um desses encontros, ajuda-nos a compreender dúvidas, explicitadas pelas(os) professoras(es), presentes nas perguntas que surgem durante nossas conversas sobre alfabetização, em diferentes *espaçostempos* de formação docente.

> Quando eu aprendi a alfabetizar [...] eu pensava que a criança tinha a necessidade de ser preparada, o aluno deveria ser preparado para aprender aqueles conhecimentos que mais lá na frente ele iria aprender, então, tinha que preparar antes [...] Então eu achava que deveria cobrir pontinhos, tinha que ligar [...] tinha que ter essa preparação para que ele pudesse entender depois, não naquela hora, naquela hora, ele não entendia. Levar texto para sala de aula? Que nada! O aluno vai entender texto nenhum, o aluno gosta de historinha mais bobinha, ler um texto de jornal, de revista, falar de coisas científicas? Nada! O negócio do aluno é cobrir pontinhos, repetir ba — be, fazer listas de palavras. Exercícios com letras e sílabas soltas, palavras-chave, textos acartilhados como referência e eixo de trabalho, ausência de sentido. Eu usei muito a cartilha, aquela que todos conhecem. E os alunos tinham que ler aquele texto e outro não, escrever naquele formato, saiu daquele formato da cartilha eu não queria [...] porque estava errado. Eu me lembro [...] "A vaca viu a uva, a uva viu a vaca", uva viu vaca onde? Mas, para o aluno aprender o "v" tinha que gravar, tinha que escrever igual àquele formatinho para escrever, tinha que ser assim. O que exatamente queria discutir com vocês com isso é a última frase, a ausência do sentido, porque a gente tirava da criança essa potencialidade de ela colocar sentido naquilo que ela quer escrever. Aprender como sinônimo de repetir para decorar [...] e a transmissão da professora como eixo da prática pedagógica. Quer dizer: aprender para repetir, se repetir daquele jeito tá certo, se não repetir está errado. E a professora como centro e eixo capaz e potente desprovendo todo o outro de qualquer potencialidade [...] O erro como evidência do não conhecimento: não fez daquele jeito, está errado (Ana Paula, I Fale/UniRio, 3 mar. 2007).

Ana Paula, como tantas e tantas outras professoras e professores (e nos incluímos nesse processo), aprendeu a ensinar a ler e a escrever

TEMAS DE PEDAGOGIA

com métodos de alfabetização,[4] ainda hegemônicos no cotidiano escolar, referendados por um *modelo idealizado de "língua certa"* — a *norma-padrão*[5] (Bagno, 2009) que, subsidiados por uma concepçao mecanicista de produção do conhecimento, compreendem a repetição e a memorização como constitutivas do processo de ensino/aprendizagem. Modos de ensinar a ler e a escrever que não (re)conhecem diferentes lógicas e maneiras de aprender das crianças, pois ignoram histórias, modos de ser e de viver, desejos e curiosidades dos sujeitos — crianças, professores(as), pais e responsáveis — envolvidos nesse processo. Métodos que buscam a padronização, linearidade, homogeneidade e controle do que deve (e é) ensinado/aprendido e, portanto, investem em processos de tutela (e controle) dos professores e professoras, desconsiderando a autonomia, criatividade e autoria docente e discente.

E as questões iniciais retornam na pergunta de uma (e tantas) professora(s): *mas como alfabetizar sem ter como referência a cartilha?* E outras indagações, a partir dessa, surgem: como praticar uma ação pedagógica legitimadora da voz, desejos e curiosidades infantis assumindo modos de alfabetizar que afirmem a leitura e a escrita como prática dialógica, discursiva e significativa? Como ensinar a ler e a

---

4. "*Métodos sintéticos*: maneira de se iniciar o ensino da leitura (e da escrita) pelas partes ou elementos das palavras; no *método alfabético* ou *método da soletração* inicia-se esse ensino com a identificação das letras do alfabeto pelos seus nomes, formando-se depois sílabas e, com elas, palavras, até se chegar à leitura de sentenças ou histórias; no *método fônico*, enfatizam-se, inicialmente, as relações entre sons e símbolos gráficos, completando-se com a sequência anteriormente descrita. *Métodos analíticos:* maneira de se iniciar o ensino da leitura (e da escrita) com unidades completas de linguagem, para posterior divisão em partes ou elementos menores: no *método da palavração* inicia-se esse ensino com palavras, que depois são divididas em sílabas e letras; no *método da sentenciação* inicia-se com sentenças inteiras, que são divididas em palavras e, estas, em sílabas e letras; no *método das histórias* (ou de *contos* ou da *historieta*) inicia-se com histórias completas para depois se orientar a atenção para sentenças, palavras, sílabas, letras; no *método global,* enfatiza-se inicialmente o imediato reconhecimento de palavras ou sentenças inteiras, e, ocasionalmente, pode ser identificado com os métodos da palavração, da sentenciação ou das histórias" (Mortatti, 2004, p. 123).

5. Marcos Bagno, alerta-nos: "[...] ninguém fala a norma-padrão [...] o uso integral das regras normatizadas é simplesmente impraticável. Essa impossibilidade de realização concreta da norma-padrão se deve a um fato muito simples: *a norma-padrão busca a homogeneidade* e não existe nenhuma língua viva no mundo que seja homogênea" (Bagno, 2009, p. 162; grifos do autor).

escrever com as crianças lendo, escrevendo e conversando sobre o vivenciado dentro e fora da escola a partir dos interesses, do que mobiliza e instiga o grupo? Investir em um projeto de alfabetização compromissado, como nos fala Regina Leite Garcia (1997, p. 57), com uma *pedagogia emancipatória, includente, contrapondo-se, portanto, ao projeto neoliberal, comprovadamente excludente*, é possível? Como fazer? Como efetivar uma escola *das* crianças das classes populares e não uma escola *para* as crianças das classes populares? Uma escola na qual as crianças e jovens das classes populares possam se alfabetizar com sentido, com prazer, criticidade e autoria, como leitoras e escritoras, porque o uso cotidiano da linguagem escrita, articulado à vida, é constitutivo desse processo.

O Censo de 2010/IBGE confirma o que já sabíamos: "em dez anos, o analfabetismo no país caiu só quatro pontos percentuais. Hoje ainda há 13,9 milhões de brasileiros (o equivalente a 9,63% da população), com 15 anos ou mais, analfabetos" (*O Globo*, 30 abr. 2011). Sabemos, também, que a quase totalidade das crianças brasileiras estão, hoje, na escola. Porém, o índice de crianças e jovens que a abandonam ainda é alto no nosso país. Um dos motivos é que não aprendem a ler e a escrever nos anos iniciais do ensino fundamental. Logo, discutir concepções e práticas alfabetizadoras é, para nós, necessário e urgente no sentido de garantir ações curriculares que invistam em modos de aprenderensinar a ler e a escrever, no dizer de Paulo Freire (1990), com as crianças e jovens lendo e escrevendo o próprio mundo.

Nas narrativas de Ana Paula e Luciana Alves, como nos fala Edwiges Zaccur (2008), encontramos *pistas quentes*:

> A [...] pergunta de hoje do Fale é: por onde começar? E aí eu inicio essa fala dizendo: tudo começa no olhar, na fala, na conversa, na escuta, nas impressões, no contato, no desejo, na curiosidade. Esse contato, tudo começa na roda. [...] essa conversa entre eles, se olhar, se encostar, olhar para a professora... Quem é essa professora? Essa conversa de roda que a gente precisa ter. Então, começa assim: em uma conversa [...] E aí o que sai da conversa? [...] Então, as crianças, logo de início: do que vocês querem brincar? O que a gente vai fazer hoje? Isso, iniciando a aula, o ano, quando a gente chega. O que vocês gostariam de fazer?

TEMAS DE PEDAGOGIA

Como é que vocês gostariam que fosse a aula? O que vocês gostariam de falar? A gente vai se conhecer, vai se falar, vai se olhar, vai sorrir para o outro, vai ouvir... (Ana Paula, XVIII Fale/UniRio, 20 jun. 2009).

Ao destacar com veemência, no momento em que fala, que *tudo começa no olhar, na fala, na conversa, na escuta, nas impressões, no contato, no desejo, na curiosidade,* Ana Paula revela que compreende *a interlocução como espaço de produção da linguagem e de constituição dos sujeitos* (Geraldi, 2010, p. 34), experienciando um *deslocamento* para outras concepções teóricas, outros modos de lidar com a linguagem, com o conhecimento, os sujeitos, as relações pedagógicas... Portanto,

Não se trata de linguagem vista como repertório, pronto e acabado, de palavras conhecidas ou a conhecer e de um conjunto de regras a automatizar; nem da linguagem como tradução de pensamentos que se lhe seriam prévios; menos ainda da linguagem como um conjunto de figuras de enfeite retórico; e muito menos ainda da linguagem vista como "forma correta, ortográfica, de palavras ou sentenças" (Idem).

Trata-se de pensar e decidir com as crianças: o que conversar; ler, escrever, estudar. Trata-se, sobretudo, de eleger temas e projetos que têm o interesse do grupo como referência, desafiando-se a romper com um Currículo predefinido, pensado nas reuniões pedagógicas a partir do ponto de vista, de modo geral, dos adultos — docentes e equipe pedagógica e/ou equipe da Secretaria de Educação. Logo, as crianças, sujeitos de conhecimento, interferem no processo pedagógico opinando, concordando, discordando, ouvindo o outro, sendo ouvido, *aprendendoensinando.*

[...] pedi que o aluno Juan escrevesse a brincadeira do dia (a gente começa [a aula] brincando [...] Aí ele disse: — Eu não sei escrever... Incentivado pelos colegas e pela professora se desafiou a escrever a palavra pique-alto. Camilla o ajudou, assim como os outros que arriscavam palpites quentes. Em um momento, Juan ficou em dúvida sobre a letra Q. Quando alguém gritou: — Tem no alfabeto! Ao consultá-lo identificou rapidamente. E o Juan escreveu pique-auto, desse jeito. Isso foi no dia 16 de fevereiro, foi logo no início das aulas. Ele escreve desse jeito com a ajuda dos outros que estão lá gritando: é assim! É com essa letra! É com aquela! E consulta o alfabeto, e olha, e outro levanta, aponta e senta e grita [...] A gente conversou, a gente debateu, pensou em que brincadeira gostaria, nos falamos, nos conhecemos e depois fomos anotar a brincadeira do dia. No outro dia seria uma outra brincadeira. Ué! Mas não estava no caderno, não começou escrevendo o alfabeto no caderno? Não. Pra quê? A gente precisava era conversar mesmo, brincar, se relacionar... (Ana Paula, XVIII Fale/UniRio, 20 jun. 2009).

As crianças, desde o primeiro dia de aula, são convidadas/provocadas e ajudadas a escrever, a ler. Em vez da palavra-chave, sílabas ou fonemas pensados pelos autores das cartilhas que investem na escolarização, didatização da leitura e escrita e subalternização discente e docente, as crianças com as quais Ana Paula trabalha (e acompanhamos em nossas ações investigativas) escrevem sobre o que conversam. Conversam sobre o que leem e pesquisam nos livros, na internet, nos jornais etc. Conversam, escrevem e leem sobre experiências compartilhadas na e fora da escola.

O dizer da criança: "— *Eu não sei escrever...*", não paralisa sua professora. Ana Paula sabe que as crianças podem fazer com ajuda hoje o que farão de forma independente, amanhã. Conhece o conceito defendido por Vigotski (1989) de *zona de desenvolvimento proximal*. Mais do que conhecer, Ana Paula procura no dia a dia da sala de aula experienciar com as crianças uma concepção outra de *aprendizagemensino* — um processo complexo, portanto, não linear, ordenado e sequencial; constituído pelos princípios da alteridade, singularidade, diferença. Não é por acaso que Juan escreve "[...] com a ajuda dos outros que estão lá gritando: é assim! É com essa letra! É com aquela! E consulta o alfabeto, e olha, e outro levanta, aponta e senta e grita [...]". Na perspectiva *teóricometodológica* aqui defendida, *ser ajudado pelo outro e ajudarao outro* é constitutivo do processo alfabetizador, porque constitutivo do processo de conhecer. Esse movimento possibilita "a construção de um conhecimento solidário [...] e enseja afetiva e efetivamente o desenvolvimento de cada pessoa como protagonista do processo educacional compartilhado" (Fleuri, 2010). A confiança em si e no outro vai cotidianamente sendo tecida no e com o grupo. Confiança imprescindível à aprendizagem.

Luciana Alves entra nessa conversa e destaca descobertas vividas como professora alfabetizadora no movimento de interrogar e desnaturalizar o modo aprendido de alfabetizar.

> Uma das minhas primeiras descobertas foi deixar que as crianças escrevam, porque, em muitos de nossos trabalhos, a gente as organiza de modo que elas tenham que completar, responder um enunciado e dar resposta a alguma coisa que a gente pede e escrever não é isso. Escrever não é fazer dever e, às vezes, a criança que não faz o dever da maneira que a gente espera. A gente pensa que ela não sabe ler e responder aos enunciados. Quando ela tem espaço para a sua própria escrita, ela vai mostrando o que já domina e o que ela sabe. A partir disso, a gente escreve de novo aquilo que ela fez. Eu acho que é só na escola que a gente só pode escrever uma vez: fez aquele determinado texto, entrega para a professora e ele está certo ou está errado. Eu descobri que não é assim: a gente vai lendo os escritores falando sobre seus livros; da figura do editor; daquele que vai ler o livro que ele faz de novo. Então, esse fazer outra vez foi abrindo para mim possibilidades de me potencializar junto com as minhas crianças e me debruçar sobre o que eles fazem (Luciana Alves, X Fale/UniRio, 5 abr. 2008).

Para aprender a ler e a escrever é necessário ler e escrever. Sabemos disso, mas, na escola, de um modo geral, práticas cotidianas de leitura e escrita são praticamente inexistentes com crianças na fase inicial da escrita, pois a concepção de aprendizagem ainda hegemônica que subsidia os métodos mais conhecidos (e praticados) de alfabetização tem a linearidade, a progressão e a ordem como princípios teóricos. As consequências para o dia a dia da sala de aula é que as crianças repetem palavras-chave, sílabas/letras e frases e treinam o movimento das letras, em vez de escrever e produzir, individual e/ou coletivamente, textos. Não é por acaso que Luciana destaca: "Uma das minhas primeiras descobertas foi deixar que as crianças escrevam; escrever não é fazer dever [...]."

Luciana, bem como Ana Paula, se desafia, cotidianamente, na realização de uma prática alfabetizadora, que não *ensine* (*no sentido de transmitir a escrita*), pois aprenderam com Ana Luiza Smolka que é necessário "usar, fazer funcionar a escrita como interação e interlocução na sala de aula, experienciando a linguagem nas suas várias possibilidades" (Smolka, 2000, p. 45).

> [...] eu trago a Smolka muito pertinho de mim, sempre, porque as crianças são colocadas em situações de escrita [...] A gente escreve o nome pra quê? O menino anotou lá: *pique-alto*. Ele anotou lá no papel, mas anotou pra quê? Pra ficar lá jogado? Não. Aquilo ali gerou a discussão antes, teve uma roda de conversas, nós decidimos na roda juntos que brincadeira seria naquele dia. [...] Foi anotado ali por quê? Pra gente não repetir a brincadeira do dia anterior [...] É bom colocar lá no papel do que a gente já brincou, fazer uma lista do que a gente já brincou. Então, tem uma discussão [...] tem um sentido. Várias vezes eu fui questionada por Carmen, por Jacqueline, por minhas colegas que trabalham comigo, dessa questão do sentido: qual é o sentido disso? Dessa atividade? Pra quê? Pra que se faz? É pra ficar guardado? Tem de ter um sentido e, as crianças, elas precisam ser esclarecidas desse sentido. Elas precisam compreender que o que elas estão produzindo não é para ficar guardado ali, só para cumprir um protocolo da escola. Além de ter um sentido, essa escrita, ela tem uma função. E as crianças precisam compreender que função é essa. Mas elas não compreendem sozinhas, elas precisam refletir junto com a professora porque a professora precisa também compreender que função é essa e, se a professora não compreende, vai cumprir o protocolo na escola que é só conteúdo, conteúdo, conteúdo... E vai ficar por isso mesmo (Ana Paula, XVIII Fale/UniRio, 20 jun. 2009).

Nas narrativas de Ana Paula e Luciana, *saberesfazeres* alfabetizadores que demandam autoria e criatividade docente, autoria e criatividade infantil. Wanderley Geraldi (2010, p. 140) nos diz que "introduzir o texto na sala de aula é introduzir a possibilidade das emergências dos imprevistos, dos acontecimentos e dos acasos", investindo, do nosso ponto de vista, no rompimento com um Currículo pensado por outros e "executado" pelos docentes e com modos de ensinar a ler e a escrever divorciados da vida cotidiana dos estudantes, professores e professoras.

> [...] então, se é para ler vamos ler literatura e se é para escrever então nós vamos escrever a partir dos nossos textos dos nossos espaços. E aí a gente entrevistou as avós, as moradoras mais antigas do bairro. E como no texto da Bisa Biabel as

conversas que ela tem com a bisavó são papos explicativos e ela vai contar da cristaleira, do lencinho... Então, nós bolamos nosso papo explicativo com as avós e foi um dia onde a gente organizou um chá, chamamos as pessoas mais antigas e elas contaram sobre as brincadeiras de um outro bairro em que elas viveram. Eu acho que foi um dia extraordinário, porque a gente tem o cotidiano como algo ordinário, comum do dia a dia, mas foi algo extraordinário porque as avós contaram do quintal e que faziam arte e podiam subir na árvore para fugir da mãe que ia dar uma chinelada, de onde podia se esconder, de catar girino, disso e daquilo... E as crianças foram mergulhando e fazendo essa leitura de ler uma outra infância que não esta sendo possível devido ao encolhimento dos espaços e foi muito rico poder viver isso com eles. Poder viver isso com eles, poder fazer isso (Luciana Alves, X Fale/UniRio, 5 abr. 2008).

Um *fazersaber* alfabetizador vivo, emocionado, concretizado no dia a dia da sala de aula por sujeitos praticantes desses cotidianos. Sujeitos — crianças, professores e professoras — que fazem opção, decidem coletivamente o que se escreve na sala de aula, o que se conversa, o que se lê. A professora vai aprendendo a lidar com a diferença das respostas e processos experienciados pelas crianças, *com* as crianças, na interação, nas dúvidas surgidas, nos conflitos vividos, nas descobertas compartilhadas, cotidianamente. E o desafio de praticar relações mais democráticas e solidárias que questionem modos colonizadores de lidar com o outro vão se configurando pela eleição da alteridade como constitutiva das relações pedagógicas. O *outro como legítimo outro*, como nos ensinou Maturana (2002). Um outro que me instiga, provoca, ensina; comigo aprende, concorda, discorda. Um outro que precisa ser ouvido, reconhecido e legitimado em seus (des) conhecimentos. Mas, será que aprendemos a lidar com as crianças como *legítimos outros* que são? Esse é um, do nosso ponto de vista, dos desafios a ser enfrentado...

[...] as crianças, elas escrevem e pensam de formas diferentes. Tem criança que escreve muito, tem criança que escreve pouco, tem criança que não escreve, ainda. Mas falam! Nós temos as diferenças na nossa sala de aula e é para esse olhar, para essas impressões, para essas relações é que a gente deve estar atenta. E valorizá-las faz com que essas crianças expressem seus modos diferenciados de aprender e ler (Ana Paula, XVIII Fale/UniRio, 20 jun. 2009).

Para Ana Paula e Luciana, o *aprendidoensinado tem de ter um senti-do e as crianças, elas precisam ser esclarecidas desse sentido; quando ela* [a criança] *tem espaço para a sua própria escrita, ela vai mostrando o que já domina e o que ela sabe.* E a professora pode e deve, a partir desses sa-beres, intervir no movimento de ampliação dos conhecimentos infan-tis. O que a criança já sabe? Mas, o que ela ainda não sabe? Saberes e ainda não saberes em diálogo permanente. Em constante movimento — ainda não saberes que se transformam em saberes e novos ainda não saberes explicitados, revelados, percebidos... o processo é, sempre, de inacabamento. O foco é no processo experienciado pelo grupo (e não no produto), vivido por cada criança, pela própria professora que, no exercício de sua profissão, vai se tornando uma melhor professora, pois vai experienciado, como seus alunos e alunas, a ampliação per-manente de seus conhecimentos sobre leitura e escrita; sobre alfabeti-zação; sobre as crianças com as quais trabalha e seus modos singulares de *aprenderensinar*; sobre seus modos, também singulares, de *ensinar-aprender*; sobre temas discutidos com as crianças...

> Tem que ter um sentido tudo que a gente escreve. Então, já que nós estamos estudando insetos, a professora sabia muito pouco, muito pouco sobre insetos, as crianças também... Então a gente foi recorrer a quem poderia nos ajudar: mandamos uma carta para a revista *Ciência Hoje*. Mas essas crianças todas já sabem escrever? Não. Nós vamos escrever juntos [...] Então, essa carta foi man-dada para a revista *Ciência Hoje*. Compartilhada, escrita junto — e esse registro da carta foi para o caderno. Por quê? Porque é importante! Isso foi para fora da escola, isso foi para outro lugar, isso foi coletivo! Esse registro [...] foi para o ca-derno. Mas, é diferente da cópia, daquela cópia que lá quando eu era criança eu fazia, uma cópia que eu nem sabia para que servia. Muito diferente. Uma cópia que eu mandava o meu aluninho fazer que às vezes tomava o quadro inteiro, um monte de coisa. É diferente [...] Porque ali, no momento em que o garoto está no quadro e o outro está lá "é com a letra tal, é não sei o que", e aquele barulho, os outros estão assim, escrevendo também. Gente, quando acaba a linha o que eu faço? Vou pra onde? Eu tenho que separar a sílaba, porque a linha do caderno acabou! Então, tem uma funcionalidade, a gente vai informando coisas, vai aprendendo coisas, mas, com sentido. Esse texto, ele não foi uma cópia. Foi uma produção de uma carta, que foi para o caderno, que nós

TEMAS DE PEDAGOGIA

fizemos juntos na sala de aula que foi mandada para outro lugar e que a gente precisa ter como um registro nosso. [...] fizemos o envelope, todo mundo assinou [...] Isso é aula. Se eu for colocar em outros termos, isso é atividade, é conteúdo. Aprender a escrever uma carta é conteúdo [...] surgiu a oportunidade de mandar a carta [...] e o que aconteceu? Recebemos a revista. Todo mundo recebeu a revista. Melhor ainda: ganhamos de presente e ainda fomos respondidos pela revista! Eles mandaram uma carta pra gente. As crianças receberam as revistas e é com esse material que nós estamos fazendo [...] a pesquisa de quê? De insetos... Olha que bacana! Tem coisa melhor? (Ana Paula, XVIII Fale/UniRio, 20 jun. 2009).

Na escrita coletiva da carta, a turma vai pensando e dizendo o que o colega que está registrando a carta no quadro deve escrever. Todos — crianças e professora — ajudam na escrita, soletrando a palavra pensada; (re)pensando (n)o modo de dizer o que se quer dizer; refletindo, juntos, sobre a forma (ortográfica) de se escrever as palavras:

— por que não é com "s"? Ih! Falta um "r" aí... Tem um "m" agora, antes do "p"...

É importante destacar que qualquer criança, sem distinção, pode ir ao quadro registrar o pensado pela turma. Ana Paula sabe que umas vão precisar de mais ajuda do que outras para escrever... Mas, todas precisam escrever e ler, desde o primeiro dia de aula, para poder aprender a ler e a escrever — princípio *teóricoprático* que se contrapõe ao defendido e praticado pelos métodos mais conhecidos de alfabetizar, os métodos tradicionais de alfabetização: as crianças só escrevem (e leem) se já souberem escrever (e ler). Não é por acaso que um número significativo de professoras com as quais temos trabalhado indagam: *como colocar as crianças para escrever desde o início, se elas não sabem escrever?*

O aprendido com Wanderley Geraldi nos ajuda no movimento de pensar e praticar uma alfabetização outra, subsidiada por princípios *teóricopráticos* que rompam com dicotomias — saber/não saber; certo/errado; escrita/não escrita; capaz/não capaz; crianças sem dificuldades/crianças com dificuldades; mais avançada/menos avançada —

constitutivas nos modos ainda hegemônicos de ensinar a ler e a escrever. Ele nos diz, com insistência:

> Escrever nunca é só um processo simples de transcrever a fala para a escrita ou traduzir as palavras faladas em signos escritos. Escrever difere do falar em muitos aspectos. Os objetos referidos não estão presentes, a situação concreta não existe, com todos os aspectos de emoção e entonação [...] No processo de falar, a atenção do falante está concentrada naquilo que está falando e não nas estruturas gramaticais ou recursos mobilizados para falar [...] Em suma, escrever significa conscientizar-se de sua própria "fala", ou seja, prestar atenção aos recursos linguísticos mobilizados ou mobilizáveis segundo o projeto de dizer definitivo para o texto em elaboração (Geraldi, 2010, p. 169).

É importante e necessário, nesse processo vivenciado pelas crianças, que a professora: escute as crianças; fique atenta ao que querem e desejam escrever, ao modo como, naquele momento, sabem e podem escrever; intervenha, sugerindo, ampliando possibilidades de dizer e escrever; chegue mais perto, ajude, se for necessário, no traçado das letras... Da posição de *leitor-corretor*, a professora necessita se deslocar para o "papel de mediadora do processo de aprendizagem e, por isso mesmo, para o papel de coenunciador dos textos dos seus alunos" (Geraldi, 2008, p. 51). Insistimos, as crianças, com mais e menos ajuda — da professora e dos próprios colegas — precisam ler e escrever, no cotidiano da sala de aula, pois

> [...] os textos das crianças, desde as primeiras tentativas constituem (e geram outros) momentos de interlocução. É nesse espaço que se trabalham a leitura e a escritura como formas de linguagem. A alfabetização se processa nesse movimento discursivo. Nessa atividade, nesse trabalho, nem todo dizer constitui a leitura e a escritura, mas toda leitura e toda escritura são constitutivos do dizer (Smolka, 2000, p. 112).

No lugar de palavras-chave, sílabas e/ou letras pensadas pelos autores das cartilhas, a circulação no cotidiano da sala de aula de textos variados que narrem histórias reais e/ou imaginárias; que apresentem descobertas, conhecimentos acumulados historicamente pela humanidade; textos que provoquem leituras, escritas, conversas e que possam fornecer respostas às perguntas das crianças e professores(as) abrindo possibilidades para novas e outras perguntas... para modos outros de alfabetizar que tornem cada vez mais tênue as fronteiras entre as disciplinas escolares apostando na transversalidade do conhecimento e no (re)conhecimento dos *currículos realizados/inventados* (Ferraço, 2004) cotidianamente pelos sujeitos praticantes dos cotidianos das escolas.

Ler o mundo e ler a palavra: conhecimentos que transversalmente circulam na sala de aula

Quais os sentidos que as crianças formulam em seus cotidianos, que nos permitem compreender a dinâmica de sua vida? Quais os sentidos que a escola pode negociar com as crianças e suas famílias, ao assumir a legitimidade do outro, sem julgamentos ou condenações prévias, sem capturar os sujeitos no papel do *coitadinho* engrossando o rio caudaloso da resignação? Tomamos as experiências cotidianas das crianças, que revelam os percursos para chegar à escola, como caminhos para a alfabetização — contribuições no estudo do *espaçotempo*, onde nos (*com*)formamos professora e pesquisadora —, caminhos que contam nossa história.[6]

---

6. Passamos a narrar nossas experiências como *professoraspesquisadoras* com as crianças da Escola Municipal Ana Nery — SME-Duque de Caxias, local em que desenvolvemos, desde 2007, a pesquisa "Injustiças Cognitivas: ressignificando os conceitos de cognição, aprendizagem e saberes no cotidiano escolar". A pesquisa busca investigar a produção de conhecimentos sobre a leitura e da escrita por crianças das classes populares consideradas pela escola como portadoras de "dificuldades de aprendizagem". As relações cotidianas das crianças das classes populares com seus diferentes espaços sociais e ambientes culturais e as diferentes lógicas que circulam no cotidiano da sala de aula, bem como a diversidade de *estilos cognitivos*, constituem o foco da presente pesquisa. A esse respeito ver Pérez, Carmen Lúcia Vidal; Alves, Luciana Pires. *Injustiças cognitivas*: ressignificando os conceitos de cognição, aprendizagem e saberes no cotidiano escolar. Rio de Janeiro: Faperj, 2009. p. 98-105.

O texto alfabetizador é tecido nas tramas de vida das crianças. Buscamos conjugar leitura do mundo e da palavra, para perceber a urdidura dos processos que constituem as tramas em que se desenrolam nossas histórias. Se por um lado temos a atividade de catar, separar e vender "sucata" — o lixo como atividade econômica —, podemos conversar sobre esse universo de escolhas, valores e cálculos. A opção de trabalhar os cálculos e as quatro operações a partir da "matemática do lixo" traduz uma postura *políticoepistemológica* comprometida com a produção de *um conhecimento prudente para uma vida decente* (Santos, 2004).

As crianças participam matematicamente do mundo. A matemática da vida cotidiana circula pela sala de aula e informa nossos estudos — a matemática como uma condição de estar no mundo. Acreditamos, como Freire, que é possível produzir com as crianças uma alfabetização matemática, uma mate-alfabetização — *math-literacy*.[7]

> Uma das coisas que a escola deveria fazer, e eu venho insistindo nisso há 30 anos ou mais, e fui muito mal entendido, e ainda hoje continuo a ser, mas no começo fui muito menos entendido, quando eu insistia que o ponto de partida da prática educativa deve ser não a compreensão do mundo que tem o educador e o seu sistema de conhecimento, mas a compreensão do mundo que tem, ou que esteja tendo, o educando. A gente parte do que o educando sabe para que o educando possa saber melhor, saber mais e saber o que ainda não sabe (Freire apud D'Ambrósio, 2009, p. 2).

Ao estabelecermos a unidade das folhas de jornal dupla ou inteira, garrafas PET das mesmas dimensões e os diferentes tamanhos das

---

7. Ubiratan Ambrósio, "pai da etnomatemática", amplia a concepção de *math-literacy* (alfabetização matemática) pela adoção do que ele denomina de "um novo trivium, organizado em Literacia, Materacia e Tecnoracia. Essencialmente, *Literacia* — capacidade de processar informação escrita, o que inclui leitura, escritura e cálculo, na vida cotidiana. *Materacia* — capacidade de interpretar e manejar sinais e códigos e de propor e utilizar modelos na vida cotidiana. *Tecnoracia* — capacidade de usar e combinar instrumentos, simples ou complexos, avaliando suas possibilidades e suas limitações e a sua adequação a necessidades e situações diversas". A esse respeito ver: Do saber matemático ao fazer pedagógico: o desafio da educação. In: ENCONTRO DE EDUCAÇÃO MATEMÁTICA DO RIO DE JANEIRO, 2., *Anais…*, Conferência de Abertura. Macaé, Rio de Janeiro, 1999. p. 10.

TEMAS DE PEDAGOGIA

partes de cano, pedaços de ferro etc. estamos exercitando, na escola, com as crianças, uma contagem que tem como objetivo garantir uma forma de corrigir as medidas das balanças do ferro-velho. A troca entre as crianças e o universo do trabalho dos catadores e carroceiros com o saber escolar, possibilita maior lucro por parte das crianças, no trabalho e na escola pois passam a dominar a lógica decimal e a estrutura do sistema de contagem segundo as normas oficiais.

Luciana Alves, em uma de suas falas, no Fale/UniRio, convida o grupo a pensar sobre outros modos de lidar com os "conteúdos escolares", no dizer de um Currículo prescritivo, ou, do nosso ponto de vista, modos de lidar com o conhecimento sem dicotomia com a vida cotidiana das crianças, com as quais trabalha. A prática experienciada em sala de aula, por Luciana e as crianças, vai ganhando vida em sua narrativa:

> E a questão do lixo, a questão de catar para poder conseguir dinheiro para as coisas da casa, ajudar os pais, e também para comprar as horas na Lan House e o próprio cálculo das horas: paguei uma hora, usei meia hora, quanto tempo ainda tem... Tudo isso acontece, e esse acontecimento é a nossa aula de matemática. Então a gente vai estudar... Um dos conceitos que ficou muito marcado é a questão das unidades. A unidade para compreender o sistema decimal. Tem sempre aquilo de unidade, dezena, centena, aquela coisa enfadonha que a gente trabalha... E a gente foi estudar a unidade dentro da questão da sucata, do lixo, porque a unidade de papel branco, quantas folhas desse papel branco constitui 1 kg é um conhecimento importante para não ser roubado pelas balanças do ferro-velho, porque essas balanças muitas vezes estão viciadas. Então nós vamos estudar quantas unidades de latinhas compõem 1 kg, de latinhas, 1 kg de alumínio... E assim vai. Os diferentes materiais... Já tem uma tabela lá na nossa sala, que a gente vai atualizando de vez em quando porque os valores flutuam nesse mercado de lixo... Até então a globalização era um fenômeno distante, mas hoje ele acontece (está presente) ali na minha sala de aula! Um determinado valor se modificou, o preço mudou e o dinheiro que o menininho ia ganhar mudou também (Luciana, XIX Fale/UniRio, 22 ago. 2009).

Há uma inversão das relações no mercado linguístico entre as crianças das classes populares e a escola, que é caracterizada pelo desvalorizar do seu dizer e pelo distanciamento das normas e instrumentos escolares das questões pertinentes à vida cotidiana. Responsável pela correção moral e ortográfica, a escola fecha suas possibilidades de diálogo e atualização de seus saberes perante as crianças — que indicam como forma de garantir uma venda mais lucrativa "amassar as latinhas de alumínio com terra ou pedras dentro o que faz aumentar o peso". E Luciana continua:

> E a gente vai alimentando e vai trabalhando com esse acontecimento da vida, na vida delas, e a gente vai estudar a questão da unidade, do peso, da massa, até as moléculas, por conta do que sobra do óleo porque lavar a garrafa PET, como a gente não separa o nosso lixo, lavar a garrafa PET é como uma função dentro das cooperativas ou então em casa, porque a garrafa PET suja tem um preço menor do que a lavada e aquele óleo, aquela sujeira que fica decantando, permite que se consiga um óleo mais limpo para vender, assim é necessário aprender a decantar, e como fazer? Essas conversas com as crianças se tornaram aprendizagens para mim, a partir delas e com elas sou levada a buscar elementos para satisfazer sua curiosidade epistemológica. Fui buscar na ciência e na matemática o que poderia trazer para o diálogo conhecimento-vida, trabalhar produzindo uma inteligibilidade mútua, um diálogo, a partir de suas dúvidas e experiências. Fui buscar no conhecimento curricularizado da escola a articulação *saberfazer*. É esse o desafio de tradução (Luciana, XIX Fale/UniRio, 22 ago. 2009).

O ideário pedagógico ao mesmo tempo que difunde a aceitação da matemática como elemento essencial para o sistema de produção — daí sua importância na organização curricular do conhecimento na escola — tolera e, até mesmo estimula, que a matemática seja inacessível para aqueles que produzem. Este é um dos principais fatores de desigualdade social.Freire nos inspira a *pensarpraticar* no cotidiano da sala de aula uma matemática [não como regulação] a favor da emancipação e comprometida com a promoção e o fortalecimento da cidadania.

> Um outro saber que eu preciso saber é que ensinar não é transferir conhecimento, transferir conteúdo. É lutar para e com os alunos, criar as condições para

TEMAS DE PEDAGOGIA

> que o conhecimento seja construído, seja reconstruído [...]. É preciso que eu, como professor, saiba que do ponto de vista histórico, o homem e a mulher primeiro aprenderam, para depois ensinar. O aprender precedeu sempre o ensinar [...] quanto melhor eu aprendo tanto melhor eu posso ensinar e quanto mais eu ensinar tanto melhor se pode aprender. Mas foi aprendendo socialmente que historicamente as mulheres e os homens descobriram no ato de aprender diluída a prática de ensinar. É preciso recuperar historicamente o grande papel de aprender, sem que isso signifique nenhuma diminuição do ensinar (apud D'Ambrósio, 2009, p. 4).

A prática com as crianças ganha mais um elemento organizador: o que mais pode ser trocado? Que outros elementos de apropriação simbólica podem circular na aula, para que possamos entender e explicar nossas experiências sociais? Ter como princípio da prática pedagógica a cognição como ação corporalizada é não separar a experiência vivida da aprendizagem dos conceitos (cotidianos ou científicos), o que implica o abandono das formas de instrução instituídas e a busca por articulação das questões trazidas pelas crianças (perguntas) com os conhecimentos curriculares.

A aprendizagem da matemática ganha cores e sabores a partir da ruptura com a hierarquia dos "conteúdos" trabalhada pela escola, e nos permite compreender muito mais do que o cálculo vivido no dia de trabalho de uma família de trecheiros em períodos de festas como o Carnaval — que rendem R$ 4,50 por 12 horas de trabalho. Para chegar a esse valor é preciso recolher tudo: papel, papelão, plástico, PET e, principalmente, latinhas. Como proposta pesquisamos com as crianças quantas unidades de cada material são necessárias para garantir o valor a ele atribuído — R$ 0,5 por quilo de latinhas, por exemplo —, aproveitando para fazer a conversão para quilos e litros. A pergunta: quantas latinhas são necessárias para compor 1 kg? foi o "dever de casa", que rendeu muita discussão, acordo e desacordo de valores, pois era necessário usar os conhecimentos cotidianos: o sistema de numeração e sua relação com as quantidades, o sistema de medidas e as quatro operações. Ao viver a *matemática em ação* não pudemos eleger a conta certa e a solução correta, trabalhamos num nível de abstração maior, pois precisávamos operar por estimativas e aproximações.

O acolhimento das questões tangentes no viver das famílias catadoras constitui o trabalho pedagógico como um trabalho coimplicado, que perpassa a tríade da dobra — explicar, implicar e complicar. O pensar da razão indolente prioriza a explicação, ou seja, a produção de respostas ou soluções para questões "universais" que, muitas vezes, não foram formuladas ou apresentam qualquer vinculação com quem as estuda. Na pesquisa **com** as crianças buscamos *ex-plicar* os mistérios do mundo — não na perspectiva da razão indolente, mas na perspectiva deleuziana de dobra: *ex-plicar* é abrir a dobra, revelar a interioridade, o que está encoberto e/ou invisibilizado.

Relegada à zona de sombra a implicação é negligenciada — a quem cabe produzir questionamentos? O ato de perguntar reúne os sujeitos e possibilita dobras e redobras de ações. Implicar e estar juntos é seguir pela aventura de conhecer, permitindo-se aprender com o outro.

Por fim, temos a complicação que (diferentemente do processo de identificação guiado pela razão indolente, que reduz a coimplicação à complicação, queixa ou impedimento) traduz outra significação, pois na perspectiva da *justiça cognitiva* a coimplicação demanda a elaboração mútua, na qual subjetividades, questões de estudo e intervenções se formam juntas e configuram modos outros de relação com o conhecimento.

O trabalho da professora como uma ação coimplicada surge da assunção, do mergulho nas questões trazidas pelas crianças que tencionam, quer a escola queira ou não, o cotidiano da sala de aula. Trata-se da procura pelo *quefazer*. Se o trabalho com os conteúdos didáticos já não é possível, então por que não acolher a experiência do outro, entendendo que cada um faz o que pode e não se está preparado para tudo, porém há uma diferença constitutiva entre a ação sofrida e a ação assumida: assumir o outro como possibilidade. Esquivar-se dessa ação é resignar-se e resignar o outro ao destino social que a modernidade líquida apresenta como inflexível, isto é, não se permitir à dobra...

Preço do material reciclável para a venda dos centros de reciclagem
(preço da tonelada em real)[8]

Papelão	R$ 200,00	(PL)	Vidro colorido	R$ 10,00	(L)
Papel branco	R$ 400,00	(L)	Plástico rígido	R$ 900,00	(P)
Latas de aço	R$ 400,00	(PL)	Plástico filme	R$ 470,00	(P)
Alumínio	R$ 3200,00	(PL)	PET	R$ 1150,00	(P)
Vidro incolor	R$ 150,00	(PL)	Longavida	R$ 200,00	(PL)

Legenda: P — prensado; L — limpo; I — inteiro; C — cacos; UN. — unidade.

Preço do material reciclado para a venda dos catadores
(preço por *unidade* ou *quilograma*)

Papelão	R$ 0,2	(PL)	kg	Vidro colorido	R$ 0,1	(L)	un.
Papel branco	R$ 0,4	(PL)	kg	Plástico rígido	R$ 0,9	(PL)	kg
Latas de aço	R$ 0,4	(PL)	kg	Plástico filme	R$ 0,47	(P)	kg
Alumínio	R$ 3,20	(PL)	kg	PET	R$ 1,15	(P)	kg
Vidro incolor	R$ 0,15	(PL)	un.	Longavida	R$ 0,2	(PL)	kg

Legenda: P — prensado; L — limpo; I — inteiro; C — cacos; UN. — unidade.

O trabalho com as tabelas revela os conhecimentos produzidos pelas crianças em seus cotidianos e o diálogo com os conceitos matemáticos que, mesmo valorizados pela escola, não encontram vias de chegada além de seu formalismo. Os estudos da tabela do lixo reúnem o ato de calcular, as investigações a respeito das propriedades dos materiais e o sentido que ser "catador" tem para (e na) a vida das crianças. A experiência nos possibilita conhecer na transversalidade, e a curiosidade epistemológica nos permite transitar por uma *ecologia cognitiva* — trama de saberes oriundos da vida (e posição) social das crianças e de suas famílias — que fundamenta nosso currículo praticado.

---

8. Os valores estão disponíveis em: <http://www.cempre.org.br/serv_mercado.php>. Acesso em: 15 abr. 2011.

A professora vai explicitando o processo vivido — vai se tornando melhor professora no *exercício da docência*, como fala-nos Pérez-Gomez (1995). Aliás, Paulo Freire (1996) há muito insiste que não existe docência sem discência. Enquanto ensino, aprendo.

> Trabalhar com o lixo mudou minha forma de lidar com ele, as conversas com as crianças sobre o lixo vão ressignificando a forma como a escola trabalha o lixo, não é só pegar esse plástico e transformá-lo em uma florzinha, num copinho, num jarrinho. Eu aprendi a conhecer o lixo, passei a entender como as pessoas vivem desse trabalho, os pais de meus alunos. Trabalhar no lixo é uma atividade econômica sim! Aprendi que existe uma rede de saberes, fazeres e poderes dentro de um lixão, acima de tudo poderes, nem todo mundo cata determinado lixo. Eles têm uma categoria, os trecheros, aquele trecho é de um grupo, o outro trecho é de outro grupo, nos trechos de lixo onde se ganha mais existe uma disputa muito grande. Essa é uma ausência, desconhecemos, ou queremos desconhecer, toda essa rede de saberes, fazeres e poderes. Tudo isso fica ausente quando a escola vai trabalhar o lixo somente como sucata. Ausente na escola, do nosso campo de olhar está todo um universo de acontecimentos, que desconhecemos, mas que as crianças nos mostram se pararmos para ouvi-las. As crianças me ensinaram a conhecer o lixo, e com elas aprendi também ciências e matemática, aliás, aprendemos juntas (Luciana, XIX Fale/UniRio, 22 ago. 2009).

Aprender a ler e a escrever e, ao mesmo tempo, formular conceitos exigem o mergulho no universo tecido pela linguagem — momentos e movimentos simultâneos e ambivalentes de um aprender marcado por nossa condição humana. Aprender e inventar-se ao mesmo tempo é possível porque a formulação dos conceitos se dá através de processos emergentes que correspondem a nossas capacidades de auto-organização. A formulação dos conceitos (atos cognitivos) e nossas capacidades de entendimento estão enraizadas nas estruturas de nossa corporalidade biológica, porém, se realizam nas linguagens e apresentam seus domínios de ações consensuais vinculadas às experiências interpessoais.

Entendemos que dentro desse campo conceitual a dominação cultural se constitui em um processo de *injustiça cognitiva* que nega a história corpórea e social dos grupos sociais e ignora as condições existenciais dos sujeitos — hipóteses de vida. Defendemos que o processo (e a prática) alfabetizador(a) é tecido com os fios que compõem a trama das formulações conceituais presentes nas hipóteses de vida das crianças — *saberesfazeres* cotidianos legitimados no espaço escolar que tecem outros diálogos com os conceitos científicos. Destacamos os usos da linguagem como fundamentais na tessitura desses outros diálogos: no lugar dos imperativos — responda, efetue, encontre a opção correta —, provocações, questionamentos e espaços narrativos.

A formulação e o intercâmbio de conceitos geram consensualidades que transformam o grupo em coletivo de investigação dentro e fora da aula. A *aula investigativa* se desdobra nas perguntas das crianças, exercício coletivo de nossa *curiosidade epistemológica*, que engendra provocações: após estudar as tabelas, o que podemos fazer para compreender a natureza dos materiais do lixo?

Problematizamos o sentido do lixo e ampliamos os diálogos entre conceitos cotidianos e conceitos científicos. Os materiais recolhidos, o processo de reciclagem, nos conduzem a outros campos de conhecimento e de aplicação de saberes — o plástico, o alumínio, o cobre, o vidro, o óleo queimado etc. — e nos sugerem uma gama de possibilidades de fazer dinheiro: o que fazer com o óleo queimado, seja o óleo já separado ou o que é recolhido após a lavagem dos vidros e do PET, no lixo doméstico? Vendem-se óleo puro ou misturado para as cooperativas? Como entender os processos físicos e químicos presentes na reciclagem ou reemprego do óleo?

Ao estudarmos as questões presentes no cotidiano de crianças e famílias catadoras, buscamos tecer, coletivamente, além do conceito de unidade, material, peso, massa, duração, o conceito de molécula. Trabalhamos basicamente a ideia de separação/mistura do óleo sobre a água e gotejamos detergentes que quebram as moléculas de gorduras. Assim, chegamos à conclusão de que a decantação é o melhor processo para retirar o óleo dos PETs ou vidros, pois antes de lavá-los com sabão é melhor deixá-los de molho para depois retirar o óleo, e a mesma água pode ser usada várias vezes.

As conversas com as crianças definem o que vamos estudar. As crianças perguntam e juntos vamos buscar as respostas, eu tento fazer esta mediação, assim vamos estudando a questão do óleo, da molécula, do lixo orgânico. É como a questão do reaproveitamento do óleo de cozinha e sua decantação. Uma criança pergunta: o que a gente vai fazer depois que lavou tudo e sobrou o resto de comida? Então fomos trabalhar isso com a compostagem: são três caixas, com buraquinhos para as minhocas passarem, e a gente vai observando e aprendendo sobre a função da minhoca na adubação da terra, sobre oxigenação e o que é oxigênio, do lixo passamos para o aparelho respiratório, estudamos como a gente respira, a função do oxigênio para a vida... Estudamos tudo ao mesmo tempo, e agora, não tem um momento específico para estudar isso ou aquilo, passamos de um assunto a outro e voltamos ao anterior, pois não há fronteiras, não existe hierarquia de saberes, existe sim os mapas de intensidade. A gente pode tentar mudar um pouco aquela ideia de currículos estruturados, com os mapas de intensidade, porque são traçados pelo interesse: se eu estou interessada, se eu estou implicada, aquilo tem uma intensidade, o meu conhecimento vai estar voltado para essa intensidade, então a gente consegue ir lá e estudar o que nos interessa... (Luciana, XIX Fale/UniRio, 22 ago. 2009).

Segundo reportagem publicada na revista *Época*, em outubro de 2006, cada pessoa produz entre 300 gramas e 1 quilo de lixo por dia. Mas alguns países contribuem mais. Em 2003, somente os Estados Unidos geraram 236 milhões de toneladas apenas em lixo doméstico. A *matemática do lixo* está implicada na transversalidade do saber que organiza nossas ações em sala de aula. Reportagens como esta alimentam os debates sobre o meio ambiente e a produção do lixo, servem de base para os cálculos matemáticos e nos possibilitam ampliar os conhecimentos geográficos; exercitar a leitura e a interpretação de textos; refletir sobre a cultura do consumo e modelos econômicos excludentes que produzem e realimentam as desigualdades sociais; além de permitir o exercício de uma outra cidadania — fundada na solidariedade homem-natureza e na consciência da necessidade de preservar o planeta.

As discussões sobre a quantidade de lixo que uma pessoa produz e suas variações — de 300 g a 1 kg por dia — estimularam a *curiosidade epistemológica* das crianças e se desdobraram em cálculos complexos:

— *Quanto é uma tonelada?*

— *Mil quilos.*

— *Caraca! Então 236 milhões de toneladas é um montão de quilos!*

— *Essa conta não dá para fazer!*

— *Só com a calculadora.*

— *Nem com a calculadora. Tem muito zero, não cabe!!!!*

Entra em cena um novo instrumento: a calculadora. A novidade não era tão nova assim. As crianças já conheciam e sabiam usá-la; nós (*professoraspesquisadoras*) é que nos espantamos ao constatarmos o fato: as crianças manuseavam com facilidade as máquinas de calcular realizando com destreza as operações e os cálculos matemáticos. As calculadoras, além de instrumento de apoio às operações matemáticas, potencializavam o sonho, o desejo e a imaginação no processo de conhecer:

— *Um quilo de lixo por dia, em 30 dias são 30 quilos!* (Alexandre faz a multiplicação usando com autonomia e destreza a calculadora.)

— *Puxa, se eu vender 30 quilos de latinhas vou ganhar uma grana!*

— *Quanto? Faz a conta. Usa a calculadora.*

— *Pera, aí! Quanto tá valendo o quilo hoje?*

— *R$ 0,5.* (Lucas consulta a tabela com a cotação do dia.)

— *Vai dar R$ 15,00!*

A *matemática do lixo* nos ensina a aprender a pensar sobre nossa responsabilidade (sobre o efeito de nossas escolhas diárias), a analisar as políticas e os programas (locais e/ou globais) que combatem ou colaboram para o aumento e a aceleração do aquecimento global, e a criticar as atitudes da humanidade e suas consequências perigosas para a vida no planeta e para a nossa própria vida.

A *matemática do lixo* aliada à *matemática da natureza* nos ajuda a produzir alternativas para o estar no mundo e formular conhecimentos que reinventam formas artesanais de produção, como o húmus —

terra adubada produzida com lixo orgânico. A produção de húmus suscitou inúmeras discussões sobre sua função e sobre suas vantagens ecológicas e econômicas. As crianças descobriram encantadas que uma caixa, um pouco de terra comum, sobras e restos de comida e algumas minhocas (opcional) podem se transformar em terra fertilizada que pode ser produzida em casa e ser vendida em pequenas quantidades (para a confecção de vasos de flores, jardineiras, canteiros para hortaliças etc.). Na ocasião, pesquisamos o preço do húmus: um pacote de 2 kg custava R$ 2,50 e, na promoção, um saco de 30 kg custava R$ 15,00.

Os cálculos sobre os gastos, os lucros e as economias que as promoções permitem, conferiam à aula um tom de jogo, prazer e divertimento. Fantasia e imaginação passaram a integrar nossos estudos de matemática. A produção de húmus suscitou curiosidade e desejo, ao mesmo tempo que nos permitiu transitar pelo mundo da biologia e da química — ao realizarmos a compostagem —, ampliando nossos conhecimentos e possibilitando a descoberta de outras possibilidades da reciclagem do lixo: o adubo orgânico.

> Então, a gente plantou as cenouras, ensinou como plantar cenouras e beterrabas. Colhemos e comemos. A gente tem a prática dos lanches coletivos, sempre sexta-feira, às vezes não, mas pelo menos uma vez na semana, sentar junto para comer, não só para merendar naquela correria... Mas ter um momento para estar junto, partilhando os lanches, conversando... A horta nos possibilitou ter esse movimento, ver a germinação dos vegetais e descobrir uma outra forma de ganhar dinheiro. A horta modificou o tempo da escola, não mais o tempo para a preparação: ah! Eu me preparo durante, três, cinco, oito anos para depois usar esse conhecimento. Então, esse tempo, que como Boaventura Santos coloca, esse tempo da razão indolente, que contrai o presente para expandir o futuro, a gente subverteu, com a horta usamos o tempo (escolar) numa via inversa, expandimos o presente: eu aprendo porque eu vou usar agora, porque aquilo tem um motivo para a minha vida, tem uma ação que vai mobilizar o ato de conhecer. Um outro conceito de cognição, a gente trabalha com a ideia de *cognição inventiva*, pela via da pergunta. A cognição inventiva também demanda um outro tempo, um outro uso do tempo da e na escola, esse tempo que é voltado para o que vai acontecer agora, e a gente vai entrando nesses outros fazeres, nesses outros sentidos (Luciana, XIX Fale/UniRio, 22 ago. 2009).

As condições de vida e de moradia das crianças são o mote dos estudos da matemática: o número de membros da família; os horários e turnos de trabalho de cada membro da família; a casa e sua área construída, o número de cômodos que possui (ou não) e suas medidas; a localização de sua moradia e a distância da escola, o tempo de percurso e o(s) trajeto(s) realizado(s) etc. ampliam o *espaçotempo* da sala de aula, que passa a incorporar diferentes formas de (con)viver na Baixada Fluminense.

Lixo e chuva são uma combinação perigosa e as crianças de Jardim Gramacho e Dr. Laureano[9] sabem disso. As *águas de março*, além de preocupação, provocaram o interesse das crianças sobre a chuva e suas consequências. A observação e o estudo da chuva desdobraram-se na experiência de medir o volume de água acumulado num recipiente por um determinado período. O dever de casa consistiu em medir, com um pluviômetro, confeccionado em sala de aula, o volume de água acumulado no recipiente num período de quatro horas: a medição deveria ser realizada em intervalos regulares de uma hora.

Anotados na ficha de observação, cada criança deveria apresentar quatro valores distintos, em que o valor posterior deveria excluir os valores anteriores. Cálculos complexos que geraram muita polêmica na apresentação dos resultados da investigação, pois muitas crianças somavam os valores obtidos chegando a níveis altíssimos; poucos realizaram as operações de subtração e soma.

As hipóteses para a discrepância de resultados giravam em torno da localização da casa: "— *Eu moro mais alto e a chuva cai primeiro lá, por isso o meu está mais cheio*"; da imprecisão do tempo da medição: "— *Você deixou mais de quatro horas, por isso está mais cheio!*"; sobre as condições de realização da experiência: "— *Logo que eu botei o pluviômetro a chuva passou, ficou pouco tempo, por isso ele está vazio*".

As crianças buscavam explicações para o observado. Mais significativos que os resultados obtidos eram os debates sobre como cada um chegou àquele resultado. Cada criança argumentava sobre sua

---

9. Bairros da cidade de Duque de Caxias onde moram as crianças da turma da Luciana.

hipótese, o que gerou um rico debate sobre chuva, volume de água, tempo de medição, altura, velocidade etc.

Ao final do debate, cada um registrou em seu caderno a experiência realizada, em suas diferentes etapas:

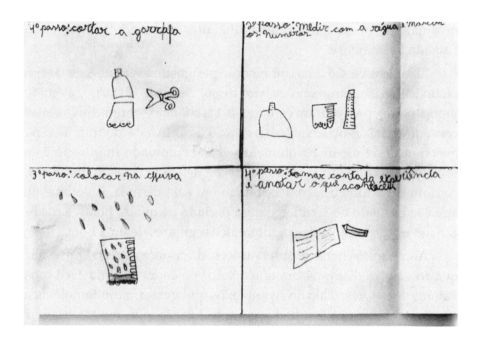

Destacamos que perseguir a produção de *um conhecimento prudente para uma vida decente* é afirmar, cotidianamente, a crença de que outro mundo é possível. Tal postura implica o questionamento do tempo vivido, o conhecimento das mentalidades e o exercício de uma sensibilidade divergente do chamado "espírito da época". Não é à toa que os fracassados defendam causas impossíveis. Quem deve lutar pela escola pública de qualidade? Todos que acreditam que é possível (re)inventá-la e os seus sujeitos — vistos pelo prisma do poder como fracassados: crianças e professoras "vítimas" a quem cabe apenas as esmolas da comida a R$ 1,00; dos programas de bolsas ou das gratificações de R$ 100,00, segundo os critérios governamentais.

Eu, como toda professora, tenho uma agenda posta. O tal cumpra-se! Mas como acredito no trabalho coletivo, então, eu não vou decidir sozinha. Eu vou decidir junto com os meus alunos, junto com os pais, junto também com a orientação pedagógica o que dessa agenda vai ser, de fato, coerente com os princípios com os quais trabalho, com os interesses e demandas das crianças. Por um lado a gente tem essa avalanche de coisas que a escola tem que cumprir, mas por outro, a gente tem os projetos políticos pedagógicos, as orientações curriculares, que são documentos que a gente pode usar a nosso favor, porque a maioria deles tem como referência Paulo Freire, Vigotski, enfim... A gente pode utilizar isso como argumento para dizer: olha, por que eu vou trabalhar num simulado de uma prova que vai acontecer ano que vem, se eu tenho a autonomia como princípio da minha prática e o projeto político-pedagógico também assegura a minha autonomia como professora? Se a gente vai estar trabalhando com o princípio da autonomia, por que que eu não posso exercer a minha autonomia como professora, assim como os meus alunos e os seus pais? Eu e meus alunos não seguimos uma agenda só porque ela deve ser cumprida. Vamos negociar a nossa agenda! Porque eu acho que essa tomada de postura frente ao que é imposto à escola e ao que nos é imposto é fundamental. Me incomoda muito ver no discurso de alguns dos meus colegas, professores e professoras, apenas dois lugares, o da vítima ou o do herói. Eu acho que a gente tem que produzir uma outra narrativa para nossa profissão, e não acredito que sozinhos vamos construir essa outra narrativa. Então, é junto com os vínculos que eu estabeleço, com os pais de meus alunos, com as minhas colegas, com meus professores, com as minhas leituras e experiências que eu vou tecendo um fazer mais autônomo. Vou ler, estudar, me apropriar dos documentos oficiais, não como uma exigência ou um atropelo ao meu saberfazer, mas buscar no seu conteúdo o que pode me fortalecer, o que me permite ser mais, como diz Paulo Freire. Eu procuro na agenda político-pedagógica tudo o que eu posso utilizar para fortalecer meus argumentos e respaldar minha prática político-pedagógica em sala de aula. A pergunta não é: como eu vou fazer isso? Mas, o que da agenda oficial a gente pode utilizar a favor do que eu estou querendo fazer? Aí, a gente produz outro argumento, outro discurso pedagógico. Aí a seriedade também é conquistada. Esses enfrentamentos vão se dando cotidianamente, a gente ganha numa trincheira, a gente perde na outra... Esse é o nosso desafio: fazer uma outra escola, uma escola possível, alegre, que nos potencialize, a nós e aos nossos alunos (Luciana, XIX Fale/UniRio, 22 ago. 2009).

Acreditamos que a luta *por um conhecimento prudente para uma vida decente* exige e se constitui num exercício de democracia — motivo pelo qual, no cotidiano da escola e na sala de aula, vamos tecendo *redes de conversações*, negociando com as crianças a escolha dos assuntos da aula, combinando com elas como a aula pode acontecer, redefinindo o trabalho pedagógico como um (com)partilhar de experiências, e praticando o *aprenderensinar* como uma atividade investigativa.

Para finalizar a conversa

No presente texto falamos de encontros e conversas: encontros com outros modos de *fazersaberpensar* o conhecimento, o currículo escolar e a prática docente; conversas com os sujeitos praticantes da escola (professoras e crianças), que assumem o cotidiano como ponto de partida. Conversando com Ana Paula e Luciana vimos, ouvimos, sentimos e vivemos a potência do *vividopraticado* como um *horizonte de possibilidades*, ou como nos aponta Ferraço (2005), como potencialidades do imprevisível, do não conhecido e controlado, do presente — não dadas, mas possíveis.

Em nossas *redes de conversações* vamos percebendo como é possível romper com o "fetiche do método". Ana Paula e Luciana nos falam de um movimento de aprender a ler e a escrever para além da repetição subalternizadora da palavra do outro; movimento imprescindível a um projeto educativo emancipatório, comprometido com a construção cotidiana de uma sociedade (e escola) cada vez menos desigual, mais solidária, mais acolhedora; uma escola que de fato promova a *justiça cognitiva*.

As experiências narradas apontam como entreparadoxos e contradições emergem sentidos e significados, num movimento em que *tudo se liga a tudo*. Vamos a partir de nossas *redes de conversações* tecendo encontros e conversas que potencializam outras formas de (auto) organizar práticas, currículos, usos de linguagens e conhecimentos no cotidiano escolar. Vamos em nossas conversações sobre *aprenderensinar* jogando com o *inevitável dos acontecimentos*, tornando-os *habitáveis* nos domínios da ação (emoções e afetos) e da significação (linguagem, conhecimento), produzindo na potência dos encontros uma conversa *confiada*.

> Discutir os problemas vividos pode se tornar, sim, uma conversa "afiada", que enseje o discernimento rigoroso dos desafios e a intervenção "porfiada" na prática sociocultural. Assim, quando as pessoas assumem subjetivamente necessidades objetivas, compartilhadas, encetam uma conversa "desafiadora", instigadora, crítica e criativa. O compromisso com a prática se sustenta, pela reciprocidade, entre companheiros e companheiras, em uma conversa "confiada" (Fleuri, 2010, p. 17).

Referências bibliográficas

ALVES, Luciana Pires. Ciclos: aprendizagem em diálogo com as diferenças. In: Fale UniRio, 10., Rio de Janeiro: UniRio, 5 abr. 2008. Depoimento oral.

_____. Alfabetização sem cartilha: crianças, pais e professores participam do processo. In: Fale UniRio, 19., Rio de Janeiro: UniRio, 22 ago. 2009. Depoimento oral.

BAGNO, Marcos. Os objetivos do ensino de língua na escola: uma mudança de foco. In: COELHO, Lígia Martha (Org.). *Língua materna nas séries iniciais do ensino fundamental*: de concepções e de suas práticas. Petrópolis: Vozes, 2009.

D'AMBRÓSIO, Ubiratan. Entrevista com Paulo Freire. *Etnopedagogia. Movimento pedagógico multicultural e puriétinico*. Documentos, relatos e livros. Disponível em: <http://vello.sites.uol.com.br/entrevista.htm>. Acesso em: 25 abr. 2009.

_____. Do saber matemático ao fazer pedagógico: o desafio da educação. In: ENCONTRO DE EDUCAÇÃO MATEMÁTICA DO RIO DE JANEIRO, 2., *Anais*..., Conferência de Abertura. Macaé, Rio de Janeiro, 1999.

DELEUZE, Gilles. *Conversações*. São Paulo: Editora 34, 1998.

_____. *A dobra*. Campinas: Papirus, 1991.

FERRAÇO, Carlos Eduardo (Org.). *Cotidiano escolar, formação de professores(as) e currículo*. São Paulo: Cortez, 2005.

_____. Os sujeitos praticantes dos cotidianos das escolas e a invenção dos currículos. In: MOREIRA, A. F.; PACHECO, J. A.; GARCIA, R. L. (Org.). *Currículo*: pensar, sentir e diferir. Rio de Janeiro: DP&A, 2004.

FLEURI, Reinaldo. Prefácio. In: BARCELOS, Valdo. *Educação de jovens e adultos*: currículo e práticas pedagógicas. Petrópolis: Vozes, 2010.

FREIRE, Paulo. *Pedagogia da autonomia*: saberes necessários à prática educativa. São Paulo: Paz e Terra, 1996.

_____; MACEDO, Donaldo. *Alfabetização*: leitura da palavra, leitura do mundo. Rio de Janeiro: Paz e Terra, 1990.

GARCIA, Regina Leite. A educação numa plataforma de economia solidária. In: *Proposta*, revista trimestral de debate da Fase, Rio de Janeiro, ano 26, n. 74. set./out./nov. 1997.

GERALDI, Wanderley. Mediações pedagógicas no processo de produção de textos. In: FETZNER, Andréa Rosana (Org.). *Ciclos em revista*: a aprendizagem em diálogo com as diferenças. Rio de Janeiro: Wak Editora, 2008. v. 3.

_____. *A aula como acontecimento*. São Carlos: Pedro & João Editores, 2010.

LIMA, Francine. Esse sujeito come lixo... *Época*, São Paulo: Globo, n. 440, 20 out. 2006.

MATURANA, Humberto. *A ontologia da realidade*. Belo Horizonte: Ed. UFMG, 2002.

_____. *Emoções e linguagens na educação e na política*. Belo Horizonte: Ed. UFMG, 1998.

_____; VARELA, Francisco. *A árvore do conhecimento*. Campinas: Editorial Psy, 1987.

_____; VERDEN-ZÖLLER, G. *Amar e brincar*: fundamentos esquecidos humano. São Paulo: Palas Athena: 2004.

MORTATTI, Maria do Rosário Longo. *Educação e letramento*. São Paulo: Ed. Unesp, 2004.

PÉREZ, Carmen Lúcia Vidal; ALVES, Luciana Pires. *Injustiças cognitivas*: ressignificando os conceitos de cognição, aprendizagem e saberes no cotidiano escolar. Rio de Janeiro: Faperj, 2009.

PÉREZ-GOMEZ, Angel. O pensamento prático do professor; a formação do professor como profissional reflexivo. In: NÓVOA, A. (Coord.). *Os professores e a sua formação*. Lisboa: Publicações Dom Quixote, 1995.

SAMPAIO, Carmen Sanches; PÉREZ, Carmen Lúcia Vidal. *Nós e a escola. Sujeitos, saberes e fazeres cotidianos*. Rio de Janeiro: Editora Rovelle, 2009.

SANTOS, Boaventura de Sousa. *Um conhecimento prudente para uma vida decente*: um discurso sobre as ciências revisitado. São Paulo: Cortez, 2004.

SMOLKA, Ana Luiza Bustamante. *A criança na fase inicial da escrita*: a alfabetização como processo discursivo. São Paulo/Campinas: Cortez/Ed. Unicamp, 2000.

VENÂNCIO, Ana Paula. Leitura e Alfabetização: tudo a ver. In: Fale UniRio, 1., Rio de Janeiro: UniRio, 3 mar. 2007. Depoimento oral.

_____. Alfabetização sem cartilha: por onde começar? In: Fale UniRio, 17., Rio de Janeiro: UniRio, 9 maio 2009. Depoimento oral.

_____. E a conversa continua... Alfabetização sem cartilha: por onde começar? In: Fale UniRio, 18., Rio de Janeiro: UniRio, 20 jun. 2009. Depoimento oral.

VIGOTSKI, L. S. *A formação social da mente*. São Paulo: Martins Fontes, 1989.

ZACCUR, Edwiges. Aprendiz de modelo ou modelo de aprendiz? In: GARCIA, Regina Leite (Org.). *A formação da professora alfabetizadora*: reflexões sobre a prática. 5. ed. São Paulo: Cortez, 2008.

Tema X

Avaliação da aprendizagem em Didática e Currículo

CAPÍTULO 19

Avaliação da aprendizagem na escola

Cipriano Carlos Luckesi

Nos últimos quarenta anos e de forma mais intensa nos últimos vinte, o tema da avaliação da aprendizagem na escola tem ocupado a atenção de educadores, de formadores de educadores, de gestores de instituições de ensino e de pesquisadores na área do ensino-aprendizagem escolar. O texto que segue, mais uma vez, trata desse tema, articulando-o com Currículo, projeto pedagógico, projeto de ensino, Didática e ação docente na sala de aula, na perspectiva de encaminhar sua compreensão e sua prática como um recurso subsidiário da obtenção dos resultados desejados e traçados nos planejamentos e registrado nos documentos escolares de ensino.

Para abordarmos o tema, importa, previamente, estabelecer o contexto dentro do qual estaremos tratando da avaliação e de sua fenomenologia.

Vamos abordá-lo sob a *ótica operacional*, o que implica compreender o ato de avaliar como um modo de acompanhar a qualidade de um determinado curso de ação e, se necessário, intervir, tendo em vista o seu sucesso. Nesse contexto, a avaliação é um recurso subsidiário da ação. Ela alia-se e serve ao projeto de ação, tendo em vista mostrar seus efeitos positivos, suas fragilidades, assim como as necessidades de correção, caso se deseje chegar aos resultados previamente definidos. A avaliação, nessa perspectiva, é uma aliada necessária do projeto e da sua gestão,[1] enquanto recurso que investiga a qualidade dos resultados que estão sendo obtidos com os investimentos realizados e, se necessário, subsidiando correções de rumo.

Existem outros âmbitos de práticas avaliativas que se distinguem da avaliação operacional, correspondentes a critérios de qualidade que supõem escolhas filosóficas, políticas, religiosas, institucionais. Sempre serão escolhas, mas nos referimos aqui a critérios últimos ou mais abrangentes da ação. Nesse âmbito de atos avaliativos, temos como objetivo estabelecer os fundamentos axiológicos da ação — suas finalidades mais abrangentes — ou estabelecer critérios pelos quais se julgarão resultados manifestados no cotidiano em decorrência da ação efetiva. No caso, as condutas filosóficas, políticas, éticas, religiosas, institucionais estão comprometidas com escolhas abrangentes que indicam caminhos de ação, mas não propriamente a ação efetiva em si.

O tratamento que daremos à avaliação neste texto é modesto no sentido de que a estaremos tomando como recurso subsidiário da eficiência da ação planejada — esta sim atrelada às finalidades mais abrangentes, como veremos. A ação planejada na escola, seja curricular, pedagógica ou de gestão, está diretamente comprometida com cosmovisões filosóficas, éticas, políticas e/ou religiosas e, dessa forma, também a avaliação da aprendizagem está a serviço dessas definições mais abrangentes, na medida em que está a serviço de um projeto pedagógico...

Tendo presente essas delimitações iniciais, trataremos a fenomenologia da avaliação da aprendizagem em três abordagens: primeiro, do ponto de vista dos seus padrões historicamente estabelecidos; a seguir, do ponto de vista do seu conceito e do seu modo de operar; por último, do ponto de vista de sua articulação com o projeto pedagógico.

---

1. Por "gestão", aqui, estamos compreendendo nossa capacidade e nosso investimento em produzir os resultados que desejamos, gerir recursos para chegar a resultados estabelecidos como metas.

Parâmetros históricos para o acompanhamento da aprendizagem do educando na escola

São dois os parâmetros de acompanhamento dos resultados da aprendizagem dos educandos na escola: os exames escolares e a avaliação da aprendizagem. O parâmetro dos exames escolares foi sistematizado com o nascimento da escola moderna e prosseguiu único e hegemônico por, pelo menos, quatro séculos. O modelo de escola que praticamos hoje em nossas instituições educacionais ganhou sua forma no decurso do século XVI e início do século XVII, na Europa. Anterior a esse período, a educação institucionalizada era quase individualizada, numa relação entre mestres e aprendizes no seio das oficinas. Esse século marca a mudança do modelo quase individualizado de instituição educativa para o ensino simultâneo, configurado pela aprendizagem simultânea de estudantes dentro de um grupo, ensinados por um único professor.

Esse modelo de ensino, emergente nos séculos XVI e XVII, foi estruturado em função das necessidades sociais que surgiam, tanto no seio da pedagogia católica, liderada pelos padres jesuítas, quanto no seio da pedagogia protestante, cujo principal sistematizador foi João Amós Comênio, um bispo protestante da comunidade dos Irmãos Morávios, na região da Morávia, hoje República Checa.

No apagar das luzes do 1500, precisamente no ano de 1599, a ordem dos padres jesuítas publicou um documento intitulado *Ratio atque institutio studiorum societatis Jesus*[2] citado de forma simplificada como *Ratio Studiorum*, dando forma à denominada pedagogia tradicional católica e, no início do século XVII, mais precisamente, no ano de 1632, Comênio, publicou em latim sua obra prima intitulada *Didática magna: tratado da arte universal de ensinar tudo a todos*,[3] na qual con-

---

2. O texto da *Ratio Studiorum* — assim denominada costumeiramente — foi traduzido para a língua portuguesa pelo padre jesuíta Leonel Franca como apêndice do livro *Método pedagógico jesuítico*, publicado pela Agir, Rio de Janeiro, 1942.

3. Comênio, João A. *Didáctica Magna*: tratado da arte universal de ensinar tudo a todos. Lisboa: Fundação Calouste Gulbenkian, 1985.

figura o modelo de prática educativa escolar sob a ótica protestante. Essas duas tradições educativas como ramos da visão cristã, configuraram o modo de aquilatar a qualidade da aprendizagem dos estudantes de um modo semelhante através dos exames escolares.

Na *Ratio Studiorum*, há um capítulo específico sobre os exames escolares, determinando como devem agir professores e administradores das instituições educativas para praticá-los Nesse capítulo do documento, estão estabelecidos os deveres dos educadores e dos estudantes na realização dos exames, assim como as decisões pedagógicas a serem tomadas a partir deles, no sentido de aprovar ou reprovar o educando no que diz respeito ao aproveitamento dos estudos na classe em que se encontra. Na *Didática Magna*, Comênio, junto com suas proposições pedagógicas, define os exames escolares como o meio pelo qual se pode saber se o estudante aprendeu, ou não, de modo suficiente aquilo que lhe fora ensinado, dando a eles, inclusive, um *status* de recurso de controle disciplinar. À semelhança da *Ratio Studiorum*, Comênio publicou, além da *Didática Magna*, um manual de ordenamento da vida escolar, intitulado *Leis para a boa ordenação da escola*,[4] no qual existe um capítulo sobre os exames escolares, acrescentando a todas as prescrições já existentes o "escolarca", personagem nomeado pelas autoridades distritais ou municipais que deveria elaborar provas e aplicá-las nas escolas, tendo em vista saber com que qualidade elas estavam funcionando (primórdios do que hoje denominamos "avaliação de larga escala"). Essas duas configurações pedagógicas do século XVI e início do XVII sistematizam o parâmetro dos "exames escolares" como recurso para acompanhar e decidir sobre a vida escolar dos estudantes.

O que caracterizou, e ainda caracteriza, os exames escolares?[5] Sua principal característica é estabelecer uma classificação do educando,

---

4. John Amos Comenius, *Leges scholae bene ordinatae*, obra traduzida para o italiano por Giuliana Limiti, sob o título *Norme per un buon ordinamento delle scuole*, publicado em Studi e Testi Comeniani. Roma: Edizioni dell'Ateneo, 1965. p. 47-107.

5. A respeito da distinção entre os atos de examinar e avaliar na prática escolar, ver meu livro *Avaliação da aprendizagem*: componente do ato pedagógico. São Paulo: Cortez, 2012. Capítulo Primeira constatação: a escola pratica mais exames que avaliação, p. 179-212.

minimamente, em "aprovado" ou "reprovado" ou dentro de uma escala mais ampla, como ocorre com os valores de 0 (zero) a 10 (dez). A aprovação inclui e a reprovação exclui. A exclusão não significa sair da instituição escolar. Usualmente significava e significa "ser retido na classe, na qual não logrou aprovação", gerando o fenômeno da repetência, que nada mais era (e ainda é) do que "repetir os estudos no mesmo nível de escolaridade no qual foi reprovado".

Em decorrência da aprovação ou reprovação, outras decisões poderiam ser tomadas — e comumente o foram ao longo da história da educação — tais como: estabelecer um *ranking* daqueles que tiveram melhor nota e para aqueles que tiveram o pior desempenho (ou pior nota); tornar pública essa classificação, tornando públicos os melhores e os piores desempenhos, para a alegria de alguns e vergonha de outros; premiar os primeiros lugares, entre outras possibilidades.

Consideremos, agora, o parâmetro da "avaliação da aprendizagem". Esse parâmetro teve sua primeira manifestação nos Estados Unidos da América do Norte, em torno do ano de 1930, quando o educador Ralph Tyler (ainda jovem, pois que nascera em 1902), inconformado com os níveis de reprovação escolar em seu país (em torno de 70% dos estudantes), propôs um método de ensino que permitisse que "entrassem cem crianças na escola e cem fossem aprovadas", método que fora denominado "ensino por objetivos", que só veio a ter sua formulação definitiva com seu livro *Princípios básicos de currículo e ensino*, publicado em 1949.[6]

Nesse período histórico, a educação procedia a trocas com as diversas áreas do conhecimento em emergência, tais como o uso dos testes psicológicos, elaborados e aplicados segundo as regras de uma metodologia científica consistente (os testes psicológicos propostos por Binet estavam em franco uso), bem como as demandas sociais e econômicas que exigiam ações planificadas por parte do Estado (a Revolução Russa de 1917 já expunha ao mundo a necessidade dos planos

---

6. Tradução brasileira: Tyler, Ralph W. *Princípios básicos de currículo e ensino*. Porto Alegre: Globo, 1974.

econômicos e sociais como recursos — mediações necessárias — para se atingir metas desejadas).

Tyler, no contexto exposto, propôs a solução mais óbvia possível para o sucesso na vida escolar — o ensino consistentemente planejado e executado com eficiência —, porém, as instituições escolares e os seus educadores não se apropriaram desse entendimento naquele momento (e, de certa forma, não se apropriam ainda hoje). Os passos propostos para o ensino e a aprendizagem eficientes eram: (a) ensinar alguma coisa; (b) diagnosticar a qualidade do aprendido; (c) quando a aprendizagem se apresentava (ou se apresenta) negativa ensinar de novo... até aprender.

Os historiadores norte-americanos da avaliação da aprendizagem, reconhecendo o papel desse educador nessa área de estudos e proposições, homenagearam Ralph Tyler por esse feito, denominando o período compreendido entre 1930 a 1945 "período tyleriano da avaliação da aprendizagem". Ele foi pioneiro e estabeleceu o ponto de partida para a história da avaliação da aprendizagem escolar que se segue, a partir dessa data até nossos dias, tanto nos Estados Unidos e Europa quanto na Améria Latina, incluindo o Brasil. Assentava-se, então, o ponto de partida para o novo parâmetro de acompanhamento da aprendizagem dos estudantes na vida escolar.

A educação em nosso país reflete o que ocorreu no mundo ocidental. Do ponto de vista dos exames escolares, entre outras coisas, somos herdeiros da Europa e das suas duas principais correntes pedagógicas sistematizadas nos séculos XVI e XVII. O ordenamento católico chega até nós pela educação católica implantada desde o início da colonização portuguesa, e as determinações da pedagogia protestante chegam mais vagarosamente ao país com as sucessivas missões desse segmento religioso. Todavia, importa estar ciente de que, no que se refere aos exames escolares, as duas correntes pedagógicas sempre tiveram posições assemelhadas, ainda que nos detalhes pedagógicos possam conter diferenças decorrentes de posições teológicas discrepantes, mesmo sendo ambas cristãs.

A ideia de avaliação da aprendizagem chegou ao Brasil em fins dos anos 1960, mas com ênfase a partir do início dos anos 1970. Os autores da reforma do ensino ocorrida nesse período, sistematizada na Lei n. 5.692/71, aboliram a expressão "exames escolares", contudo, ainda não usaram a expressão avaliação da aprendizagem. Preferiram servir-se da expressão "aferição do aproveitamento escolar". A Lei de Diretrizes e Bases da Educação Nacional, publicada em 1961, ainda contém um capítulo sobre os exames escolares. Somente a Lei de Diretrizes e Bases da Educação Nacional, publicada em 1996, assumiu a expressão "avaliação" no bojo de suas definições.

A Lei n. 5.692/71 foi elaborada sob forte influência dos movimentos norte-americanos em prol da tecnologia educacional, em que a avaliação tinha papel central. No início dos anos 1960, o governo norte-americano havia investido grandes quantidades de dinheiro na educação visando superar as diferenças com a União Soviética, que havia tomado a dianteira na conquista espacial com o lançamento do Sputinik I, primeira nave a ser colocada no espaço, no seio da corrida científica e tecnológica do século XX. Por isso, desejava saber sobre os efeitos positivos — ou não — desse investimento, nascendo daí um forte movimento em torno da prática avaliativa, que poderia mostrar o que se estava perguntando, emergindo modelos e métodos os mais variados.[7] Esse movimento atingiu o Brasil no final dessa década e início da subsequente, com um movimento pela renovação da educação no país, tendo a "eficiência" como lema, o que implicava servir-se da avaliação como recurso subsidiário para a sua conquista.

Desde a abordagem de Ralph Tyler, propondo a avaliação da aprendizagem como recurso subsidiário para a obtenção de resultados bem-sucedidos na aprendizagem escolar, há, no mundo em geral, uma tensão entre exames escolares e avaliação no seio da escola e, no Brasil, essa fenomenologia se manifesta a partir do início dos anos 1970, quando começamos a nos deparar com essa abordagem. Então, de um lado, os exames, com suas características classificatórias, excludentes e antidemocráticas, que eram hegemônicos na escola há mais de trezentos anos e, de outro, a avaliação da aprendizagem como uma proposta emergente, com as características de diagnóstica, inclusiva, socializante.

---

7. Sobre essa questão, ver: Popham, James. *Avaliação educacional.* Porto Alegre: Globo, 1972.

Quarenta anos depois, ainda nos encontramos nesse mesmo impasse, ainda que de modo mais atenuado. Os exames escolares continuam sua hegemonia no cotidiano de nossas escolas e a avaliação da aprendizagem vem buscando seu lugar nesse processo. Nesses quarenta anos de história da educação escolar no país, muito se investigou, se pensou, se analisou e se escreveu sobre essa fenomenologia, porém os exames, como um senso comum pedagógico arraigado no pensar e no agir de educadores e membros da sociedade em geral, continua ainda a ocupar um lugar bastante amplo na prática de nossos educadores escolares. Conseguimos até compreender bem teoricamente o que é o ato de avaliar e sua metodologia, porém, na prática cotidiana de nossas escolas, o senso comum dos exames escolares incrustado em nosso inconsciente ao longo do tempo, seja de modo coletivo seja individual, continua atuando.

A tensão entre os atos de examinar e avaliar a aprendizagem na escola está posta à nossa frente,[8] convidando-nos a ultrapassá-la, cuja solução, a nosso ver, emergirá de nossa capacidade de tomar a avaliação como recurso da eficiência de nossa atividade de educadores, isto é, que nossos educandos aprendam e, por isso, se constituam como cidadãos, capazes de administrar, da melhor forma possível, sua vida na relação com os outros e com o meio onde vivem.

Avaliação como ato de investigar e intervir nos resultados da aprendizagem na escola, na busca de resultados bem-sucedidos

O ato de avaliar a aprendizagem na escola se expressa como uma investigação da qualidade dos resultados obtidos,[9] portanto, resulta

---

8. Em torno da dificuldade de transitar do ato de examinar ao ato de avaliar, ver meu livro citado anteriormente, capítulo: Segunda constatação; razões da resistência a transitar do ato de examinar para o ato de avaliar, p. 213-62.

9. Ver no mesmo livro, p. 147-78, o capítulo intitulado: Avaliação da aprendizagem na escola: investigação e intervenção, assim como às p. 263-94, o capítulo: O ato de avaliar a aprendizagem na escola.

TEMAS DE PEDAGOGIA

num conhecimento do desempenho do educando individual, assim como de sua turma, coletivamente. No âmbito da ciência, a investigação produz um conhecimento sobre o modo como a realidade se apresenta e como ela funciona; no âmbito da avaliação, produz uma configuração da qualidade do objeto investigado (seja ele pessoa, grupo de pessoas, instituições, aprendizagem...).

Investigar a qualidade significa proceder a um diagnóstico, o que, no nosso campo de abordagem, significa "proceder a um diagnóstico da aprendizagem dos educandos". Por sua vez, o diagnóstico implica dois passos, o primeiro composto de uma descritiva da realidade investigada, o segundo configurado pela qualificação do objeto descrito, com base em critérios.

O passo ou momento descritivo tem sua base na coleta de dados a respeito do objeto a ser diagnosticado. Os dados coletados devem ser exclusivamente os relevantes para essa descritiva, nem mais nem menos. Dados tanto para mais como para menos produzem descrições distorcidas e, pois, enganosas; o que, do ponto de vista da avaliação dos resultados de ação em curso só trará prejuízos, à medida que o que interessa nesse caso é a obtenção dos melhores resultados desejados.

No exercício da avaliação da aprendizagem escolar, importa que o avaliador esteja atento, em primeiro lugar, exclusivamente ao que fora planejado (definição dos resultados desejados), ou seja, o avaliador deverá coletar dados segundo as variáveis que configuram o seu objeto de estudo, diferentemente do que tem ocorrido em nossas escolas, onde "quaisquer dados" têm sido assumidos como os dados essenciais para a prática — dos exames escolares mais do que da avaliação. Para a avaliação, efetivamente, os dados devem ser somente os essenciais.[10] No cotidiano escolar, infelizmente, por muitas vezes, os educadores tomam dados aleatórios e irrelevantes como se fossem essenciais e relevantes, especialmente através das perguntas que compõem os instrumentos de coleta de dados para a avaliação.

---

10. Mais à frente, neste texto, retomaremos a questão de como abordar a questão dos "conhecimentos majorantes".

Desse modo, um instrumento de coleta de dados para a avaliação da aprendizagem[11] deve ser elaborado de forma sistemática (cobrir todo o conteúdo essencial ensinado), seguindo as regras da metodologia científica para a elaboração de instrumentos de coleta de dados para pesquisa, o que inclui cuidados com: (1) a linguagem compreensível; (2) precisão do que se solicita ao estudante; (3) compatibilidade entre os conteúdos ensinados e os aprendidos; (4) compatibilidade entre a metodologia utilizada na abordagem dos conteúdos do ensino e a metodologia exigida para a solução das questões propostas ao estudante; (5) compatibilidade entre a complexidade do que foi ensinado e a complexidade do que está sendo solicitado; entre outros.

Descuidos com a qualidade do instrumento de coleta de dados para a avaliação produzem distorções na "leitura" da qualidade dos resultados, à medida que essa "leitura" é realizada com base nesses dados. Mais: distorções na configuração da realidade e de sua qualidade conduzirão a distorções de decisões que possam vir a ser tomadas com base nessa avaliação. Alterações na prática avaliativa sempre produzem falhas nos cuidados com os resultados, aqui, no caso, da aprendizagem. Aliás, importa observar que, em nosso cotidiano escolar — marcado pela prática dos exames escolares —, usualmente temos dado pouca ou quase nenhuma atenção à reorientação do educando tendo em vista a aprendizagem eficiente, pois que, de forma mais comum, quase com exclusividade, temos dado atenção à sua aprovação ou reprovação; nada mais que isso.

Assentado sobre uma consistente descritiva, o avaliador da aprendizagem passará para o segundo passo do ato de avaliar, a atribuição de qualidade à realidade descrita. A ciência faz uma leitura substantiva sobre a realidade, tendo como objetivo entender *como é* e *como funciona*. O substantivo, em gramática, diz o que a "coisa é". A avalia-

---

11. Sobre instrumento de coleta de dados para a avaliação, ver meu livro citado anteriormente, capítulos V: Instrumentos para a coleta de dados para a avaliação da aprendizagem na escola: um olhar crítico e VI: Instrumentos para a coleta de dados para a avaliação na escola: um olhar construtivo, às p. 295-324 e 325-76, respectivamente.

ção é uma investigação que diz qual é *a qualidade* da realidade. Seguindo a metáfora gramatical, a avaliação é adjetiva; qualifica a realidade.

Então, como se atribui qualidade à realidade investigada pela avaliação? A prática avaliativa se processa por comparação da realidade descrita com um padrão de qualidade definido como necessário e, por isso mesmo, o satisfatório. No caso, no planejamento do ensino, o educador deverá ter definido aonde deseja chegar em termos da aprendizagem com os educandos, o que significa que estabeleceu os padrões (os critérios) de qualidade da aprendizagem. Os resultados da aprendizagem só serão assumidos como satisfatórios se corresponderem aos critérios estabelecidos ou os ultrapassarem. Nesse contexto, o planejamento do ensino, como veremos mais à frente, é atividade fundamental na prática educativa, pois que é ele que configura todas as ações que serão realizadas na escola do ponto de vista do ensinar-aprender. O planejamento do ensino deve traduzir para a prática os anseios educacionais (filosóficos) expressos no projeto político e pedagógico da escola.

Se, no processo de comparar a realidade descrita com o padrão de qualidade, observa-se compatibilidade entre a realidade descrita e a qualidade esperada, diz-se que a qualidade é satisfatória, porém, caso a realidade descrita seja discrepante em relação ao padrão de expectativa, ajuíza-se que ela é insatisfatória. Como em gramática o adjetivo atribui qualidade ao substantivo, aqui, o ato de avaliar atribui qualidade à realidade descrita, o que implica que a "atribuição de qualidade" não é aleatória e arbitrária, porém, ao invés disso, ela está assentada sobre a descrição efetuada com base nos dados coletados de modo científico. Ainda que os juízos emocionais, usualmente, sejam arbitrários porque baseados na subjetividade do sujeito, os juízos de qualidade não o são à medida que estão assentados sobre dados cuidadosa e objetivamente coletados.

O diagnóstico propriamente se encerra com a qualificação da realidade. Todavia, como estamos operando com a construção de resultados desejados, há um ato decorrente e com base na qualificação. Caso a qualificação demonstre que os resultados já são satisfatórios, podemos ter duas atitudes: ou aceitamos que já chegamos aos resultados esperados e isso é suficiente ou, mesmo aceitando que já chegamos aos resultados satisfatórios, ainda desejamos refiná-los mais um pouco e, então, decidimos continuar investindo mais no aperfeiçoamento desses resultados, refinando mais ainda sua qualidade.

Caso a qualificação demonstre que os resultados são insatisfatórios, diante do nosso desejo de obter resultados satisfatórios, devemos intervir com novas ações na perspectiva da melhoria dos resultados, para que a qualidade preestabelecida no planejamento da ação seja atingida.

Desse modo, a avaliação é o recurso subsidiário da obtenção do melhor resultado, claro, se o gestor (no caso, o educador) decidir que o quer. Não se contenta com o obtido; quer ir além. A avaliação, por si, não resolve nada, quem resolve é a gestão. A avaliação é a aliada necessária das soluções a serem gerenciadas, tendo em vista a obtenção dos resultados desejados e necessários.

Desse modo, a avaliação se manifesta absolutamente diferente dos exames escolares. Enquanto estes se encerram na classificação, a avaliação só se encerra com a intervenção efetivamente eficiente, caso seja necessária. O gestor que examina contenta-se com o que acontece, o gestor que avalia só se contenta com os resultados positivos. Essa é um pouco a oposição revelada no verso de Geraldo Vandré: *Quem sabe faz a hora, não espera acontecer.*

Então, diante desse quadro exposto, várias perguntas podem emergir na mente do educador. *No caso, como fica a questão da aprovação do educando?* Por si só, essa pergunta nem se colocaria diante de um educador que usa a avaliação como recurso de diagnóstico dos resultados de sua ação e como aliada na correção de possíveis insucessos. Minimamente, ele investe na obtenção dos resultados desejados (planejados) e, se esse nível for atingido, não há por que não haver aprovação. No dicionário de um educador, que efetivamente avalia e usa a avaliação como recurso subsidiário da construção de resultados positivos através de sua ação, os termos "aprovação" e "reprovação" não existem, pois que o investimento é para atingir os resultados desejados.

TEMAS DE PEDAGOGIA

Se essa resposta ainda não silencia a pergunta anterior, ela leva à segunda: *Em nossas escolas há a exigência de se atribuir um conceito ou nota no final dos períodos letivos. Como faremos isso?* Importa compreender que "nota" ou "conceito" não significam atos avaliativos, mas registros da qualidade da aprendizagem atingida pelo educando. Então, se o gestor da sala de aula (o educador) investiu efetivamente para que todos aprendam, o que terá que registrar nos documentos escolares será somente a qualidade positiva atingida pelo educando, seja sob a forma de nota ou de qualquer outra forma de registro. O registro representa o testemunho do educador de que aquele estudante aprendeu o suficiente (ou mais que isso, se este for o caso).

Aqui, importa introduzir a compreensão sobre a *avaliação de acompanhamento* e a *avaliação de certificação*. Na prática escolar, necessitamos das duas. Ambas operam sob a forma de diagnóstico, sendo que a *avaliação de acompanhamento* se dá no acompanhamento sucessivo dos resultados que vão sendo obtidos pelo educando, com consequentes intervenções (se necessárias) para que aprendam o que necessitam aprender. Já a *avaliação de certificação* é aquela que expressa o testemunho do educador ao final de um período letivo, pelo qual ele atesta que o educando recebeu seu cuidado e aprendeu o necessário ou, até mesmo, foi para além dele. A forma de registrar esses resultados positivos vai variar de instituição para instituição, sob a forma de notas, conceitos, letras, através de descrição... entre outras.

Então, pode emergir ainda uma terceira pergunta: *Se, para avaliar, necessitamos coletar dados somente no limite dos resultados planejados, não iremos testar se o educando pode (ou não) ir para além disso?* Certamente que podemos, porém, não para aquilatar se ele aprendeu o que fora ensinado. O resultado positivo mínimo necessário é o planejado e ensinado. Para saber se o estudante pode ir para além disso, no instrumento de coleta de dados, vamos formular questões que ultrapassem o mínimo necessário exigido. São denominados "conhecimentos majorantes", porém esses não podem ser exigidos do educando, somente podem ser constatados. Caso no instrumento de coleta de dados eles não respondam corretamente a essas questões, não significa que eles não aprenderam o essencial. Significa que eles não foram para além do necessário, porém isso também não pode ser exigido em nenhuma prática escolar, em sã consciência.

Norman Groulund, num livro intitulado *Testes para o ensino*,[12] divide as possibilidades de coletar dados sobre a aprendizagem dos educandos em dois segmentos: (a) aprendizagem para o domínio; e (b) aprendizagem para o desenvolvimento. A parte do instrumento que coleta dados sobre o "domínio" tem a ver com aprendizagem do essencial, definido no planejamento e efetivamente ensinado em sala de aula; a parte que coleta dados sobre o "desenvolvimento" tem relação com a tentativa de saber até onde e em que medida os estudantes podem ir para além do ensinado, arriscando soluções criativas dentro do tema estudado no momento, submetido à avaliação. Nesse caso, importa distinguir com clareza o que efetivamente se expressa como um conhecimento majorante (aquele que vai para além do ensinado e aprendido), na medida em que, por vezes, o educador confunde essa categoria de conhecimentos com linguagem obscura ou confusa, utilizada na formulação e proposição de problemas aos educandos.

"Conhecimento majorante" têm a ver com níveis de complexidade dos conhecimentos e soluções de problemas, um nível é mais complexo do que outro, exige novas e mais complexas habilidades do educando. "Formulações obscuras ou em linguagem confusa" simplesmente indicam a exigência de um conhecimento no mesmo nível, com uma pergunta ou proposição incompreensível para o educando.

Por último, cabe uma observação sobre a questão do individual e do coletivo na avaliação da aprendizagem em sala de aula. Os resultados obtidos por um estudante revelam o nível de sua aprendizagem, mas os resultados obtidos pela sua turma como um todo revelam a capacidade do sistema de ensino (na sala de aula, representado pelo educador) de efetivamente produzir os resultados necessários. Se, numa turma de trinta estudantes, cinco manifestam um desempenho insatisfatório, significa que 16,5% deles não foram bem-sucedidos. O

---

12. Gronlund, Norman. *Testes para o ensino*. São Paulo: Pioneira, 1976.

que está ocorrendo com o sistema de ensino para que isso aconteça? Nesse mesmo caso, se dez estudantes não obtiverem resultados satisfatórios, há necessidade mais premente ainda de olhar para o sistema de ensino. O que está ocorrendo para que 33,33% dos estudantes dessa turma não estejam atingido o desejado?

Desse modo, um sistema de avaliação da aprendizagem, para ser significativo, não pode estar focado exclusivamente sobre o educando individual, revelando somente sua aprendizagem, mas também sobre o sistema de ensino que mostra a sua eficiência em cumprir o que promete, a aprendizagem dos educandos.

Para se saber da eficiência do sistema — no caso imediato da sala de aula, a eficiência do educador como gestor nela —, basta elaborar uma "curva de aproveitamento" dos estudantes componentes da turma com a qual se trabalha pedagogicamente. Para tanto, é necessário contar a frequência do aproveitamento dos estudantes segundo a forma de registro dos resultados praticados em sua escola. Se se usa uma escala de 0 (zero) a 10 (dez), contando quantos obtiveram 0, 1, 2,..., 9, 10, tem-se a curva de aproveitamento, ainda que simples, mas funcional. Caso a escala de registro seja outra, procede-se da mesma forma.

Infelizmente, hoje, em nossas escolas, no âmbito da avaliação da aprendizagem, nossa atenção tem estado e está focada com exclusividade sobre o educando e sua responsabilidade de aprender. Pouco ou nada se olha para o sistema do ensino e sua responsabilidade com a eficiência em produzir os resultados planejados.

Comprometimento da avaliação da aprendizagem com as configurações curriculares e com a Didática

O ato operacional de avaliar os resultados de uma ação, em conformidade com o que vimos definindo no decorrer deste texto, constitutivamente, está comprometido com o projeto dessa ação que, por sua vez, está articulado com as finalidades mais abrangentes da vida social ou das instituições onde o projeto em execução foi concebido e está sendo executado.

A avaliação operacional, por si, apresenta-se como um recurso metodológico pelo qual se qualifica alguma coisa (pessoa, grupo de pessoas, instituições, resultados de uma ação, produtos), comprometida com o projeto que deu forma a esse produto ou que configura os resultados que estão sendo construídos. O projeto de ação (no nosso caso, o projeto de ensino) é uma mediação de anseios ou finalidades mais abrangentes, e o sistema de avaliação subsidia a consecução dos resultados desejados, sistematizados nesse projeto.[13]

O ato de avaliar não subsiste por si, porém, sim, a serviço do projeto ao qual está atrelado. Suas definições e seus instrumentos necessitam ser configurados em conformidade com as delimitações do projeto ao qual serve. A avaliação operacional é um recurso a serviço de um projeto. Não existe, pois, por si só. Historicamente, aprendemos a utilizar os exames de forma independente dos projetos escolares e, hoje, temos dificuldades em compreender e praticar a avaliação articulada com o projeto de ação, à medida que estamos comprometidos com o senso comum anterior, no qual fomos formados, seja como cidadãos, seja como profissionais da educação.

O Currículo é um dos mediadores do Projeto Político-Pedagógico (PPP), na medida em que configura os conteúdos escolares, sejam eles relativos à ciência contemporânea transmitida e assimilada na escola, sejam eles metodologias próprias das ações mentais praticadas no ensino, sejam eles relativos às condutas e atitudes no exercício da atividade estudantil, assim como na convivência com os pares, ocorra ela dentro ou fora da escola.

O Currículo é uma sistematização do que é necessário ensinar e aprender no nível em que se encontra o educando em termos de de-

---

13. Marx nos lembra de que nenhuma teoria vai à prática sem passar por múltiplas mediações. Aqui, nossa teoria político-pedagógica, usualmente configurada no Projeto Político-Pedagógico da Escola, não poderá ser traduzida em resultados efetivos, a menos que seja mediada por um projeto de ensino e sua consistente execução, o que implica o uso da avaliação operacional como aliada.

senvolvimento biológico, psicológico (emocional), mental e espiritual. Nem tudo o que ocorre no mundo da cultura, da ciência, da filosofia, da política... pode ir para dentro da escola cotidianamente. Então, algumas decisões delimitativas necessitarão ser levadas em conta, através de um conjunto de critérios que se estabeleça. O Currículo, a nosso ver, é uma mediação que se dá entre o Projeto Político-Pedagógico da Escola e o planejamento de ensino. Ele medeia o PPP em termos dos conteúdos a serem levados em consideração no cotidiano escolar, e o plano de ensino traduz o Currículo para a sala de aula em seus dias e horas letivas.

Que isso tem a ver com avaliação? Esta é uma serva fiel do plano de ensino, do Currículo e do Projeto Político-Pedagógico da Escola. A sequência de mediações de PPP, Currículo, planejamento do ensino configura os contornos da prática avaliativa. Ela está ao seu serviço, como temos sinalizado anteriormente neste texto, por isso suas delimitações em relação ao "que" e ao "como" avaliar ocorrem em compatibilidade com essas mediações.

Vale a pena ainda uma observação sobre a constituição das mediações pedagógicas na prática escolar. Elas poderão ser elaboradas de forma autoritária e autocrática. Nesse caso, o sistema de ensino — sistema nacional, regional (estado), local (município) e escolar (instituição escolar), incluindo o educador em sala de aula — dita quais são as finalidades a serem perseguidas no cotidiano da escola: o PPP, os conteúdos a serem ensinados e aprendidos, assim como a metodologia a ser utilizada nesse processo (Currículo). Poderão ser estabelecidas de modo autogestionário, o que, historicamente, já ocorreu, sem que se tenha chegado a resultados bem-sucedidos. Diante dos atuais conhecimentos que temos do ser humano, especialmente provenientes da Psicologia, seria o modelo pedagógico menos significativo e viável em termos de educação escolar.[14] Poderão, ainda,

---

14. Nos anos 1960 e 1970, desenvolveu-se na Inglaterra a experiência da Escola Summerhill, uma escola autogestionária, que não conseguiu sobreviver em função mesmo de sua proposta pedagógica. Educandos infantis, pré-adolescentes e adolescentes, nas limitações de sua maturidade, necessitam de adultos que dialoguem com eles e, juntos, encontrem soluções saudáveis e adequadas para

ser constituídas pelo diálogo entre sistema de ensino — especialmente o representado pela equipe escolar — e os educandos, tendo-se ciência de que eles apresentam limitação, seja no que se refere aos conteúdos decorrentes da ciência contemporânea, seja no que se refere à busca da maturidade emocional necessária a todo cidadão. Isso não implica não ouvi-los e com eles dialogar; simplesmente significa reconhecer os limites dessa tarefa. As configurações pedagógicas, no que se refere à avaliação, assumem sua importância à medida que determinam as práticas avaliativas. A prática avaliativa será autoritária, autogestionária ou dialógica em conformidade com o projeto pedagógico ao qual ela serve.

Seja o Currículo configurado por qualquer uma dessas metodologias, a avaliação da aprendizagem na escola sempre será sua subsidiária, o que significa que não pode e não deve ser arbitrariamente definida. Seu lugar específico é estar a serviço do projeto de ação, subsidiando com informações sobre a qualidade dos resultados que estão sendo obtidos com a prática efetiva dessas mediações, especialmente do plano de ensino e sua execução em sala de aula.

A avaliação da aprendizagem, sob a ótica operacional, em sua própria constituição, também está comprometida essencialmente com a Didática. A Didática, desde os antigos gregos, é uma mediação que, através de seus recursos metodológicos, torna viável o ensino, o que, consequentemente, viabiliza a aprendizagem satisfatória na escola.

Uma vez que a Didática é uma ciência prática, cuja meta é viabilizar o ensino e aprendizagem de qualidade na escola, a avaliação da aprendizagem, sob a ótica operacional, não só é sua aliada, como também faz parte do seu algoritmo. A avaliação, ao lado e com a Didática, compõe as mediações para que a teoria pedagógica assumida por uma instituição escolar no seu Projeto Político-Pedagógico chegue à prática. Se a Didática, como ciência prática que é, viabiliza o ensino e a apren-

---

o ensino e aprendizagem, suportes para o seu desenvolvimento cognitivo, metodológico e emocional, certamente sempre tendo o educador como líder, o que não quer dizer como *magister*. Em Summerhill, pela sua proposta autogestionária, os educandos deveriam, por si mesmos, aprender a cuidar de si e da vida, o que parece ter tornado a experiência inviável.

dizagem, a avaliação subsidia a busca da qualidade positiva dos seus resultados decorrentes do seu uso.

Em síntese, a avaliação da aprendizagem está a serviço do Projeto Político-Pedagógico, articulada com todas as mediações que o levam ao desenvolvimento cognitivo, metodológico e emocional, certamente sempre tendo o educador como líder, o que não quer dizer como *magister dixit*. A avaliação é a aliada indispensável de toda e qualquer ação, cujo destino final é produzir resultados positivos.

Leituras complementares

Para leituras complementares, sugiro ao leitor os livros de minha autoria:

LUCKESI, Cipriano Carlos. *Avaliação da aprendizagem escolar*: estudos e proposições. 22. ed. São Paulo: Cortez Editora, 2011.

_____. *Avaliação da aprendizagem*: componente do ato pedagógico. 1. reimp. São Paulo: Cortez Editora, 2012.

_____. *Avaliação da aprendizagem na escola*: reelaborando conceitos e recriando a prática. 2. ed. Salvador: Malabares Comunicação e Eventos Ltda., 2005.

_____. *Filosofia da educação*. 2. ed. São Paulo: Cortez Editora, 2011. (Especialmente o capítulo que relaciona didática e avaliação da aprendizagem.)

Recomendo também o *site* que mantenho na internet. Disponível em: <www.luckesi.com.br>. —, onde são encontrados artigos e textos de entrevistas com múltiplos tratamentos a respeito do assunto.

Para estudos mais minuciosos, recomendo a indicação de livros que se encontra na página "bibliografia" do *site* acima. Aí, há uma longa indicação de livros e autores, que poderão subsidiar aprofundamentos em diversas abordagens do tema.

CAPÍTULO 20

Em histórias cotidianas, convites ao encontro entre avaliação e *aprendizagemensino*

Maria Teresa Esteban

Mitsi Pinheiro de Lacerda

Contando histórias

As professoras estão reunidas na escola para mais um encontro pedagógico. Seria um dia especial porque receberiam uma convidada para conversar sobre avaliação. Chego para uma tarde de encontros, reencontros e alguns inevitáveis desencontros, mas sinto uma grande alegria por estar na escola para uma conversa entre companheiras que partilham preocupações comuns, compromissos semelhantes e percursos diferentes. Havíamos combinado que trabalharíamos a partir das questões apresentadas pelas professoras que estão com as turmas de 2º ao 5º ano. Não tínhamos um roteiro previamente estabelecido, pontos a seguir ou qualquer outro elemento que demarcasse o caminho a percorrer. Não tínhamos recursos, artefatos ou equipamentos que nos apoiassem. Podíamos ir a qualquer lugar, o que também poderia se ir a lugar algum.

Entramos na sala de aula, reorganizada para a reunião: cadeiras em círculo, uma mesinha com água, suco, café e biscoitos. Após as apresentações, começamos nossa conversa a partir de uma professora que trouxe trabalhos feitos pelos estudantes da turma em que leciona, com a finalidade de avaliá-los. Uma turma de 2° ano, com crianças de seis a onze anos, algumas lendo e escrevendo, outras escrevendo aleatoriamente algumas letras, produzindo textos de difícil legibilidade. Mostrando um bom conhecimento sobre seus estudantes, afirma saber o que deveria fazer com eles, mas não ter tempo para realizar as atividades que lhe parecem favorecer a aprendizagem das crianças, por ter de se dedicar às metas que foram externamente definidas para sua turma.

Conversamos sobre a dificuldade de olharmos para os estudantes que efetivamente temos em nossas salas de aula quando temos de tomar como parâmetro um sujeito abstrato, que apresenta comportamentos predeterminados, que serve como referência daquele que cada um dos estudantes deveria ser. Também aí vemos a presença de um modelo idealizado de professoras ao qual deveríamos corresponder.

Fisicamente distante dali, encontramos em outras professoras proposições e questionamentos que dialogam com os anteriores. Diferentes no que se refere aos sujeitos, espaços e tempos envolvidos, as conversas com estas professoras apresentam traços que as entrelaçam às demais. Socializando sua prática, a professora exibe a escrita de uma criança e provoca interessante discussão sobre alguns indícios de que ali houve "cola". Atividade proposta por ocasião da Páscoa, a criança recebeu uma folha onde havia, dentre outros desenhos, um peixe, uma vela e um girassol — símbolos dessa comemoração cristã. A professora, atenta ao processo de escrita da criança, afirmou que ela ainda não escrevia convencionalmente, por isso se surpreendeu com o resultado: "girassol" fora grafado como GIRE, "peixe" como PESOL e "vela" como VIXE (Figura 1).

Entusiasmadas, as professoras tentavam avaliar coletivamente aquela escrita. Arriscavam categorizar os registros segundo as fases que aprenderam com as teorias que tratam da psicogênese da escrita e logo desistiam, pois, aparentemente, não havia qualquer lógica naquilo. Foi quando observaram as pistas presentes e perceberam que a sílaba de uma palavra havia "escorregado" para a outra: o espertinho colou!

Figura 1. Atividade desenvolvida por uma criança.

Segundo a professora, a criança empreendeu tentativas para escrever até que, em determinado momento, copiou do colega sentado ao seu lado, distraindo-se na hora de escrever as sílabas no lugar correto — daí a junção de peixe e girassol em PESOL e a transposição da sílaba XE, de peixe, para vela. Mesmo que nem sempre o contexto seja propício a isso, as crianças, sabedoras de que podem aprender com quem dispõe de algo para lhes ensinar, inventam formas de praticar aquilo que Vigotski (1998) conceitualiza.

TEMAS DE PEDAGOGIA

Curiosa sobre sua prática e atenta ao que aprendeu com seus estudos sobre a psicogênese da língua escrita, outra professora destaca a escrita de uma criança que apresenta caracteres idênticos. Ela questiona: *"Como esse menino usou oo para grafar ovo? Não seria preciso duas letras diferentes para a criança aceitar que está correto?"* — e novamente as professoras se voltam a discutir sobre aquilo que se dispõem a conhecer. Coletivamente, a partir do trabalho da criança, encontram possibilidades de colocar a teoria de que dispõem em discussão, o que estimula o aprofundamento do conhecimento que têm e a busca de novas aprendizagens.

O diálogo das professoras sobre as atividades desenvolvidas pelas crianças favorece enormemente uma avaliação comprometida com a reflexão sobre a prática (Esteban, 2001), levando-as a formularem suas próprias perguntas e a buscarem, no referencial teórico, o diálogo com as mesmas. Talvez esse seja um dos belos momentos em que a teoria se encontre com a prática, quando um sujeito pensante transforma o texto teórico em outro texto, produzido por si mesmo (Morin, 1999). Nesse encontro, como em tantos outros, algumas condições ótimas se entrelaçavam: um grupo de professoras reunidas, material didático produzido por elas, a intenção de avaliar os processos de aprendizagem de seus alunos, a curiosidade acerca do que era socializado, dito e desdito. Nesse encontro, um grupo de professoras interessadas em suas práticas, nas escritas das crianças, nos caminhos possíveis para ajudá-las.

Voltamos à sala de aula, onde se reúnem outra professora e outros estudantes. Sentam-se em torno a uma longa mesa. A professora mostra um cartaz circular com desenhos de rostos com diferentes expressões faciais. As crianças brincam, imitam os desenhos fazendo caretas, riem umas das outras. Estão alegres e ouvem com atenção quando a professora lhes lança o desafio: escrever no quadro a palavra correspondente a cada uma das expressões faciais observadas.

As crianças vão se apresentando para a escrita a partir da "carinha" escolhida. De pé, diante do quadro, tentam, acertam, erram, corrigem, discutem possibilidades, com a participação da professora, que, sobretudo, observa cuidadosamente os muitos movimentos que se entrelaçam àquela atividade. Um dos meninos escolhe escrever *envergonhado*. Ele vai ao quadro, escreve, com grande segurança, *einvergonhado*. A professora pede que ele leia o que escreveu e pergunta se a palavra está correta. O menino lê e afirma estar tudo certo, com o que concorda a maioria das crianças, menos uma, que diz estar errada a escrita. A professora, como das outras vezes, pede que ela mostre o que precisa ser corrigido na palavra escrita. A criança responde: "— *O i tá no lugar errado.*" A professora pede que ela vá ao quadro escrever como lhe parece a escrita correta, e ela escreve: *enivergonhado*. Mais uma vez, as crianças leem o que foi escrito e concluem que essa palavra não está certa. Então, a professora propõe que eu[1] vá ao quadro e escreva *envergonhado*, o que faço imediatamente. Os estudantes leem e concluem que minha escrita está errada e que entre as três a escrita correta é *einvergonhado*. Na leitura ressaltam o *i*, realmente presente em nossa pronúncia.

Os estudantes estavam seguros de suas aprendizagens e puderam nos dizer que erradas estávamos nós, professoras, já que nossa escrita não fazia sentido para eles. Nossos diferentes lugares e conhecimentos não foram inscritos, pelos estudantes, numa relação de poder hierárquico, que os colocaria numa posição subalterna; nos reconhecíamos, todos, como sujeitos de saberes, com conhecimentos e desconhecimentos, capazes de pronunciar nossas vozes, em nossas diferenças, e sermos ouvidos. As crianças nos desafiavam a sair da mera transmissão de informações, para vivermos um processo de reflexão sobre o conhecimento.

Por que contá-las?

Não estamos aqui somente para nos deliciarmos com as maravilhas que as crianças operam em seus processos de aprender. Trazemos

---

1. Eu, Maria Teresa, participo frequentemente das atividades dessa turma. Foi explicado às crianças que estou fazendo uma pesquisa, mas elas também me conhecem por eu ser professora das professoras delas, o que efetivamente acontece.

estas histórias para mostrar o envolvimento das professoras quando compreendem a indissociabilidade entre prática docente e avaliação (Díaz Barriga, 1999), empregando-a para conhecer as trajetórias não lineares presentes nas aprendizagens, promovendo um diálogo com o ensino e percebendo a complexa relação entre avaliação e questões que não são de ordem técnica.

Muitos são os cenários que podemos vislumbrar nos momentos em que os sujeitos se impõem às normas e a relação intersubjetiva ganha prioridade, mediada pelo conhecimento. As professoras e os estudantes presentes neste capítulo, ao se permitirem o diálogo — portanto simetria e partilha, mesmo durante os confrontos —, indicam a redução do poder hierárquico, disciplinar, como movimento que contribui para a ampliação das possibilidades da sala de a aula se tornar um espaço de trabalho coletivo de permanente socialização, produção e problematização de conhecimentos.

Nesses momentos, a aprendizagem se reveste de muitos sentidos, evidências da complexidade do conhecimento e do conhecer, que re-metem necessariamente ao encontro com o *outro*, com quem se pode tecer junto na experiência partilhada em que interagem diferenças e semelhanças. Emergem as aprendizagens, traçadas em diferentes e consistentes percursos, expressas em múltiplos resultados, presentes no cotidiano escolar. Diante de tantas possibilidades, a avaliação pre-cisa ser mais do que aferição de desempenho, o que nos faz pensar em diálogo com tantos que vêm investindo em perspectivas mais demo-cráticas de avaliação, porque comprometidas com as aprendizagens (Fernandes, 2009) na avaliação como *prática de investigação* (Esteban, 2001).

É possível encontrar, entre as professoras, práticas investigativas ainda pouco conhecidas que tomam a avaliação como momento pro-pício ao diálogo entre diferentes lógicas. Trata-se de movimentos anônimos e acolhedores da surpresa que difere da pretensa homoge-neidade requerida, fomentando outras formas de dinamizar as práticas pedagógicas e inserindo as crianças em processos avaliativos que as ajudem a aprender.

Nos relatos que articulam este texto, observamos uma tensão entre um processo de avaliação entretecido à dinâmica *aprendizagemensino* e outro processo que se direciona à aferição de desempenho, tendo como referência metas, indicadores e respostas externos ao cotidiano da sala de aula. Ao mesmo tempo, vemos na televisão o convite às professoras a "mobilizarem suas escolas". A chamada à avaliação oficial requer o esforço docente na preparação das crianças para o exame, difundindo a ideia de que a intensificação da avaliação externa está diretamente relacionada à melhoria da aprendizagem individual, que produz a elevação dos índices escolares.

Entendemos que essa avaliação oficial, pautada no exame de larga escala, remete à segunda inversão também apontada por Díaz Barriga (1999), quando destaca três relações que são invertidas no processo de avaliação, segundo os objetivos das políticas educacionais. Na segunda inversão, o exame é subtraído dos procedimentos metodológicos que favoreceriam a professora a repensar sua prática, assumindo a função de quantificar as aprendizagens e certificar os desempenhos dos estudantes.

Na escola, essa perspectiva se traduz em oposições em que os componentes ganham valores desiguais — em processos desvitalizados pelas rupturas das relações intersubjetivas — necessários à disciplinarização dos sujeitos segundo os cânones vigentes. A aprendizagem se reduz a armazenamento e reprodução das informações estabelecidas como relevantes e a avaliação se traduz em atividades simplificadoras que permitem a aferição do desempenho a partir de padrões predeterminados. As experiências escolares nos fazem refletir sobre o exercício do poder hierárquico — centralizado e assimétrico — nos procedimentos de avaliação, reduzida a exame, e suas relações com a aprendizagem.

Como as crianças trazidas a este texto se sairiam diante de questões fechadas, para as quais só se admite uma resposta? Como suas respostas fora do padrão seriam valoradas? Como seriam classificadas? Diante de uma classificação negativa, como seriam avaliadas suas aprendizagens? E como seriam avaliadas suas professoras? E suas escolas? Que indicações para a ação docente poderia oferecer um procedimento que avalia superficialmente as aprendizagens dos estudantes? Quais seriam os impactos dos exames oficiais junto às práticas pedagógicas? E as famílias, como consumiriam esses resultados?

As conversas entre professoras, estudantes e pesquisadoras nos desafiam a refletir sobre os projetos de avaliação que se entrelaçam no cotidiano escolar e seus vínculos com a aprendizagem, como direito e possibilidade de todos.

O que nos contam?

A sala de aula nos fala da potência da diferença e os modelos de avaliação hegemônicos assumem como referência a homogeneidade. Vemos um desencontro que só se agrava com o fortalecimento do exame como principal procedimento de avaliação. Diante das professoras que evidenciam a necessidade de aprofundar os laços com os estudantes e com suas companheiras, o projeto oficial de avaliação revitaliza as ideias de neutralidade, objetividade e fiabilidade, que demandam a ruptura da relação intersubjetiva que integra a avaliação aos processos cotidianos de *aprendizagemensino*. O diálogo se reduz quando o objeto — prova — se coloca entre os sujeitos na verificação do conhecimento adquirido, traduzido como (e reduzido a) rendimento escolar.

Esse projeto de avaliação do sistema educacional brasileiro trata-se de uma proposta que, de antemão, posiciona professoras e alunos na condição de executores de tarefas com a finalidade de alcançar metas determinadas, garantindo-lhes a culpabilização caso não haja elevação do índice. Ocupadas em cumprir demandas externas que determinam uma avaliação estranha às suas salas de aula, as professoras veem se dissipar a legitimidade de suas ações voltadas a investigar, coletivamente, suas práticas pedagógicas e as aprendizagens das crianças.

A cada dia, a avaliação das aprendizagens no cotidiano escolar está mais condicionada pela avaliação externa, estruturada por exames nacionais de larga escala, parte fundamental de uma política educacional que se pauta pelo estabelecimento de metas quantitativas (traduzidas pelo IDEB).[2] O exame afere o desempenho dos estudantes, ordenado numa escala:

> A escala descreve as competências e as habilidades que os alunos são capazes de demonstrar. A escala de proficiência é única para as séries avaliadas, em cada disciplina. Ela apresenta os resultados de desempenho dos estudantes de cada uma dessas séries, em uma mesma métrica [...].
> Como os números indicam apenas uma posição, é feita uma interpretação pedagógica dos resultados por meio da descrição, em cada nível, do grupo de habilidades que os alunos demonstraram ter desenvolvido, ao responderem às provas.
> É possível saber, pela localização numérica do desempenho na escala, quais habilidades os alunos já construíram, quais eles estão desenvolvendo e quais ainda faltam ser alcançadas. Disponível em: <http://provabrasil.inep.gov.br/index.php?option=com_content&task=view&id=12&Itemid=7>. Acesso em: mar. 2011.

A avaliação oficial classifica as escolas disponibilizando às professoras, famílias e gestores, informações sobre os desempenhos de cada instituição, comparando-as com seus resultados anteriores, com as demais escolas e com as metas a serem atingidas. Trata-se de uma comparação que engloba os resultados obtidos a cada dois anos, observando os dados anteriores e os que deverão ser alcançados, em uma lógica evolutiva (por isso a metáfora da "escada" na divulgação do projeto, pela televisão). Resta saber a quem servem tais exames, quando voltamos o olhar para a sala de aula e encontramos, ali, professoras e alunos desafiados por suas questões cotidianas, nem sempre compatíveis com a escala ou mensuráveis.

Embora o projeto oficial informe que as avaliações incidem sobre os sistemas de ensino e não sobre o desempenho de professoras e

---

2. Índice de Desenvolvimento da Educação Básica, assim descrito: "os indicadores de desempenho educacional utilizados para monitorar o sistema de ensino do País são, fundamentalmente, de duas ordens: a) indicadores de fluxo (promoção, repetência e evasão) e b) pontuações em exames padronizados obtidas por estudantes ao final de determinada etapa do sistema de ensino (4ª e 8ª séries do ensino fundamental e 3º ano do ensino médio)" (Fernandes, 2007).

alunos, os resultados delas alcançam dimensões que vão além disso e passam a nortear as práticas pedagógicas cotidianas, incluindo a avaliação. As definições sobre a constituição da escala, os descritores relativos a cada posição, bem como as questões de cada um dos exames, são obviamente desconectadas do cotidiano da sala de aula. Sendo exames que alcançam praticamente todas as escolas públicas brasileiras, se organizam a partir de princípios que requerem distanciamento entre o avaliador e o sujeito avaliado e permitem a estruturação de padrões considerados universais. Pretende-se que as questões que os compõem sejam unívocas, condição para a organização de uma escala de proficiência válida para todas as crianças cursando o mesmo ano de escolaridade, em qualquer contexto escolar deste vasto país e participando das mais diferentes dinâmicas sociais.

Construídos os parâmetros e unificados os modos de aferição do desempenho, as provas podem comparar os sujeitos e evidenciar os que estão seguindo o percurso desejado. Esse processo conjuga produção de diagnóstico, que expõe alguns indicadores descritivos, e estabelecimento de metas quantitativas, que passam a orientar as práticas escolares, como explicita o discurso oficial:

> As autoridades educacionais podem, por exemplo, financiar programas para promover o desenvolvimento educacional de redes de ensino em que os alunos apresentam baixo desempenho [...]. Aliás, o financiador poderia estipular previamente o avanço desejado no indicador como contrapartida para a liberação de recursos (Nota Técnica Índice de Desenvolvimento da Educação Básica — Ideb. Disponível em: <http://portalideb.inep.gov.br>. Acesso em: abr. 2011).

Não bastasse a vinculação entre metas, currículo e exame oficial, também o financiamento vai sendo condicionado ao retorno do que fora estipulado. O discurso oficial trata a avaliação como um conjunto de procedimentos técnicos capaz de mensurar objetivamente o desempenho. Esse pressuposto traz uma distorção ao não considerar a avaliação como atividade social, portanto, impossível de adquirir sentido fora da cultura dos sujeitos que dela participam. Nele se ancora o estabelecimento de metas que pretendem direcionar os processos pedagógicos e regular as relações interpessoais, sem considerar a inscrição sociocultural dos sujeitos que devem alcançá-las e de suas práticas. O compromisso com as metas não se vincula à efetiva ampliação dos conhecimentos[3] dos estudantes e não se traduz necessariamente em ruptura com a produção de desigualdades escolares.

A ênfase no resultado, que esse projeto sublinha, dificulta a percepção da *apredizagemensino* como processo dialógico, integrados em um sistema complexo. Essa configuração faz da aprendizagem mera reprodução de conteúdos, de acordo com modelos pedagógicos que desvitalizam o conhecimento, e da avaliação um ato externo — verifica, mensura, julga, classifica e prescreve — pautado no modelo único, demarcado por um processo social de silenciamento dos sujeitos, saberes e culturas periféricos. Com isso, se fortalecem os procedimentos que silenciam a diferença e os que ofuscam os processos de negação da liberdade.

Tomar desempenho e classificação como aspectos centrais no olhar lançado sobre a escola, com ampliação e aperfeiçoamento do sistema de exames estandardizados, incrementa a produção de desigualdades que constitui o projeto hegemônico de avaliação, em articulação com os processos sociais em que as hierarquias se configuram. Busca-se o bom rendimento, que não tolera o erro, considerado indicador de insuficiência ou deficiência, do sistema ou do sujeito.

Assim, se induz a escola ao treinamento, em detrimento da relação *aprendizagemensino*, para alcançar o padrão validado, e se incrementa a preocupação docente com metas, índices e descritores, vinculados ao resultado. Embora as histórias aqui narradas ainda habitem as salas de aula, as professoras sabem que ideias alimentadas pela competição, hierarquia e autoridade rondam a escola. Vemos cotidianamente a redução do tempo dedicado ao diálogo, seja com os estudantes, seja

---

3. O exame trata o desempenho como expressão do conhecimento do estudante, decorrência de sua aprendizagem, o que representa uma simplificação do processo de aprendizagem, cuja complexidade faz com que nem sempre se traduza em melhor desempenho, mesmo havendo ampliação do conhecimento.

com as colegas, para atingir o objetivo de melhor preparar os estudantes para os exames de aferição de desempenho.

O foco nas metas, no desempenho, na escala, desloca nosso olhar do aluno para o resultado que ele pode/deve alcançar no exame. Promove, muitas vezes, uma compreensão distorcida da *aprendizagemensino*, ao não considerar que o próprio exame não é tão fiável como se pretende, pois até o modo como se formula a pergunta produz diferentes possibilidades de resposta, conforme demonstram estudos no campo da avaliação (Stobart, 2010). Como nem todas são aceitáveis nos exames estandardizados e não se debatem o resultado alcançado e o processo que levou a ele, pode-se concluir que os estudantes não sabem conteúdos efetivamente dominados por eles, por exemplo. Portanto, os dados com que se passa a trabalhar no estabelecimento das metas e na definição de conteúdos a ensinar são insuficientes e podem direcionar mal o processo pedagógico. A ênfase nos índices e metas introduzem novos problemas na avaliação educacional, em especial na avaliação das aprendizagens.

Em conversas desenvolvidas em múltiplas situações, encontramos indícios de que esse projeto também tem produzido o seu contrário quando, ao criticarem coletivamente a intensificação da avaliação externa em seus cotidianos, as professoras oferecem visibilidade a uma avaliação comprometida com a *aprendizagemensino*. As histórias com que abrimos este texto nos mostram ser indispensável olhar para o aluno no processo de aprendizagem, olhar com os alunos para esse processo e manter uma atenção permanente na organização do ensino.

O que gostaríamos de continuar contando

Nas escolas, encontramos professoras que compreendem a avaliação como parte de suas práticas pedagógicas, investigando as diferenças que ocorrem segundo os processos vivenciados pelas crianças, socializando suas descobertas junto a outras professoras e aprendendo ao ensinar. Essas professoras insistem em aprender com aquilo que seria considerado "erro", abandonando formas endurecidas de pensar e dialogando com as lógicas tecidas por seus alunos. Embora esse movimento seja considerado inexistente por um projeto que investe na consolidação de um modelo de avaliação comprometido com a homogeneização da diferença, há professoras que insistem.

Como pudemos observar nas histórias narradas, professoras ainda se organizam para avaliar, juntas, os trabalhos dos estudantes — embora saibam que aquilo que desejam fazer será deixado em segundo plano, em detrimento daquilo que "precisam" fazer. Professoras ainda se entusiasmam e se surpreendem com as lógicas inventadas pelas crianças — embora saibam que essas lógicas não se enquadram nos formatos daquilo que é esperado delas. Em meio a atividades lúdicas, professoras observam pistas que revelam as trajetórias indeterminadas privilegiadas por cada um de seus alunos, aproveitando-se disso para convidá-los a avançar em seus processos e inscrevendo a *aprendizagemensino* em uma relação de paridade, que fortalece a cooperação e a solidariedade.

O diálogo é fundamental por ressaltar a dimensão intersubjetiva do processo de conhecimento, trazendo a criação e a imprevisibilidade como características da dinâmica pedagógica. Os processos assim instaurados nutrem possibilidades, ainda que frágeis e desarticuladas, de resistência ao apelo simplificador da avaliação classificatória como indutora da qualidade da educação. Convidam a incorporar a avaliação como processo coletivo de reflexão sobre a relação *aprendizagemensino* em sua complexidade, para favorecer a contínua ampliação do conhecimento por todos que cotidianamente partilham a vida escolar.

Na escola ainda encontramos tempo para o erro, expressão do conhecimento já consolidado e indício de possibilidade/necessidade de novas aprendizagens. Resposta que merece ser objeto de reflexão, tema de estudo, alvo de debates, buscando novas possibilidades e aprofundamento de saberes que circulam na sala de aula. Na escola, ainda encontramos tempo para a conversa: com os estudantes, entre os estudantes, entre as professoras. Conversa indispensável para a circulação e partilha do conhecimento, para o trabalho coletivo, para o encontro de desafios e perspectivas. Na escola, ainda encontramos momentos de solidariedade, intercâmbio, participação, fundamentais para o fortalecimento de sua dimensão democrática e para a produção de conhecimentos significativos para quem aprende e para quem ensina — entendidos como lugares móveis, em que se permite a experiência da partilha do poder e da potencialização da diferença. Na escola, ainda se encontra tempo para ouvir e ser ouvido, para fortalecer as relações interpessoais.

Defendemos que todos esses processos se integrem à avaliação, buscando articulá-la cada vez mais à vida escolar de modo que a busca de qualidade se vincule à contínua e significativa ampliação do conhecimento.

Referências bibliográficas

DÍAZ BARRIGA, A. Uma polêmica em relação ao exame. In: ESTEBAN, M. T. *Avaliação*: uma prática em busca de novos sentidos. Rio de Janeiro: DP&A, 1999.

ESTEBAN, M. T. *O que sabe quem erra? Reflexões sobre avaliação e fracasso escolar.* 2. ed. Rio de Janeiro: DP&A, 2001.

FERNANDES, D. *Avaliação das aprendizagens*: desafios às teorias, práticas e políticas. São Paulo: Editora da Unesp, 2009.

FERNANDES, R. *Índice de desenvolvimento da educação básica (Ideb)*. Brasília: Instituto Nacional de Estudos e Pesquisas Educacionais Anísio Teixeira, 2007.

MORIN, E. *Ciência com consciência*. Rio de Janeiro: Bertrand Brasil, 1999.

STOBART, G. *Tiempos de pruebas*: los usos y abusos de la evaluación. Madrid: Morata, 2010.

VIGOTSKI, L. S. *A formação social da mente*. São Paulo: Martins Fontes, 1998.

Tema XI

Sobre a formação de professores

CAPÍTULO 21

Formação de professores e os conhecimentos teóricos sobre a docência

Marta Sueli de Faria Sforni

Introdução

Neste texto, parte-se do pressuposto de que a função principal da escola é a socialização do conhecimento, produzido historicamente e consolidado nos diversos conteúdos curriculares, cabendo ao professor o domínio desse conhecimento, bem como dos meios para torná-lo acessível aos estudantes. Nessa perspectiva, o eixo central da formação de professores está na interação do campo disciplinar com o campo da Didática, não apenas quanto ao domínio dos conhecimentos técnicos, como também quanto ao domínio teórico da atividade de ensino.

Boa parte da discussão sobre a formação de professores se faz da perspectiva de que a educação se realiza por meio da escolarização, o que implica considerar em que consiste a atividade principal do professor e quais são os conhecimentos teóricos e técnicos necessários à realização dessa atividade. As diversas perspectivas existentes disputam temas como o papel da razão no desenvolvimento dos sujeitos, a existência de um conhecimento objetivo a ser transmitido a todos, a possibilidade de emancipação humana por meio da educação formal.

Segundo esta ou aquela perspectiva, defende-se um tipo de educação escolar, um tipo de profissional, bem como os requisitos que ele deve ter para promover determinada formação.

Neste capítulo, discutiremos a formação de professores da perspectiva de que a escola constitui-se em instância privilegiada para o desenvolvimento humano e de que existe estreita relação entre esse desenvolvimento e a apropriação dos conteúdos disciplinares que compõem o Currículo escolar, conteúdos esses relacionados às várias áreas do conhecimento.

Os pressupostos que embasam este texto, como certamente já terá percebido o leitor, são os da teoria histórico-cultural, cujos elementos têm sido utilizados para explicar a relação entre ensino, aprendizagem e desenvolvimento, principalmente na educação básica. Além disso, tal teoria tem sido anunciada como fundamentação teórica de muitas propostas curriculares de redes estaduais e municipais de ensino do nosso país, embora a maior parte delas faça referência apenas à teoria de Vigotski,[1] denominando-a socioconstrutivismo ou sociointeracionismo.

Entendemos, quanto a isso, que uma proposta curricular somente se materializa em prática pedagógica por meio da ação docente e, nesse sentido, à prática pedagógica organizada sob as bases da teoria histórico-cultural corresponde um perfil de professor. Assim, conside-

---

1. De fato, a teoria histórico-cultural tem em Lev S. Vigotski seu principal expoente, todavia, limitar os estudos dessa teoria apenas à produção desse autor significa reduzir a possibilidade de se apropriar de todo o seu potencial para a compreensão dos processos de ensino, aprendizagem e desenvolvimento humano. O entendimento dos pressupostos dessa teoria amplia-se com o estudo da produção de outros autores dessa mesma perspectiva, como Alexander R. Luria, Alexis N. Leontiev, P. Y. Galperin, D. B. Elkonin e V. V. Davydov, entre outros. Esses teóricos russos, igualmente apoiados nos princípios do materialismo histórico-dialético, realizaram investigações voltadas à compreensão da influência que as condições sociais exercem sobre a vida psíquica do homem, sobre sua atividade e sobre a formação de sua consciência. O conjunto da obra desses autores, aliado à vasta produção vigotskiana, tem oferecido elementos importantes para pesquisas que visam compreender como a atividade psíquica se modifica em razão da ação exercida pela educação, bem como para investigações que buscam identificar/criar meios didáticos para se intervir nesse processo (Sforni e Galuch, 2009).

rando que esses conhecimentos devem ser objeto de aprendizagem nos cursos de formação de professores, procuramos identificar, no próprio referencial teórico, quais são os conhecimentos necessários para que eles realizem a atividade de ensino segundo tais propósitos formativos.

O papel da escola e os conteúdos curriculares fundamentais

É bastante divulgado no meio educacional que a teoria histórico-cultural atribui papel decisivo à escolarização no desenvolvimento do psiquismo humano. Tal relevância não tem por finalidade fazer uma defesa "politicamente correta" da escola, mesmo que, por vezes, isso tenha ocorrido. A valorização da educação escolar é uma decorrência da compreensão de que a apropriação de conhecimentos teóricos concorre de modo significativo para o desenvolvimento das funções psíquicas superiores. Considerando-se que esses conhecimentos são, em princípio, objetos de aprendizagem no espaço escolar, consequentemente, ocorre a valorização dessa instituição. O que está em pauta, portanto, não é a valorização da educação escolar em si, mas a valorização dos conhecimentos teóricos que estão presentes nos diferentes campos disciplinares.

Essa ideia, se bem compreendida, elimina qualquer dúvida sobre os conteúdos que devem ser priorizados quando o trabalho escolar é orientado pela teoria histórico-cultural. Segundo essa teoria, esses conhecimentos são aqueles que, tendo permitido, ao longo do desenvolvimento da humanidade, que o homem tivesse maior domínio sobre a natureza e sobre seu próprio comportamento, encontram-se materializados em complexos sistemas simbólicos. Como exemplos, Vigotski (1981) cita a linguagem, os vários sistemas de contagem, as técnicas mnemônicas, os símbolos algébricos, as obras de arte, a escrita, os esquemas, diagramas, mapas, desenhos mecânicos e todos os tipos de sinais convencionais que registram e comunicam os conhecimentos produzidos.

A apropriação desse patrimônio cultural, por parte de cada sujeito, permite que ele possa contar com complexos mediadores culturais em sua relação com o mundo, ampliando sensivelmente as capacidades que lhe são asseguradas pela herança genética. Ao se apropriar dos sistemas simbólicos produzidos por seus antecessores, o homem não só adquire conhecimentos, mas também se apodera do nível de pensamento já alcançado pela humanidade, o qual está objetivado nesses conhecimentos. Isso explica a natureza social e histórica do psiquismo humano. Assim, a essência do desenvolvimento psíquico está na apropriação dos mediadores culturais. As atividades mentais e formas de pensamento objetivam-se na forma de conhecimentos sistematizados, de maneira que, ao se apropriar desses conhecimentos, cada ser humano incorpora o desenvolvimento intelectual e ideal que neles está contido (Sforni, 2008, p. 5).

Se o desenvolvimento do psiquismo humano depende da apropriação desses conhecimentos, uma educação que se pauta nessa perspectiva tem como objetivo principal o ensino de conteúdos científicos de cada área do conhecimento. Ou seja, os conteúdos clássicos das várias ciências se constituem em objetos centrais da atividade de ensino, e a ação do professor deve estar organizada intencionalmente para a promoção dessa aprendizagem. É no domínio desses conhecimentos e no modo de torná-los acessíveis aos estudantes que está o núcleo da atividade do professor.

Em outras palavras, quando se considera que a função principal da escola é a socialização do conhecimento produzido historicamente e consolidado nas diversas áreas do conhecimento, cabe ao professor o domínio desses conteúdos e os meios de favorecer a apropriação deles pelos estudantes. Segundo Moraes e Torriglia (2003, p. 50):

> [...] é na relação entre o campo disciplinar e o campo da didática que se constrói o *ser* e se produz o *conhecimento* docente. Ou seja, a apropriação do conhecimento científico — do conteúdo das disciplinas que compõem o campo disci-

TEMAS DE PEDAGOGIA

plinar, das formas de sua produção e sua socialização — deve articular-se aos modos de sua transmissão.

Reconhecer que a atividade principal do professor é a promoção da aprendizagem dos estudantes não significa afirmar que lhe basta uma formação meramente técnica, circunscrita à ação em sala de aula. Para que ele possa tomar consciência da sua própria ação, deve dominar as bases teóricas nas quais ela está assentada. Para que tenha condições de refletir, analisar e planejar sua ação na perspectiva que deseja, precisa compreender e diferenciar os diversos caminhos que são acenados para a educação escolar, o que somente é possível quando ele domina os instrumentos teóricos que lhe são oferecidos pelos estudos dos fundamentos da educação, das políticas educacionais e das teorias de ensino. Esses conhecimentos são tão essenciais quanto o saber fazer, pois permitem que o professor se situe teoricamente na perspectiva que assume e possa reconhecer as "contradições e inconsistência do sistema educacional, na medida em que compreende o papel da escola, dadas as condições sociais, políticas, econômicas, quanto o seu próprio papel na escola" (Moura, 2010, p. 91).

No que compete à Didática, consideramos que esse campo de conhecimento, quando comprometido com a teoria histórico-cultural, tem por finalidade aprofundar a análise acerca dos conhecimentos necessários à atividade do professor, de modo especial no que se refere ao domínio do conteúdo e dos meios de sua transmissão.

Domínio do conteúdo — domínio das formas de produção e socialização do conhecimento

Que o professor precisa dominar o conteúdo que ensina é um fato incontestável, mas o que significa dominar um conteúdo? Na medida em que consideramos o conhecimento como um instrumento simbólico, dominá-lo significa compreender a "instrumentalidade" nele presente.

A analogia entre conhecimento e instrumento feita por Vigotski (1981) permite pensar o dinamismo contido nos conteúdos escolares. Ao transformar a natureza, o homem cria vários objetos/instrumentos e produz, ao mesmo tempo, o conhecimento sobre a natureza e sobre o objeto produzido. No objeto estão presentes a ideia, o pensamento e os modos de ação dos homens; há nele um "conhecimento materializado", uma linguagem "corporificada", ou seja, a atividade humana — física e mental — "incorpora-se", cristaliza-se no objeto.

Esse fenômeno, que foi denominado por Marx e, posteriormente, por Leontiev (1978) de *objetivação*, corresponde a um processo em que a atividade intelectual humana transfere-se para os instrumentos físicos e para a linguagem e neles se objetiva. Referindo-se ao processo de objetivação, Leontiev (1991, p. 64) afirma:

> Qualquer objeto criado pelo homem — desde o mais simples utensílio à moderníssima máquina calculadora eletrônica — realiza tanto a experiência histórica do gênero humano como as capacidades intelectuais formadas nesta experiência. O mesmo pode comprovar-se com maior clareza na linguagem, na ciência, nas obras de arte.

A linguagem, a ciência e as obras de arte são instrumentos culturais que contêm em si certos caminhos da atividade humana em busca da apreensão, representação e comunicação do real. Em outras palavras, elas representam a função e o significado das coisas como acordadas na prática cultural; são, como afirmam Stetsenko e Arievitch (2010, p. 3), "objetos-que-podem-ser-usados-para-certos-propósitos nas sociedades humanas".

A denominação verbal com a qual esses instrumentos culturais são registrados expressa a representação ideal formada na interação sujeito-objeto, consolidando o significado básico, generalizado e estabilizado que as coisas adquirem na prática social. Segundo Marx:

> [...] uma vez que se têm multiplicado e desenvolvido com o tempo as necessidades dos homens e os tipos de atividade, com ajuda dos quais dão satisfação às mesmas, os homens atribuem denominações concretas a classes inteiras

desses objetos, que já distinguem na prática do resto do mundo exterior [...] Esta denominação verbal só expressa em forma de representação o que a reiterada atividade tem convertido em experiência [...] Os homens não fazem mais que dar a estes objetos um nome especial (genérico), pois eles já conhecem a capacidade dos mesmos para servir a satisfação de suas necessidades (apud Davydov, 1982, p. 289).

A linguagem gestual e oral surgida no processo de trabalho, em situações de comunicação imediatas, tornou-se, posteriormente, representações gráficas (pictográficas, ideográficas e fonográficas), o que tornou possível que elas mesmas se convertessem em aspectos relativamente independentes da atividade que lhes deu origem. Todavia, na condição de registro, mesmo se distanciando dos objetos e dos fenômenos representados, continua permitindo a ação humana sobre eles sem que, necessariamente, seja uma ação física, mas, sobretudo, mental. Em outras palavras, surge a atividade reflexiva mediada pelas representações do objetos.

As representações surgidas na atividade sensorial dos homens e em sua comunicação começaram a servir cada vez mais como meio de *planejamento* das futuras ações, o que pressupunha comparar as distintas variantes e eleger a "melhor". Graças a ele as representações mesmas tornaram *objeto* da atividade do homem sem relação direta com as próprias coisas. Surgiu a atividade reflexiva, que permite modificar as imagens ideais, os "projetos" das coisas, sem *modificar* até o momento as coisas mesmas (Davydov, 1982, p. 294, grifos do autor).

Antes da escrita, surgiram vários sistemas abstratos ou figurativos de registro do pensamento. Essa forma de sistematização (linguagem) permite a comunicação do conhecimento produzido aos demais membros da espécie que não participaram do processo de sua elaboração.

As generalizações expressam-se em conceitos, os quais podem ser registrados e comunicados por meio de signos (esquemas, definições, ilustrações). Vigotski denomina esses signos de "meios artificiais do pensamento" (apud Davydov, 1982, p. 249). Assim, quanto mais complexo o conhecimento produzido, menor a dependência humana da atividade sensorial imediata para interagir com os objetos e fenômenos. É o que destaca Luria (1990, p. 135) ao se referir à diferença entre o pensamento orientado por categorias abstratas, presentes no pensamento conceitual ou lógico-linguístico, e o pensamento decorrente da experiência empírica:

> O pensamento conceitual envolve uma enorme expansão das formas resultantes da atividade cognitiva. Uma pessoa capaz de pensamento abstrato reflete o mundo externo mais profunda e completamente e chega a conclusões e inferências a respeito do fenômeno percebido, tomando por base não só a sua experiência pessoal, mas também os esquemas de pensamento lógico que objetivamente se formam em um estágio avançado do desenvolvimento da atividade cognitiva.

Os conhecimentos sistematizados, por sua característica abstrata, permitem que o homem realize ações e operações mentais com níveis de complexidade também superiores. Quais são essas ações e operações? Vigotski exemplifica:

> O homem constrói novas formas de ação primeiro mentalmente e no papel: dirige batalhas nos mapas, trabalha sobre modelos mentais; dito de outra maneira, faz tudo o que na conduta do homem está ligado com a utilização de meios artificiais do pensamento, com o desenvolvimento social da conduta e, em particular, com o emprego de signos (apud Davydov, 1988, p. 249).

A possibilidade de atuar com os signos implica que o homem não seja condicionado pela ação prática imediata e aja teoricamente sobre os objetos e fenômenos. Referindo-se à relação signo-consciência-ação, Davydov (1988, p. 249) esclarece:.

> Os meios artificiais do pensamento ou signos permitem ao homem criar modelos mentais dos objetos e atuar com eles planejando, além de os caminhos para solucionar diferentes tarefas. Operar com signos é realizar as ações de planejamento durante a organização do comportamento integral. *Esta ação... é o componente mais importante da consciência humana* (grifo nosso).

Por se constituírem em abstrações que reproduzem o objeto idealizado e seu sistema de relações, os conceitos ampliam a possibilidade de o homem interagir com os objetos e fenômenos.

Conhecer o significado é "conhecer o singular como universal". O homem realiza a correlação entre o singular e o universal graças a uma série de ações mentais, por isso, o significado do signo pode existir somente graças a seu complexo sistema de relações (Davydov, 1988, p. 249).

Davydov (1988) denomina essa forma de se relacionar com a realidade como característica do *pensamento teórico*, cuja importância decorre do fato de que, por meio dele, o homem cria modelos mentais dos objetos e atua com eles, planejando os caminhos para solucionar diferentes problemas. Por isso, o autor o considera o "componente mais importante da consciência humana".

Nesse sentido, um conceito científico não é apenas a designação verbal de objetos e fenômenos, mas a abstração de ações mentais do homem sobre os fenômenos naturais e sociais. Portanto, dominar o conteúdo de um conceito não implica apenas a capacidade de compreender a linguagem em que ele se expressa, mas também a de compreender seu movimento constitutivo como produto e, ao mesmo tempo, como elemento orientador das ações humanas. Em outras palavras, significa dominar a ação mental como instrumento simbólico. Assim, o professor domina o conteúdo quando domina o movimento de pensamento possibilitado pelo conteúdo que ensina, quando percebe o conteúdo, como conhecimento geral e abstrato, em sua relação com o concreto, com as situações particulares que podem ser mediadas por tais abstrações. É o que estamos chamando de conhecer sua "instrumentalidade".

É mediante a *análise do conteúdo da ciência* a ser ensinada que podemos identificar a "instrumentalidade" dos conceitos. Na história do conceito, existem alguns indicadores importantes para essa análise: ao se conhecer a gênese de sua produção, isto é, a relação sujeito-objeto-contexto, é possível identificar a necessidade que lhe deu origem, sua finalidade no momento e a síntese que então se processa, dando origem a um novo conceito.

Domínio didático — domínio dos modos de transmissão dos conteúdos

O processo de objetivação mostra-nos que, na cultura material e não material produzida pela humanidade, a atividade intelectual que lhe deu origem fica "em repouso". Quando o sujeito se apropria da cultura não material, internaliza a atividade intelectual que ali se encontra objetivada. Esse processo é denominado de *apropriação*. É por meio desse processo que se garante o desenvolvimento da sociedade humana, já que cada nova geração começa seu trajeto amparada nas conquistas das gerações precedentes. Para Leontiev (1991, p. 65), a apropriação é um processo

> [...] que tem como consequência a reprodução no indivíduo de qualidades, capacidades e características humanas de comportamento. Em outras palavras, é um processo por meio do qual se produz na criança o que nos animais se consegue mediante a ação da hereditariedade; a transmissão para o *indivíduo* das conquistas do desenvolvimento da espécie.

A apropriação dos bens culturais ocorre à medida que os sujeitos interagem entre si e com os objetos. Nessa interação, a presença do mais experiente é fundamental. Porém, não basta a interação entre os sujeitos e a presença do objeto do conhecimento. Segundo Stetsenko e Arievitch (2010, p. 3), os aspectos material e não material da cultura "[...] podem ser apropriados pela criança somente mediante ação sobre e com eles, isto é, somente no curso da reconstrução ativa de seus significados e funções".

Para que a criança possa reconstruir ativamente os significados e as funções próprias do objeto com o qual interage, é necessário que compartilhe momentos em que a ação com o objeto possa ser observada, estimulada ou explicada. Todavia, a criança só dirige sua atenção para o objeto da aprendizagem quando está inserida em uma atividade que lhe permite participar mais intensamente do seu contexto social. Para compreendermos essa dinâmica, basta imaginar a apropriação de um instrumento físico, como o domínio do uso de talheres. Nessa situação, participam "dois outros": um "outro próximo" — pessoa que lhe confere cuidados — cujas ações, sendo observadas, estimulam e conduzem as ações da criança, e um "outro genérico" — corpo social mais amplo — nem por isso distante, que dá significado àquelas ações. Eles compõem o contexto histórico e cultural no qual se alimentar com talheres é a ação valorizada socialmente; portanto, dominar essa ação significa um salto do sujeito rumo ao pertencimento social. Isso vale tanto para a apropriação de um instrumento físico como para a de um instrumento simbólico, seja ele a contagem, a escrita, os mapas, as fórmulas matemáticas, químicas ou físicas, enfim, a apropriação de qualquer conceito.

Nesse sentido, no caso da educação escolar, não basta apenas a ação do professor, é preciso que o conhecimento a ser adquirido represente para o sujeito maior possibilidade de pertencimento social. Ou seja, o aluno deve perceber que, ao se apoderar de um novo conhecimento, ele amplia sua capacidade de se relacionar com o mundo. Somente compreendendo os conceitos como instrumentos simbólicos é que se pode identificar essa potencialidade nos conteúdos escolares.

A aprendizagem de conceitos é, nas palavras de Leontiev (1991, p. 74), um processo altamente conduzido

> [...] para aprender conceitos, generalizações, conhecimentos, a criança deve formar ações mentais adequadas. Isto pressupõe que estas ações se organizem ativamente. Inicialmente, assumem a forma de ações externas que os adultos formam na criança, e só depois se transformam em ações mentais internas.

A aprendizagem de conceitos científicos, apesar de ter processo semelhante à de qualquer outro conhecimento ou habilidade, diferencia-se por sua complexidade, já que tais conceitos correspondem às formulações resultantes das ações mais complexas do pensamento humano. A possibilidade de desenvolvimento dos sujeitos por meio da educação escolar está na aquisição desses conhecimentos, não como acúmulo de informações, mas como meio mais complexo de interação com a realidade. Definir conceitos científicos, listá-los, exemplificá-los são ações necessárias ao processo de ensino, porém a aprendizagem desses conceitos somente se consolida se o ensino permitir que o estudante adquira um nível de consciência que seja potencializado no conceito, desenvolvendo, assim, uma base para fazer análises que transitam do geral para o particular, do abstrato para o concreto e vice-versa.

Segundo Davydov (1988, p. 158), no ensino orientado por essa perspectiva de formação, a criança não assimila apenas os conhecimentos, mas também as "capacidades, surgidas historicamente, que estão na base da consciência e do pensamento teóricos: a reflexão, a análise, o experimento mental".[2]

A atividade de aprendizagem de conceitos científicos é, portanto, o movimento que, por meio da formação do pensamento teórico, assentado na reflexão, análise e planejamento, conduz ao desenvolvimento psíquico da criança. Diz Davydov (1988, p. 176):

> No curso da formação da atividade de estudo, nos escolares de menor idade se constitui e desenvolve uma importante neoestrutura psicológica: as bases da consciência e do pensamento teóricos e as capacidades psíquicas a eles vinculadas (reflexão, análise e planejamento).

A **reflexão** é um mecanismo com o qual o sujeito estabelece a relação entre as ações que realiza e as exigidas pela atividade/problema em que está inserido, ou seja, é uma tomada de consciência da própria ação. Trata-se, portanto, de um elemento que inexiste na ação mecânica ou instintiva. Como uma ação mental, a reflexão é subjetiva, mas manifesta-se na explicitação das razões ou dos critérios utilizados pelo estudante para resolver as tarefas propostas. Assim, pode ser acompanhada e avaliada pelo professor.

---

2. Podemos encontrar, em diferentes traduções das obras russas, três designações para o terceiro elemento do pensamento teórico: "experimento mental", "planejamento" e "plano interior de ações".

A **análise** permite ao estudante encontrar o princípio ou o modo universal para a resolução de diferentes tarefas. Revela-se na capacidade de generalizar, de identificar o que é geral em meio às particularidades. O estudante demonstra ter alcançado esse nível de pensamento em relação ao conteúdo quando apresenta maior flexibilidade na forma de lidar com o conceito em pauta, quando não é rígido na forma de realizar as tarefas ou de abordar o conceito, quando não reproduz apenas a linguagem, os exemplos e os modos de ação do professor.

A finalidade do ensino é que o conceito apreendido seja utilizado como uma operação mental no interior de uma ação mais complexa ou de uma tarefa particular. Ou seja, que o conceito se constitua em um instrumento simbólico. Na condição de instrumento, ele permite a realização de um **plano interior de ações**. Para Semenova (1996), esse processo é o que assegura a efetivação mental do conceito. É com base no conhecimento internalizado que o sujeito tem a "capacidade de antecipar ações", ou seja, o "conhecimento conceitual presente como conteúdo e forma do pensamento é a sua efetivação como instrumento do pensamento" (Sforni, 2004, p. 117). Essa capacidade revela-se na relação que o estudante estabelece entre novas situações particulares e o princípio geral já apreendido em outras situações. Pode ser identificada na forma como o aluno resolve problemas ou analisa fenômenos particulares, já que essa resolução ou análise pode ser derivada da utilização de um modo geral de resolução, mediada por abstrações — o que seria o indício de que houve aprendizagem — ou como atos mecânicos, repetição de modelos, tentativas e erros — o que não se configura como aprendizagem.

Nesse sentido, o objetivo maior do ensino é a formação de um *modo generalizado de ação* (Davydov, 1982; Garnier, Berdnarz e Ulanovskaya, 1996), ou seja, a aquisição de uma forma geral que permite ao aluno compreender o maior número de casos particulares ou resolver vários problemas específicos pela mediação do abstrato. Trata-se, como afirma Vigotski, de uma formação que permite aos sujeitos "conhecer o singular como universal" (apud Davydov, 1988, p. 249), em outras palavras, ter a capacidade de interagir de modo teórico com a realidade.

Nessa mesma linha teórica, podemos destacar os estudos de Galperin. Considerando que toda aprendizagem ocorre primeiramente no plano interpsiquico para depois passar para o plano intrapsíquico, Galperin investigou o processo de interiorização das ações externas e concluiu que alguns momentos são fundamentais no decurso da aprendizagem de algo completamente novo: a) formação da ação no plano material ou materializado, b) formação da ação no plano da linguagem externa e c) etapa mental.

> Na primeira etapa — ação no plano material ou materializado — o aluno realiza ações com objetos ou modelos (esquemas, gráficos,...). No plano da linguagem — segunda etapa — o aluno orienta-se também para a expressão verbal, mas, sem preceder da ação para evitar o formalismo das ações verbais, a ação vai aos poucos se convertendo numa ação teórica, baseada em palavras e conceitos, sendo ela responsável pela interiorização. Na etapa mental, a linguagem transforma-se numa forma de linguagem interna (imagens, representações mentais etc.). A ação se reduz e se automatiza, passa a constituir um fato do pensamento (Sforni, 2004, p. 110).

Além das ações materiais e mentais necessárias à apropriação de um conteúdo, como destacamos até aqui, cabe lembrar que, como toda atividade humana, as relações de ensino e aprendizagem envolvem motivos, desejos, necessidades e emoções. A relação entre pensamento e emoção também foi abordada por Vigotski (1982, p. 342). Diz ele:

> O pensamento não nasce de si mesmo, nem de outros pensamentos, mas da esfera motivacional de nossa consciência, que abarca nossas inclinações e nossas necessidades, nossos interesses e impulsos, nossos afetos e emoções. Por trás de cada pensamento há uma tendência afetivo-volitiva. Só ela tem a resposta ao último "por quê?" na análise do processo de pensar.

Assim como o "vento que põe em movimento as nuvens" (Vigotski, 1982, p. 342), as nossas necessidades, interesses, afetos e vontade põem em movimento o pensamento. Leontiev (1983) também considerou esse aspecto ao incluir na estrutura da atividade psíquica as necessidades e os motivos. Para ele, a direção da atividade é dada pelo seu motivo.

Asbahr (2011, p. 151), ao investigar a relação entre os motivos dos estudantes e as ações de aprendizagem, afirma:

> Para que essa unidade entre os motivos e ações estabeleça-se, seja na relação entre os motivos e ações de aprender ou motivos e ações da atividade de comunicação íntima pessoal, destaca-se a *ação orientada do professor* como elemento fundamental. [...] O professor, como adulto experiente e com finalidades claramente delimitadas, deve realizar ações que criem nos estudantes motivos para o estudo e ações de aprendizagem. (grifos da autora)

Nesse sentido, na organização do ensino, não cabe ao professor considerar apenas a organização lógica do conteúdo e os processos cognitivos envolvidos na sua aprendizagem, mas também o modo de fazer corresponder o objeto do ensino com os motivos, desejos e necessidades do estudante.

Algumas considerações sobre o conhecimento docente

Pelo exposto até o momento, podemos afirmar que a apropriação de conhecimentos é, ao mesmo tempo, o processo de desenvolvimento psíquico, mas isso somente ocorre quando, na aprendizagem, está envolvido o domínio de métodos e formas gerais de atividade mental (Davydov, apud Renshaw, 2010). Apesar de existir essa possibilidade formativa na educação escolar, se o ensino de conceitos não estiver intencionalmente organizado para desenvolver ações e operações mentais qualitativamente superiores, essas ações não ocorrem, ou seja, não basta o aluno estar em contato com as generalizações e abstrações consubstanciadas nos conceitos científicos (Bernardes, 2000; Cavaleiro, 2009).

Nesse sentido, os objetivos e métodos de ensino devem ser determinados não somente quanto ao objeto e sua apresentação, mas também quanto à atividade necessária e às condições sob as quais ela pode ser formada e realizada (Lompcher, 1996). Além dos indícios orientadores presentes no próprio objeto de ensino, há o sujeito — ser não passivo — que com ele interage. Portanto, a atividade psicológica do sujeito no processo de apropriação do mundo objetivo deve ser considerada.

Os princípios norteadores para uma mediação educativa com essa finalidade são encontrados nas características tanto do objeto quanto do sujeito. Dessa forma, os elementos que orientam as tomadas de decisão na organização do ensino são extraídos da análise psicológica do sujeito e da atividade necessária à apropriação do conhecimento, bem como da análise do conteúdo da ciência a ser ensinada. A *análise da atividade psicológica* dos alunos permite identificar as capacidades já adquiridas, reconhecer o que os mobiliza, ou seja, seus motivos, e como ocorre o processo de internalização. Essas questões, quando pensadas em conjunto com a *análise do conteúdo da ciência*, em seu aspecto lógico e histórico, fornecem direções para a análise e a organização de procedimentos instrucionais que constituem a atividade de ensino.

Podemos concluir que é possível inferir da teoria histórico-cultural alguns conhecimentos fundamentais que o professor deve dominar quando tem como meta uma educação promotora do desenvolvimento humano. Para realizar a atividade de ensino nessa perspectiva, o professor deve conhecer:

1) o percurso lógico e histórico do conteúdo a ser trabalhado, reconhecê-lo como um instrumento simbólico produzido na atividade humana, portanto, impregnado de ações e operações mentais;

2) a atividade cognitiva do estudante, eleger procedimentos adequados para que ele tenha condições de reproduzir as ações e operações mentais objetivadas no conteúdo trabalhado, bem como para criar motivos adequados para as referidas aprendizagens.

Se esses são conhecimentos próprios do trabalho docente, os cursos de formação de professores devem contemplá-los e, assim, favorecer que o futuro profissional compreenda e organize o ensino, levando em conta o objeto de conhecimento e a atividade necessária ao sujeito que dele irá se apropriar. Ou seja, devem contemplar o conhecimento acerca do objeto de ensino, do sujeito da aprendizagem e, principalmente, das relações entre os dois em situação de sala de aula.

A necessidade de contemplar o percurso lógico-histórico do próprio conteúdo, a regularidade do processo de aprendizagem e a singularidade do desenvolvimento do aluno revela a complexidade do ato de ensinar. O reconhecimento dessa complexidade não significa a impossibilidade de se apreender teoricamente esse fenômeno. Pelo contrário, mostra que não há como ser professor apoiando-se apenas em saberes advindos da experiência imediata. A formação docente exige domínio teórico da matéria de ensino, aliado ao domínio dos processos envolvidos na aprendizagem. Esses conhecimentos são essenciais na formação docente, constituindo-se em mediadores do professor na sua interação com a prática. A prática profissional também se constitui em uma instância de formação, mas a qualidade dessa formação depende do repertório teórico já adquirido pelo professor, o qual pode ser adaptado ou até reelaborado diante das condições singulares encontradas em seu exercício profissional. Como afirma Núñez (2009, p. 130): "[...] a teoria traz em si as possibilidades no sentido de orientar a prática pedagógica numa relação dialética, na qual a própria teoria se reconfigura nos contextos específicos dessa prática". Quando se revelam seus limites, ela pode ser aperfeiçoada ou superada, mas, para isso, é preciso que a atividade de ensino esteja fundamentada em conhecimentos teóricos e não apenas empíricos.

Um sistema de princípios didáticos derivados de um referencial teórico assumido é condição para que o professor tenha pontos para ancorar as reflexões que necessariamente surgem no decorrer da atuação profissional. Assim, eles deixam de ser modelos ou simples técnicas engessadas, para se constituir em nortes teórico-metodológicos para a organização do ensino.

> São princípios que, como referências teóricas e hipóteses de ensino, reúnem elementos para o planejamento, o desenvolvimento e a reflexão crítica da prática educativa de forma científica, questão básica para a postura do professor profissional (Núñez, 2009, p. 129).

Uma proposta curricular apoiada em sólida fundamentação teórica não se materializa em prática pedagógica se não vier acompanhada de uma formação de professores que caminhe na mesma direção.

Concluímos que o trabalho docente, em razão de sua complexidade, conforme fomos destacando ao longo deste texto, não pode se restringir à própria prática ou à troca de experiência entre pares. Com esta afirmação, temos a intenção de deixar explícita nossa oposição à crítica de que os cursos de formação de professores são excessivamente teóricos e que deveriam estar mais voltados para a prática, caso em que talvez devamos questionar a própria concepção de teoria existente nesse tipo de crítica. Se a teoria é um corpo de conhecimentos que oferece ao professor maior domínio sobre o seu trabalho, podemos afirmar que não há excesso, mas falta de teoria. Nesse sentido, a exigência de formação de professores em nível superior, sem a necessária formação teórica que promove seu desenvolvimento intelectual, pode ser mais um indício, como alerta Libâneo (2011), da adesão da política educacional brasileira a uma escolarização cujos propósitos são de acolhimento social e não de socialização e produção de conhecimentos.

Referências bibliográficas

ASBAHR, Flávia da Silva Ferreira. *Por que aprender isso, professora? Sentido pessoal e atividade de estudo na psicologia histórico-cultural.* Tese (Doutorado) — Faculdade de Psicologia, Universidade de São Paulo, São Paulo, 2011.

BERNARDES, Maria Eliza Mattosinho. *As ações na atividade educativa.* Dissertação (Mestrado em Educação) — Faculdade de Educação, Universidade de São Paulo, São Paulo, 2000.

CAVALEIRO, Patrícia Cristina Formaggi. *Organização do ensino da linguagem escrita*: contribuições da abordagem histórico-cultural. Dissertação (Mestrado em Educação) — Universidade Estadual de Maringá, Maringá, 2009.

DAVYDOV, V. *Tipos de generalización en la enseñanza.* Havana: Editorial Pueblo y Educación, 1982.

_____. *La enseñanza escolar y el desarrollo psíquico.* México: Editorial Progreso, 1988.

GARNIER, Catherine; BERDNARZ, Nadine; ULANOVSKAYA, Irina. *Após Vigotski e Piaget*: perspectiva social e construtivista. Escolas russa e ocidental. Trad. de Eunice Gruman. Porto Alegre: Artes Médicas, 1996.

LEONTIEV, A. *O desenvolvimento do psiquismo*. Lisboa: Livros Horizonte, 1978.

_____. *Actividad, consciencia, personalidad*. Havana: Editorial Pueblo y Educación, 1983.

_____. Os princípios do desenvolvimento mental e o problema do atraso mental. In: LURIA, A. R. et al. *Psicologia e Pedagogia I*: bases psicológicas da aprendizagem e do desenvolvimento. São Paulo: Editora Moraes, 1991.

LIBÂNEO, José Carlos. A escola brasileira em face de um dualismo perverso: escola do conhecimento para os ricos, escola do acolhimento social para os pobres. *Educação e pesquisa*, São Paulo, n. 21, out. 2011.

LOMPSCHER, Joachim. Aprendizagem, estratégias e ensino. In: CONGRESSO INTERNACIONAL DE EDUCAÇÃO DE SANTA CATARINA: PROPOSTA CURRICULAR DE SANTA CATARINA. *Psicologia histórico-cultural*: Vigotski — 100 anos. Florianópolis: Secretaria de Estado da Educação e do Desporto, 1996.

LURIA, A. R. *Desenvolvimento cognitivo*. São Paulo: Ícone, 1990.

MORAES, Maria Célia Marcondes de.; TORRIGLIA, Patricia Laura. Sentido do ser docente e da construção de seu conhecimento. In: MORAES, Maria Célia M. de (Org.). *Iluminismo às avessas*. Rio de Janeiro: DP&A, 2003.

MOURA, Manoel Oriosvaldo (Org.). *A atividade pedagógica na teoria histórico-cultural*. Brasília: Liber Livro, 2010.

NÚÑEZ, Isauro B. *Vigotski, Leontiev, Galperin*: formação de conceitos e princípios didáticos. Brasília: Líber Livros, 2009.

RENSHAW, Peter D. *The sociocultural theory of teaching and learning*: implications for the curriculum in the australian context. Disponível em: <http://webpages.charter.net/schmolze1/Vigotski/renshaw.html>. Acesso em: 13 dez. 2010.

SEMENOVA, Marina. A formação teórica e científica do pensamento dos escolares. In: GARNIER, Catherine; BERDNARZ, Nadine; ULANOVSKAYA, Irina. *Após Vigotski e Piaget*: perspectiva social e construtivista. Escolas russa e ocidental. Trad. de Eunice Gruman. Porto Alegre: Artes Médicas, p. 160-8, 1996.

SFORNI, M. S. F. *Aprendizagem conceitual e organização do ensino*: contribuições da teoria da atividade. Araraquara: Junqueira Marin Editora, 2004.

SFORNI, M. S. F. Aprendizagem e desenvolvimento: o papel da mediação. In: CAPELLI-NI, Vera Lúcia Fialho; MANZONI, Rosa Maria (Org.). *Políticas públicas, práticas pedagógicas e ensino-aprendizagem*: diferentes olhares sobre o processo educacional. 1. ed. Bauru Unesp/FC/. São Paulo: Cultura Acadêmica, 2008.

_____; GALUCH, M. T. B. Procedimentos investigativos com base nos pressupostos da teoria histórico-cultural e da teoria da atividade. In: MACIEL, Lizete Shizue Bomura; MORI, Nerli Nonato Ribeiro (Org.). *Pesquisa em educação*: múltiplos olhares. Maringá: Eduem, 2009.

STETSENKO, Anna; ARIEVITCH, Igor. Teaching, learning and development: a post--Vigotskian perspective. In: WELLS, Gordon; CLAXTON, Guy (Org.). *Learning for life in the 21st century*: sociocultural perspectives on the future of education. Disponível em: <http://people.ucsc.edu/~gwells/Files/Courses_Folder/documents/StetsenkoArievitchPost-VygPerspect.pdf>. Acesso em: 27 nov. 2010.

VIGOTSKI, L. S. The instrumental method in psychology. In: WERTSCH, James (Org.). *The concept of activity in soviet psychology*. New York: M. E. Sharpe, Inc. 1981.

_____. *Obras escogidas*, II. Madrid: Visor, 1982.

CAPÍTULO 22

Sobre formação de professores e professoras:
questões curriculares

Regina Leite Garcia

Nilda Alves

Enquanto uma de nós trabalha, há muito, com a ideia de redes de conhecimentos e significações, a outra trabalha com a metáfora de rizoma, que aparece, desaparece e reaparece, surpreendendo a quem o tenta captar e compreender, acabando sempre as duas — Nilda e Regina- se encontrando, pois cada uma de nós vem participando de redes nacionais e internacionais que se dedicam a tentar captar a complexidade dos cotidianos *dentrofora*[1] das escolas e dos praticantes que nelas e em outras redes educativas atuam, ainda que saibamos ser inapreensível em sua totalidade.

Nosso pensamento sobre formação de professores e professoras tem sido articulado com a compreensão de que ela se dá em múltiplos

---

1. Esse modo de escrever se tornou necessário ao compreendermos a unidade indissociável desses dois termos — como outros que aparecem neste texto — que precisam ser entendidos como um só, na tentativa de superar a visão dicotomizada que herdamos da Modernidade e que foi necessária à construção inicial das ciências.

contextos, em diferentes momentos, num processo que tem início muito antes da entrada em uma escola e que se oficializa num curso de formação de professores e tem continuidade no decorrer da ação docente, num rico processo em que *práticateoria*, em articulação permanente, vão dando continuidade ao processo interminável dessa formação. As inúmeras e variadas relações entre os diferentes contextos — que são indicados e trabalhados a seguir — organizam o que tem sido denominado "formação de professores". A inserção de docentes nestes diferentes contextos se dá de forma muito diferenciada e nisso está a riqueza dessa formação. Assim, um curso de formação de professores e professoras será mais bem-sucedido se, partindo desta ideia, incorporar diálogos permanentes com os outros contextos, sabendo-os existentes e fornecendo conhecimentos, significações, valores, crenças aos que temos nos diversos cursos. E, depois do que muitos denominam formação inicial, frequentemente damos continuidade à formação docente em cursos de especialização[2] ou em nossos cursos de pós-graduação *stricto sensu*, nas linhas em que atuamos que envolvem a ideia de cotidianos.[3] Essa formação articula, também, os livros que são lidos e escritos preocupados com os cotidianos escolares e outros, como se deu com a coleção O sentido da escola", com trinta volumes, que organizamos na antiga editora DPA.[4] Nesses processos, múltiplos e variados, vamos refletindo coletivamente, teorizando sobre e retornando à prática, em movimentos diversos e em companhia sempre animada de professores e professoras das escolas do estado em que vivemos e de outros estados, para onde nos deslocamos para palestras ou pequenos cursos, muitos dos quais são e passam a ser estudantes dos cursos em que damos aulas ou coordenamos, praticantes conosco das pesquisas que coordenamos, coautores de artigos que escrevemos.

---

2. Como o "Curso de pós-graduação *lato sensu* de alfabetização dos alunos e alunas das classes populares", realizado na Universidade Federal Fluminense (UFF), sob a coordenação de Regina Leite Garcia, já na décima turma com mais de cem monografias produzidas.

3. Na UFF, Regina atua no campo de confluência "Estudos do cotidiano e da educação popular". Na UERJ, Nilda atua na linha de pesquisa "Cotidianos, redes educativas e processos culturais".

4. Essa coleção já tem alguns volumes republicados pela editora DP&Alii.

Para nós, estudar os Currículos de cursos de formação de professores e professoras significa buscar compreender os modos e as intensidades como estão inseridos nos múltiplos contextos e como esses se relacionam nos cotidianos vividos por cada um. Admitimos, também, que em cada um deles as *práticasteorias* se relacionam, de modo a criar redes complexas e variadas de conhecimentos e significações. E, dada a imbricação entre o que há tempos, acreditávamos ser um momento da prática e outro momento da teoria. Observando em nossas pesquisas, fomos compreendendo ser a prática, a teoria em movimento e a teoria, o resultado da reflexão sobre a prática. Ou seja, fomos descobrindo não haver prática despida de teoria tampouco teoria que não resulte da prática. Confirmávamos o que já encontráramos na Tese II sobre Feuerbach (Marx, 2008) — "é na prática onde o homem tem que demonstrar a verdade" —, o que nos fazia contestar a defesa de alguns colegas marxistas da pregnância "dos fundamentos teóricos" que precederiam a prática. Para nós, como para Marx, a prática é o critério de verdade, por ser na prática que é confirmada a teoria, e quando não, é na prática que a teoria é atualizada ou mesmo modificada, quando não dá conta de explicar o que acontece na prática.

Assim, atendendo à nossa preocupação de busca de coerência entre *conteúdoforma* e tendo aprendido com as militantes afrodescendentes norte-americanas que ao mudar o paradigma teórico epistemológico — conteúdo — inevitavelmente muda a escrita —, a forma — aqui estamos nós a escrever *praticateoriapratica*, marcando a mudança provocada em nós pela reflexão política e coletiva sobre a prática pedagógica e suas consequências na formação de professores e professoras. E talvez para ficar mais clara a nossa opção, fomos encontrar em Bakhtin (2009) ser a forma, a forma de um conteúdo, e o conteúdo, o conteúdo de uma forma.

Contextos de formação

Depois de muitos e muitos anos de discussão sobre a formação de professores e professoras, podemos indicar e precisamos desenvolver, no presente, os seguintes contextos de formação: o das *práticasteoriaspráticas* da formação acadêmica; o das *práticasteoriaspráticas* pedagógicas cotidianas; o das *práticasteoriaspráticas* das políticas de governo; o das *práticasteoriaspráticas* coletivas dos movimentos sociais; o das *práticasteoriaspráticas* das pesquisas em educação; o das *práticasteoriaspráticas* de produção e "usos" de mídias; o das *práticasteoriaspráticas* de vivências nas cidades, nos campos, à beira das estradas e por todos os *espaçostempos* em que os seres humanos passam deixando suas marcas e deixando-se marcar pelos novos processos de relações com outros seres e artefatos culturais.

Lembramos, inicialmente, que esses contextos não são *espaçostempos* fechados em si, mas estão, de modos diversos, articulados uns aos outros, do que os formuladores dos planejamentos dos cursos de formação de professores e professoras parecem não se dar conta. Em nossas pesquisas temos constatado que estes cursos, geralmente, partem das disciplinas teóricas, portanto se dando da teoria para a prática, nos quais se indica ser necessário, "antes de qualquer coisa", "uma base teórica", o que ocupa o planejamento do que são denominadas as "disciplinas fundamentais". Esquecem que antes de entrarem em qualquer curso de formação, hoje em nível superior, os estudantes tiveram entre 12 a 15 anos de escolaridade, nos quais *aprenderamensinaram* muito sobre o ser professor, o como ser professor — em cada aula de que participaram como estudantes, em todos os níveis da educação, em cada brincadeira de escola que inventaram quando crianças, em cada situação em que se viram ensinando ao aprender e aprendendo ao ensinar.

Passamos, em seguida, a apresentar e discutir cada um desses contextos, com essas observações anteriores em foco, identificando algumas das tantas inter-relações que estabelecem entre si.

O contexto das "práticasteoriaspráticas" da formação acadêmica

Esse é o contexto entendido, oficialmente, como aquele que forma, sem que se compreenda que, há muito, aqueles que o frequentam conhecem variadas formas de ser professor e já possuem preferências a respeito do ser professor, tendo o cuidado de não cair na armadilha já denunciada por Arroyo da formação que antes deforma do que forma. Mas, o que chamamos, hoje, de "formação inicial", sabendo que a formação continua por toda a vida profissional do docente, é feita em pouco tempo: em geral quatro anos, e em um único turno de estudo (ou manhã ou tarde ou noite), em nosso país — e quando feita "a distância", em geral, o é, em dois anos. Além desse aspecto, lembramos que, continuando o modo como desenvolveu sua escolarização, as atividades são trabalhadas, em sua maior parte, em disciplinas — essas divisões do Currículo que pouco permitem que surjam trabalhos coletivos, tão necessários aos movimentos de criação pedagógica. No caso da chamada "formação continuada", as atividades acontecem, frequentemente, com os professores trabalhando — "em serviço", como se costuma dizer —, o que dificulta a frequência normal às aulas ou aos momentos presenciais e mesmo *on-line*, leituras aprofundadas e discussões em grupo. As práticas curriculares são as mesmas: disciplinares e, portanto, isoladas nos *espaçostempos*. Além disso, como passamos a realizar, no Brasil, por força de lei, a formação na universidade, essa tendência ao isolacionismo disciplinar se acentuou, pela tradição universitária na qual o planejamento, o desenvolvimento e a avaliação disciplinar são sempre individuais e, em momentos estanques, dissociados entre si — toda a organização administrativa universitária está assim organizada, o que em nada contribui para a criação coletiva.

Mas por outro lado, em especial nos cursos de Pedagogia — mas infelizmente, muito pouco nas outras licenciaturas —, graças a recomendações e lutas de movimentos sociais preocupados com essa formação e devido a experiências práticas de mudanças curriculares desenvolvidas em diversas instituições universitárias do país, foram sendo criados *espaçostempos* curriculares inovadores. A estes estamos denominando "componentes curriculares", já que não são disciplinas no sentido como as conhecíamos: são *espaçostempos* interdisciplinares, multidisciplinares, transdisciplinares e alguns que mais avançaram, chegando a interculturais, o que vem permitindo e também resultam de trabalhos conjuntos e mais duradouros, com certa continuidade de docente, de discentes, de conteúdos, de práticas pedagógicas, que são analisadas e criticadas, continuamente. Um dos exemplos desses componentes está no que vem sendo chamado, em muitas partes do país, de PPP (Pesquisa e Prática Pedagógica) — está assim, também, na resolução do Conselho Nacional de Educação para o curso de Pedagogia.

Não podemos deixar de nos referir à rica experiência por nós vivida quando, em Angra dos Reis, foi eleita a primeira prefeitura petista, cujo prefeito e o secretário de educação[5] nos convidaram a criar um Curso de Formação de Professores que pudesse atender à busca de um curso superior público e de qualidade democrática. Naquele momento, as professoras e professores da rede pública de Angra dos Reis, portadores de apenas um curso de formação de professores de nível médio, o chamado Curso Normal, em seu movimento para se tornarem melhores profissionais, frequentavam cursos particulares que os havia, muitos e de má qualidade, nas cercanias de Angra dos Reis. Para não nos alongarmos com o que tanto nos apaixonou, podemos dizer que o nosso Curso de Formação de Professores de Angra dos Reis representou o rompimento com certas práticas comuns em nosso país, o que nos fez viver a experiência de, como "griots" irmos de norte a sul do Brasil, convidadas a falar sobre o curso, por seu sentido inovador. O curso rompia com a divisão disciplinar, punha em diálogo Arte e Educação, valia-se de diferentes linguagens, inovava na avaliação e no até então estágio e mesmo na elaboração de monografias que, como a pesquisa, acompanhava o curso desde o seu início. Foi desta inovação em Curso de Formação de Professores que surgiu para nós a ideia de "professora pesquisadora" pois, as nossas alunas professoras, ao invés de estágio, viviam a experiência inovadora de pesquisar a sua própria prática. O que hoje é denominado PPP, ou seja, Pesquisa e Prática Pedagógica, que tem provocado tantos conflitos em inúmeras universidades, nasceu com o curso de formação de professores de Angra dos Reis.

---

5. O prefeito era Neirobis Nagae e o secretário de educação era Francisco Potiguara Júnior. O curso foi iniciado em junho de 1992.

O contexto das "práticasteoriaspráticas" pedagógicas cotidianas

Esse contexto é indicado, com frequência, pelos docentes como aquele no qual, efetivamente, se formam. O "chão" das escolas e das salas de aula é visto como os *espaçostempos* nos quais "verdadeiramente" se formam os docentes para as/nas práticas pedagógicas, por eles mesmos. Todas as outras atividades — preparação das aulas, utilizando livros ou outro artefato pedagógico; frequência a cursos de formação ou congressos da área, crescentemente procurados pelos docentes etc — tudo é entendido como meros "facilitadores" dessa "verdadeira" formação. Em geral, os múltiplos *espaçostempos* escolares são vistos como e onde se passa o que é preciso aprender, sejam: as salas de aulas com as diversas atividades pedagógicas que nelas são realizadas; os contatos diários com estudantes diversos; a situação de materialidade das salas e das escolas — limpeza; recursos didáticos que possui; possibilidade de ocupação com material criado pelos docentes e pelos discentes etc. Outros *espaçostempos* são, ainda, lembrados como "formadores": a "sala dos professores", com as trocas que os encontros possibilitam, quer na hora da entrada, quer na hora do recreio e "seu" cafezinho; as idas e vindas, quando realizadas em comum, permitindo conversas nas conduções; as reuniões pedagógicas, quando as há — o que vem ficando cada vez mais raro, seja pelo ritmo acelerado do trabalho docente, pelos parcos salários que obrigam os professores e professoras à dupla regência correndo diariamente de uma escola para outra, seja pela "pobreza" material das escolas, seja por inconsequentes ações de secretarias de educação que vêm inviabilizando sua realização, que chegam, em alguns casos conhecidos, a serem proibidas, o que nos parece lamentável, pois nossa própria experiência, bem como as pesquisas que temos realizado, nos fazem defender enfaticamente a importância das reuniões político-pedagógicas, única via para a realização de um projeto político-pedagógico orgânico, que há de ser resultado da discussão política coletiva da qual devem participar todos os profissionais da escola, pais e mães, estudantes, ou seja, todos e todas que têm a ver com o resultado do que acontece nas escolas, todos os "pratiacantes" (Certeau, 1994) dos processos curriculares.

É preciso considerar que o modo como estágios são pensados na maioria dos cursos de formação, desde há muito, reforça esta ideia: ao irem para a escola, nos estágios docentes, os estudantes são recomendados a observar, anotar e depois praticar o que é certo ou errado no que as professoras fazem em suas aulas. São recomendados a fixar o certo e rejeitar o errado, como se durante todos os seus contatos com a escola já não tivessem feito essas e outras observações. E sobretudo, embora tenham lido Dewey em algumas das disciplinas do curso, são levados a esquecer a sua máxima do *learn by doing*, no estágio substituída por aprenda observando e anotando para depois aplicar o observado.

Nossa posição a esse respeito é que somos muito mais bem-sucedidos quando, desde o início do curso, desenvolvemos "conversas"[6] sobre as tantas experiências anteriormente vividas e que se encarnam nos estudantes como modo de ser ou de não ser professor/professora.

Se pensarmos no tempo de duração desse contexto na vida profissional dos docentes, poderemos afirmar que é muito mais duradouro que seu curso inicial ou mesmo que eventuais cursos de formação continuada. Nem um, nem os outros terão grande valor se não incorporarem, em seus *espaçostempos*, discussões intensas e continuadas sobre o que acontece no contexto das *práticasteoriaspráticas* curriculares cotidianas.

O contexto das "práticasteorias" das políticas de governo

Esse contexto inclui, para começar, as indicações sobre Currículos — resoluções, pareceres, diretrizes, parâmetros e outros documentos

---

6. Para nós, nas pesquisas com os cotidianos, as 'conversas' foram sendo entendidas como processos metodológicos necessários a essas pesquisas, pois adequados a processos realizados no dia a dia das escolas.

de cunho oficial — para cursos de formação de professores e professoras feitas por autoridades educacionais, em qualquer nível de ensino e esfera do poder público, mas até mesmo outros documentos sobre modos de organizar todo o campo da Educação. Muitas vezes, esses documentos são formulados com a participação de educadores e pesquisadores conhecidos, mesmo que contrariem, em muitos aspectos, os documentos fundadores dos movimentos pela formação desses profissionais. Mas para além dessas determinações, outras ações governamentais atuam no sentido de "formar" docentes: os inúmeros cursos de extensão realizados por secretarias; acordos firmados com certas universidades — hoje "a moda" passa mais por acordos com ONGs, em diversos estados e municípios — para realização de encontros com docentes (o que, durante certo período, eram chamados "reciclagens" e que ainda são chamados de "capacitação" — tanto um como o outro termo indicando, sempre, que os professores e professoras pouco sabem) ou produção massiva de textos pedagógicos para "uso" nas salas de aula; tentativas de implantação de Currículos nacionais obrigatórios, com a publicação de documentos que são distribuídos em grande quantidade, por todo o país, com reuniões explicativas etc. Também aqui alguns movimentos tentaram, durante certo período, contrariar estas características de nacionalização de Currículos. Podemos lembrar os "congressos" que foram realizados em inúmeras prefeituras, em especial governadas pelo PT, em vários estados brasileiros, buscando fazer aparecer Currículos locais que contassem com maior participação docente e, na maioria dos casos, dos discentes, seus responsáveis e a comunidade como um todo, em especial, os movimentos sociais organizados.

O contexto das "práticasteorias" coletivas dos movimentos sociais

O contexto de atuação dos movimentos sociais, visto por muitos como em franca restrição, precisa ser compreendido tanto nos modos como se desenvolve, como naquilo que tem indicado — e conseguido — quanto a mudanças tanto de formas como de conteúdos, alterando normas e diversas práticas. É preciso compreender que esses movimentos vão além de simples respostas políticas às ações das forças hegemônicas. Eles criam saídas próprias, indicam ações possíveis, geram crises para que as políticas oficiais sejam modificadas. Destaques podem ser feitos quanto a isso com as atuações dos movimentos negros (aprovação da Lei n. 10.639/03, sobre a obrigatoriedade do ensino da História e da Cultura Afro-brasileira no Currículo, complementada pela Lei n. 11.645/2008, que estendeu esta obrigatoriedade à Cultura Indígena) e de movimentos LGBTT (luta para aprovação do PLC 122, no presente momento, com marchas anuais a Brasília; reconhecimento recente do casamento homossexual pelo Superior Tribunal Federal). Especial destaque precisa ser dado, ainda, às escolas criadas pelo Movimento dos Trabalhadores Sem Terra (MST) que criou Currículos e organização sintonizados com a sua concepção de mundo e de homem, com a sociedade que lutam por criar, que atendam a suas necessidades e prioridades, escolas reconhecidas como legais e de qualidade social, incluindo proposta de formação de professores, como a desenvolvida em Veranópolis, em que o curso parte da prática trazida pelos e pelas militantes, posta em diálogo com a teoria em seu sentido explicativo — melhor compreender a prática realizada — e aplicativo — criar alternativas ao já realizado, retornando com os militantes à prática. Portanto, o curso parte da prática, vai à teoria e retorna à prática num círculo dialético/dialógico, no melhor estilo freireano.

Na compreensão de que nossas ações cotidianas se dão em múltiplas redes de conhecimentos e significações, vamos podendo compreender que esses movimentos — não os criados junto aos processos capitalistas (partidos e sindicatos), mas os que são chamados de "novos movimentos sociais" (dos negros, dos homossexuais, das mulheres, dos sem-terra, dos sem-teto, em áreas urbanas, e de todos e todas que vêm sendo privados de seus direitos) — têm um desenvolvimento rizomático. Ou seja, têm momentos de atuação e criação visíveis e momentos de desaparecimento, pelo menos para nossos "olhos", acostumados ao que é considerado "desenvolvimento" pelos modos de pensar hegemônico. Para estes, só podemos considerar que haja o movimento crescente e linear, sempre para a frente — afinal *aprende-mosensinamos* ser assim que o "progresso" funciona, o que nos foi imposto desde a colonização quando os europeus se apresentavam para o novo mundo por eles descoberto como a civilização que viria iluminar os "povos bárbaros" que deveriam evoluir, se desenvolver, tendo como exemplo o padrão a ser atingido o que era apresentado pelos invasores europeus. No entanto, a compreensão atual permite perceber que nunca é assim. E nas pesquisas com os cotidianos buscamos identificar, analisar e caracterizar como se desenvolvem os processos nas tantas redes educativas, com a participação desses movimentos sociais. Por que a grande visibilidade hoje de alguns desses movimentos e aparente paralisia de outros? Nas questões curriculares — em especial, nas dos cursos de formação — aqui e ali sentimos a influência que os movimentos negros, feministas, de povos originários que um dia chamávamos indígenas, de homossexuais, têm naquilo que se vai mudando nesses cursos: acréscimos de "disciplinas" — melhor seria dizer "componentes curriculares" — que tratam de uma ou outra questão de interesse dos "praticantes" desses movimentos, no sentido dado por Certeau (1994); seja pela pressão para o aparecimento de "cotas" e a ida massiva de cotistas para os cursos de formação de professores, seja pelo direito de ser chamado, na escola, pelo seu nome de gênero e não aquele escrito na certidão de nascimento, seja pela realização de reuniões ou encontros que discutem essas questões, e tantas mais, refletindo esses movimentos nas escolas, os movimentos que se dão na sociedade e que os manuais escolares conseguem incorporar em seus textos.

Quanto ao movimento específico pela formação dos profissionais da educação podemos fazer referência ao surgimento da Anfope (Associação Nacional pela Formação dos Profissionais da Educação), em 1991, e à organização anterior a ela, a Conarcfe (Comissão Nacional de Reformulação dos Cursos de Formação de Educadores) que surgiu após um Encontro Nacional — antecedido de encontros estaduais e regionais — em novembro de 1983. Desse encontro, surge um documento, que nunca foi admitido nem mesmo divulgado pelo

MEC, que organizara os encontros, que traz ideias-base que, durante muitos anos, nortearam as discussões sobre essa temática: proposição de experiências institucionais e locais (estaduais e municipais) a serem discutidas em encontros anuais que permitissem o surgimento e a modificação permanente de uma base comum nacional, levando ao surgimento de novas experiências locais. Esse movimento contrariava, em suas bases e ações, as perspectivas de sucessivos governos que pretendiam implantar Currículos nacionais únicos. Nos últimos anos, no entanto, o próprio movimento começou a indicar possibilidades de implantação de Currículo único — baseado na ideia de "escola única", que nos vem de Gramsci — e os dirigentes e mais ativos participantes da associação começaram a se movimentar no sentido de colaborações com os governos, com o objetivo de fazer surgir esse Currículo único. No entanto, algumas poucas experiências fora dessas ideias ainda aparecem, aqui e ali, exigindo acompanhamento pelas pesquisas nos/dos/com os cotidianos.

O contexto das "práticasteoriaspráticas" das pesquisas em educação

Porque muitos formadores de docentes são também pesquisadores, em alguns momentos, tendemos a confundir este contexto com o primeiro estudado. No entanto, essa confusão precisa ser desfeita. Em primeiro lugar, porque há também uma formação para ser pesquisador que não se confunde com aquela de ser professor, embora os caminhos sejam, em alguns trechos, os mesmos. Mas, desde sempre, foram dois caminhos que assumiram "postos" diferentes na hierarquia capitalista, o que pode ser visto quer pelas diferenças salariais, quer pelas chamadas que os primeiros têm para "colaborar" com projetos de forças hegemônicas — e como contribuem, algumas vezes!!! Outra questão a tratar é a de que se as pesquisas com os cotidianos têm assumido a necessidade de ações de pesquisa na formação de professores — já falamos no "componente curricular" PPP (Pesquisa e Prática

Pedagógica), entendemos que essa pesquisa, necessária à formação de docentes, não pode ser confundida com os processos de "iniciação científica". A pesquisa necessária à formação de professores — e pedagogos — é aquela que permite o 'uso' de processos de pesquisa (desde a observação até a escrita sobre conhecimentos acumulados nos processos) sobre as atividades desenvolvidas nas práticas nas tantas redes educativas existentes e nas quais estes profissionais são chamados a atuar. Lembremos, ainda, que essas práticas têm relações diferentes tanto daquelas que precisamos ter com as práticas em pesquisa, como as que articulamos com as teorias existentes.

Além disso, verificamos que há um crescente "uso" (Certeau, 1994) de resultados de pesquisa em cursos de formação de professores, bem como em outros contextos: pelos movimentos de professores e professoras; pelas autoridades educacionais (que contratam, em geral, pesquisas próprias). Por outro lado, outras redes de conhecimentos e significações vêm se articulando com o que é produzido por esse contexto: o desenvolvimento de publicações — sejam em livros ou em revistas — a que têm acesso os "praticantes" (Certeau, 1994) das inúmeras redes educativas; o mesmo vem acontecendo com reuniões, congressos, colóquios que vêm sendo organizados pelas diversas organizações sociais: de secretarias de educação a sindicatos, passando pelos novos movimentos sociais organizados. Não podemos esquecer, também, o acesso crescente que os pesquisadores estão tendo a outras mídias: jornais, redes de televisão e rádio, internet, *blogs*, Facebook e até o surpreendente Wikileaks, além de filmes retratando essas redes educativas — e, especialmente, as escolas e as relações docentes-discentes. Assim, as redes de conhecimentos e significações, em múltiplos contatos com o "mundo da pesquisa" — não só no campo educacional, não esqueçamos — vêm contribuindo para a divulgação de resultados, dúvidas, "verdades" do campo científico, incentivando aquilo que Santos (1989) chamou de "segunda ruptura epistemológica".

Anteriormente nos referimos à pesquisa no sentido do "ser pesquisador", credenciado por órgão de pesquisa que lhe concede bolsa de pesquisador a partir da aprovação de seu projeto de pesquisa e que vai à escola visando pesquisar o que lá acontece, teorizar sobre o pesquisado, elaborando relatório ao final de sua pesquisa — algumas vezes tese de doutorado ou dissertação de mestrado —, atendendo às exigências dos órgãos de pesquisas e da universidade à qual está vinculado. O crescente número de revistas e livros cumpre o papel de socializar o resultado das pesquisas realizadas. A cada ano, esse pesquisador participa de congressos de pesquisa em educação do Brasil — na Anped, no Endipe etc. — quando se dá a discussões sobre as diferentes pesquisas apresentadas. Este é um pesquisador reconhecido enquanto tal.

Mas há um outro tipo de pesquisa, talvez pesquisa entre aspas, que acontece na sala de aula e que resulta de forte compromisso de professoras com o sucesso escolar de seus estudantes e de seu inconformismo com o insucesso de alguns. Essas professoras não se conformam com esse insucesso, pondo-se a se fazer perguntas para as quais não encontra respostas sobre o que acontece na sala de aula, vez que já superou a desculpa fácil da "dificuldade de aprendizagem" e busca melhores explicações. Nesse processo, a professora se vale de todos os recursos teóricos de que dispõe, aguça seus sentidos e sensibilidade, na tentativa de melhor compreender o que lhe está sendo incompreensível, busca o auxílio de suas companheiras de trabalho e se põe a "investigar" o que acontece no cotidiano processo de *aprenderensinar*. Talvez pudéssemos denominar este fazer investigativo de "observação comprometida", ou mesmo, pedindo de empréstimo a Fals Borda, pudéssemos denominá-lo "observação-ação", por se tratar de uma postura investigativa da professora que leva à ação. Com o resultado do que a "ação pesquisadora" da professora capta, torna-se possível a ela criar alternativas curriculares que possam responder ao seu intento de melhor *ensinaraprender* e ao desejo dos alunos e alunas de *aprenderensinar*, o que ainda não sabem e desejam saber e o que sabem e desejam ensinar.

Longe de pretendermos afirmar que esses processos vividos pelas professoras — a que temos denominado professora-pesquisadora — sejam uma pesquisa, como classicamente é entendida. Trata-se apenas de uma resposta frequente ao impasse vivido pela professora comprometida, que assume uma postura investigativa a fim de melhor compreender o que acontece em sua classe e que está ligado ao processo de *aprenderensinar*.

Nas pesquisas curriculares, na tendência chamada de pesquisas "nos/dos/com os cotidianos", realizadas por diversos grupos em universidades brasileiras, esses movimentos e processos vão aparecendo. Em todas as pesquisas desenvolvidas existe um ponto comum: o encaminhamento articulado da *práticateoriaprática* — práticas que se desenvolvem com criação de pensamentos e pensamentos que se desenvolvem a partir de práticas. De um lado, enfrentando os desafios cotidianos, em Currículo, das professoras comprometidas; de outro, a condição de ver aquilo que os modos de pensar hegemônico não nos permite ver — a criação permanente dos processos curriculares pelos praticantes de Currículo.

O contexto das "práticasteorias" de produção e "usos" de mídias

Mesmo considerando a diversidade crescente das mídias, o que forma uma intrincada rede de relações, é preciso entendê-las como um dos contextos de formação de docentes relacionado de modos diferentes com os outros contextos indicados e atuando, de modo complexo, com as diversas redes educativas. Se lembrarmos, por exemplo, o contexto familiar e os processos de incorporação de crenças religiosas nas relações com as escolas, percebemos inúmeros aspectos: a incapacidade, até o presente, da maioria das escolas — o que não difere dos cursos de formação de professores — de incorporar a diversidade religiosa existente no país (Guedes, 2005), o que vai ter apoio em famílias de determinadas tendências religiosas, nas quais só é permitido assistir ou ouvir programas de determinados canais de televisão ou de estação de rádio e para as quais os praticantes de religiões de matriz africana são "o diabo" ou apenas "crendice". As leituras de jornais e outros periódicos têm mostrado esses conflitos. A presença de adeptos de religiões evangélicas ou pentecostais, as fortes reações desses alunos e alunas, por exemplo, às aulas de antropologia, a reação destes grupos à iniciativa do MEC de enviar para as escolas manuais de denúncia da homofobia, a pressão de alguns grupos evangélicos aliados a grupos católicos de tornar obrigatório o ensino de religião nas escolas, as reuniões em horários vagos nos cursos de formação de professores nas universidades, em que grupos de evangélicos leem a Bíblia, cantam cânticos religiosos e discutem o que fazer no sentido de se contrapor ao que lhes parece antirreligioso, enfim, tudo isso é algo que vem aumentando. Quer dizer, vai tendo uma crescente influência no desenvolvimento curricular nas escolas e nas universidades.

Pesquisas desenvolvidas com as mídias — em especial televisão e vídeo e, mais recentemente, internet — têm permitido identificar modos como as crianças, os jovens e os adultos, com os professores entre eles, vão desenvolvendo relações com elas (Filé, 2000; Alves, 2004, 2005). Pesquisas com os cotidianos, preocupadas com as relações que os docentes estabelecem com o mundo da comunicação da televisão, em diversas gerações, ajudam a compreender os modos como as redes de conhecimentos e significações vão se articulando com esses meios para além da reprodução e da transmissão, criando tecnologias nos "usos" cotidianos de artefatos culturais (Alves, 1999/2002; 2002/2005; 2005/2008). É crescente o número de rádios comunitárias que resultam de uma articulação entre professores, alunos e membros da comunidade, que estabelecem comunicação com outras rádios comunitárias, e que se transformam algumas vezes em componente curricular, na medida em que diferentes disciplinas rompem a divisão disciplinar estabelecendo diálogos interculturais. Assim também, algumas escolas, desde há muito, criaram espaço para o cinema como componente curricular, mais uma vez resultante de um diálogo escola-família-comunidade, e para o que a relação televisão-vídeo contribuiu em grande medida. Importante destacar que não se trata apenas de promover sessões de cinema, o que já seria bom, mas sobretudo da possibilidade de uso do cinema como linguagem a ser desenvolvida nas escolas por docentes e discentes, em *espaçostempos* para trocas de conhecimentos e significações de todo o tipo.

Essas relações vão se dando, por um lado e para além de especial insistência na compra de artefatos tecnológicos por secretarias de educação, porque as crianças e os jovens — alunos e alunas — em seus fáceis, diversos e duradouros contatos com as chamadas "novas mídias" vêm criando canais inusitados para os conhecimentos e as significações dentro das redes cotidianas e, com isto, exigindo relações de seus docentes — e seus responsáveis — com as mesmas. Além disso, precisamos lembrar que os docentes que estão hoje em exercício na Educação Básica se "formaram" com o "uso" da televisão, especialmente, mas também com outras mídias. E as *lan houses* se encarregam de ampliar esta formação que tão pouco a escola reconhece, pois como compreender que uma criança pareça analfabeta na escola e seja capaz de ler e escrever no computador da *lan house*? Algumas vezes, em relação com jogos descritos em inglês? (Taveira, 1998)

O contexto das "práticasteorias" de vivências nas cidades, nos campos e à margem das estradas

O "sentimento" de estar, viver, sentir, ser e conviver em ambiente urbano, rural ou aquele da beira das estradas, como acontece com o MST, cria condições de compreender o quanto esse contexto atua na formação de seus moradores, com os docentes entre eles, quer pelos "percursos" que fazem, quer pela variedade ou não dos "ambientes" com que tomam contato — e as diversas forças que neles atuam —, quer incorporando "paisagens" diferenciadas e se relacionando com diferentes 'praticantes' oriundos de múltiplas "comunidades". Ao contrário, da afirmativa incorporada pela influência da chamada "Escola Nova" no pensamento pedagógico do mundo ocidental, de que os muros das escolas eram sólidos e precisavam ser postos abaixo, nas pesquisas com os cotidianos, na compreensão das redes de conhecimentos e significações em que vivemos, percebemos que os muros não mais existem, se é que alguma vez existiram. Ao entrarmos, todos — docentes, discentes, pais e responsáveis, outros trabalhadores da educação, comunidade circundante da escola — nos *espaçostempos* escolares, como aliás em todas as redes educativas, o fazemos tendo "encarnado" em nós todos os conhecimentos e significações que incorporamos em nossas redes de viver, conviver, fazer e sentir. Do mesmo modo, carregamos para elas muito do que *aprendemosensinamos* nas escolas e em outras redes educativas. Pois como já dito e repetido em nosso texto, nesse processo instigante de troca de saberes, todos *aprendemensinam*, nos tantos momentos e processos de trocas, curriculares e de outros tipos e *conteúdosformas*.

Alguns desafios curriculares contemporâneos aos Currículos de formação de docentes

Um dos desafios crescentes nos últimos anos tem sido a pouca procura pelos cursos de formação de professores, e muitos dos que os frequentam o fazem apenas na busca de um diploma de curso superior de mais fácil conquista. Grande parte dos que hoje procuram os cursos não tem como horizonte vir a ser professor(a), o que desestimula os docentes dos Cursos de Formação de Professores. Por outro lado, já vimos algumas vezes, professores desses cursos que fazem discursos sobre a pouca importância social dos professores e como os estudantes deveriam desistir desse curso e dessa profissão. Por tudo isso, quando alguém se torna professor(a), na falta de melhor oportunidade profissional, é óbvio que sua atuação não terá a qualidade de quem escolhe o magistério por desejo e compromisso político.

Um desafio que se coloca para qualquer projeto seria a necessidade do retorno à história visando melhor compreender o presente, o que seria indispensável para poder se projetar para o futuro. Não é possível uma escola de qualidade, seja de que nível for, ou um curso de formação de professores, que possa responder ao momento que vivemos se não mergulharmos em nossa história, compreendendo as demandas que se colocam no presente, para então podermos planejar um futuro que responda às necessidades e expectativas que se colocam na contemporaneidade. Exemplo disso é o desencontro que vem acontecendo no Brasil entre as demandas de um processo de industrialização, que anuncia o Brasil como a quarta economia no *ranking* mundial, e uma escola de nível médio — e mesmo a de nível superior —, que não está formando técnicos qualificados para atender a essa demanda, o que tem levado a indústria brasileira a buscar fora do país, técnicos qualificados que possam atender às suas necessidades. Fica claro não ter havido um planejamento estratégico, o que vem acontecendo nas economias de ponta, ou seja, nossos formuladores de políticas educacionais não foram à nossa história para melhor compreender a presente conjuntura nacional e internacional em que vivemos, de modo a realizar um planejamento que pudesse responder às necessidades em nosso país, construindo assim a possibilidade de um futuro desejado.

Mas, se sequer conseguimos superar o analfabetismo endêmico... E alguns acreditam resolver o problema da alfabetização no Brasil com 'provinha Brasil', com treino para ter sucesso na provinha, como se o complexo processo de alfabetização se resolvesse com uma "severa e centralizada avaliação", ignorando ser a alfabetização um processo que tem início muito antes da criança, que vive numa sociedade letrada, entrar na escola, tendo continuidade por toda a vida... o grande desafio do Brasil é conseguir o que tantas sociedades alcançaram — alfabetizar toda a população.

Numa escola como a nossa, em que grande parte dos responsáveis pela formação de novos docentes foi formada numa perspectiva eurocêntrica (basta analisar as bibliografias dos cursos e as referências bibliográficas dos seus textos, em que a maioria dos autores citados são europeus ou norte-americanos e quando brasileiros pensam como europeus), há que se promover o pensamento descolonial indispensável a um giro descolonizador, conforme Dussel (2011). Os professores ou professoras formados numa escola monocultural eurocêntrica repetem em sua ação o que lá no século XVI fizeram os invasores europeus, que aos povos ancestrais chegavam a considerar não terem alma e aos negros africanos traziam para as terras conquistadas como escravos para melhor pilharem as riquezas que nestas terras havia. Hobsbawm (1978) chega a afirmar ter sido com as riquezas levadas das terras descobertas pelos portugueses que foi possível a Revolução Industrial na Inglaterra, pois o que ficava em Portugal era gasto para fazer igrejas. E por que afirmamos este como um dos desafios contemporâneos aos cursos de formação de professores? É porque se formos analisar as estatísticas de reprovação e níveis de escolaridade atingida, além da situação no mercado de trabalho, os afrodescendentes estão sempre em situação desfavorável.

Estes nos parecem alguns dos desafios que se colocam contemporaneamente para quem, como nós, se pretende lutando por um mundo melhor, um mundo em que diferentes mundos sejam reconhecidos na riqueza de suas diferenças, encontrando espaços de expressão. Estamos propondo, numa sociedade multicultural como a nossa, que os Currículos em realização das escolas de todos os níveis, com destaque para os Cursos de Formação de Professores e Professoras, seja um Currículo pluricultural, que possa melhor preparar futuros professores e professoras, capazes de incorporar no Currículo escolar os diversos saberes que os diferentes grupos socioculturais trazem de suas experiências históricas. Talvez possamos chegar um dia a materializar a utopia de alguns de nós, que se refere ao que até hoje denominamos Universidade: que ela possa se transformar numa verdadeira Pluri-versidade, resultante do diálogo intercultural entre os conhecimentos historicamente acumulados reconhecidos como *a cultura*, com o murmúrio incansável dos conhecimentos que resultam das lutas dos afrodescendentes, dos povos originários, dos movimentos sociais, de todos os grupos que foram historicamente subalternizados como não sabentes.

Assim teremos em todos os níveis de escolaridade culturas problematizadas em ação, e atualização nos Currículos em permanente movimento de realização, capazes de sintonizar com a complexidade da sociedade em que vivemos.

Referências bibliográficas

ALVES, Nilda. *Trajetórias e redes na formação de professores*. Rio de Janeiro: DP&A, 1998.

_____. Questões epistemológicas no uso cotidiano das tecnologias. In: CONGRESSO BRASILEIRO DE CIÊNCIAS DA COMUNICAÇÃO, 27., Porto Alegre: Intercom — Sociedade Brasileira de Estudos Interdisciplinares da Comunicação, set. 2004.

_____. Redes urbanas de conhecimentos e tecnologias na escola. In: CONGRESSO BRASILEIRO DE CIÊNCIAS DA COMUNICAÇÃO, 28., Rio de Janeiro: Intercom — Sociedade Brasileira de Estudos Interdisciplinares da Comunicação, set. 2005.

_____. *Memórias de professoras sobre televisão*: o cotidiano escolar e a televisão na reprodução, transmissão e criação de valores (1999-2002). Financiamento CNPq, Faperj, UERJ. (Projeto de pesquisa.)_____. *O uso da tecnologia, de imagens e de sons por professoras de jovens e adultos e a tessitura de conhecimentos (valores) no cotidiano*: a ética e a estética que nos fazem professoras (2002-2005). Financiamento CNPq, Faperj, UERJ. (Projeto de pesquisa.)

_____. *Artefatos tecnológicos relacionados à imagem e ao som na expressão da cultura de afro-brasileiros e seu "uso" em processos curriculares de formação de professoras na educação superior*: o caso do curso de Pedagogia da UERJ/campus Maracanã (2005-2008). Financiamento CNPq, Faperj, UERJ. (Projeto de pesquisa.)

BAKHTIN, Mikhail. *Marxismo e filosofia da linguagem*. São Paulo: Hucitec, 2009.

CERTEAU, Michel de. *A invenção do cotidiano*: artes de fazer. Petrópolis: Vozes, 1994.

DUSSEL, Enrique; MENDIETA, Eduardo; BOHÓRQUEZ, Carmen (Ed.). *El pensamiento filosófico latinoamericano, del Caribe y "latino"*. México: Siglo Veintiuno, 2011.

FILÉ, Valter (Org.). *Batuques, fragmentações e fluxos*: zapeando pela linguagem audiovisual no cotidiano escolar. Rio de Janeiro: DP&A, 2000.

FALS BORDA, O. (Comp.). *Participación popular*: retos del futuro. Bogotá: ICFES/Ispri/Colciencias, 1998.

FANON, F. *Les damnés de la terre*. France: Maspéro, 1990.

FREIRE, Paulo. *Pedagogia do oprimido*. São Paulo: Paz e Terra, 1970.

GARCIA, R. L. (Org.). *Método, métodos, contramétodos*. São Paulo: Cortez, 2003.

_____ (Org). *Diálogos cotidianos*. Rio de Janeiro: DP Et Alii/Faperj, 2010.

GARCIA, R. L. (Org.). *Para quem pesquisamos, para quem escrevemos*. São Paulo: Cortez, 2001.

_____. *Interculturalidade*: desconstruindo o eurocentrismo da escola. Projeto de pesquisa financiado pelo CNPq, 2011-2014.

GUEDES, Maristela. *Educação em terreiros e como a escola se relaciona com crianças que praticam o candomblé*. Tese (Doutorado) — Pontifícia Universidade Católica, Rio de Janeiro, 2005.

HOBSBAWM, Eric. *A era do capital*. Rio de Janeiro: Paz e Terra, 1978.

MARX, Karl. *Onze teses sobre Feuerbach*. Disponível em: <http://www.socialismo.org.br/portal/filosofia/152-documento/319-onze-teses-sobre-feuerbach>. Acesso em: 6 fev. 2012. Publicado em: 30 mar. 2008.

SANCHES, M, R. (Org.). *Deslocalizar a Europa:* antropologia, arte, literatura e história na pós-colonialidade. Lisboa: Ed. Cotovia, 2005.

SANTOS, Boaventura de Sousa. *Pelas mãos de Alice*. São Paulo: Cortez, 1995.

_____. *Introdução à ciência pós-moderna*. Porto: Afrontamento, 1989.

_____; MENESES, M. P. *Epistemologias do Sul*. São Paulo: Cortez, 2010.

TAVEIRA, Eleonora Barreto. *Saberes de alunos e alunas de ensino noturno*: questão para a escola? Dissertação (Mestrado) — UFF/Programa de Pós-graduação em Educação, Niterói, 1998.

WALSH, Catherine; LINERA, Álvaro García; MIGNOLO, Walter. *Interculturalidad, descolonización del estado y del conocimiento*. Buenos Aires: Ed. del Signo, 2006.

Tema XII

Sobre políticas para a escola em Didática e Currículo

CAPÍTULO 23

A docência em contexto e os impactos das políticas públicas em educação no campo da Didática

Umberto de Andrade Pinto

> A questão de saber se ao pensamento humano pertence a verdade objetiva — não é uma questão da teoria, mas uma questão prática. É na práxis que o homem tem de comprovar a verdade, isto é, a realidade e o poder, o caráter terreno, do seu pensamento [...]. A doutrina materialista da transformação da circunstância e da educação esquece que as circunstâncias têm de ser transformadas pelos homens e que o próprio educador tem de ser educado [...]. A coincidência da mudança das circunstâncias e da atividade humana ou autotransformação só pode ser tomada e racionalmente entendida como práxis revolucionária (Marx e Engels, 1981).

O presente estudo tem por objetivo analisar as relações das políticas públicas em educação nas práticas educativas desenvolvidas nas escolas brasileiras e nos estudos do campo da Didática. Para tanto, desenvolve o conceito de *docência em contexto*, a partir de três dimensões imbricadas da prática docente: a dimensão do contexto institucional, a dimensão do contexto da unidade escolar e a dimensão (subjetiva) do professor como pessoa e como profissional.

Grande parte das políticas públicas em educação, nos últimos tempos, tem sido alimentada e orientada pela lógica das avaliações externas às escolas, aplicadas sobretudo pelos governos federais e estaduais. Uma das principais críticas direcionadas a estas avaliações é o fato de não considerarem os elementos intrínsecos aos processos de ensino-aprendizagem presentes no cotidiano das aulas e das escolas, em seus contextos específicos. Assim, presenciamos atualmente uma situação paradoxal na área educacional: se, por um lado, vivemos um período de intenso investimento nas políticas públicas — singular na história deste país — propaladas para garantir o acesso e a melhoria da educação básica, por outro, as escolas e as salas de aula com seus alunos e professores, na maioria das vezes, não aparecem, não têm visibilidade pública, não protagonizam este momento que poderia ser de fato histórico. À medida que as questões em pauta direcionam-se para os aspectos macros da área educacional, os impactos no chão da escola, causados pelas políticas adotadas, via de regra, não têm sido objeto de estudos. Desse modo, também os estudos da área da Didática ficam secundarizados.

A atuação do professor, as aprendizagens dos alunos e o desenvolvimento das aulas são áreas de estudos tradicionalmente tratadas pela Didática, cujo campo de pesquisa é voltado para as complexas relações estabelecidas nos processos de ensino e de aprendizagem que ocorrem nas escolas. Entender esta complexidade implica, entretanto, constatar que, se estes processos se materializam em aula, não estão restritos ao espaço em que ela ocorre. Trata-se de processos simultâneos e interpostos em forma de rede, cujos fios, procedentes de diferentes instâncias do sistema educacional, acabam por atarem seus nós nas salas de aula. Assim, de modo mais direto ou indireto, todas as iniciativas governamentais e institucionais acabam por repercutir no trabalho que os professores desenvolvem junto aos alunos. Desse modo, o trabalho dos professores alimenta e é alimentado tanto pelo campo de estudos da Didática quanto pelas políticas públicas da área de educação. Ou seja, os estudos da área de Didática não estão imunes a estas políticas, pois o peculiar em seu objeto de estudo — o ensinar e a aprender na escola — é uma atividade prática e, portanto, impactada a todo o tempo pelas intenções e condições em que ocorre. Nesta perspectiva, se entendemos que a produção de conhecimento no campo da Didática não deve ocorrer somente na universidade, mas na interação das universidades com as escolas da educação básica, podemos afirmar que suas pesquisas estão diretamente comprometidas, não somente em relação às políticas públicas voltadas para o ensino superior, mas fundamentalmente pelas políticas públicas voltadas às escolas de Educação Infantil, Ensino Fundamental e Médio.

O entendimento do objeto de estudo da Didática como objeto complexo e multideterminado é fruto das contribuições das teorias críticas em educação introduzidas no Brasil no final da década de 1970, no contexto de redemocratização política do país. Até a década de 1980, os estudos da Didática eram circunscritos ao espaço da sala de aula, focados exclusivamente nos elementos fundantes do processo de ensino-aprendizagem (objetivos e conteúdos do ensino, avaliação da aprendizagem, metodologias de ensino) e desconectados do contexto mais amplo em que a escola estava inserida. As críticas então direcionadas à didática denunciavam uma abordagem tecnicista dos fenômenos educativos escolares, por tratarem estes elementos dos processos de ensino e de aprendizagem independentes do contexto histórico em que ocorriam. Adentramos a década de 1990 com certo consenso em torno do fato de que a Didática não deveria ser entendida como um receituário de como lecionar; ou seja, superamos aquela visão reducionista de uma Didática prescritiva. Entretanto, a partir desta mesma década, com o refluxo das teorias críticas em educação no contexto de hegemonia do pensamento neoliberal, houve uma dispersão nos estudos do campo da Didática, que acabaram sendo subsumidos pela área de formação de professores. Este novo campo de estudos da área educacional ganhou grande impulso nestas três últimas décadas, com extensa produção científica em nosso país.

Ocorre que muitas das pesquisas focadas na formação e atuação docente comumente desconsideram o que deveria ser o seu objetivo — a melhoria da qualidade das aprendizagens dos alunos —, discutindo a formação de professores como um fim em si mesmo. Urge, assim, aproximar as pesquisas atuais da área de formação de professores com a abordagem crítica da Didática, que ficou secundarizada na profusão temática desta nova área. A meu ver, recuperar a abordagem crítica da Didática a partir do seu foco irradiador — a organização do ensino —, incorporando as produções das pesquisas da área de formação de professores destas duas últimas décadas, em especial as produzidas no Brasil, contribuiria efetivamente com a melhoria das aprendizagens dos alunos de nossas escolas públicas. Entretanto, a formação de professores não pode ser discutida independentemente das condições materiais em que a prática docente ocorre. Muitas vezes a formação de professores é discutida simplesmente como uma questão de preparo profissional do educador, desconsiderando o complexo conjunto de fatores que se articulam à sua atuação, reduzindo, desse modo, a formação docente a uma questão de ordem individual. Por outro lado, os estudos sobre a adequação dos Currículos escolares e os alunos que frequentam a escola brasileira neste início do século XXI trazem grandes questionamentos sobre o modo como as unidades escolares estão organizadas, mas nem sempre se articulam com o contexto em que ocorrem suas práticas docentes. Ou seja, de um lado muitas pesquisas sobre a formação de professores, de outro muitas pesquisas sobre a escola, o seu Currículo e a diversidade social, cultural, étnico-racial e sexual de seus alunos, mas pouco se tem avançado na articulação de toda esta riquíssima produção científica nacional na direção daquilo que é o objeto específico da didática: o estudo da totalidade do processo de ensino-aprendizagem que ocorre nas situações peculiares da sala de aula.

O conceito da *docência em contexto* pode contribuir para posicionar a Didática como campo integrador dos estudos sobre o ensino (atividade docente) e a aprendizagem (atividade discente), superando as abordagens reducionistas tanto da formação de professores quanto daquelas sobre Currículo e inclusão escolar, que desconsideram os contextos históricos em que ocorrem os processos de ensino-aprendizagem.

A docência em contexto

Parafraseando Ortega y Gasset, o professor é o que ele é — como pessoa e como profissional —, síntese das circunstâncias em que se formou e vem lecionando, portanto, síntese das condições em que continua se formando. Entender estas circunstâncias que sintetizam a atuação docente pode contribuir para o entendimento da docência para além de uma prática individual, isolada e espontânea; assim como para além de uma prática previamente programada e controlada, que pode ser aplicada em qualquer situação.

Como sabemos, as práticas educativas ocorrem em todos os espaços sociais, no dia a dia das pessoas, nas modalidades definidas por Libâneo (1999) como formal, informal e não formal. Enquanto modalidade de educação formal, a educação escolar é uma prática educativa institucional, pois ocorre inserida em uma instituição social. Como destaca Pérez-Gómez (2001, p. 131):

> [...] para compreender a importância das interações que se produzem no contexto escolar, é necessário entender as características desta instituição social em relação às determinações da política educativa que as diferentes e superpostas instâncias administrativas vão elaborando para acomodar as práticas escolares às exigências do cenário político e econômico de cada época e de cada lugar.

Com base nesse entendimento, os fatores condicionantes que demarcam o exercício da docência serão analisados em três dimensões inter-relacionadas: a instituição ao qual está vinculado o trabalho docente, a unidade escolar em que ocorre o exercício da docência e o professor como agente pedagógico marcado pela condição humana. Cabe ainda destacar que estas três dimensões da prática docente estão inseridas num contexto mais abrangente, o contexto histórico. Ou seja, a prática docente, assim como as demais práticas sociais, são condicionadas pelo contexto da sociedade em que estão inseridas, em um determinado espaço e tempo histórico marcado por diferentes condições econômicas, políticas, sociais, culturais.

A dimensão do contexto institucional

O contexto institucional demarca as condições objetivas e materiais às quais o exercício da docência está inserido. Refere-se à instituição que o professor está vinculado, que o emprega enquanto trabalhador e lhe oferece determinadas possibilidades de profissionalização. Do mesmo modo, é a instituição que também oferece aos alunos que estudam em suas unidades escolares determinadas condições de aprendizagens. Esta dimensão institucional da prática docente é identificada, no caso brasileiro, pelas redes de ensino federal, estadual ou municipal. É certo que o exercício docente nas redes estaduais de ensino é mediado por diferentes determinações de âmbito federal, à medida que as legislações estaduais devem estar em sintonia com diretrizes estabelecidas pelo Ministério da Educação. Neste sentido, a mediação das determinações legais nas redes municipais é ainda maior, pois se trata de um entrelaçamento das legislações federais, estaduais e as emanadas pelos próprios municípios.

O contexto institucional é, portanto, a dimensão do exercício da docência em que as políticas públicas impactam mais diretamente, ao serem implementadas pelos governos municipais, estaduais ou pelo governo federal. É a dimensão institucional que estabelece para as práticas educativas em aula tanto as orientações curriculares e até metodologias, quanto as condições materiais para o funcionamento das escolas, desde as instalações físicas até os materiais didáticos disponíveis: o estado de conservação das salas de aula e seu mobiliário, as instalações de laboratórios e de bibliotecas com seus respectivos acervos, ambientes para as práticas esportivas e artísticas, e assim por diante. A dimensão institucional estabelece as condições de trabalho do professor: o número de aulas que leciona semanalmente, o regime de trabalho (dedicação exclusiva em uma escola ou em várias escolas), a remuneração compatível às suas atividades profissionais, o tempo de trabalho remunerado previsto para atividades fora da sala de aula (para preparo das aulas e participação em reuniões com o coletivo pedagógico). O contexto institucional determina, também, um dado

TEMAS DE PEDAGOGIA

fundamental na qualificação das aprendizagens discentes: o número de alunos por sala de aula com que o professor trabalhará, definido pelas diferentes redes de ensino. Além disso, estabelece a quantidade e as condições de trabalho dos profissionais que atuam nas equipes diretivas das escolas: coordenadores pedagógicos, orientadores educacionais, diretores, vice-diretores etc., assim como dos demais profissionais que atuam nas esferas operacionais e administrativas da escola. Finalmente, é no âmbito das diferentes redes de ensino que se estabelece como novas propostas pedagógicas serão implementadas pelo conjunto de suas escolas: se os profissionais da educação locados nas unidades escolares participarão do processo de construção destas propostas ou se elas serão gestadas em gabinetes das diferentes instâncias do sistema de ensino para serem simplesmente cumpridas pelos profissionais das escolas. Todos estes diferentes aspectos envolvidos na dimensão institucional materializam as políticas públicas dos diferentes entes da federação. Cabe, também, aqui destacar as interferências que decorrem do papel desempenhado pelas instituições diretamente vinculadas aos profissionais de ensino. De acordo com contextos e momentos históricos específicos, os sindicatos e as entidades científicas conseguem dialogar mais ou menos com os governantes de cada época à frente dos aparelhos estatais. Este diálogo, com os diferentes entes federativos, pode contribuir com a melhoria das condições do trabalho docente e das aprendizagens dos alunos.

Pérez-Gómez (2001) sugere entender a escola como um "cruzamento de culturas" que provocam tensões, aberturas, restrições e contrastes, na construção de significados e na formação de condutas. Ao interpretar os fatores que intervêm na vida escolar como *culturas*, ele ressalta o caráter sistêmico e vivo dos elementos que influem na determinação desses significados e dessas condutas. O autor desenvolve uma análise dos diferentes aspectos que compõem cada uma dessas culturas que interagem no espaço escolar e cuja compreensão pode ajudar a entender os fatores que condicionam os processos de ensino e de aprendizagem: a *cultura crítica* (contida nas disciplinas científicas, artísticas e filosóficas), a *cultura social* (expressa nos valores hegemônicos do cenário social), a *cultura experiencial* (adquirida individualmente pelos alunos por meio das experiências nos intercâmbios espontâneos com o seu meio), a *cultura acadêmica* (refletida nas definições que constituem o currículo escolar) e a cultura *institucional*, que identifica estruturas organizativas e orientações gerais do sistema de ensino. Esse autor realça as inter-relações entre essas estruturas e o funcionamento interno da escola:

> [...] requer um esforço de relação entre os aspectos macro e micro, entre a política educativa e suas correspondências nas interações peculiares que definem a vida da escola. Do mesmo modo, para entender a peculiaridade dos intercâmbios dentro da instituição, é imprescindível compreender a dinâmica interativa entre as características das estruturas organizativas e as atitudes, os interesses, os papéis e os comportamentos dos indivíduos e dos grupos. O desenvolvimento institucional se encontra intimamente ligado ao desenvolvimento humano e profissional das pessoas que vivem a instituição e vice-versa; a evolução pessoal e profissional provoca o desenvolvimento institucional (Pérez-Gómez, 2001, p. 131-32).

A dimensão do contexto da unidade escolar

O contexto da unidade escolar é a dimensão do exercício da docência demarcada pela escola em que o professor está lecionando. Esta escola, enquanto instituição social, além das determinações legais da rede de ensino à qual esta vinculada (contexto institucional), também materializa um conjunto de elementos físicos e simbólicos próprios da sua história, do seu enraizamento na comunidade local. Embora num primeiro plano as escolas sejam uma reprodução singular de um conjunto de outras escolas inseridas em um mesmo contexto institucional, elas interagem de modo diferente com esse contexto. Escolas de uma mesma rede de ensino desenvolvem atividades educativas diferentes, mesmo quando administradas por uma mesma instituição (uma rede de ensino municipal, estadual ou federal). Assim, o trabalho do profes-

TEMAS DE PEDAGOGIA

sor é desenvolvido fundamentalmente no contexto da escola em que atua, ainda que seja mediado a todo o tempo pelo mesmo contexto institucional de várias outras escolas. O entendimento deste intercruzamento do contexto institucional com o contexto escolar permite entender as razões pelas quais um professor que trabalha em diferentes escolas de uma mesma rede de ensino produza resultados diferentes no que se refere às aprendizagens de seus alunos. Permite compreender também porque escolas tão próximas, muitas vezes com as mesmas condições materiais, apresentam resultados educacionais tão diferentes. Como a escola está organizada internamente e como se relaciona com a comunidade à qual está inserida? Como gera suas condições materiais de funcionamento? Como é construído o seu projeto pedagógico? Quem são seus alunos? Como é a atuação da equipe diretiva da escola? Quem são seus professores? As respostas a estes questionamentos explicam, pelo menos em parte, a diferença entre o trabalho pedagógico de diferentes escolas de uma mesma rede de ensino.

Os questionamentos anteriores nos remetem ao debate em torno da cultura escolar e do projeto político-pedagógico, e nos levam a analisar o modo como estes dois elementos se relacionam em cada escola, possibilitando alargar o entendimento do exercício docente em contextos específicos.

A cultura escolar e o projeto político-pedagógico

O projeto político-pedagógico (PPP) é o instrumento pelo qual a escola pode garantir o exercício de sua autonomia. Ele abriga o enraizamento da cultura escolar local, fortalecendo-a frente à atuação, às vezes às ingerências, das instâncias administrativas superiores do sistema escolar. De modo contrário, a escola sem um PPP consolidado torna-se refém das reformas educativas que desautorizam o protagonismo de seus profissionais e desconsideram a cultura escolar. Por cultura escolar, estamos nos referindo:

[...] àqueles significados, modos de pensar e agir, valores, comportamentos, modos de funcionamento que, de certa forma, mostram a identidade, os traços característicos, da escola e das pessoas que nela trabalham. A cultura da escola (ou cultura organizacional) é o que sintetiza os sentidos que as pessoas dão às coisas, gerando um padrão coletivo de pensar e perceber as coisas e de agir (Libâneo, 2004, p. 33).

A cultura escolar é, portanto, própria de cada escola e se projeta em todas suas instâncias, tal como detalha Libâneo (2004, p. 109):

[...] no tipo de reuniões, nas normas disciplinares, na relação dos professores com os alunos na aula, na cantina, nos corredores, na confecção de alimentos e distribuição da merenda, nas formas de tratamento com os pais, na metodologia de aula etc. Vem daí uma constatação muito importante: a escola tem uma cultura própria que permite entender tudo o que acontece nela, mas essa cultura pode ser modificada pelas próprias pessoas, ela pode ser discutida, avaliada, planejada, num rumo que responda aos propósitos da direção, da coordenação pedagógica, do corpo docente. É isso que justifica a formulação conjunta do projeto pedagógico-curricular [...]. A cultura organizacional é elemento condicionante do projeto pedagógico-curricular, mas esse também é instituidor de uma cultura organizacional.

Assim entendido, o PPP é o instrumento que *cultiva* a cultura escolar. Se não há um projeto efetivamente implantado, a cultura da escola é difusa e mutante. Quando o PPP está consolidado, instaura-se uma cultura escolar intencionalizada. Isso não quer dizer que seja congelada, pois ela se modifica à medida que os agentes escolares vão mudando, ou seja, uma vez que os educadores e os alunos da escola são outros, a cultura escolar vai se alterando, principalmente com a troca dos educadores. Cada grupo destes imprime uma dinâmica na proposta pedagógica da escola a partir dos elementos constituintes da sua subjetividade coletiva. Entretanto, se o PPP está consolidado, ele vai sendo transmitido de geração a geração de educadores, de modo que a cultura escolar não é alterada substancialmente, pois é alimentada o tempo todo pelo projeto em curso. Ao contrário, nas escolas em que não há um efetivo PPP, a cultura escolar expressa simplesmente o

TEMAS DE PEDAGOGIA

intercruzamento das diferentes culturas que nela convivem (dos alunos, dos professores, da mídia, da etnociência). Desse modo, proponho identificar as escolas que enraizaram em suas culturas um PPP como escolas portadoras de uma *cultura escolar pedagógica*. Pedagógica como expressão de uma proposta educacional marcada por princípios éticos e políticos claramente definidos e que se materializam em suas ações educativas.

O PPP também viabiliza, no interior de cada escola, o estabelecimento de relações democráticas entre os seus profissionais e entre estes e o corpo discente. Embora a democratização das relações internas não seja o núcleo da democratização do ensino, pois esse núcleo deve ser asocialização do saber, aquela não pode ser desvinculada desta.

> A democratização das relações internas da escola constitui mediação para a democratização da educação, o que não significa diminuir sua importância; pelo contrário, significa considerá-la condição *sine qua non* desta, porém não a única. As relações democráticas na escola, a participação nas decisões, o envolvimento da equipe de professores no trabalho são mediações básicas ao objetivo do trabalho docente — ensinar de modo que os alunos aprendam —, mas não são suficientes nem exclusivas (Pimenta, 2002, p. 53).

Ensinar de modo que os alunos aprendam é qualitativamente diferente quando ocorre sob relações pessoais abertas que rompem com a tradição escolar de vínculos autoritários. Segundo Veiga (1995), ao se constituir em processo democrático de decisões, o PPP instaura uma forma de organização do trabalho pedagógico que supera os conflitos, elimina as relações competitivas, corporativas e autoritárias, diminuindo os efeitos fragmentários da divisão do trabalho que reforça as diferenças e hierarquiza os poderes de decisão. Ela escreve:

> Nesta perspectiva, a construção do projeto político-pedagógico é um instrumento de luta, é uma forma de contrapor-se à fragmentação do trabalho pedagógico e sua rotinização, à dependência e aos efeitos negativos do poder autoritário e centralizador dos órgãos da administração central (Veiga, p. 22).

Ou seja, para ser autônoma, a escola não pode depender dos órgãos centrais e intermediários para definirem o que deve executar. Ao conceber seu PPP, ela exerce sua autonomia, assim como ao executá-lo e avaliá-lo no sentido de refletir sobre as finalidades sociopolíticas e culturais da escola. Desse modo, ela vai delineando sua própria identidade (Veiga, 1995).

Pimenta (2002) alerta para a necessidade de compreender as diversas identidades das escolas, pois essa é a base para que diferenciem seus projetos pedagógicos. O que aponta para a identidade no plural, tendo em vista que as escolas, concretamente consideradas, não são iguais. Desse modo, fica evidente que o PPP não pode ser um instrumento burocratizado que, para atender às exigências legais, possa ser encomendado ou mesmo comprado. Por outro lado, ainda segundo Pimenta, o fato de considerar que cada escola tem sua identidade própria não pode levar ao equívoco de considerá-la isolada. Essa identidade própria "é significada pelo pertencimento ao um gênero Escola [...]. Se perdermos essa dimensão do pertencimento ao gênero, teremos resultados muito discutíveis do ponto de vista da qualidade social" (Idem, ibidem, p. 68).

Assim, considerada a relação entre a identidade escolar e o PPP, cabe identificá-lo como conteúdo e instrumento da organização do trabalho pedagógico em dois níveis: "como organização da escola como um todo e como organização da sala de aula" (Veiga, 1995, p. 14), incluindo sua relação com o contexto social imediato, de modo a preservar a visão da totalidade. Nesse sentido, o PPP permite quebrar o isolamento dos trabalhos encaminhados individualmente pelos professores em sala de aula à medida que os articulam em torno de um projeto coletivo. Por outro lado, se entendemos que o exercício da docência não é cópia fiel de algo prescrito, tanto pelas instâncias superiores do sistema de ensino quanto pela academia, temos de aceitar que as escolas também não funcionam somente do jeito que o sistema escolar quer. Elas são movidas pela lógica desse sistema, mas em permanente negociação para atender, ainda que parcialmente, aos anseios de pais, alunos e professores. Essa relação da escola como instituição estatal e a comunidade escolar é sempre tensa, pois expressa conflitos de interesses, frequentemente antagônicos. A esse respeito, Alves (2003, p. 85) destaca:

> [...] a escola tem uma história diferente da oficial que se caracterizou por mostrar a incompetência permanente da escola, a má formação de seus professores, as carências crescentes de seus alunos e a indiferença dos pais, o que seria redimido pelas sucessivas políticas oficiais.

De outro modo, na construção do PPP, cada escola mobiliza-se para escrever a sua própria história, de modo a impedir que a história oficial escreva por ela.

No que se refere à flexibilidade do PPP, entendo que ela está implícita à sua própria constituição. Ele não é flexível por si, como documento ou instrumento, mas sim por ser construído pelos seus agentes. Conforme Sacristán (1999, p. 64):

> O projeto ou a ideia é como uma partitura para ser lida, porque, ao ser realizada pelas ações são introduzidas a indeterminação, a autonomia, a criatividade, as limitações, a liberdade dos intérpretes. O desenvolvimento do currículo por meio das ações sempre faz dele um projeto flexível.

Nesse sentido, a educação escolar é sempre um projeto de intenções que, no entanto, orientam as ações. O PPP da escola, assim como as atividades docentes decorrentes desse projeto, aspiram a objetivos predeterminados que sempre se projetam ao futuro. Santiago (1995) associa a dimensão política do PPP aos fatores que dizem respeito aos propósitos que motivaram e mobilizaram o grupo na promoção de mudanças, e a dimensão pedagógica aos fatores que se referem ao nível das mudanças curriculares, metodológicas e administrativas que processualmente devem incidir na escola.

> A unidade dialética desses dois fatores deverá expressar-se nas consequências político-pedagógicas da ação educativa, tais como redução dos índices de reprovação e de evasão, nível de aprendizagem, satisfação pessoal, envolvimento da comunidade, melhoria no padrão de vida [...]. (Santiago, 1995, p. 169).

Ou seja, todas estas consequências da ação educativa decorrentes do projeto político-pedagógico da escola estão voltadas aos alunos, objetivo e atores principais do trabalho escolar.

O protagonismo dos alunos

Um fator que determina a preponderância do contexto escolar sobre as demais dimensões do exercício da docência *são os alunos*. Tema recorrente na área da Didática, a indissociabilidade entre o processo de ensino e o processo de aprendizagem escolar não pode ser desconsiderada em nenhum só momento dos estudos sobre o trabalho docente. Entender que o exercício da docência ocorre no intercruzamento entre o contexto institucional, o contexto escolar e a subjetividade do professor, somente faz sentido se este movimento for captado a partir do processo de ensino-aprendizagem. Em uma sentença: o exercício docente só se efetiva se ocorre a aprendizagem do aluno. Assim, ensino e aprendizagem escolar são dois processos indissociáveis, a identidade de um depende da do outro.

É no contexto escolar que entra em cena o ator principal de todo o debate em torno da docência: *o aluno*. Podemos aqui inverter o foco de análise no processo de ensino-aprendizagem que é objeto de estudo deste texto: em vez da docência, vamos focar a aprendizagem e, assim, muitos dos argumentos aqui expostos para o entendimento da complexidade do exercício docente seriam também válidos para o entendimento do não menos complexo exercício da aprendizagem. Ou seja, o aluno também aprende na mediação entre o contexto institucional, o contexto escolar e a sua condição humana subjetiva.

Assim, é no contexto escolar que estão os alunos de diferentes origens socioeconômicas e culturais, e que, ao interagirem com o conhecimento escolar pela mediação do professor, interferem diretamente no exercício da docência inviabilizando, como já fizemos referência no início deste estudo, qualquer possibilidade de uma didática prescritiva.

Deste modo, o contexto escolar se sobressai na relação com o contexto institucional e a subjetividade do professor, à medida que em cada escola, em cada turma, é que o professor encontrará os alunos reais com os quais trabalhará, e que condicionarão, portanto, todo a sua atividade docente.

A dimensão (subjetiva) do professor como pessoa e como profissional

Um aspecto peculiar da atividade docente é o fato de ela ser exercida, comumente, de modo individual. Embora o professor, quando está trabalhando em sala de aula, esteja interagindo com um grupo grande de pessoas (alunos), do ponto de vista profissional ele está sozinho, pois não há outros professores simultaneamente com ele na aula. Neste sentido, há um anacronismo nesta peculiaridade do exercício da docência, pois em aula o professor está rodeado de pessoas (alunos) e, ao mesmo tempo, solitário em sua condição profissional. Entretanto, embora na aula esteja sozinho, sua prática educativa é marcada por um conjunto de saberes constituídos socialmente, que imprime ao seu trabalho uma dimensão coletiva. Ele está ali agindo individualmente, mas sua ação é expressão de um repertório profissional produzido coletivamente e, quando está inserido em uma escola com projeto político-pedagógico instituído coletivamente, sua ação expressa ainda mais este repertório coletivo. O professor está sozinho à frente dos alunos, mas suas ações expressam todo um conjunto de intenções planejadas por um coletivo de educadores da escola. Assim, sua autonomia em aula é sempre relativa. Ele não pode adentrar a sala de aula e desenvolver conteúdos de ensino que definiu sozinho, de um modo e com objetivos por ele estabelecidos. Sobre isso, a professora Terezinha Azerêdo Rios argumenta que a autonomia docente é relativa não por ser menor ou maior (em termos quantitativos), mas por ser sempre *em relação* ao trabalho planejado junto aos outros educadores, o que é próprio da atividade pedagógica.

Schmied-Kowarzik (1988), ao desenvolver o conceito de Pedagogia como ciência prática *da* e *para* a educação, argumenta que ela corresponde ao esclarecimento racional da ação educativa dirigida à humanização da geração em desenvolvimento, e que esta ação é mediatizada pelo educador, uma vez que ela não possui capacidade de interferir na práxis por si mesma, mas apenas mediante o educador. Temos, assim, o professor como um agente pedagógico que, segundo Sacristán (1999, p. 31), "quando exerce sua função, é um ser humano que age e esse papel não pode ser entendido à margem da condição humana, por mais técnico que se queira, seja esse ofício. Por meio das ações que realizam em educação, os professores manifestam-se e transformam o que acontece no mundo".

Sacristán parte do princípio de que a educação, em seu sentido original, é ação de pessoas, embora seja simultaneamente a extensão e o enlace dessa iniciativa subjetiva com a ação social, na medida em que envolve projetos sociais dirigidos, crenças coletivas e marcos institucionalizados. Entretanto, essa ação social materializa-se na ação individual que, marcada pela singularidade humana, nunca representa uma fotocópia fiel daquela.

A ação tem um significado de atividade que ocorre no momento (o processo), mas também significa o resultado daquilo que dela ocorreu (o produto). Uma condição essencial sua é de sempre ser pessoal e definidora da condição humana, "ligada a um eu que se projeta e que se expressa por meio de educar" (Sacristán, 1999, p. 31). Desse modo, a ação pedagógica não pode ser pensada somente do ponto de vista instrumental, ela deve considerar o envolvimento do sujeito — o educador — e as consequências em sua subjetividade que se manifestarão em suas ações posteriores.

Sacristán atribui ao termo *ação* o exercício individual das atividades educativas, enquanto o termo *prática* fica reservado àquilo que é exercido pelo coletivo social. Assim, a atividade docente é entendida como síntese da ação do professor, na sua condição humana individual, com a prática de caráter institucional.

Nesta mesma direção de análise sobre o exercício da docência, Tardif (2002) alerta que a questão do saber profissional dos professores não pode ser separada das outras dimensões do ensino, do trabalho

TEMAS DE PEDAGOGIA

realizado diariamente pelos professores, do estudo histórico da profissão docente e de sua situação dentro da escola e da sociedade. Do mesmo modo, esse saber profissional deve estar sempre relacionado com os seus condicionantes e com o seu contexto de trabalho:

> [...] o saber não é uma coisa que flutua no espaço: o saber dos professores é o saber *deles* e está relacionado com a pessoa e a identidade deles, com a sua experiência de vida e com a sua história profissional, com as suas relações com os alunos em sala de aula e com os outros atores escolares na escola etc. Por isso, é necessário estudá-lo relacionando-o com esses elementos constitutivos do trabalho docente (Tardif, 2002, p. 11).

Assim entendido, os saberes da docência se materializam na atividade docente pelas ações individuais dos professores, e essas ações são também marcadas pela subjetividade da condição humana de cada um deles. A interação do professor com o contexto institucional e com o contexto da escola está relacionada tanto com os saberes que ele foi construindo em sua trajetória profissional, quanto às suas características mais pessoais. Ou seja, o repertório ao qual cada professor recorre, como agente pedagógico, está relacionado inicialmente a tudo aquilo que constitui sua condição humana: o seu histórico de vida socioeconômico-religioso-político-cultural e sua trajetória pela educação escolar básica, assim como suas primeiras impressões do que é ser professor (espelhadas nas imagens de seus mestres). Mas esse repertório está relacionado fundamentalmente aos processos formativos profissionais pelos quais passou: o seu curso de licenciatura, os cursos de formação contínua, os cursos de extensão universitária, de especialização, de pós-graduação, que frequentou ao longo de sua trajetória profissional, assim como sua participação e militância sindical e acadêmica em congressos, simpósios, encontros, palestras da área educacional. Constitui também o repertório docente, de modo especial, os processos formativos que o professor passa pelas escolas em que vai trabalhando — os diferentes contextos escolares — *locus* onde são produzidos os saberes da experiência docente. O contexto escolar não determina somente o exercício da docência no tempo presente em que ela ocorre, em função das condições materiais que oferece. Simultaneamente a esta perspectiva formativa, as escolas pelas quais os professores vão lecionando lhes ensinam o ofício docente ao longo de todo o período em que eles ali estão trabalhando, inserido em seu projeto político-pedagógico, em sua cultura escolar. Um professor que tem a oportunidade, logo no início da carreira, de trabalhar em uma escola com um projeto político-pedagógico instituído coletivamente pode, por exemplo, aprender a trabalhar em grupo com os professores e com a equipe pedagógica, aprender a interagir com os alunos e seus responsáveis de um modo respeitoso, e aprender a desenvolver projetos interdisciplinares. Quando for trabalhar em outra escola que não favoreça, do mesmo modo, o seu desenvolvimento profissional, este professor lidará e atuará com o novo contexto escolar de um modo diferente de professores que não passaram por esta sua experiência profissional anterior. O que queremos acentuar, enfim, são os saberes da experiência produzidos *coletivamente*, em contextos escolares específicos, adquiridos pelo professor em sua trajetória profissional. Esses saberes são muito mais impactantes do que aqueles produzidos pelo trabalho docente individual e solitário em sala de aula, como ocorre em escolas que não tem um PPP construído coletivamente.

Cabe destacar que todo este repertório docente constituído ao longo da trajetória profissional de cada professor é um amálgama marcado pelas políticas públicas na área de educação que acompanharam esta sua trajetória. Desde as oportunidades escolares que ele teve, ainda na condição de estudante da educação básica, até o curso de licenciatura que frequentou, foram demarcados pelas políticas implementadas em cada época. Essa demarcação tem continuidade no início do seu ingresso no magistério e o acompanha ao longo de todo o seu percurso profissional, interferindo a todo o tempo na constituição dos seus saberes docentes.

As políticas pública em educação e o campo da Didática

O estudo até aqui empreendido buscou demonstrar que o exercício da docência só pode ser entendido se contextualizado. A prática docente não ocorre de modo asséptico e dependente somente da boa vontade e das boas intenções do professor. Uma prática docente que garanta aprendizagens qualitativas aos seus destinatários depende, é claro, da boa vontade e das boas intenções do seu agente pedagógico, assim como depende *fundamentalmente* de um contexto institucional e de um contexto escolar que permitam o transcurso destas vontades e intenções. Análises reducionistas não contribuem para o avanço na luta pela melhoria da educação pública em nosso país. Reduzir a problemática em torno da qualidade do ensino à questão da formação de professores é tão prejudicial quanto reduzi-la exclusivamente a uma questão de investimento financeiro na área. Assim, a constatação de que algumas escolas alcançam melhores resultados nas avaliações externas do que praticamente a totalidade das demais escolas de uma mesma rede de ensino não advoga o direito de argumentar que não é necessário investimento de verbas nas condições materiais da escola e do trabalho dos professores. A única conclusão a que podemos chegar nesta situação é de que o trabalho escolar não é condicionado *somente* pelo contexto institucional, embora ele ainda seja determinante nestes resultados, senão a quase totalidade das demais escolas não teria tido os resultados obtidos.

O entendimento da docência em contexto procurou evidenciar que para se compreender a prática do professor, deve ser considerada a subjetividade da pessoa e do profissional docente mergulhada no contexto específico de uma escola local, que por sua vez está inserida em um contexto institucional mais amplo. Isso pode explicar por que um mesmo professor pode desenvolver uma ação educativa de melhor qualidade em uma escola do que em outra. Os contextos escolares e institucionais são diferentes. Do mesmo modo, facilita o entendimento de escolas em um mesmo contexto institucional produzirem resultados diferentes. Os professores interagem de modo distintos com os contextos escolares e institucionais nos quais estão inseridos.

Como vimos, as políticas públicas na área de educação impactam todas as dimensões do exercício da docência, do mesmo modo que impactam os estudos no campo da Didática. Há tempos avançamos no consenso de que a formação inicial de professores deve ser oferecida pelas Instituições de Ensino Superior (IES) em parceria com as escolas das redes de ensino infantil, fundamental e médio. Este campo de estudos e de ensino da Didática, nos cursos de Licenciatura, já é consagrado entre nós, embora venha progressivamente perdendo espaço nos últimos anos. Por outro lado, vem ganhando cada vez mais espaço as iniciativas na área de formação contínua. Neste sentido, podemos constatar um grande investimento nas políticas públicas nesta área, se comparadas com as iniciativas na área de formação inicial, praticamente inexistentes. O objeto de estudo da didática contempla os estudos tanto da formação inicial quanto os estudos da formação contínua de professores. Entretanto, as políticas públicas centralizadas em torno dos resultados das avaliações externas, disseminadas por todas as escolas do país, direcionam os seus trabalhos em função destes resultados e retiram dos professores o seu protagonismo.

Se as escolas devem ser as parceiras das IES tanto nos programas de formação contínua quanto naqueles de formação inicial, os estudos e as pesquisas no campo da Didática produzidas nas universidades também acabam por serem impactados por esta lógica perversa das políticas públicas voltadas para a educação básica. A Didática, como uma das áreas de estudo da Pedagogia, tal como esta última, trata-se de uma ciência *da* e *para* a prática educativa escolar. Se a prática escolar é formatada e engessada (por exemplo, com o uso de pacotes ou cartilhas preparadas para o uso dos professores), os estudos do campo da Didática ficam comprometidos. Voltamos ao tecnicismo, à Didática prescritiva.

Assim, entendo que o avanço dos estudos no campo da Didática implica a defesa intransigente de que os professores sejam protagonistas ativos nos processos de mudança das propostas pedagógicas das escolas, assim como nos processos de elaboração, acompanhamento e avaliação dos programas de formação contínua implementados nas diferentes redes de ensino. No que compete aos pesquisadores da área de Didática, cabe intensificar a aproximação e a integração com as pesquisas cujos objetos de investigação têm origem nas salas de aula das escolas públicas brasileiras. Muitas dessas pesquisas estão pulverizadas na área de formação de professores, que nem sempre partem da sala de aula para o desenvolvimento de seus estudos.

Recuperar os estudos que partem de problemas identificados nos processos de ensino e de aprendizagem que ocorrem nas escolas, a partir das contribuições da Didática crítica, pode ser um dos caminhos na busca de outros bons resultados, de outras aprendizagens qualitativas. Esta busca remete necessariamente à dimensão ética-política do exercício docente, que só pode ser constatada na materialidade do trabalho educativo desenvolvido pela comunidade escolar no cotidiano das escolas públicas brasileiras.

Referências bibliográficas

ALVES, N. No cotidiano da escola se escreve uma história diferente da que conhecemos até agora. In: COSTA, M. V. *A escola tem futuro?* Rio de Janeiro: DP&A, 2003.

LIBÂNEO, J. C. *Pedagogia e pedagogos, para quê?* São Paulo: Cortez, 1999.

_____. *Organização e gestão da escola*: teoria e prática. 5. ed. Goiânia: Alternativa, 2004.

MARX, K.; ENGELS, F. *A ideologia alemã*: 1º capítulo seguido das "Teses sobre Feuerbach". Lisboa: Edições Avante!, 1981.

PÉREZ-GÓMEZ, A. I. *A cultura escolar na sociedade neoliberal*. Porto Alegre: ArtMed, 2001.

PIMENTA, S. G. *De professores, pesquisa e didática*. Campinas: Papirus, 2002.

SACRISTÁN, J. G. *Poderes instáveis em educação*. Porto Alegre: ArtMed, 1999.

SANTIAGO, A. R. F. Projeto político-pedagógico da escola: desafio à organização dos educadores. In: VEIGA, I. P. A. (Org.). *Projeto político-pedagógico*: uma construção possível. Campinas: Papirus, 1995.

SCHMIED-KOWARZIK, W. *Pedagogia dialética*: de Aristóteles a Paulo Freire. São Paulo: Brasiliense, 1988.

TARDIF, M. *Saberes docentes e formação profissional*. Petrópolis: Vozes, 2002.

VEIGA, I. P. A. Projeto político-pedagógico da escola: uma construção coletiva. In: _____ (Org.). *Projeto político-pedagógico da escola*: uma construção possível. Campinas: Papirus, 1995.

CAPÍTULO 24

Políticas educativas, Currículo e Didática

Álvaro Moreira Hypolito

Didática e Currículo — uma rápida aproximação

Currículo, Didática, ensino e Pedagogia são conceitos que se confundem ao longo do tempo. Mesmo para a maioria dos didatas ou dos curriculistas se for perguntado, respectivamente, o que é Didática e o que é Currículo poderá haver uma certa insegurança ou hesitação em responder de pronto (Kliebard, 1995; Beyer e Liston, 1996; Paraskeva, 2007).

Não se trata, de forma alguma, neste texto, de buscar uma definição para Currículo ou para didática. Na história recente da educação, séculos XIX e XX, até os dias de hoje, muitos sentidos foram dados a essas palavras, sempre associados a uma teoria educacional e curricular, a uma compreensão de escola e a um modo de ensinar, o que invariavelmente esteve relacionado com políticas educativas em torno do que deveria ser ensinado e de como deveria ser ensinado. De forma mais precisa, os conceitos dessas palavras variam de acordo com a forma da organização escolar, dos conteúdos e da formação docente.

O que se quer associar é Currículo e Didática com as políticas educativas, com o objetivo de demonstrar que as reestruturações educativas, incluindo as diferentes reformas, engendram formas de ensinar e aprender que implicam definições do que vem a ser Currículo, qual a Didática necessária e qual a formação docente mais adequada. Essas reestruturações educativas estão diretamente relacionadas com as reestruturações produtivas e sociais.

De fato uma palavra não existe sem a outra: a cada Didática corresponde um Currículo, assim como para cada Currículo existe uma Didática. As primeiras formulações sistemáticas para conceituar uma e outra ocorreram no mesmo período histórico, nos anos de 1630. David Hamilton, no importante estudo sobre as origens dos termos classe e *curriculum*, indica que a primeira aparição do termo Currículo, como estabelecimento de um plano completo de estudos, ocorreu na Escócia no ano de 1633, na Universidade de Glasgow (Hamilton, 1992). Comenius na clássica *Didáctica magna*, publicada em 1632, apresenta uma primeira sistematização do que seria a didática e seus métodos, uma forma de ensinar tudo a todos (Coménio, 1996).

Dada a proximidade de ambos os campos e o objetivo deste capítulo, estou pouco interessado em conceituar Didática e Currículo, pois uma forma de organizar ou definir Currículo implica necessariamente uma forma de ensinar e uma compreensão de como devem ser formados os docentes, assim como uma definição de Didática implica uma formatação curricular e de ensino, também para a formação docente.

Estou mais interessado, portanto, em compreender como significativas variações nas políticas educacionais podem implicar variações predominantes no campo curricular e no campo da Didática.

Este capítulo está estruturado a começar por esta introdução, que visa a uma rápida aproximação entre os campos do Currículo e da Didática, e de três seções subsequentes com o objetivo de discutir, respectivamente, as políticas educacionais e o Currículo, as políticas educacionais e a Didática, e, por fim, debater algumas implicações das políticas educativas neoliberais vigentes para a educação, para o Currículo e para o ensino.

Políticas educativas e Currículo

Embora o termo currículo já tivesse surgido no início do capitalismo, como necessidade do processo de escolarização, que se fazia necessário para a leitura dos textos religiosos dos movimentos de reforma protestante, como bem assinala Viñao Frago (1993), e como parte da organização da escola de acordo com os critérios da sociedade capitalista que progride, o surgimento do campo de estudos do Currículo somente se dá, de forma mais concreta, no início do século XX, com o livro *The curriculum*, de Bobbitt (1918), mesmo que John Dewey já tivesse publicado o livro *The child and the curriculum*, em 1902.[1]

O livro de Bobbitt assumiu a tarefa de teorizar sobre currículo, talvez por isso tenha se tornado o referente no campo. Ademais, talvez, porque a sua perspectiva passou a ser a que mais se desenvolveu nas décadas seguintes, principalmente com os estudos de Tyler (1974).

A educação norte-americana seguiu duas grandes vertentes: uma, na linha de Bobbitt, Tyler e Bloom, que resultou naquilo que ficou conhecido como tecnicismo, que se poderia nomear como uma vertente técnico-racional; outra, na linha de Dewey, Kilpatrick, Huebner, Mcdonald e outros, que foi influente para autores como Kliebard (1980a; 1980b; 1995), Apple (1982), Giroux (1986), McLaren (1982), Zeichner (1993) e muitos outros que ajudaram a constituir uma teoria crítica em educação (Paraskeva, 2011).[2]

Ambas as vertentes influenciaram a educação no Brasil, em diferentes momentos e em diferentes graus, contudo, para fins deste texto o interesse maior vai recair sobre a primeira vertente. John Dewey teve uma forte influência nos desdobramentos da Escola Nova e é uma

---

1. Esta ideia de uma influência determinante tem sido questionada por autores que sustentam que o trabalho de Bobbitt foi muito importante, mas há um conjunto de trabalhos que igualmente favoreceram o campo e foram tão importantes quanto *The curriculum*, por exemplo, *Laggards in our schools*, de Leonard Porter Ayres, publicado em 1909. Esta ideia tem sido defendida por Kliebard (1995), Beyer and Liston (1996) e por Paraskeva (2007 e 2011).

2. Neste livro, João Paraskeva faz um importante levantamento dos desenvolvimentos históricos do debate curricular, principalmente nos Estados Unidos.

marca importante em muitos educadores brasileiros, dentre outros Paulo Freire. No entanto, a partir dos anos 1950, em termos de orientação política predominante, a influência mais expressiva para o sistema educacional brasileiro teve como base a tradição técnico-racional.

O desenvolvimento do capitalismo foi determinante para Bobbitt enxergar a necessidade de organizar uma escola e um Currículo muito próximos dos desígnios da indústria moderna. Em um contexto fabril, fortemente influenciado pela administração "científica" proposta por Taylor, Bobbitt viu a escola como uma fábrica e o Currículo como uma forma de organizar a produção. Nesse período, foram estimulados exercícios de aritmética voltados para a eficácia e eficiência, baseados em tempo e velocidade. Quantas operações $(+, -, /$ ou $x)$ uma criança da série Y poderia e deveria resolver em um minuto? Isso é tão presente nas escolas dos Estados Unidos que ainda hoje esses exercícios são realizados nas salas de aula e utilizados como critério para avaliar a capacidade e o desempenho dos estudantes.

Essa tradição evolui e Tyler dá-lhe sequência, a seu modo, concentrando a visão de Currículo nos objetivos, na seleção e organização de experiências e na avaliação. A influência desta perspectiva, juntamente com a taxonomia de Bloom, foi decisiva para a hegemonia do tecnicismo na área da Didática e do Currículo. Muitos manuais de Didática e Currículo dos anos 1960 espelham essas teorias.

Para se ter uma ideia concreta dessa abordagem exacerbada ao máximo e, ao mesmo tempo, mostrar o tom da discussão tecnicista nos anos 1960, utilizo-me do exemplo fornecido por Johnson (1980, p. 17), ao citar o trabalho de Elizabeth Maccia, no qual ela define Currículo como $I = f(B_t RB_s)B_t = I_c RM_c$.[3] Essa abordagem revela uma forte continuidade de Taylor e Bobbitt, na direção do que significa atribuir uma suposta cientificidade ao campo. No Brasil, não se chegou, à época, a esses exageros, mas muito foi trabalhado a partir da visão tecnicista, com todos os conceitos de *input/output, insumos/exsumos*, com a ideia de objetivos operacionais e com a visão de resultados esperados.

---

3. Onde I significa instrução; B_t significa comportamento do professor; B_s, comportamento do aluno; I_c, conteúdo de ensino ou Currículo; e M_c, conteúdo motivacional (Johnson, 1980).

O ápice dessa perspectiva tecnicista foi vivenciado na Reforma do Ensino de 1º e 2º graus de 1971, durante a ditadura militar, quando quaisquer outras experiências baseadas em perspectivas críticas foram proibidas e silenciadas (ex. Freire, Piaget). Contudo, a educação brasileira havia sido também muito influenciada pelo escolanovismo e pelas ideias de Dewey. Este conflito ocorria mesmo que silenciosamente. No final da ditadura, os pressupostos do tecnicismo e sua hegemonia estavam sob suspeita, desde as técnicas sem conteúdo até as formas técnico-burocráticas de gestão.

O que resultou deste período foi uma impressionante profusão de experiências democráticas nas escolas, acompanhadas de uma visão crítica de Currículo. A sociologia crítica do Currículo influenciou o pensamento curriculista brasileiro. Talvez seja possível afirmar que foi a partir daí que se pode falar mais consistentemente em um campo de Currículo no Brasil, embora, obviamente, suas raízes estejam mais distantes.

A influência de um pensamento crítico, marxista, neomarxista, freiriano ou pós-crítico — este mais no final dos anos 1990 — foi muito acentuada na formação do pensamento educacional brasileiro, principalmente nos estudos sobre Currículo e formação docente (Moreira e Silva, 1994; Silva, 1990 e 1999; Moreira, 2002). Essas correntes de pensamento contribuíram para muitas experiências em escolas e nos sistemas educacionais, tanto em termos de gestão democrática como de inovações curriculares (ciclos, escola plural).

Contudo, a mim parece que essas experiências educativas no decorrer da educação brasileira foram sempre pontuais ou de duração mais limitada. Há um desenvolvimento da escola orientado pelo sistema oficial que persegue os pressupostos de uma escola voltada para o mercado, ora para formar mão de obra básica — como no Estado Novo, que ampliou a escolarização popular com maior acesso a uma escolarização elementar para a classe trabalhadora —, ora para formar mão de obra de técnicos mais qualificados, como era a justificativa das reformas dos anos 1970, ora para formar consumidores aptos a se inserirem no mercado em geral.

Nas últimas décadas as escolas foram se modificando internamente, a partir de um processo de reestruturação lento e permanente, muito diferente das reformas mais agressivas e impactantes que o país havia conhecido anteriormente. Este processo de reestruturação dá sequência a uma escola estruturada aos moldes capitalistas, com o aprofundamento de relações internas típicas da sociedade de mercado. Essas mudanças podem ser identificadas nas relações de terceirização de serviços, nas parcerias público-privadas, enfim, naquilo que alguns identificam como relações de quase-mercado, que são relações que não chegam a ser uma privatização típica — que envolva a propriedade — mas são relações que se criam com uma lógica típica do mercado (Hypolito, 2008).

Este processo recente é fruto das políticas neoliberais em educação e não atinge somente os aspectos organizacionais da escola — que assumem características gerencialistas. Tampouco atinge somente os aspectos de governança — concepções e práticas de gestão democrática e eleição de diretores, por exemplo —, mas abrange aspectos importantes sobre o que deve ser ensinado e como deve ser ensinado. Define de fato o que se poderia chamar de neotecnicismo, atingindo consistentemente a autonomia do trabalho pedagógico (Hypolito, Vieira e Pizzi, 2009).

Se nos idos de 1960, uma fórmula poderia expressar, ou pelo menos tentar expressar, o que se definia como currículo, nos tempos atuais é a educação brasileira como um todo que passa a ser guiada por um índice denominado Índice de Desenvolvimento da Educação Básica Ideb, que se expressa na seguinte fórmula matemática: $Ideb_{ji} = P_{ji} N_{ji}$.[4] Muito embora se possa argumentar que seja tão somente um índice para melhor se conhecer a realidade e ajudar na definição de políticas, o índice faz parte de uma lógica mais ampla, que visa a uma regulação

---

4. Donde i = ano do exame (Saeb e Prova Brasil) e do censo escolar; N_{ji} = média da proficiência em Língua Portuguesa e Matemática, padronizada para um indicador entre 0 e 10, dos alunos da unidade j, obtida em determinada edição do exame realizado ao final da etapa de ensino; P_{ji} = indicador de rendimento baseado na taxa de aprovação da etapa de ensino dos alunos da unidade j (Fernandes, 2007 [Nota Técnica]).

muito mais ampla, como se pode ver no texto que fundamenta o Ideb. Na nota de rodapé número 5 o autor afirma que

> As autoridades educacionais poderiam, por exemplo, financiar programas para promover o desenvolvimento educacional de redes de ensino em que os alunos apresentam baixo desempenho. Assim, monitorar as redes financiadas, para verificar se elas apresentam uma melhora de desempenho, é fundamental. Aliás, o financiador poderia estipular previamente o avanço desejado no indicador como contrapartida para a liberação de recursos (Fernandes, 2007, p. 8).

O contexto das políticas gerencialistas, que seguem a lógica da eficácia e da eficiência produtivista, é mais amplo do que o Ideb em si e, por isso mesmo, não pode a ele ficar restrito. Envolve as políticas de avaliação em larga escala que vêm sendo desenvolvidas há alguns anos, envolve os Parâmetros Curriculares Nacionais, as políticas de livros didáticos que seguem tais parâmetros, as diretrizes curriculares para a Escola Básica, as diferentes provas e exames — internacionais e nacionais —, a definição de competências e habilidades, dentre outras políticas específicas que se poderia indicar.

As repercussões dessas políticas para o Currículo são muito significativas, pois são políticas de regulação que interpelam os atores escolares a conduzirem suas ações segundo essa lógica gerencial. É uma repercussão abrangente, pois não atinge somente a escola básica, mas também o ensino superior e os programas de formação docente.

Políticas educativas e Didática

O campo da Didática passou por processos muito semelhantes aos do campo curricular, com as devidas precauções em afirmar isso, dado que a Didática não é a minha área e sinto-me menos confortável nesse campo. Todavia, a Didática, a formação docente, as teorias educacionais e de aprendizagem e o Currículo não se despregam facilmente.

As mudanças nos currículos de formação docente e as mudanças curriculares nas escolas estão muito imbricadas com as mudanças políticas no campo da Didática. É muito difícil falar de uma coisa sem correr o risco de alguma confusão.

Sabe-se que o campo da Didática, mesmo que informalmente, começa a se constituir no Brasil a partir dos jesuítas, com a *Ratio Studiorum*, se é que se pode sustentar tal afirmação. Todavia, a influência religiosa na educação brasileira e na formação docente foi enorme e muito abrangente, principalmente nos colégios secundários e nas escolas normais. Uma influência mais laica, positivista, passou também a influenciar a educação ao final do século XIX e início do XX, contudo de forma limitada quanto à formação docente.

Os conflitos entre católicos (religiosos) e liberais permaneceram intensos durante toda a república, com destaque para os debates sobre a inclusão da educação religiosa no ensino público e os embates com os pioneiros da Escola Nova e as lutas sobre a liberdade de ensino na formulação da LDB de 1961. Ainda hoje o tema da religião se faz presente nas escolas e a escola republicana não conseguiu se efetivar neste particular, como sói acontecer em muitos outros aspectos.

De todo modo, o campo da Didática foi também influenciado pela tradição iluminista e positivista de ciência, constituindo-se como um campo disciplinar que marcou os cursos de formação docente com uma estrutura disciplinar fortemente classificada, na expressão de Bernstein (1996), que ajudou a formatar os Currículos de licenciaturas no modelo conhecido como 3 mais 1 (Garcia, 1994).

Soma-se a isso a visão de docência herdada da doutrinação católica e religiosa fundamentada na vocação, com todas as suas implicações, já amplamente discutidas, no que se refere aos aspectos da docência, carreira, profissionalização e feminização do magistério (Hypolito, 1999). As práticas de formação docente que ajudaram a constituir a figura da normalista e da *"professorinha"* apoiam-se no ideário da resignação e do sacerdócio. Essas práticas pastorais, relações de "tias", podem também estar na base do viés prescritivo da Didática e da formação docente.

Este caráter prescritivo tem sido maléfico para uma formação na direção da autonomia, pois pressupõe sempre uma solução prévia e exógena para tudo, ao estilo pastoral, reforçando uma relação de subserviência. Mesmo no período de maior influência escolanovista, de uma educação centrada na criança, este caráter prescritivo e pragmático de que toda teoria deve se transformar em uma Didática prende-se muito a um caráter redentor da educação e, por que não dizer, de obtenção de resultados imediatos.

No período mais recente, o qual mais interessa aqui, passou-se por uma forte influência tecnicista da Didática, mais centrada nos meios, nas técnicas, do que nos processos de aprender. Propagou-se em abundância os estudos dirigidos, as questões de marcar, o microensino, a instrução programada, dentre múltiplas técnicas para ensinar, com uma obsessiva e quase neurótica valorização dos meios e das técnicas.

Este desenvolvimento tecnicista acompanha o próprio desenvolvimento do capitalismo, muito enfático, nesse período, em favor das novas máquinas e tecnologias, associadas com as formas de reorganização do trabalho — ainda como resultado da glorificação do fordismo. Na escola vive-se o auge das especialidades, supervisores, inspetores, orientadores, administradores, e de um ensino focado na formação para um aprender a fazer. A boa professora era uma professora reciclada, com domínio das boas técnicas e métodos de ensino, um pragmatismo técnico nunca antes vivido (sempre *pari passu* com a onipresente vocação do magistério). No Brasil, este movimento foi tensionado pela tradição humanista, escolanovista, mais adiante pelas vertentes histórico-crítica, piagetiana e libertadora. Como analisa Libâneo:

> Há um núcleo forte do didático que não se abala ao longo da história da pedagogia que são as categorias historicamente construídas. São os conhecidos elementos do didático: o para que ensinar, o que ensinar, quem ensina, quem aprende, como se ensina, em que condições se ensina. Mas a relação e a articulação entre esses elementos variam conforme as concepções conhecidas. Ora a dimensão normativa converte-se em prescrições aprioristicas para a prática, ora privilegia-se a prática. Ora a referência predominante é o ensino ora a aprendi-

TEMAS DE PEDAGOGIA

zagem. É comum apresentar a didática tradicional como interessada nos meios e a didática moderna no processo de aprender. Entretanto, a mudança mais visível na orientação teórica dos estudos em didática é a superação do seu anterior caráter meramente prescritivo e técnico quando assume, como seu objeto de investigação, os processos de condução ou orientação da aprendizagem, embora sem abrir mão do componente normativo (Libâneo, 1998, p. 61-62).

Mesmo que se concorde com o final da citação de que a mudança na Didática é a superação do caráter meramente prescritivo e técnico, o que é muito aceitável para quem tem acompanhado os debates na área de educação, principalmente na área de formação docente, há que se admitir que as políticas educativas andam por outra lógica, muito distantes dos avanços acadêmicos resultantes de boas pesquisas em educação.

É fato que, dos anos 1980 para cá, os debates educacionais foram guiados por uma agenda de esquerda, por uma agenda crítica, ora pendendo para uma visão histórico-crítica, de fundamentação marxista ou neomarxista, ora para uma visão freiriana, pedagogia libertadora, ora pendendo para uma perspectiva construtivista, tanto fundamentada em Piaget ou em Vigotski. Mais recentemente, houve uma intervenção importante de abordagens pós-estruturalistas. Evidentemente, podem-se encontrar outras abordagens em áreas mais específicas, mas dificilmente se encontra uma formulação conservadora que se anuncie como tal, e nesse lastro é que apareceram as ideias de uma pedagogia das competências.

Identifico um desenvolvimento meio silencioso de perspectivas mais conservadoras, que no Brasil não são mesmo tão explícitas com em outros países. Isso é um pouco mais visível nos estudos das políticas educacionais, mas igualmente é uma aparição tímida. Podem-se identificar rajadas reacionárias quando o debate se refere ao ensino religioso ou à gestão democrática, ou a propostas de organização escolar baseadas na qualidade total, para exemplificar.

Contudo, quando o assunto é política de governo, os avanços acadêmicos de pesquisas progressistas não conseguem se impor. De fato, dos anos 1980 para cá, a hegemonia tem sido de governos identificados com o neoliberalismo, ou com políticas regidas pelos pressupostos neoliberais, em boa medida impostas pelas agendas conserva-doras das agências internacionais. Isso é mais nítido nas políticas de formação docente, políticas de avaliação, de currículo e de gestão.

Penso que a Didática enfrenta um dilema no momento: como enfrentar as políticas de formação docente aligeiradas, a distância, em instituições privadas de reconhecimento duvidoso? Como fazer a formação docente guiada, do ponto de vista curricular, por uma pe-dagogia de resultados, por uma pedagogia das competências? Como construir uma docência de formação crítica quando todos os investi-mentos se orientam por uma fórmula matemática de indexação, que orienta as avaliações em larga escala, indica parâmetros, define habi-lidades e competências que devem ser alcançadas para se atingir os resultados esperados? Qual é, afinal, a possibilidade de uma Didática que forme docentes críticos e reflexivos?

$I = f(B_t RB_s)B_t = I_c RM_c X \, Ideb_{ji} = P_{ji} \, N_{ji}$: políticas educativas como índice matemático

Dada a sugestão do título desta seção, inicio-a com a indagação: Houve uma mudança na lógica de pensar a educação, a Didática e o Currículo desde os anos 1960 para cá?

Penso que a sociedade de mercado, o capitalismo, desenvolveu-se muito nas últimas décadas para superar as inúmeras crises que vive. Para sair da crise fiscal do Estado, superar as limitações de produção e de expansão do mercado, o capitalismo globalizou-se, ampliou as inovações tecnológicas, recriou formas de organização da produção e privatizou os serviços públicos, transformando tudo o que pode ser pensado em mercadoria. Vive-se na sociedade do conhecimento. Enfim, um momento de triunfo do neoliberalismo e do gerencialismo.[5]

---

5. Para uma discussão aprofundada sobre o tema, ver Harvey (1992 e 2008).

Mesmo que se admita que o tecido social e político seja um terreno contestado, uma arena de conflitos, um campo de lutas, onde nada está garantido (Lopes, 2006), tem-se que admitir que o poder não é simétrico e que a direita tem sido hegemônica e tem conseguido impor sua agenda conservadora, fazendo com que o Estado nacional desenvolva políticas que ultrapassam em muito os desejos de muitos governos.[6]

O que estou querendo sustentar é que há múltiplas vias, simultâneas, que por vezes se entrelaçam mas nem sempre se tocam. O que quero mesmo dizer é que o desenvolvimento do pensamento educativo nem sempre acompanha, de forma sincronizada, o desenvolvimento capitalista, mas a educação é sempre magnetizada pelo desenvolvimento da sociedade e nisso a sociedade de mercado tem sido sobremaneira exitosa.

Alguns exemplos podem ajudar a elucidar meu argumento. O primeiro refere-se aos escolanovistas e o segundo ao tecnicismo.

Sem entrar no mérito de quão liberal ou progressista foi a Escola Nova e sem analisar as diferenciações internas deste movimento, quero mostrar que, ao mesmo tempo que os escolanovistas inovaram na introdução de uma pedagogia nova, na busca de uma escola pública republicana, na educação centrada na criança etc., foram eles os divulgadores de uma administração científica, taylorista e fayolista, como se observa nos trabalhos de José Querino Ribeiro (1938) e de Lourenço Filho (1963). Posso então afirmar, com as devidas mediações, que o desenvolvimento de uma administração escolar gerencialista teve como fio condutor não somente o tecnicismo mas também o escolanovismo.

O outro exemplo refere-se ao tecnicismo. Durante décadas o pensamento educacional crítico vem pesquisando e formulando teorias e práticas embasadas no oposto ao tecnicismo, o qual muitos supunham houvera sucumbido. Várias experiências localizadas foram levadas a cabo, tanto no sentido de inovação pedagógica, como na tentativa de reformulação curricular, ou em experiências didáticas muito criativas e promissoras. Todavia, a evolução de uma pedagogia tecnicista para

---

6. Ver, por exemplo, Apple (2003).

uma pedagogia neotecnicista — centrada nas competências, habilidades e resultados —, constituiu-se quase à revelia da tradição crítica. Para a sociedade capitalista de mercado, neoliberal, que veio se reestruturando nas últimas décadas, urgia um modelo de pedagogia, de Currículo e de formação docente que se magnetizasse com as exigências da competição e da eficácia.

Muitas experiências, que há poucos anos existiam em abundância, tiveram que se hibridizar para sobreviver (Lopes, 2004). Experiências, como a do Acre, que vinha numa trajetória de educação cidadã, baseada numa proposta de gestão democrática, e obteve muitos êxitos: atualmente não há mais demanda significativa por formação de professores em nível superior, os salários e a carreira docente estão num patamar muito acima de outros estados e o desempenho escolar evoluiu de um dos piores no país para um dos melhores. Contudo, para atingir tal êxito as políticas estaduais tiveram que se submeter a programas nacionais, ou seja, submeter-se à bula, para obter financiamentos. Como exemplos, programas de formação docente — a maioria presenciais ou semipresenciais — e políticas gerenciais de avaliação. Atualmente, seria apressado ou arriscado dizer que as políticas no Acre são tipicamente gerencialistas ou progressistas. O mais adequado talvez é afirmar que sejam um híbrido, como afirma Damasceno (2010), autora de uma excelente tese de doutorado sobre o tema.

No campo da formação docente processos semelhantes ocorreram. O campo da Didática, resultante de vertentes tão variadas como o escolanovismo, o tecnicismo e a tradição crítica, em suas diferentes versões, construiu-se com uma consistência invejável, conseguindo nas últimas décadas praticamente aniquilar as versões técnico-racionais no mundo acadêmico. Todavia, há uma Didática que se forja nas práticas escolares, nos sistemas de ensino, forçada pelas necessidades práticas dos docentes em dar respostas às demandas e exigências do sistema. Um dispositivo discursivo muito empregado e difundido, para dicotomizar a produção acadêmica e a escola, é a assertiva de que a pesquisa é distante da escola e não apresenta resultados imediatos e tampouco soluções para o dia a dia escolar.

No processo de reestruturação social e educativa que vem se constituindo nas últimas décadas, a *qualidade* da escola tem sido colocada como ponto nevrálgico da educação básica, e o magistério e as agências de formação como os principais responsáveis pela ineficiência da educação. Este é um processo de reestruturação, um tanto diferente de reformas anteriores na história brasileira — apresentadas como um conjunto, o qual vem se desenvolvendo por ações aparentemente dispersas, porém com uma lógica comum, baseada nas características do mercado. É um fenômeno global, que pode diferir em escalas, mas que é coeso o suficiente para triunfar.

Daí decorrem inúmeros dispositivos que operam para articular os diferentes interesses em disputa, de modo a universalizar um determinado particular, a fim de consolidar uma hegemonia, como sustentam Laclau e Mouffe (1987). Esses dispositivos têm tido como referentes: a avaliação — exames, índices de desempenho, avaliação em escala; a compensação — recursos para escolas com bom desempenho, salário por *performance*; a punição — falta de recursos para as escolas com desempenho insatisfatório, salários sem acréscimo para docentes cujos estudantes apresentam baixo desempenho; a certificação — instituição de exames para o magistério a fim de certificar, fazendo com que os docentes busquem uma formação para alcançar um desempenho desejado; e, dentre outros possíveis, o estímulo a parcerias público-privadas, como os sistemas de apostilamento.

Este último sintetiza o que são tais dispositivos de regulação na educação, como já pude desenvolver melhor em outro trabalho, denominados sistemas de apostilamento, como são conhecidos em São Paulo, ou programas de intervenção pedagógica, como foram denominados na rede estadual do Rio Grande do Sul.[7] Os sistemas de apostilamento são a concretização de uma política de quase-mercado, uma parceria público-privada que se estabelece entre o poder público, no caso redes de ensino municipais ou estaduais, com entidades privadas, fundações ou ONGs, com a finalidade de implantar siste-

---

7. Para uma análise mais detalhada, ver Hypolito (2010) e Adrião et al. (2009).

mas/pacotes de ensino, que podem incluir a aquisição de um sistema completo com modelos curriculares, materiais didáticos, supervisão e formação docente, a fim de garantir uma suposta educação de qualidade.

No caso do Rio Grande do Sul, o estado contratou três instituições — Instituto Alfa e Beto, Fundação Ayrton Senna e Geempa — para implantar programas de intervenção pedagógica, com a justificativa de alcançar mais qualidade para o ensino, e uma instituição — Cesgranrio — para, num primeiro momento, avaliar tais programas e verificar qual teve melhor desempenho. Ao lado desta intervenção, o estado implantou um sistema próprio de avaliação denominado Saers, justificado para comparar dados estaduais com os índices nacionais de desempenho.

O Instituto Alfa e Beto, por exemplo, foi contratado para implantar em algumas escolas o seu sistema de ensino. As escolas podiam optar dentre as três opções de programas pedagógicos ou, caso não quisessem escolher um deles, deveriam se responsabilizar por montar os seus próprios projetos com seus recursos disponíveis — técnicos, materiais e financeiros. As professoras envolvidas recebem treinamento, supervisão, materiais didáticos, materiais para as crianças, aulas programadas, conteúdos programáticos, que devem ser seguidos rigorosamente no cronograma, mais fichas, formulários de registros e relatórios que devem ser preenchidos regularmente.

Como se pode ver, os dispositivos de regulação colocados em operação envolvem o índice, a avaliação de desempenho, os programas de formação, o financiamento, os Currículos, a reorganização do ensino — enfim, o que ensinar e como ensinar.

Quando se efetiva uma política tal e qual acabo de descrever, qual Didática e qual Currículo estão sendo operados nas escolas? Se o conteúdo está previamente definido, se a aula já está planejada, se os materiais estão elaborados e decididos, se a supervisão é exógena, se há inúmeros relatórios a preencher, se há um índice a ser atingido e uma boa avaliação a ser obtida, afinal de que Didática e Currículo se está a falar?

Talvez reste pouco espaço e tempo para uma prática mais autônoma e criativa, e talvez seja necessário optar por umas das fórmulas matemáticas antes apresentadas: esta $I = f(B_tRB_s)B_t = I_cRM_c$ ou esta $Ideb_{ji} = P_{ji} N_{ji}$. Penso, contudo, que nossa tradição educativa crítica é mais forte: pode-se não usar nenhuma delas.

Referências bibliográficas

ADRIÃO, T. et al. Sistemas apostilados e gestão privada da educação pública em São Paulo. *Educação & Sociedade*, v. 108, p. 183-198, 2009. (Impresso.)

APPLE, M. W. *Ideologia e currículo*. São Paulo: Brasiliense, 1982.

_____. *Educando à direita*: mercados, padrões, Deus e desigualdade. São Paulo: Cortez, 2003.

BERNSTEIN, B. *A estrutura do discurso pedagógico*: classe, código, controle. Petrópolis: Vozes, 1996.

BEYER, Landon E.; LISTON, Daniel P. *Curriculum in conflict*: social visions, educational agendas, and progressive school reform. New York: Teachers College Press, 1996.

BOBBIT, Franklin. *The curriculum*. Boston: The Riverside Press Cambridge/Houghton Mifflin Company, 1918.

COMÉNIO, J. *Didáctica magna*. Lisboa: Fundação Calouste Gulbenkian, 1996.

DAMASCENO, Ednacelí A. *O trabalho docente no movimento de reformas educacionais no estado do Acre*, 2010. Tese (Doutorado) — FaE-UFMG, Belo Horizonte.

FERNANDES, R. *Índice de desenvolvimento da educação básica* (Ideb). Brasília: MEC/Inep, 2007.

GARCIA, Maria Manuela A. *A didática no ensino superior*. Campinas: Papirus, 1994.

GIROUX, Henry. *Teoria crítica e resitência em educação*: para além das teorias da reprodução. Petrópolis: Vozes, 1986.

HAMILTON, David. *Sobre as origens dos termos classe e* curriculum. Teoria e Educação, n. 6, p. 33-52, 1992.

HARVEY, David. *Condição pós-moderna*: uma pesquisa sobre as origens da mudança cultural. São Paulo: Loyola, 1992.

_____. *O neoliberalismo*: história e implicações. São Paulo: Loyola, 2008.

HYPOLITO, Álvaro M. Trabalho docente e profissionalização: sonho prometido ou sonho negado? In: VEIGA, Ilma P. A.; CUNHA, Maria Isabel da (Org.). *Desmistificando a profissionalização do magistério*. 1. ed. Campinas: Papirus, 1999. p. 81-100.

_____. Estado gerencial, reestruturação educativa e gestão educacional. *Revista Brasileira de Política e Administração da Educação*, v. 24, p. 63-78, 2008.

_____. Políticas curriculares, estado e regulação. *Educação & Sociedade*, v. 31, p. 1337-54, 2010. (Impresso.)

_____; VIEIRA, Jarbas S.; PIZZI, Laura C. V. Reestruturação curricular e autointensificação do trabalho docente. *Currículo sem fronteiras*, v. 9, p. 100-112, 2009. (On-line.)

JOHNSON JR., Mauritz. Definições e modelos na teoria do currículo. In: MESSICK, R.; PAIXÃO, L.; BASTOS, L. R. (Org.). *Currículo*: análise e debate. Rio de Janeiro: Zahar, 1980.

KLIEBARD, Herbert M. Os princípios de Tyler. In: MESSICK, R.; PAIXÃO, L.; BASTOS, L. R. (Org.). *Currículo*: análise e debate. Rio de Janeiro: Zahar, 1980a.

_____. Burocracia e teoria do currículo. In: MESSICK, R.; PAIXÃO, L.; BASTOS, L. R. (Org.). *Currículo*: análise e debate. Rio de Janeiro: Zahar, 1980b.

_____. *The struggle for the American curriculum*: 1893-1958. 2. ed. London: Routledge, 1995.

LACLAU, E.; MOUFFE, C. *Hegemonía y estrategia socialista*. Hacia una radicalización de la democracia. Madrid: Siglo XXI, 1987.

LIBÂNEO, José C. Os campos contemporâneos da Didática e do Currículo: aproximações e diferenças. In: OLIVEIRA, Maria Rita S. *Confluências e divergências entre didática e currículo*. Campinas: Papirus, 1998.

LOPES, Alice Casimiro. Políticas curriculares: continuidade ou mudança de rumos? *Revista Brasileira da Educação*, n. 26, p. 109-118, 2004. (On-line.)

_____. Relações macro/micro na pesquisa em currículo. *Cadernos de Pesquisa*, v. 36, n. 129, p. 619-635, 2006. (On-line.)

LOURENÇO FILHO, M. B. *Organização e administração escolar*: curso básico. São Paulo: Melhoramentos, 1963.

MCLAREN, Peter. *Rituais na escola*: em direção a uma economia de símbolos e gestos na educação. Petrópolis: Vozes, 1982.

MOREIRA, Antônio F.; SILVA, Tomaz T. da (Org.). *Currículo, cultura e sociedade*. São Paulo: Cortez, 1994.

MOREIRA, Antonio Flavio Barbosa. O campo do currículo no Brasil: construção no contexto da ANPED. *Cadernos de Pesquisa*, n. 117, p. 81-101, 2002. (On-line.)

PARASKEVA, João. *Ideologia, cultura e currículo*. Lisboa: Ed. Plátano, 2007.

_____. *Conflicts in curriculum theory*: challenging hegemonic epistemologies. New York: Palgrave, 2011.

RIBEIRO, José Querino. *Fayolismo na administração de escolas públicas*. São Paulo: Lino-technica, 1938.

SILVA, Tomaz Tadeu. Currículo, conhecimento e democracia: as lições e as dúvidas de duas décadas. *Cadernos de Pesquisa*, n. 73, p. 59-66, maio 1990.

_____. *Documentos de identidade*: uma introdução às teorias de currículo. Belo Horizonte: Autêntica, 1999.

TYLER, Ralph W. *Princípios básicos de currículo e ensino*. Porto Alegre: Globo, 1974.

VIÑAO FRAGO, Antonio. *Alfabetização na sociedade e na história*: vozes, palavras e textos. Porto Alegre: Artes Médicas, 1993.

ZEICHNER, Kenneth. *A formação reflexiva de professores*: ideias e práticas. Lisboa: Educa, 1993.